KB265555

千字文 刊印本 研究

安美璟

어회

第1部

朝鮮時代　千字文

Ⅰ. 緒論

1. 研究의 目的

　『千字文』은 수 많은 한자 중에서 1000자를 4자씩 250구가 되도록 만든 책이다. 『千字文』 가운데 가장 대표적인 것은 6세기에 周興嗣가 梁 武帝의 명을 받아 지은 것이며 우리나라에 들어와 일반화 된 것도 이 周興嗣 『千字文』이다. 『千字文』이 우리나라에 전래된 시기는 명확하지 않지만 3세기 백제의 王仁이 『千字文』과 『論語』를 일본에 가져갔다고 하는 『古事記』의 기록에 따른다면 삼국시대에는 이미 우리나라에 전래되었을 것으로 추측된다. 물론 시기적으로 보았을 때 이때의 『千字文』은 周興嗣의 『千字文』은 아니다. 중국에서는 周興嗣의 『千字文』이전에도 여러 종류의 『千字文』이 있었으며 王仁이 전해준 『千字文』도 이 가운데 하나일 것으로 생각된다.

　고려시대에는 충목왕이 『千字文』을 배웠다고 하는 기록이 남아있으며 조선시대에는 세종 7년 경상 감사 河演이 찍어 보낸 『篆書千字文』, 『大千字文』을 成均館, 校書館, 四學에 頒賜하였다는 기록이 있다. 崔世珍도 『訓蒙字會引』에서 아이들에게 한문을 가르칠 때에는 반드시 『千字文』을 마치고 『類合』을 읽힌 다음 다른 책을 가르친다고 하였다. 이렇게 『千字文』은 오랫 동안 우리나라에서 가장 대표적인 한자 입문서로 쓰여졌으며 草書, 篆書로 쓰여진 것까지 포함한다면 『千字文』 刊印本과 寫本의 수는 이루 헤아릴 수 없을 정도이다.

　우리나라에서 간행된 『千字文』에는 한자뿐만 아니라 그에 따른 새김과 字音이 실려 있다. 현전본 중 한글새김을 가진 『千字文』으로는 宣祖 8年 (1575)에 光州에서 간행된 것이 최초의 것이다. 이 책은 지방에서 간행된 것으로 새김과 자음이 표준으로 삼을 만한 것은 못되었다. 宣祖 16年(1583) 중앙에서 석봉천자문이 간행되었는데 이것이 이후 한글석음의 표준이 되었다. 이 책은 原刊本이 나온 이래 중앙과 지방에서 수없이 飜刻되어 여러 異本이 국내외에 현전하고 있다. 그 중 지방에서 간행된 『千字文』은 수차례에 걸쳐 板을 거듭하였기 때문에 시대별 차이와 함께 지역에 따른 方言까지 나타나기도 한다. 『千字文』은 이러한 한글석음의 변화를 통해 한글의 변천 과정을 살펴볼 수 있다는 점에서 중요한 자료이다.

　이상과 같이 『千字文』은 조선시대에 걸쳐서 가장 널리 刊印된 서적이며 또한 다양한 형태로 변용되기도 하였다. 그럼에도 현재까지 『千字文』 刊印의 전체적인 상황과 刊印本의 특징을 본격적으로 살펴본 연구는 없는 실정이다. 따라서 본 연구는 朝鮮時代 刊印된 千字文에 대해서 冊板目錄을 비롯한 관련 文獻의 조사를 통하여 道別 및 時期別 刊印 상황을 살펴보고, 實物 조사를 통하여 刊印本의 書體와 刊印處 및 刊印時期를 밝혀보고자 한다. 이를 통해 『千字文』 刊印本의 특징을 체계적이고 종합적으로 분석할 수 있을 것으로 생각한다. 이러한 現傳本 『千字文』의 刊印處와 刊印時期 고증은 書誌學뿐만 아니라 國語學의 연구에도 一助할 것이다.

2. 研究의 方法

　『千字文』 刊印에 대한 분석에는 실물에 의한 방법과 문헌에 의한 방법이 있을 수 있다. 『千字文』 간인의 실상을 구체적으로 살펴보는 데는 무엇보다 실물에 의한 방법이 중심이 될 수밖에 없다. 그것은 현전본이 『千字文』의 구체적 내용을 폭넓게 전해주고 있기 때문이다. 그러나 현전본 『千字文』은 그 수가 제한되어 있다. 따라서 조선시대 『千字文』 刊印의 전체적인 추이를 살펴보는 데는 한계가 있을 수밖에 없다.

이때 이를 보완해 줄 수 있는 방법이 문헌에 의한 분석이다. 조선시대에는 상당수의 冊板目錄이 간행되었으며 여기에는 수많은『千字文』책판이 수록되어 있다. 이 내용을 통해서 조선시대『千字文』간인의 전체적 추이를 엿볼 수 있다. 따라서 본 연구는 현전본에 의한 분석과 책판목록에 의한 분석을 병행하여 조선시대『千字文』의 전체적인 刊印 狀況과 함께 刊印處 및 刊印時期을 중점적으로 살펴보려 한다. 본 연구는 다음과 같은 순서로 전개하고자 한다.

1)『千字文』刊印의 時代的 背景은 文字教育의 보급이라는 측면과 印刷文化의 전개라는 측면으로 나누어 고찰한다. 文字教育의 측면에서는 童蒙教育의 확산과 朝鮮時代의 教育制度의 전개를 통해『千字文』의 수요가 어떻게 확산되고 있는지 살펴보고 印刷文化의 전개라는 측면에서는 朝鮮王朝實錄을 중심으로 朝鮮時代의 印刷文化를 고찰하여 당시『千字文』이 어떠한 방식으로 공급되었는지 살펴보고자 한다.

2) 冊板目錄에 의한 刊印 分析에서는 朝鮮朝에 작성된 15종의 冊板目錄을 대상으로 作成時期와 그 특성을 밝히고 아울러 각 목록에 수록된『千字文』을 道別 時期別로 분석하고자 한다. 그리고 책판목록에 기록된『千字文』의 印紙數를 조사하여 刊印記錄이 없는 現傳本의 시기고증에 적용하고자 한다.

3) 現傳本에 의한 刊印 分析에서는 먼저『千字文』의 現傳本을 刊印本의 書體別로 나누어 現傳本이 어느 道, 어느 時期에 刊印되었는지 刊印의 실태를 살펴본다. 다음으로 刊印本을 中央官署本, 地方官署本, 寺刹本, 私家本, 坊刻本, 其他本으로 나누어 각각의 특징과 刊印處 및 刊印時期를 밝혀보고자 한다.

본 연구는 조선시대에 刊印된『千字文』을 분석 대상으로 한다. 조선시대 이전에도『千字文』이 刊印되었지만 현전본이 존재하지 않기 때문이다.

일제시대에도 『千字文』이 전통적인 방각본의 형태로 혹은 근대 상업출판의 형태로 다양하게 刊印되고 있다. 그러나 본 연구는 분석 대상을 조선 전기부터 1910년까지 간인된 『千字文』만으로 국한시켰으며 식민지 시기의 『千字文』에 대한 연구는 앞으로의 과제로 남겨두었다.

3. 先行研究의 概觀

『千字文』에 대한 연구는 國語學 分野에서 먼저 선도되었다. 그것은 여러 『千字文』에 나타난 한글석음을 통해 중세국어의 변화를 엿볼 수 있다는 점 때문인 것으로 보인다.

국어학 분야에서 가장 먼저 문제가 된 것은 우리나라의 가장 대표적인 『千字文』인 石峰千字文의 初刊本에 관한 것이었다. 1972년 李基文은[1] 內閣文庫 所藏 『千字文』의 卷末 刊記에 "萬曆十一年正月日 副司果臣韓濩奉敎書"라고 밝히고 있는 점을 근거로 이것이 石峰千字文의 初刊本이라고 주장했다. 그는 內閣文庫本과 羅孫本의 한글석음표기에 몇 가지 차이가 있는 점을 들어 羅孫本은 內閣文庫本을 覆刻한 것이라고 하였다.

이에 대해 安秉禧는[2] 內閣文庫 所藏 『千字文』도 서로 다른 3종의 異本이 있는 점을 들어 李基文의 견해에 의문을 표하였다. 1982년 趙炳舜도[3] 日本 內閣文庫本이 石峰千字文의 初刊本이라는 李基文의 주장에 반론을 제기하였다. 그는 새로운 자료인 朴贊成本과 內閣文庫本을 비교하여 內閣文庫本이 初刊本을 飜刻하면서 일부의 訓音을 고쳐 새긴 것이며 현재로써는 朴贊成本을 原刊本으로 추정할 수밖에 없다고 주장했다. 1998년 韓國書

---

1) 李基文, "石峰千字文에 대하여", <국어국문학> 55-57호, 1972, pp.395-402.
2) 安秉禧, "內閣文庫 所藏 石峰千字文에 대하여", <書誌學> 6號, 1974, pp.29-42.
3) 趙炳舜, "原本石峰千字文에 대하여", <書誌學> 7號, 1982.

誌學會에서 內閣文庫 典籍을 實査하여 보고한 바 있다. 이 보고서의 목록에서는 內閣文庫本『千字文』이 "宣祖 16年(1583) 7월 司諫院 大司諫 朴承任에게 內賜했다"는 기록을 가진 朴贊成 所藏本과 대조할 때 한글석음에 차이가 있어 조선후기의 飜刻이라고 하였다.4)

한편 崔學根은5) 地方板『千字文』에 관심을 기울였다. 그는 1980년 大東急記念文庫所藏『千字文』과 光州『千字文』및 內閣開刊 辛丑(宣祖 34, 1601) 庚寅(孝宗 1, 1650)重補本『千字文』을 비교하면서 大東急記念文庫本은 光州本의 先刊本이며 光州本은 大東急記念文庫本의 개정판이라고 주장했다. 아울러 이 두 본은 內閣本과 많은 차이를 갖고 있다고 하였다.

李基文은6) 大東急記念文庫本과 石峰千字文의 內賜本을 비교하면서 한글석음표기를 가진『千字文』으로 현전하는 것 중 가장 오래된 것은 宣祖 8年(1575)에 光州에서 간인된『千字文』이고 大東急記念文庫本도 光州本『千字文』의 계통을 잇고 있다고 하였다. 다만 大東急記念文庫本이 光州本보다 앞선다는 崔學根의 견해에는 미온적인 태도를 취하였다. 이것은『千字文』의 계통이 중앙을 중심으로 한 韓石峯 계열의『千字文』과 光州本과 같은 地方板『千字文』으로 나누어지고 있음을 시사하고 있다.

安秉禧는7) 이를 보다 구체화하였다. 그는『千字文』을 烈字本과 潔字本으로 나누어 烈字本은 光州本『千字文』계통의 것이며 潔字本은 石峰千字文 계통의 것임을 밝혔다. 그는 중앙에서 간행된 石峰千字文의 계통에 집중하여 이의 중간본들을 간행 연대순으로 A본에서 E본까지 나누어 A본에 해당하는 것이 羅孫本이라고 추정하였다. 덧붙여서 그동안 原刊本이라고 추정되었던 내각본은 板刻術과 刊行年代로 보아 地方의 重刊本이라고 하

---

4) 韓國書誌學會, 海外典籍文化財調査目錄 : 日本公文書館 內閣文庫 韓國本 目錄. 서울 : 韓國書誌學會, 1998, p.19.
5) 崔學根, "千字文에 대하여", <국어국문학> 83, 1980, pp.493-497.
6) 李基文, "千字文 研究", <韓國文化> 2, 1981, pp.1-17.
7) 安秉禧, "千字文의 系統", <정신문화> 2, 1982, pp.145-161.

였다.

崔世和는[8] 1985년 對馬歷史民俗資料館 所藏의 韓國 典籍 調査에서 새 異本으로 추정되는『千字文』1책을 소개하였다. 卷末에 陰刻된 刊記가 "丙子三月干〔刊〕"으로 되어 있어 간행연대는 肅宗 22年이라고 하였으며 여러 가지 서지적인 특징을 들어 湖南板本으로 추정하였다.

이상과 같은『千字文』의 系統에 관한 연구에 이어『千字文』의 內容에 관한 연구가 이어졌다. 孫熙河는[9] 1986년『千字文』字釋 研究(2)를 발표하였다. 그는『千字文』10여 종을 수집하여 國語史的으로 중요하다고 생각되는 어휘를 대상으로 중세국어의 변화를 파악하려고 하였다. 이어 1991년에는[10] 새로운 자료인 杏谷本『千字文』을 발견하여 이를 어휘론적으로 검토하였으며 1992년에는[11] 학계에 알려지지 않은 內閣本 石峰千字文인 영남대본『千字文』을 소개하여 관심을 끌었다.

이상『千字文』에 대한 연구는 국어학분야에서 주도하였지만 최근 書誌學 分野에서도『千字文』에 대한 관심이 일고 있다. 權五石은[12] 1994년 서당교재에 관한 서지적 연구에서 조선시대에는 78종의『千字文』이 간행되어 강독과 습자에 사용되었다고 하였다. 그리고『千字文』중에서는 韓濩筆體의 저본이 목판으로 유통되면서 그 주류를 이루고 있으며 서당의 발전성쇠와 천자문의 간행빈도가 흐름을 같이 한다고 하였다. 그러나 이 논

---

8) 崔世和, "對馬歷史民俗資料館 所藏의『訓蒙字會』와『千字文』", <佛敎美術> 8, 東國大學校 博物館, 1985, pp.45-53.
9) ① 孫熙河,『千字文』字釋 研究, 全南 : 全南大學校(碩士學位論文), 1984.
   ② 孫熙河, "千字文 字釋 研究(2)", <語文論叢> 제9호, 全南大學校 國語國文學硏究會, 1986, pp.89-109.
10) 孫熙河, "『千字文』(杏谷本)의 새김연구", <語文論叢> 12-13, 全南大學校 國語國文學研究會, 1991, pp.129-146.
11) 孫熙河, "영남대본『千字文』연구", <國語國文學> 108, 全南大學校 國語國文學研究會, 1992, pp.139-164.
12) 權五石, "書堂敎材에 관한 書誌的 研究", <書誌學研究> 第10輯, 1994, pp.933-988.

문은 실물 조사가 아닌 고서목록에 수록된 78종의 『千字文』을 대상으로 하였기 때문에 서지사항이 정확하지 않을 뿐만 아니라 내용상 同本을 異本으로 간주한 경우도 있다.

한편 申東熙는[13] 1995년 『千字文』에 실린 異體字에 대한 연구를 발표하였다. 이 연구에서 그는 『千字文』에 평균 30%가 넘는 이체자가 등장하며 후세에 가장 많이 유포된 석봉천자문의 경우도 평균 이상의 이체자를 갖고 있음을 밝혔다. 또한 이체자의 字型을 비교해볼 때 大東急本과 光州本이 매우 유사하며 석봉천자문 이후의 책들은 석봉의 영향을 많이 받고 있다고 하였다. 그러나 이 논문은 해서체 10종, 초서체 5종을 연구대상으로 한 것이기 때문에 『千字文』의 간행처와 간행시기를 본격적으로 연구한 논문은 아니었다.

이상에서 살펴본 바와 같이 『千字文』에 대한 연구는 국어학 분야에서 선도하였고 주로 한글새김에 치중하여 중세국어의 변화를 파악하려 한 논문들이 주류를 이루고 있었다. 최근에 와서 서지학 분야에서도 연구가 이루어지고 있지만 실물 조사가 아닌 문헌자료에 의한 연구나 『千字文』의 異體字에 대한 연구에 그치고 있다.

이에 본 연구는 현전본에 의한 분석과 책판목록에 의한 분석을 병행하여 조선시대 『千字文』의 전체적인 刊印 狀況과 刊印處 및 刊印時期을 종합적으로 살펴보려 한다. 특히 冊板目錄에 수록된 『千字文』 冊板의 狀態表示와 印紙數 등의 특징을 검토하여 刊印記錄이 없거나 있다 하더라도 맞지 않는 현전본의 고증에 적용하는 한편 現傳本의 刊印處와 刊印時期를 고증하는데 역점을 두고자 한다.

---

13) 申東嬉, 千字文의 異體字 研究, 서울 : 中央大學校(碩士學位論文), 1995.

Ⅱ. 千字文 刊印의 時代的 背景

『千字文』은 우리나라에 漢字 文化의 도입과 함께 들어왔으며 이후 한자 문화의 보급과 함께 文字教育을 위한 초급 교재로 널리 쓰였다. 따라서 『千字文』 간행의 추이는 문자교육의 확산과 궤를 같이한다고 할 수 있다. 또한 『千字文』은 이렇게 초급 교재로서 보편적으로 쓰였기 때문에 다양한 주체에 의해 다양한 방식으로 刊印되었다.

따라서 『千字文』의 刊印은 각 시기 인쇄문화의 다양한 모습을 보여주고 있으며 또한 그것에 의존하고 있다고 할 수 있다. 그러므로 『千字文』 간인 의 시대적인 배경을 먼저 文字教育 보급이라는 측면에서 살펴보고 이어서 인쇄문화의 전개라는 측면에서 살펴보기로 한다.

1. 文字教育의 보급

우리나라에 한자문화가 들어온 것은 매우 오래된 일이다. 일찍이 『舊唐 書』 東夷傳에는 고구려에서는 서적을 좋아하여 초급교육의 사설기관인 扃 堂을 두었으며 『五經』 『史記』 『漢書』 등을 중요시한다고 기록되어 있다.14) 즉 삼국시대에 이미 상당히 수준높은 한자문화가 도입되었음을 알 수 있 다. 이러한 한자문화는 시간이 지나면서 더욱 확산되었으며 한자 교육을 위한 초급교재인 『千字文』도 함께 보급되었다.

---

14) 舊唐書 東夷傳 高句麗條.
　「俗愛書籍 至於衡門厮養之家 各於街衢造大屋 謂之扃堂 子弟未婚之前 晝夜於此讀
　書射習 其書有五經及史記 漢書 范華後漢書 三國志 孫盛晉春秋 玉篇 字統 字林 又
　有文選 尤愛重之」

고려시대 恭愍王 6年에는 都目에서 去官한 자로서 四書에 능통한 사람은 부임하게 하고 四書에 통하지 못한 사람은 校尉와 隊正으로 삼을 것을 상용 규정으로 한다고 하였다. 그러나 날짜가 임박하여 四書를 학습할 수 없으니 우선『千字文』을 다 읽히고 千字 內에서 百字만 능히 쓰는 사람이면 그의 부임을 허락하게 하였다는 기록이 있다.[15] 이와 같은 기록을 통하여 조선시대 이전부터 문자교육을 중요시하여 인재를 뽑는데『千字文』이 기본이 되었음을 알 수 있다.

조선은 유교국가로서 초기부터 '백성을 다스리는 직분은 가르치는 일일 따름이다'[16]라고 하여 교화를 위한 교육을 강조하였다. 이러한 교육은 왕실이나 양반 일반서민 등 모두에게 관심의 대상이 되었다. 특히 모든 교육의 출발점인 童蒙 敎育이 더욱 강조되어 明宗 10年 侍讀官 鄭宗榮은 후세에 인재가 나지 않는 것은 어릴 때 교육을 해 놓은 바탕이 없기 때문임을 강조하였다.[17] 이러한 동몽교육에『千字文』이 빠질 수 없었다.

동몽교육의 한 영역으로는 먼저 왕실교육을 들 수 있다. 왕실의 進講冊子에 대한 기록 중『千字文』에 대한 기록으로 中宗 12年과[18] 明宗 10年의[19] 기록이 있다. 또한 肅宗은 친히『千字文』의 序文을 지어 春坊에 내렸는데, 春坊이 序文과『千字文』을 간행하여 侍講에서 이를 進講케 하였다.[20] 純祖 14年에는 영의정 金載瓚이 왕세자 교육에 대하여『千字文』이

---

15) 高麗史 75卷 選擧3 銓注 凡選法條.
16) 丁若鏞 著, 茶山硏究會 譯註, 譯註牧民心書Ⅳ, 創作과 批評社, 1984, p.8.
17) 明宗實錄 18卷 明宗 10年 6月 6日 己巳條.
　　「侍讀官鄭宗榮曰 …… 古人之學 蒙養爲大 後世人材不出者 豈有他哉 以其蒙養之 不素也」
18) 中宗實錄 27卷 中宗 12年 4月 13日 戊午條.
　　「氣質沈重 言不輕發 千字類合 皆通習之」
19) 明宗實錄 19卷 明宗 10年 11月 29日 庚申條.
　　「元子近日 雖暫讀千字孝經」
20) 肅宗實錄 卷23 肅宗 17年 閏 7月 25日 戊寅條.
　　「上親製千字序文 下春坊 春坊請刊出幷卷 侍東宮開筵 以此文進講 許之」

孝宗 10年(1632)에 成均館 祭酒 宋浚吉이 書堂教育의 중요성을 알리기 위해 <書堂學規>를 정하였다.30) 이 <書堂學規>의 내용 중 "守令은 때때로 친히 가서 그 학도들을 鄕校나 書院에 모아 考講하고 교양관도 또한 친히 방문하거나 학생들을 鄕校나 書院에 모아 考講하고 製述을 시켜라"라는 대목이 있다. 이는 守令의 七事 가운데 學校興에 해당하는 것으로 국가에서 書堂에 주목하고 있다는 것을 뜻한다.

이렇게 동몽교육에 관한 끊임없는 관심 가운데 세워진 書堂은 시기별로 그 성격의 변화를 보여주고 있다. 16세기 서당이 주로 在地 士族들이 향촌사회에서 자신들의 기반을 닦아 가는 과정에서 설립되었다고 한다면 17세기 서당은 이미 향촌사회의 주도권을 장악한 在地 士族이 수령과 긴밀히 협조하는 가운데 설립하였다.

18세기 중엽부터 서당은 촌락 단위의 경제권 하에 들어감으로써 관권의 간섭에서 벗어나서 문중 중심으로 바뀌는 역할변화의 과정을 거쳤다.31) 즉 서당이 동족부락이 중심이 되어 운영되었기 때문에 이에 대한 官權 개입이 전반적으로 퇴조한 것이다.

따라서 서당은 혈연중심의 폐쇄적인 성격으로 변하게 되었다. 또한 이 시기에는 書堂契의 고안으로 경제적으로 어려움을 겪던 평민층이 대거 서당을 운영할 수 있는 전기를 마련하였다. 이로 말미암아 이 시기 평민중심의 교재가 본격적으로 나타나고, 직업적 고용 훈장이 등장하는 등 서당교육에 일대 변화가 나타나기 시작하였다.

이렇게 16~18세기에 걸쳐 서당이 광범하게 설립되자 그에 따라『千字文』刊印도 늘어났다. 앞으로 살펴보겠지만 冊板目錄에 의한『千字文』판각 狀況을 분석해보면 16세기 40건 판각되었음에 비해 18세기는 59건 판

---

30) ① 孝宗實錄 卷21 孝宗 10年 2月 丁丑條 參照.
　　② 文獻通考 學校孝入 鄕學 孝宗十年條 參照.
31) 丁淳佑, 18世紀 書堂研究, 서울 : 韓國精神文化研究院 (博士學位論文), 1985, p.60.

각되었다. 이렇게 『千字文』 판각이 증가한 것은 유교문화의 지방 확산으로 서당 설립이 늘었기 때문이지만 18세기 들어 서당교육이 평민층에게까지 확산되기 시작한 점이 무엇보다 주목된다.

그러면 이렇게 확산되고 있던 서당에서 『千字文』이 차지하고 있던 위치는 어떠하였을까? 서당의 교육내용은 그 지향하는 바에 따라서 편차가 있었는데, 그 교육내용은 대체로 講讀, 製述, 習字 셋으로 대별된다.32) 講讀은 처음에 『千字文』으로부터 시작하여 『童蒙先習』, 『通鑑』, 『小學』, 『四書』, 『三經』, 『史記』, 『唐宋文』 및 『唐律』로 올라갔다. 서당에 따라서 『春秋』, 『禮記』 및 『近思錄』 등을 읽히기도 하였다. 製述은 일반적으로 五言絶句, 七言絶句, 四律, 十八句詩, 作文 등을 가르쳤으며 벽촌의 서당에서는 전혀 제술이 없는 곳도 있었다. 習字는 처음에 楷書를 연습시켜 어느 정도 익숙해지면 草書를 가르쳤다. 따라서 이 세 가지 내용 모두에 있어서 『千字文』은 기초과목이었으며 특히 習字에 있어서 『千字文』의 비중은 무엇보다 컸다. 楷書는 말할 것도 없고 草書의 경우도 『千字文』에 의존하는 바가 절대적이었다.

서당의 교재로는 童蒙敎育만을 위해 지어진 것과 일반 서적이지만 교육목적에 부합되어 동몽을 위한 교재로 쓰이는 것이 있었다. 유교교육이 목적이라면 기존의 저술만으로도 가능하겠지만 당시 서당 교재가 대부분 중국에서 만들어진 것이어서 우리나라의 실정에 맞지 않은 점이 많았다.

崔世珍은 그의 저서인 『訓蒙字會引』에서33) "아동들에게 글을 가르치는 집에서는 반드시 먼저 『千字文』을 배우고 다음에 『類合』을 배운 다음 비로소 여러 책을 읽기 시작한다. 『千字文』은 梁의 周興嗣가 편찬한 것으로

---

32) 孫仁銖 · 李元浩, 敎育史新講, 서울 : 文音社, 1984, pp.75-76.
33) 崔世珍, 訓蒙字會引.
　　「臣竊見世之敎童幼學書之家　必先千字　次及類合然後　始讀諸書矣　千字梁朝散騎常侍周興嗣所撰也　摘取故事　排比爲文　則善矣　其在童穉之習　僅得學字而已　安能識察故事屬文之義乎……　雖習千字類合　以至讀遍經史諸書　只解其字不解其物」

故事를 잘 취하여 배열하였으므로 문장으로는 매우 좋다. 그러나 아동들이 이를 배움에 겨우 글자만을 익힐 따름이니 어찌 故事와 屬文의 뜻을 익힐 수 있겠는가? …… 지금 배우는 아동들이『千字』나『類合』을 익히고 經史諸書에 이르러도 단지 글자는 알지만 글자가 가르키는 물건은 알지 못한다"고『千字文』의 문제점을 지적하였다.

朴趾源도『千字文』의 不可讀說을 말한 적이 있다.34) 그는『千字文』의 구성이 교육적이 아니라고 하여『史略』『通鑑』과 함께 읽어서는 안 될 책으로 규정하였다. 丁若鏞 또한『千字文』은 한 때에 장난스런 책일 뿐이지 어린 아동을 가르치는데 취할 바의 책은 아니다35)라고 하였다. 그는 실학자답게 구체적 경험이 가능한 일상생활의 한자부터 가르칠 필요가 있음을 강조하였으며 이러한 문제의식에서 二千字로 된 초급교재인『兒學編』을 스스로 지었다.36)

이상으로『千字文』은 가장 널리 사용되어온 교재임에도 불구하고 조선 후기 이래『千字文』이 반드시 아동들에게 적합한 교재는 아니라는 비판이 제기되어 왔음을 알 수 있다. 그럼에도『千字文』은 문자교육을 위한 아동교재 중 우리나라에서 가장 널리 보급되었으며 또한 오래도록 동몽 초학의 入門書 구실을 하였음은 부정할 수 없는 사실이다.

---

34) ① 燕巖 朴趾源 談叢外記
　　② 渡部學, 近代朝鮮教育史, 東京 : 雄山閣, 昭和44(1911), pp.524-531.
35) 與猶堂全書 補遺2 千字文評.
　　「千文卽 一時戲作 非以族聚 不可訓蒙者也」
36) ① 金大鉉, "茶山 丁若鏞의 漢文教育書에 대한 고찰", <漢文教育研究> 第10號, 1997, pp.177-195.
　　② 丁淳佑, "茶山 兒學編 研究", <茶山學報> 4, 1982, 參照.

2. 印刷文化의 전개

　　조선시대 유교적 교화와 인재양성의 수단으로 교육 못지않게 중요시했
던 것이 서적 보급이었다. 특히 조선 초기에는 교육과 마찬가지로 서적 보
급도 국가에서 주도하였다. 국가는 『三綱行實圖』를 비롯한 각종 교화서를
직접 刊印하여 보급하는 것을 통해 유교적 교화를 이루려고 하였던 것이
다. 이러한 사업을 주관한 것은 중앙의 校書館이었지만 실제적인 판각과
인쇄는 중앙의 鑄字所, 校書館, 司譯院과 訓鍊都監 그리고 8道의 監營과
府牧郡縣의 官衙에서 담당하였다.

　　『千字文』도 국가의 서적 보급에 가장 기본적인 서적으로 포함되었다.
조선시대 국가에서 『千字文』을 간행한 기록으로 가장 이른 것은 世宗 7年
11月 2日 丁酉條의 '慶尙道 監司 河演이 찍어 보낸 『入學圖說』, 『易』, 『詩』,
『春秋』, 『大學』, 『論語』, 『孝行錄』, 『篆書千字文』, 『大千字文』을 成均館, 校
書館, 四部學堂에 頒賜하였다'[37]라는 기록이다. 이를 통하여 중앙에서 慶
尙道 監營에 명하여 監司 河演이 『千字文』 등의 서적을 개판 인출하여 上
送하였음을 알 수 있다.

　　그런가 하면 文宗 卽位年 11月10日 庚戌條에는[38] "安平大君 瑢이 歷代
帝王들과 성현들의 글씨첩, 王羲之의 楷書 行書 草書 세 가지 글씨체, 趙
子昂의 草千字 등 書法 板本을 올려 이를 校書館에 두고 사람들이 찍어 가
는 것을 허락하라고 명하였다"라는 기록과 世祖 元年 10月 21日 癸亥條
에[39] "鑄字所에 전교하여 校書館에 소장한 集古帖 중에서 趙孟頫의 證道

---

37) 世宗實錄 卷30 世宗 7年 11月 2日 丁酉條.
　　「慶尙道監司河演 進入學圖說 易 詩 春秋 中庸 大學 論語 孝行錄 篆書千字文大千
　　字文 頒賜于成均館 校書館 四部學堂」
38) 文宗實錄 卷4 庚午 卽位年 11月 10日 庚戌條.
　　「安平大君瑢 進歷代帝王名賢集古帖 王羲之眞行草三體 趙子昂進草千字等 書法板
　　本 命付校書館 許人模印」

謌 眞草千字 東西銘, 王羲之의 東方朔傳 蘭亭記, 雪庵의 頭陀帖과 永膺大君 琰의 집에 所藏하고 있는 趙孟頫의 赤壁賦 등의 法帖을 찍어 成均館으로 보내서 학생들로 하여금 楷範으로 삼게 하라"는 기록이 있다. 이러한 기록을 통하여 校書館에 소장한 『千字文』 등 각종 서적을 주자소에서 찍어 내도록 하였고 鑄字所에서는 활자 인쇄 이외에 木板 印刷도 실시했음을 알 수 있다.

世祖 4年 2月4日 癸巳條에는[40] "承政院에서 임금의 명을 받아 全羅道 觀察使에게 급히 글을 보내기를 錦山郡에서 開刊한 趙學士 글씨의 陰刻 『千字文』을 올려 보내라고 하였다"라는 기록이 있다. 여기서 문제가 되는 것은 趙學士의 『千字文』을 앞서 살펴본 世宗 7年의 기록처럼 지방에서 간행하여 책판을 올려 보내라는 것인지 아니면 중앙에서 『千字文』을 간행하기 위해 印本을 보내라는 것인지의 여부이다.

이 문제에 대한 실마리는 世祖 5年 6月 24日 甲戌條의 기록에서[41] 찾아볼 수 있다. 즉 "禮曹에 傳旨하기를 내가 法帖을 많이 인쇄하여 나라 안에 널리 반포하려 하니 만약 趙學士의 眞筆인 眞草千字文 등의 書冊을 바치는 사람은 소원대로 후하게 상을 줄 것이고, 또 병풍, 족자에 쓴 法帖 같은 것은 模刻한 후에 주인에게 돌려 줄 것이니 이런 뜻을 中外에 효유하라고 하였다"는 것이다. 이는 서책과 法帖을 수집하여 摸刻하겠다는 것인데 이 기록을 통해 앞의 명령도 중앙에서 模刻하기 위해 錦山에서 간인한 『千字

---

39) 世祖實錄 卷2 世祖 元年 10月 21日 癸亥條.
　「傳于鑄字所曰 校書館所藏集古帖 趙孟頫 證道謌 眞草千字 東西銘 王羲之東方朔傳 蘭亭記 雪庵 頭陀帖 永膺大君琰家藏 趙孟頫 赤壁賦等本 印送成均館 令學生用爲楷範」
40) 世祖實錄 卷11 世祖 4年 2月 4日 癸巳條.
　「承政院 奉旨 馳書于全羅道觀察使曰 錦山郡開刊趙學士陰千字文上送」
41) 世祖實錄 卷16 世祖 5年 6月 24日 甲戌條.
　「傳旨禮曹曰 予欲多印法帖 廣布國中 如進趙學士 眞筆眞草千字等書者 從願厚賞又如書屛簇法帖 摹刻後還主 以此曉諭中外」

文』1부를 올려 보내라는 뜻임을 알 수 있다.

이러한 기록들을 종합하여 보면 朝鮮 초기에는 국가에서 각 道의 監營에 명령하여『千字文』등 지방에서 개판한 각종의 책판에서 찍은 印本을 받아 보급하기도 하고 혹은 개판한 책판을 받아 인출 보급하기도 하였던 것이다. 이는 국가체제를 확립해 가는 시기였으므로 서책 刊印의 부담을 지방에 분담시킨 것으로 여겨진다. 국가체제가 확립된 世祖 이후가 되면 도서 간인에 있어서도 변화의 모습이 보인다. 지방에서 서책을 수집하여 중앙에서 이를 직접 간인하는 것이다. 이러한 모습은 中宗 24년 錦山에서 간행한 趙孟頫의『草千字文』을 입수하여 校書館에서 판각하여 보급한 경우에서도 찾아볼 수 있다.

中宗 24年 7月3日 丙申條에는[42] “初學이 읽는『千字文』,『類合』과 釋音을 단『小學』을 각 20건씩 즉시 인출하여 대궐로 들이게 하라. 만일 나라에서 쓸 것이 부족하다면 많이 찍어서 文武樓에 보관하는 것이 좋겠다”라는 기록이 있다. 이 기록으로 알 수 있는 것은 中宗때『小學』에는 이미 釋音을 달았지만『千字文』과『類合』은 아직 釋音을 달지 않았다는 것이다. 이는 이 시기『千字文』이 講讀用보다는 習字用으로 쓰였음을 보여주는 것이다.

『千字文』에 오늘날처럼 釋音을 단 시기는 정확히는 알 수 없지만 실물 조사에 의하면 宣祖 8年(1575) 光州에서 간행한『千字文』이 처음이다. 그러나 宣祖 38年 11月 3日 癸酉條에는[43] “上이 經書諺解 등 國史를 의논하면서『千字文』같은 것도 해석하면 좋겠다”고 하는 기록이 있다. 여기서 ‘해석하다’라는 것이 註解를 뜻하는 것인지 아니면 釋音을 다는 것을 뜻하는

---

42) 中宗實錄 卷65 中宗 24年 7月 3日 丙申條.
　「傳于政院曰 初讀所用 千字 類合 懸吐小學各二十件 則今印出入內 若於國用不足 則數多印出 藏於文武樓 可也」
43) 宣祖實錄 卷193 宣祖 38年 11月 3日 癸酉條.
　「上曰 雖如千字 釋之則好矣」

것인지는 확실하지 않다. 그러나 만일 釋音을 단 『千字文』이라면 이미 1575년 光州에서 간인된 『千字文』이 있는데 구태여 여기서 언급할 필요가 없었을 것이므로 『註解千字文』이라 추측된다.

이상에서 살펴본 바와 같이 朝鮮 前期의 書冊 刊印은 국가에서 주도하였고 『千字文』의 경우도 마찬가지였다. 왕조 개창 초기인 15세기에는 중앙에서 각 감영 등에 명령하여 서책을 개판하여 그 印本이 아니면 冊板을 上送하도록 하였지만 16세기에 들어서면 鑄字所 또는 校書館에서 직접 각종 서책을 간인하고 있다. 따라서 『千字文』의 경우도 조선 전기에는 中央官署가 주도하여 간인하였음을 알 수 있다.

17세기에 들어서면 서책 刊印에 있어서도 상당한 변화가 나타난다. 지방사회가 다시금 서책 刊印의 주요한 주체로 등장하고 있다는 점이다. 그 중 대표적인 것은 監司나 守令이다. 그것은 감사나 수령의 文敎政策 중에서 서책 印刷 普及이 매우 중시되었기 때문이다. 감사가 도민을 교화함에 있어서는 鄕校나 書院 書堂을 통하여 교육이나 교화하는 방법도 있었지만 그밖에도 유학과 인륜에 관계되는 각종 서책을 간인함으로써 지방의 文敎을 진흥하는 방법도 취해졌다. 이에 따라 지방 수령의 人事考課에는 서책 인쇄보급이 들어가게 되고 각 고을 단위의 서책 刊印 보급이 늘어나게 되었다.

그런데 이러한 지방에서의 서책 刊印은 감사나 수령의 힘만으로 이루어진 것은 아니었다. 이 시기 이들 지방관들의 서책 刊印은 앞서 살펴본 바와 같이 향촌사회의 주도권을 장악한 사족들과의 긴밀한 협조 하에 이루어진 것이었다. 그리고 『千字文』도 여기서 중요한 서적으로 포함되어 있었다.

18세기에 접어들면 서책 刊印의 양상이 다시 한번 변화한다. 과거에 의한 인재등용과 양반계급의 수적 증가로 말미암아 四書三經을 비롯하여 『史略』 『通鑑』 『小學』 등의 小學書의 수요가 급격히 증가하여 官版本이나 寫本으로는 그 충족이 어렵게 되었다. 특히 『千字文』의 경우 서당교육이 양반 사족에서 일반서민에까지 확산되면서 그 수요가 대폭 늘어나게 되었다. 이로 말미암아『千字文』의 새로운 인쇄형태와 새로운 유통구조가 나타나기 시작하였다.

즉 조선 후기부터 전국에 걸쳐 '場市網'(五日場)이 형성되면서 이를 기반으로한 상업적 출판형태가 나타나기 시작한 것이다. 이러한 場市網을 거점으로 冊行商들이『千字文』『童蒙先習』『史略』『通鑑』四書와 같은 초보적인 책을 유통시키게 되었으며 이를 위한 서적인 이른바 坊刻本이 나타나기 시작했다.[44] 이것은 대중 독자에게 값싸게 대량 판매하여 영리를 취할 목적으로 출간한 책으로 시장의 전포와 잡화전에서 독자들과 쉽게 만날 수 있었다.[45] 이러한 방각본 간인은 19세기 들어 대폭 확대되는데 이 가운데 가장 큰 비중을 차지한 것이 바로『千字文』이었다.

현전하고 있는『千字文』중 坊刻本은 주로 서울, 京畿道, 全羅道, 慶尙道에서 간인되었다. 주요한 刊印處로는 서울에서는 孝橋, 武橋, 紅樹洞, 廣通坊, 紫岩, 銅峴, 油洞 등을 들 수 있고, 京畿道에서는 鄭東基家가 있다. 全羅道에서는 杏谷, 完山, 完齊, 完府 등이 있으며 慶尙道에서는 昌寧 華林齋를 들 수 있다.

이렇게『千字文』은 우리나라의 초학 교육에 있어서 중요한 지위를 차지하고 있었고 이러한 폭넓은 수요를 충족하기 위해 18~19세기 坊刻本 刊印의 양상까지 나타나고 있었다. 그렇기 때문에 20세기 초기 우리나라에 근대적 상업출판이 처음 출현하는 과정에서도『千字文』이 상당한 비중을 차지하게 된 것이다.

---

44) 李瑞求, "冊房歲時記", <新東亞> 40, 1968.5, p.252.
45) ① 백운관, 부길만, 한국 출판문화 변천사, 서울 : 도서출판타래, 1992, p.82.
　　② 白雲官, 韓國 圖書出版物 流通構造 變化의 史的 硏究, 서울 : 中央大學校(碩士學位論文), 1989, p.51.

Ⅲ. 冊板目錄에 의한 刊印 分析

　조선시대에 『千字文』만큼 많이 간행된 서적도 드물다. 그것은 앞 장에서 살펴보았듯이 『千字文』이 초급단계의 교재로 어느 서적보다 보편적으로 쓰였기 때문이지만 이밖에도 『千字文』이 갖고 있는 특징 때문이기도 하다. 즉 『千字文』이 여타의 서적에 비해서 분량이 적다는 점이 그것이다. 『千字文』은 말 그대로 중복된 글자 없이 1,000자로 구성되어 있으며, 여기에 한글새김과 음을 더하더라도 분량이 매우 적은 편이다. 그렇기 때문에 이를 판각해서 찍어 내는 것은 그다지 어려운 일이 아니었다. 따라서 『千字文』은 그만큼 널리 刊印되어 보급될 수 있었다.

　이렇게 『천자문』은 폭넓게 간인되었는데 이들 판본에 간인기록이 없는 것이 대부분이고 그 기록이 있다하더라도 그 판본이 간인된 실체와 맞지 않는 경우가 허다하다. 그러므로 현전본의 고증에 있어서는 그 책의 형태로 미루어 보아 판각시기를 넓게 추정하고 그 무렵에 작성한 책판목록을 조사하여 그것이 어느 지방에서 開板되었고 그 책판의 狀態表示 즉 ‘昔有今無秩’, ‘全無, 闕失’, ‘燒盡’, ‘火失’, ‘刓不用’, ‘缺不用’, ‘刓秩’, ‘磨損’, ‘朽損’, ‘間刓’, ‘破傷’, ‘舊版’, ‘新版’, ‘新刊’, ‘新增’, ‘完’, ‘完秩’, ‘私板’, ‘官板’ 등의 표시와 견주어 봄은 물론 책판에서 찍어내는데 소요되는 印紙數를 對査하여 그 책의 刊印事項을 알아내는 작업을 선행적으로 수행하여야 할 것이다. 이처럼 책판목록은 『千字文』간인을 분석하는데 있어서 매우 중요한 자료이다.

　그렇지만 책판목록에 의한 분석에 문제가 없는 것은 아니다. 먼저 책판목록에 수록된 서명 자체가 통일되지 않고 正式書名, 略式書名 등을 다양하게 그리고 임의로 적고 있어서 서명만 보고 같은 책인지 알 수 없는 경우가 많다.46) 다음으로 책판목록에 狀態表示가 없는 것이 많고, 있다하더라도 그 이전 목록 또는 다른 목록에서 그대로 베껴 적어 현전본의 실체와 맞지 않는 경우가 적지 않다는 점이다.

이렇듯 문제점이 있기는 하지만 책판목록에 수록된 천자문은 현전본에 비해서 그 숫자가 많기 때문에 『千字文』 간인의 추이를 살펴보는데 이점이 있다. 또한 현전본의 간인처와 간인시기를 고증하는데 있어서도 그것과 비슷한 무렵에 작성된 책판목록에 수록된 『千字文』의 狀態表示 및 印紙數와 對査하는 방법을 통해서 도움을 얻을 수 있다.

1. 作成時期別 册板目錄

여러 책판목록에서 수록된 서지사항을 현전본의 고증에 적용하기 위해서는 먼저 개개의 책판목록이 언제 작성되었는지를 살펴보아야 한다. 그래야만 그 책판목록에 수록된 『千字文』의 판각 下限 시기를 알아낼 수 있다. 그런 다음 그 책판의 상태표시를 적용하여 그것의 上限 시기를 추정할 수 있기 때문이다. 그러므로 먼저 본 연구의 대상이 된 책판목록에 대하여 그 작성 시기를 밝히고 아울러 각 책판목록의 『千字文』수록 件數를 살펴보고자 한다. 연구의 대상이 된 册板目錄은 附錄으로 첨부하였다.

가. 16세기 이전

1) 攷事撮要

이 책판목록은 明宗 9年(1554)에 魚叔權이 편찬한 類書이다.

---

46) 册板目錄에 나타나는 書名은 大千字, 小千字, 草千字, 千字, 千字文, 大字千字, 雪庵千字, 四體千字, 四字千字, 五字千字, 八字千字, 眞千字, 眞草千字, 注千字, 白字千字, 黑千字 등 다양하다.

隆慶 2年(1568), 萬曆 4年(1576), 萬曆 13年(1585)에 각각 增修되어 刊印되었으나, 임진왜란 이후에는 팔도의 책판이 兵火로 거의 燒毀 또는 煙沒되었으므로 이를 삭제하고 각 지역별 進貢方物로 대치하였다. 임진왜란 이전의 판본과 소위 訓練都監字版은 "書冊市准"으로 되어 있고, 崇禎 9年(1636)부터의 판본에는 이를 "書冊印紙數" 또는 "書冊印紙容入數"로 바꾸어 수록하고 있다. 이후의 諸續撰 및 改修本은 이를 踏襲하였다.[47] 그러므로 여기서 대상으로 한 것은 임진왜란이전 판본이다.

〈隆慶 2年(宣祖 1, 1568) 乙亥字本〉

16개 開板地에 19건을 수록하고 있다. 江原道 旌善(眞草千字), 平海(眞千字), 全羅道 高山(眞草千字), 錦山(篆千字), 茂長(四字千字), 南原(白字千字, 眞草書千字), 同福(黑千字), 慶尙道 安東(四字千字, 五字千字, 八字千字), 比安(眞草千字), 永川(四字千字), 慶州(眞草書千字), 山陰(注千字), 昌原(草千字), 晉州(白字千字), 平安道 平壤(大字千字), 咸鏡道 咸興(四體千字)의 책판이 수록되어 있다.

〈萬曆 4年(宣祖 9, 1576) 乙亥字本〉

16개 開板地에 19건의 천자문을 수록하고 있음은 隆慶 2年(宣祖 1, 1568) 乙亥字本과 동일하다. 그러나 이 책판목록에는 追加 訂正 補完 略語 誤植 등이 나타나고 있어 異版이 있음을 알 수 있다.

平壤의 十九史略이 追加되었으며[48] 慶州의 三國中을 三國史로 訂正하였다.[49] 釋吐漢傳을 釋吐漢書傳抄로 補完하고 있으며[50], 略語로는 隆慶 2年

---

47) 萬曆41年(光海君 5, 1613) 朴希賢 改修의 訓練都監字本
　　崇禎9年(仁祖 14, 1636) 活字本
　　康熙13年(顯宗 15, 1674) 戊申字本
　　雍正12年(英祖 10, 1734) 印書體活字本
48) 平安道 六日半程 平壤條 參照.

(宣祖 1, 1568) 乙亥字本에서 든 永川의 四字千字를 千字[51], 平壤의 大字千字를 大千字로[52] 고쳐 적은 것을 들 수 있다. 그리고 誤植된 것은 陶隱集을 陶息集[53], 冊板을 別號[54], 貞觀政要를 上觀政要[55], 中庸諺解를 中庸該解로[56] 한 것을 들 수 있다.

〈萬曆 4年(宣祖 9, 1576) 乙亥字 翻刻本〉

이것은 서울 水標橋 부근에서 간행한 坊刻本으로 16개 開板地에 20건을 수록하고 있다. 이는 萬曆 4年(宣祖 9, 1576) 乙亥字本의 16개 開板地 19건에 1건을 더 추가하여 총 16개 開板地에 20건을 수록하고 있다.

추가된 1건은 平安道의 平壤(雪庵千字)이다. 이를 萬曆 4年(宣祖 9, 1576) 乙亥字本과 비교하면 詩大文[57]과 唐鑑[58]이 각각 追刻되어 있고 隆慶 2年(宣祖 1, 1568) 乙亥字本과 萬曆 4年(宣祖 9, 1576) 乙亥字本의 『蒙△書』를 『蒙訓書』[59]로 보진하고 있다. 또 東萊博議를 東萊傳議[60]로 誤刻하고 있다. 한편 萬曆 4年(宣祖 9, 1576) 乙亥字本에 追加된 十九史略이 乙亥字 翻刻本에 빠진 것을 감안하면 萬曆 4年(宣祖 9, 1576) 乙亥字本을 翻刻한 다음 독자적으로 조사한 것을 追刻 또는 보진한 것으로 보인다.[61]

---

49) 慶尙道 九日程 慶州條 參照.
50) 平安道 六日程 中和條 參照.
51) 慶尙道 七日半程 永川條 參照.
52) 平安道 六日半程 平壤條 參照.
53) 黃海道 五日程 谷山條 參照.
54) 江原道 六日程 三陟條 參照.
55) 全羅道 六日程 全州條 參照.
56) 全羅道 十日程 光陽條 參照.
57) 黃海道 四日程 海州條 參照.
58) 慶尙道 九日程 密陽條 參照.
59) 全羅道 八日程 羅州條 參照.
60) 平安道 六日半程 平壤條 參照.
61) 千惠鳳, 攷事撮要, 서울 : 韓國圖書館研究會, 1974, p.3.

〈萬曆 13年(宣祖 18, 1585) 許篈 續撰本〉

24개 開板地에 30건의 천자문을 수록하고 있다. 萬曆 4年(1576) 乙亥字 翻刻本의 16개 開板地에 20건에 8개 開板地 10건이 더 추가되었다. 즉 許篈 續撰本에는 慶尙道의 盈德(千字), 榮川(千字), 義城(四體千字), 全羅道의 光州(千字), 寶城(千字), 淳昌(大字千字), 求禮(草書千字), 長興(千字)이 새로 수록되었다.

慶尙道의 晉州는 草書千字 1건이 추가되었고, 全羅道의 茂長은 小千字 1건이 추가되었다. 이 冊板은 諸刊本에 수록된 책판을 종합하고 또 그곳에서 빠진 것과 宣祖 9年부터 宣祖 18年까지 9년 동안 開刊된 것이 追加되어 있다. 그런데 諸刊本에 수록된 책판을 移刻한 것 중에는 底本과 차이가 나는 것이 있다. 즉 晉州의 『遺山樂賦』는[62] 『遺山樂府』의 誤刻이고 海州의 맨 아래에 刻入된 『鄭鼐杜詩』는[63] 본래는 앞에 위치했던 것을 실수로 漏落시켜 뒤에 附入시킨 것이며 平壤의 『十九史略』도[64] 萬曆 4年(宣祖 9, 1576) 乙亥字本에서 처음 追加된 것이므로 그 순서가 『蓮亭集』의 다음에 위치하여야 하는데 板下本을 마련할 때 실수로 『聖學十圖』의 다음에 刻入한 것이다. 또 密陽의 『紀行錄』을 『紀行』으로[65] 略記하고 있다.

그러므로 임진왜란 이전의 『攷事撮要』에는 千字文이 총 24개 開板地에 30건 수록되어 있다. 그러나 임진왜란 이후의 冊板目錄을 조사하여 보면[66] 校書館에서 刊印한 韓濩千字 1건이 추가되어 있어 『攷事撮要』에 실린 千字文은 총 25개 開板地에 31건이다.

---

62) 慶尙道 九日半程 晉州條 參照.
63) 黃海道 四日程 海州條 參照.
64) 註 52) 參照.
65) 慶尙道 九日程 密陽條 參照.
66) 註 47) 參照.

2) 嶺南册板記

　이 책판목록은『古册板所在攷』에 수록되어 있다.『古册板所在攷』는 肅宗朝에 편찬된『海東地志』(1-35책, 寫本)에서 京畿, 忠淸, 全羅, 江原, 黃海, 咸鏡 등 六道의 책판을 옮겨 적고,『海東地志』에 빠진 嶺南의 册板은 이 책판목록의 내용으로 보충한 것이다.『古册板所在攷』는 원래『古册板有處攷』로 題名하였던 것이 뒤에 改題된 것이다.[67]

　『嶺南册板記』는 임진왜란 이전에 조사하여 기록한 것이며 黃義敦이 所藏하였다. 여기에 수록된 千字文은 7개 開板地에 9건으로 尙州(千字)[68], 密陽(千字)[69], 慶州(眞草千字)[70], 安東(四字千字[71], 五字千字[72], 八字千字[73]), 晉州(白字千字), 昌原(草千字[74]), 永川(四字千字)[75]이 그것이다. 隆慶 2年(宣祖 1, 1568) 乙亥字本『攷事撮要』와 비교하여 보면, 永川 安東 慶州 昌原 晉州의 것은『攷事撮要』에 포함되어 있고, 尙州(千字)와 密陽(千字)의 것이 새로 追加되었을 뿐이다.

　晉州의 책판은 隆慶 2年(宣祖 1, 1568) 乙亥字本『攷事撮要』에 白字千字만 수록되어 있었고 萬曆 13年(宣祖 18, 1585) 許筬續撰本『攷事撮要』에는 草書千字 1건이 추가된 바 있다. 그러나 이 册板目錄에는 草書千字는 없고 白字千字 1건만 수록되어 있다.

　隆慶 2年(宣祖 1, 1568) 乙亥字本『攷事撮要』에는 晉州에 白字千字만 등재되어 있으므로 이『嶺南册板記』가 宣祖때 조사된 것임을 알 수 있다. 尙

---

67) 千惠鳳 編, 古書目錄集成, 서울 : 東國大學校圖書館, 1962, p.333.
68) 注紙 1卷3張.
69) 狀紙 2貼2張.
70) 狀紙 3貼5張 墨半丁.
71) 注紙 3卷4張 墨1丁.
72) 注紙 1卷7張.
73) 注紙 7張.
74) 16張.
75) 紙 1卷1貼14張.

州의 千字와 密陽의 千字가 隆慶 2年(宣祖 1, 1568) 乙亥字本 『攷事撮要』에
빠진 것은 그 당시 冊板의 刊缺이 심하여 제외시킨 것인지 아니면 조사할
때 누락된 것인지는 기록이 없어 자세히 알 수 없다.

나. 18세기 이전

1) 慶尙道冊板

이 책판목록은 경상도 觀察營과 30個 郡邑에서 간행한 冊板을 조사하여
엮고 冊板의 刊秩과 刊缺 그리고 冊紙의 張數를 기록한 것이다.

31張으로 된 謄寫本으로 가람 李秉岐 敎授 所藏本을 1949年에 謄寫한
것이다. 현재 國立中央圖書館에 1冊(國立古0267-21)이 所藏되어 있으며 1995
年 延世大 國學硏究院에 의해 影印되었다. 卷末에 謄寫했다는 기록만 있을
뿐 다른 기록은 없다. 따라서 이 冊板目錄의 作成時期는 추정해볼 수밖에
없다.

먼저 이 책판목록에 수록된 地名을 살펴보면 "順興"과 "山陰"이 있다.
順興은 世祖 3年(1458)에 府使 李甫欽이 죄인의 협박을 받아 謀叛하였으므
로 豊基, 榮川, 奉化에 나누어 속하게 하고 廢府하였다가 肅宗 9年(1683)에
복구하여 府가 되었고, 山陰은 朝鮮初期부터 이 이름으로 불리어지다가 英
祖 43年(1767)에 山淸으로 개칭되었다. 대개 책판목록을 작성할 때에는 당
시 쓰이던 地名을 기재하는 것이 通例임을 미루어 보면 이 책판목록은 肅
宗 9年(1683)에서 英祖 43年(1767)사이에 작성되었음을 알 수 있다.[76]

그런데 이 책판목록에는 蔚山의 『三韻通考補遺』가[77] 수록되어 있다. 이
는 현전본의 판각지역과 일치하므로 같은 책임을 알 수 있다. 현전본에 의

---

76) 趙婷化, 朝鮮朝後期 嶺南官板本에 관한 硏究, 서울 : 成均館大學校(博士學位論文),
   1995. p.23.
77) 三韻通考補遺 (國立 古朝41-9)

하면 이 책은 朴斗世가 蔚山 郡守로 있을 때 간행한 것이다. 그는 肅宗 26 年(1700)에 晉州牧使로 부임하였는데 肅宗 28年(1702)에 교체되자 이 책을 3년에 걸쳐 완성시키고 蔚山 郡守로 부임한 節度使의 도움을 받아 간행하였다고 한다. 따라서 이 책의 간행은 肅宗 31年(1705) 이후 이루어졌을 것이다.『三韻通考補遺』가 이 冊板目錄에 수록된 점으로 미루어 이 冊板目錄의 作成時期는 肅宗 31년(1705) 이후부터 英祖 43年(1767) 사이로 좁힐 수 있다.

이 冊板目錄에 수록된 千字文은 慶尙道에서만 3건이다. 즉 蔚山(千字)[78], 金海(韓濩千字)[79], 星州(千字)[80]이다. 이 3개 開板地는『攷事撮要』나『嶺南冊板記』에 실려 있지 않은 開板地이므로 이 책판목록에 새로 追刻된 開板地이다. 그러므로 이들 千字文의 刊行時期 추정에 큰 도움이 된다.

2) 完營冊板目錄

이 책판목록은 全羅 忠淸 慶尙 咸鏡道의 觀察營과 道內의 各地에서 開板한 冊板을 조사하여 엮은 것이다.

이 冊板目錄의 작성시기는 卷首에 "乾隆二十四年(1759)二月 日 完營冊板目錄"이라는 기록이 명시되어 있으므로 英祖 35年(1759) 임을 알 수 있다. 이 목록에서는 各道의 地名아래에 書名, 冊紙, 張數, 冊板의 刓缺 闊失 등 서지 사항을 간략하게 기록하고 있다. 이 책판목록을『完營冊板目錄』이라 題名한 것은 完營(全羅道의 觀察營)에서 開板된 책판이 가장 많고 또 앞부분에 수록되어 있기 때문이다.

이 책판목록에는 총 9개 開板地에 12건의 千字文이 수록되어 있는데, 그 중 8개 開板地는 全羅道이고 1개 開板地는 咸鏡道이다. 그 중 全羅道 8개

---

78) 1卷1張2折.
79) 壯紙 2卷2張2折.
80) 壯紙 3卷2張2折.

開板地는 全州(大千字)[81], 南原(千字)[82], 順天(千字)[83], 長興(大千字)[84], 求禮
(大千字[85], 韓濩千字[86]), 務安(大千字)[87], 淳昌(大千字)[88], 靈光(韓濩千字[89],
篆千字[90]) 등이고, 咸鏡道 1개 開板地는 營上(韓濩千字[91], 御筆千字[92])이다.

　여기서 南原, 淳昌, 求禮, 長興의 것은 萬曆 13年(宣祖 18, 1585) 許筬續
撰本『攷事撮要』에 실려 있고, 務安 靈光, 全州, 順天, 咸鏡道 營上의 것은
이 책판목록에서 새로 실린 것이다. 靈光의 경우는 "順治 18年 辛丑(1661)
二月 靈光郡新刊"이란 刊記가 있는『篆千字』가 현재 전해 오고 있고, 順天
의 경우는 "雍正八年(1730)九月日 順天 曹溪山 松廣寺開刊"이란 刊記가 있
는『千字文』이 현재 전해 오고 있다. 특히 松廣寺本의 印紙數를 조사해 볼
때 '白紙 16丈'으로 이 冊板目錄에 수록된 것과 정확하게 일치하므로 이들
千字文이 이 책판목록에 수록된 것과 같은 책인 것을 알 수 있다.

3) 冊板置簿冊

　이 책판목록은 英祖年間에 필사한 寫本으로 모두 137장이 1책으로 되어
있다. 新菴 金約瑟 소장본으로 현재 高麗大 新菴文庫에 소장되어 있다. 내
용은 全羅道, 慶尙道, 咸鏡道, 江原道, 京畿道, 忠淸道 등 各道의 고을별 책
판목록이다.

---

81) 白紙 1束5丈.
82) 板子永無.
83) 白紙 16丈.
84) 白紙 1束5丈.
85) 白紙 1束2丈 無.
86) 白紙 1束2丈 無.
87) 白紙 1束2丈 無.
88) 白紙 1束5丈.
89) 營 白紙 1束2丈 刊.
90) 白紙 刊.
91) 白紙 1束10丈.
92) 白紙 1束3丈.

이 책판목록의 작성시기는 英祖年間으로 추정된다. 이러한 추정은 먼저 이 책판목록에 수록된 千字文 중에 京畿道 朔寧에서 판각한 御筆千字가 있기 때문이다. 御筆千字는 肅宗 17年(1691)에 肅宗이 직접 『千字文』의 序文을 써서 春坊에 내렸다는 기록이 있다.[93] 이 기록으로 보아 이 책판목록의 작성시기는 넓게 잡아 肅宗 17年(1691)이후 임을 알 수 있다.

다음으로 이 책판목록에 수록된 全州, 務安, 靈光, 求禮, 咸鏡, 監營의 千字文은 『完營冊板目錄』에도 그대로 실려 있다. 따라서 이 책판목록의 작성시기는 『完營冊板目錄』이 작성된 英祖 35年(1759) 이후로 더욱 좁혀질 수 있다.

그런데 이 책판목록의 지명을 살펴보면, 慶尙道 山陰의 지명이 있는데, 이 지명은 英祖 43年(1767)에 山淸으로 바뀌었다.[94] 그러므로 이 책판목록은 英祖 43년(1767) 이전에 작성한 것임을 알 수 있고 작성 시기는 英祖 35年(1759)에서 英祖 43年(1767) 사이의 시기가 될 것이다.

이 책판목록에 수록한 책판은 모두 634건이다. 그 중 千字文은 11개 開板地에 11건을 수록하고 있다. 즉 京畿道 朔寧(御筆千字)[95], 慶尙道 義城(千字)[96], 金海(千字文)[97], 星州(千字文)[98], 全羅道 全州(大千字)[99], 務安(大千字)[100], 靈光(篆千字)[101], 求禮(韓濩千字)[102], 左水營(篆千字)[103], 黃海道 海州

---

93) 肅宗實錄 卷23 肅宗 17年 閏7月25日 戊寅條 參照.

94) 增補文獻備考 卷17 輿地考5 郡縣沿革3.
　　「英祖 四十三年(1767) 改今名 仍爲縣 今上三十二年(1895) 改爲郡」

95) 白紙 1卷2丈.

96) 白紙 1卷2丈.

97) 白紙 1卷1丈.

98) 壯紙 1卷11丈.

99) 白紙 1束2丈.

100) 白紙 1卷3丈.

101) 白紙 16丈.

102) 白紙 1卷2丈.

103) 白紙 1卷16丈.

(篆千字)104), 咸鏡道 監營(韓濩千字)105)이 그것이다.

여기서 求禮와 義城의 것은 萬曆 13年(宣祖 18, 1585) 許篈續撰本『攷事撮要』에 포함되어 있고, 金海와 星州의 것은『慶尙道冊板』에 포함되어 있으며, 全州 務安 靈光 求禮 咸鏡 監營上의 것은『完營冊板目錄』에 포함되어 있다. 京畿道 朔寧, 黃海道 海州, 全羅道 左水營의 것은 이 冊板目錄에만 실려 있다.

4) 古册板有處攷

이 책판목록의 편자는 알 수 없지만 책의 첫머리에 "海東地志三十五册中記載 姜世晃豹庵時代寫本"이라는 글이 墨書되어 있는 것으로 보아『海東地志』에 수록된 책판의 기록을 간추려 모은 것임을 알 수 있다.

『海東地志』는 豹庵 姜世晃(1713~1776)시대의 필사본으로 내용이 各人各筆이다. 題籤은 豹庵의 親筆임을 宋錫夏 舊藏本인 原鈔本에 밝히고 있다.106) 그러므로 이『海東地志』에서 傳載한 冊板은 姜世晃의 생존한 英祖時代까지의 것에 해당함을 알 수 있다. 이 책판목록의 傳寫本은 故 尹炳泰도 소장하였다.

이 책판목록은 不分卷 1책(29장)으로 되어 있고, 내용은 7개 道를 다시 고을별로 나눈 다음 소장한 책판을 기록하고 있다. 마지막 장에는 豹庵 姜世晃의 略歷을 간략하게 기재하고 있다. 이 책판목록에 수록된 千字文은 5개 開板地에 6건이다. 全羅道 濟州(千字板), 珍山(千字板), 京畿道 廣州(千字板)107), 註解千字板, 江原道 江陵(千字板), 咸鏡道 端川(千字板)이 그것이다.

---

104) 白紙 10丈.
105) 白紙 1卷10丈.
106) 千惠鳳 解題, "古册板所在攷 寫本 舊石南藏", 古書目錄集成, 서울 : 東國大學校 圖書館, 1962, pp.333-334.
107) 板舊來並刊.

이 책판목록에 실린 千字文은 모두 새로 추가된 것이다. 특히 江陵과 端川의 것은 다른 책판목록에는 실리지 않고 이 책판목록에 처음으로 실렸다. 여기에서 濟州, 珍山, 廣州, 江陵, 端川은 冊板 자체를 가지고 있는 것으로 보아 이 지역에서 開板을 한 것으로 보인다. 다만 廣州의 2건 중 千字板은 오래되어 이즈러져 있기 때문에 開板으로 보기 어렵다. 濟州의 『千字文』은 현전본 중 "康熙 57年 戊戌(1718)五月日 濟州開刊"이란 刊記를 가지고 있는 『千字文』과 같은 것이고, 京畿道 廣州의 『註解千字文』은 현전본 중 "崇禎一百二十五年 壬申(1752)冬 註解于龜谿精舍 上護軍南陽洪聖源開刊"이란 刊記가 있는 『註解千字文』과 같은 것으로 여겨진다. 江陵의 『千字文』은 『眉巖日記草』에 『千字文』을 江原 監司에게 부탁하는 귀절이 나오는데 같은 책으로 여겨진다.[108]

5) 嶠南冊錄

이 冊板目錄은 成大中(1732~1812)이 주로 嶠南(慶尙道 지방의 옛 명칭) 일대에서 板刻된 書籍을 수록한 책판목록으로 成大中의 舊藏이다.

이 冊板目錄의 作成時期는 正祖 7年(1783)으로 추정된다. 그것은 卷首에 "癸卯正月日"의 기록이 있는데 成大中의 生沒年을 고려할 때 여기서 癸卯年은 正祖 7年(1783)에 해당하기 때문이다.

이 목록에는 慶尙道 地方의 觀察營과 道內의 42個 郡邑에서 開板한 책판을 기록하고 있는데 書誌的인 記述 形式은 書名만 표시되어 있거나 간혹 補編, 補遺類가 있을 뿐이다. 書名중에는 동일 冊임에도 불구하고 正式 書名, 略書名, 倒置書名으로 구분하여 나타낸 것도 있고 不完全書名도 보인다.

---

108) 眉巖日記草 3卷 癸酉 萬曆 元年 我宣廟 7年 5月18日條.
　　「尋訪江原監司李公塈不遇 聞到司僕東洞宗家 又尋至見李君 懽然相迓 談話疊疊 以原州大學衍義及江陵千字文爲索 適見李參議遜而出」

卷次事項은 卷으로 표기된 몇 건을 제외하고는 대부분 표시가 없고, 著者事項도 文集類를 제외하면 표시가 없는 것이 대부분이나 『千字文』의 경우 星州 淸道의 것에 著者表示를 하고 있다. 또한 印紙數 이외에 ‘刊缺’, ‘刊不用’, ‘間刊’, ‘暫刊’, ‘新刊’ 등의 책판 상태를 표시하고 있어 수록된 冊板의 板刻時期 考證에 도움이 된다.

이 책판목록에 수록된 『千字文』은 慶尙道 監營(千字)109), 星州(大千字)110), 淸道(大千字111), 草書千字112)), 安東(千字)113), 金海(千字), 固城(千字文) 등 6개 開板地에 7건이다.

安東의 것은 『攷事撮要』 萬曆 4年(宣祖 9, 1576)本과 『嶺南冊板記』에 실려 있고, 金海와 星州의 것은 『慶尙道冊板』과 『冊板置簿冊』에 실려 있다. 특히 星州의 大千字는 ‘李恒福 著’라는 著者事項을 표시하고 있어 현전본 중 光海君 6年(1614)에 星州牧에서 간행한 『千字文』임을 확실하게 알 수 있다. 慶尙道 監營과 固城, 淸道의 것은 이 책판목록에서 追刻되었다. 淸道의 大千字와 草書千字는 ‘韓濩筆’이란 著者事項을 표시하고 있어 冊板의 刊行時期 考證에 도움을 준다. 固城의 것은 이 책판목록에만 실려 있다.

『嶠南冊錄』을 그대로 傳寫한 『書冊目錄』에 수록된 『千字文』은 慶尙道 營上(大千字文)114), 金海(大千字文), 星州(大千字), 淸道(大千字, 小千字) 등 4개 開板地에 6건이다. 『嶠南冊錄』에서 慶尙道 監營의 千字는 『書冊目錄』에서 大千字로 기재하고 있고, 『嶠南冊錄』에서 淸道의 大千字, 草書千字는 『書冊目錄』에서 大千字, 小千字로 기재되어 있다. 여기서 小千字는 草書千字이다. 그리고 『嶠南冊錄』에서 金海의 千字는 『書冊目錄』에서 大千字라

---

109) 白紙 1束2張.
110) 壯紙 1束11張 李恒福著.
111) 壯紙 1束12張 石峯書.
112) 壯紙 1束13張 韓濩書.
113) 壯紙 1束3張.
114) 慶尙道 營上은 大千字文 1건 더 있음.

되어 있다.『嶠南冊錄』에는 실렸지만『書冊目錄』에 빠져 있는 것으로는 固城(千字文)과 安東(千字)의 것을 들 수 있다. 이는 冊板의 刓缺이 심하여 제외시킨 것인지 아니면 조사할 때 누락되었는지는 알 수 없다.

6) 五車書錄

이 책판목록은『完營冊板目錄』을 토대로 그 후 재조사하여 추가본을 수록하고 마멸된 것을 뺀 목록이다.

作成年代에 관해서는 표시가 없으나 南原條을 보면, "梁訥齋集三卷 紙七束五張 辛亥新刊下送"이라 되어 있다. 이『梁訥齋集』은 南原 出身의 文襄公 梁誠之(1415~1482)의 시문집으로 正祖 15年(1791) 辛亥 5월에 후손으로 하여금 간행하게 한 것이다. 따라서 이 책판목록은 正祖 15年(1791)이후에 재조사하여 엮은 것임을 알 수 있다.

이 책판목록에 수록된『千字文』은 全羅道 7개 開板地 , 咸鏡道 1개 開板地 등 총 8개 開板地 9건이다. 全羅道에서는 南原(千字)[115], 順天(千字)[116], 長興(大千字)[117], 靈光(韓濩千字)[118], 淳昌(大千字)[119], 務安(大千字)[120], 求禮(大千字[121], 韓濩千字[122]) 등이 있으며, 咸鏡道에서는 監營(御筆千字)[123] 이있다.

이 책판목록에 표시된『千字文』중 長興 靈光 求禮의 것은 '刓秩'로 구분하였다. 특히 靈光의 것은 '昔有今無秩'로 구분하여 작성한 다음 印紙數를

---

115) 1卷 紙 17丈.
116) 1卷 紙 19丈.
117) 1卷 紙 1束2丈 刓秩.
118) 1卷 紙 束2丈 刓秩 昔有今無秩.
119) 1卷 紙 1束2丈.
120) 1卷 紙 1束2丈.
121) 1卷 紙 1束2丈 刓秩.
122) 1卷 紙 束2丈 刓秩.
123) 紙 1束3丈.

기록하고 있어 이들『千字文』冊板에 관한 시기 고증에 도움을 준다.

　『完營冊板目錄』과 비교하여 보면, 南原 順天 長興 淳昌 務安 求禮의 것은『完營冊板目錄』에 포함되어 있고, 全州(大千字)의 것은 누락되었다. 靈光의 것은 韓濩千字와 篆千字 중 篆千字가 누락되었으며, 咸鏡 監營의 것은 御筆千字와 韓濩千字 중 韓濩千字가 누락되었다.

7) 嶺湖列邑所在冊板目錄

　이 책판목록은 필사본『嶺右兵馬節度營撮要』에 採錄되어 있는 嶺南과 湖南地方의 目錄이다.[124]

　이 책판목록은『嶺右兵馬節度營撮要』라는 寫本 1책(101장)속에 14장이나 되는 분량이 필사되어 있다. 목록의 내용 중 全羅道 항목에 慶尙道의 統營이 잘못 들어가 있다. 이 책판목록의 작성 시기를 두 가지로 나누어 추정해 보면 다음과 같다.

　첫째, 이 책의 제1장에는 아담하게 채색된「嶺右兵營圖」(晉州城圖)와 중간 2장에는 國忌의 備忘記는 이 사본의 성립 년대를 추정할 수 있는 좋은 자료가 된다. 즉 英祖 이전의 國忌와 大殿인 正祖의 誕日(9월23일)과 元子宮인 純祖의 誕日(6월18일)이 기록되었고,「上兵庫」題下엔 "以下癸丑三月日"이라는 註記와「矗石樓文獻誌」末尾의「南門樓改建記」年紀가 "癸丑孟夏"(正祖 17, 1793)로 기록되어 있다.[125] 그러므로 이 책판목록의 작성 시기는 正祖 17年(1793) 이후가 될 것이다.

　둘째, 이 목록에 수록된 朱書要類, 麗史提綱, 月沙集, 西崖集 등이『諸道冊板目錄』[126]에 그대로 수록되어 있으므로 이 책판목록의 작성 시기는

---

124) 姜銓爕, "嶺湖列邑所在冊板目錄에 대하여", <韓國語文論叢>, 螢雪出版社, 1976, pp.281-301.
125) 上揭論文, p.282.
126) 純祖 初期 作成.

『各道冊板目錄』이 작성된 純祖 初期 이전의 시기로 추정된다. 따라서 이와 같이 두 가지 추정으로 이 책판목록은 正祖 17年(1793) 이후 純祖 初期 이전에 작성된 것으로 여겨진다.

이 목록에 수록된 『千字文』은 慶尙道 金海(千字文)[127], 統營(千字)[128], 全羅道 務安(千字大書)[129] 등 3개 開板地에 3건이다. 金海의 것은 『慶尙道冊板』, 『冊板置簿冊』, 『嶠南冊錄』에 실려 있고, 務安의 것은 『完營冊板目錄』, 『冊板置簿冊』, 『五車書錄』에 실려 있다. 統營의 것은 이 책판목록에 추가되어 있다.

8) 鏤板考

이 책판목록은 正祖 20年(1796) 徐有榘가 당시 중앙의 여러 部署와 지방의 公私機關에 藏置되었던 책판을 조사하여 輯錄한 것이다.

撰者 徐有榘는 당시의 一流 名門인 大邱 徐氏家에서 태어나서 官의 要職을 두루 역임하였으며 家學과 官學을 배경으로 하여 閣臣의 직분으로 『鏤板考』를 저술하여 目錄學史上 큰 업적을 남겼다.

이 목록은 各道 郡縣別로 된 歷代 다른 地方 冊板目錄과는 달리 御撰과 御定을 별치하고, 그 다음부터 經, 史, 子, 集의 四部法으로 체계화하고 있다. 수록범위는 地方冊板 뿐만 아니라 中央의 책판까지 포괄적으로 조사하여 수록하고 있다. 또한 所藏處, 冊板의 刓欠有無, 印紙數, 解題까지 붙이고 있어 分類法 및 編目法의 연구와 朝鮮後期의 出版事情 및 地方文化 연구에 매우 중요한 冊板目錄으로 평가된다.[130]

이 冊板目錄에 수록된 『千字文』은 漢城 校書館(千字文)[131], 京畿道 南漢

---

127) 白紙 2束.
128) 厚紙 1束2張.
129) 壯紙 1束5張.
130) 金允植, 鏤板考의 書誌的 硏究, 서울 : 成均館大學校(碩士學位論文), 1978, p.66.

開元寺(千字文)132), 京畿道 北漢 太古寺(千字文)133), 全羅道 濟州(千字文)134),
慶尙道 星州 雙溪寺(千字文)135), 淸道郡(千字文)136), 江原道 旌善郡(千字文)137)
등 7개 開板地에 7건이다.

校書館의 것은 『攷事撮要』에 수록되어 있고, 南漢 開元寺의 것은 『古冊
板有處攷』에 수록되어 있다. 濟州의 것은 『古冊板有處攷』에 실려 있고, 星
州의 것은 『慶尙道冊板』, 『冊板置簿冊』, 『嶠南冊錄』에 수록되어 있다. 淸
道138)의 것은 『嶠南冊錄』에 포함되어 있고, 江原道 旌善의 것은 『攷事撮
要』(1576년, 1585년)에 포함되어 있다. 北漢 太古寺의 것은 여기에만 실려
있다.

이 冊板目錄은 다른 冊板目錄보다 상세하나 千字文의 書名만은 한결같
이 『千字文』으로 되어 있어 어떤 서체로 된 『千字文』인지 알 수 없다. 그
중 校書館藏139), 南漢 開元寺藏140), 濟州牧藏141), 星州 雙溪寺藏142)은 실물
이 현전하고 있으므로 서체를 확인할 수 있다.

9) 三南所藏册板

이 책판목록은 慶尙道 全羅道 忠淸道 등 3개 道의 책판을 조사하여 엮

---

131) 藏 印紙 1牒12張.
132) 藏 印紙 1牒7張1折.
133) 藏 印紙 18張.
134) 藏 刊缺 印紙 1牒1張.
135) 藏 印紙 1牒11張.
136) 藏 缺 印紙 1牒1張.
137) 藏 印紙 1牒1張.
138) 淸道郡은 『嶠南冊錄』에 大千字와 草書千字 2건이 보이는데 반해 『鏤板考』에서
    는 千字文 1건만 보인다.
139) 肅宗 17年(1691)刊(高大舊藏 貴541).
140) 英祖 28年(1752)刊(奎 古2410-37, 一蓑古 418.3-C422).
141) 肅宗 44年(1718)刊(國立의산古3134-3).
142) 宣祖 40年(1607)刊(國立古朝41-113).

었다. 『完營冊板目錄』과 『五車書錄』은 咸營(咸鏡道의 觀察營)까지 수록하였는데 반해, 이 목록은 冊板名에서 나타나듯이 三南만을 대상으로 하였다.

이 목록의 卷首題에는 "金山寺晏 三南所藏冊板"이라 되어 있고, 卷末에는 "原本 全州府廳藏 昭和十六年(1941)七月 謄寫"라고 되어 있는 것으로 보아 全州府에서 全羅監營 및 全州 開板地에 위치한 書院 등에서 新刊한 것만 추가하고 대략 간추려 작성한 것이 아닌가 한다. 이는 冊板 중 대부분이 뒤에 다시 조사하여 엮은 『諸道冊板目錄』에 수록되어 있는 것으로 입증된다.[143]

卷末에는 "東京誌 卽慶州冊板錄 出於崇禎後"란 기록과 함께 41건의 서명이 실려 있다. 이 기록에 따르면 이 책판목록에 崇禎(1628년)이후 正祖朝 刊印의 『史記英選』[144], 『增收無寃錄』[145], 『陸奏約選』[146] 등이 수록되어 있는 것으로 보아 책판목록을 작성한 시기는 正祖 末期일 것으로 추정된다. 이 목록은 현재 국립중앙도서관에 1책이 소장되어 있으며[147], 『韓國의 冊板目錄』에 影印되어 수록되어 있다.[148]

이 목록은 順天(千字)[149]의 1건만 수록하고 있는 것으로 보아 대략 조사하여 작성한 것으로 보인다. 順天의 것은 『完營冊板目錄』과 『五車書錄』에도 수록되어 있다.

다. 19세기 이전

1) 諸道冊板錄

---

143) 趙婷化, 前揭論文, p.28.
144) 正祖 20年(1796)刊.
145) 正祖 21年(1797)刊.
146) 正祖 21年(1797)刊.
147) 三南冊板 1冊 寫本(國立 古0267-3).
148) 鄭亨愚・尹炳泰, 韓國의 冊板目錄, 서울 : 保景文化社, 1995, pp.413-453.
149) 19丈.

이 책판목록은『三南冊板』을 토대로 뒤에 재조사하여 輯錄한 것으로 全羅監營 및 34個 地域, 忠清監營 및 18地域, 慶尙監營 및 27個 地域 그리고 咸鏡監營의 책판을 수록하고 있다.

수록된 내용을 보면 忠清道의 경우는『三南冊板』의 내용과 誤記까지 같은 점으로 미루어 재조사를 하지 않고 그대로 실은 듯하다. 慶尙道의 경우는 義城藏으로 나타나야 할 것이 清道에 수록되어 있다. 全羅道의 경우는 光州, 淳昌, 古阜, 泰仁 등이 추가되었으며,『三南冊板』의 石溪書院條에 있던 史記英選, 陸奏約選, 增修無冤錄이 監營新備條로 옮겨졌으며, 아울러 正音通釋150), 朱書百選, 梁大司馬實記151)가 첨가되어 있다. 이 점으로 보아 이 책판도『三南冊板』과 마찬가지로 全羅監營만 새로 조사하여 추가하고 나머지는『五車書錄』의 내용을 그대로 傳寫한 듯하다.

추가된 책판 중 正音通釋과 朱書百選은 乙卯刊(正祖 19, 1795)의 간기가 있으나 梁大司馬實記는 刊記가 없다. 이 책은 임진왜란 때 의병장이었던 梁大僕의 實記로서 正祖 24년(1800)에 王命으로 內閣에 있던 文集과 倡義錄을 湖南營에 보내서 開板하게 한 것이므로152) 湖南營에서의 간행은 늦어도 純祖 初期頃이 될 것으로 생각된다. 따라서 이 목록의 작성 시기는 英祖 25年(1750)이라고 하는 기존 견해153)와는 달리 純祖 初期로 보는 것이 옳을 것이다. 이 책판목록에서는 全羅道 地方의 目錄을 서술한 뒤 여백에 冊紙, 生産紙와 刻手들의 工賃까지 적고 있다.

이 冊板目錄에 수록된 千字文은 4개 開板地에 7건이다. 전라도가 3개 開板地에 5건이며 함경도는 1개 開板地에 2건으로 그 한 곳은 咸鏡監營이다.

---

150) 처음에는 華東正音通釋韻考라 했으나 正祖 11年(1787) 秘閣에서 왕명으로 인쇄, 간행할 때 왕이 正音通釋序를 지어 책머리에 싣게 했기 때문에 正音通釋이라 부르게 되었다.

151) 正祖 23年(1799) 刊(奎1494,1496,1564,2862,2966,3443).

152) 群書標記 庚申編 梁大司馬實紀條, pp.354-356.

153) 鄭亨愚·尹炳泰, 前揭書(補遺 索引篇), p.207.

全羅道　監營新備(註解千字[154), 千字[155), 草千字[156)), 順天(千字)[157), 珍山(韓濩千字)[158), 咸鏡道　監營(韓濩千字[159), 御筆千字[160))이 그것이다.

　여기서 全羅道　監營新備條의 註解千字, 千字, 草千字 3건은 私板으로 全州 監營에서 새로 조사하여 추가한 것으로 보인다. 이 책판목록은『三南所藏冊板』을 토대로 뒤에 재조사하여 輯錄하였지만『三南所藏冊板』보다 3개 開板地에 6건이 더 조사되었다. 順天의 것은『完營冊板目錄』,『五車書錄』,『三南所藏冊板』의 내용을 그대로 傳寫한 것으로 보인다. 珍山의 것은『古冊板有處攷』에 포함되어 있다. 咸鏡 監營의 韓濩千字와 御筆千字는『完營冊板目錄』을 傳寫한 것으로 보인다.『冊板置簿冊』에는 韓濩千字만,『五車書錄』에는 御筆千字만 수록되어 있다.

2) 冊板錄

　이 책판목록은 全羅道 地域의 각 고을별 冊板을 기록하였고, 筆寫本 속의 일부분에다 기록한 것을 뽑아서 영인하였다.

　이 책판목록은 故 尹炳泰 소장으로 寫本 不分卷 1책(12장)으로 되어 있다.

　이 책판목록에 수록된 完營 板刻 增修無寃錄의 跋文에 "當宁二十年丙辰(正祖 20, 1796) …… 具允明"[161)이라 되어 있고, 陸奏約選의 刊記가 "甲寅手選御定陸奏約選 丁巳(正祖 21, 1797)完營刊印"[162)이라 되어 있어 그 작성 시기를 正祖 初期[163) 보다는 더 후대에 편찬된 것으로 보인다.

---

154) 南門外 私板 1卷17丈 註解.
155) 西門外 私板.
156) 西門外 私板.
157) 19丈.
158) 1束5丈.
159) 1束10丈.
160) 1束3丈.
161) 奎章閣 所藏(一蓑古340.1-G93j).
162) 奎1537.

『東醫寶鑑』의 경우를 조사하여 보면 그 刊記가 "歲甲戌(純祖 14, 1814)仲冬 內醫院校正 完營重刊"[164]으로 되어 있으므로 이 책판목록은 純祖 14年(1814) 이후에 편찬된 것으로 보아야 할 것이다.

이 책판목록은 全羅道에서만 2건의『千字文』을 수록하고 있다. 全州 威鳳寺(千字)[165]와 珍山(韓濩千字)[166]이 그것이다. 여기서 全州 威鳳寺의 책판은 판각처를 구체적으로 표시하고 있고 珍山의 것은『古冊板有處攷』에도 실려 있다.

3) 各道冊板目錄

이 冊板目錄은 京畿, 江原, 忠淸, 黃海, 全羅, 慶尙, 平安道 등 7개 道에서 開板된 冊板을 조사하여 輯錄한 것이다.

이 책판목록은 필사본 不分卷 1책(34장)으로 奎章閣에 소장되어 있다[167]. 이 목록의 作成 時期는 卷首에"道光庚子(1840)編"이라는 寫記가 있어 憲宗 6年(1840)에 작성되었음을 알 수 있다.

이 目錄의 書誌 記述事項은 書名, 冊數, 刓缺與否, 容入紙의 數를 기술하고 있다. 咸鏡道를 제외한 全國 典籍 分布狀況의 大略을 알 수 있다. 이 목록은 책판의 '完全', '刓缺', '破傷', '舊刊新刊', '私版官版' 등의 구별과 一部에 소요되는 紙數을 자세히 기록하고 있다.

이 冊板目錄에 수록된『千字文』은 京畿道 北漢(千字文)[168], 南漢(大千字[169], 小千字[170], 註解千字[171]), 全羅道 全州(千字)[172], 泰仁(篆千字)[173], 慶

---

163) 鄭亨愚・尹炳泰, 前揭書(補遺 索引篇), p.211.
164) 奎章閣 所藏(奎447,849,2232).
165) 紙 1束.
166) 紙 1束5張.
167) 奎 7926.
168) 5張缺 容入紙 16張.
169) 4張缺 容入紙 1卷12張.

尙道 淸道(千字)[174], 平安道 成川(千字)[175] 등 6개 開板地에 8건이다.

　여기서 京畿道 南漢의 것은 『古冊板有處攷』에도 수록되어 있다. 南漢의 경우 『古冊板有處攷』에는 千字와 註解千字 2건만 수록하고 있으나 이 책판목록에는 小千字, 大千字, 註解千字 3건을 수록하고 있다. 全州의 것은 『完營冊板目錄』과 『諸道冊板目錄』에도 그대로 실려 있다. 慶尙道 淸道의 것은 『嶠南冊錄』과 『書冊目錄』에도 수록되어 있고, 成川과 泰仁의 것은 이 책판목록에만 실려 있다. 이 책판목록에서 재조사하여 수록한 것으로 보인다.

4) 完營客舍冊板目錄

　이 冊板目錄은 安春根 所藏本으로 筆寫本 중 제18~25장에 기재된 내용이다.

　이 目錄은 全羅道 地方의 冊板을 기록한 것으로 책의 마지막에는 당시의 木板印刷의 所用 工賃을 적어 두었다. 이는 印刷 出版에 관한 좋은 자료가 된다. 이 책판목록은 書名, 卷數, 容入紙數, 刊缺 등의 서지기술사항을 각 고을마다 마지막에 따로 기록하였다. 이 冊板目錄의 作成時期는 卷首에 "乙酉(1885)春忠州朴源應識"라는 기록과 卷末에 "右完山府冊板目錄果軒閔參判初位直　肇慶廟別檢時騰來故余乃傳寫附之冊目下"라는 기록으로 보아 高宗22年(1885)에 朴源應이 베껴 쓴 것임을 알 수 있다.

　이 冊板目錄에 수록된 千字文은 全羅道 珍山의 韓濩千字 1건[176]이 있다.

---

170) 2張缺 容入紙 16張.
171) 4張缺 容入紙 1卷1張.
172) 私板 容入紙 1卷.
173) 容入紙 1卷.
174) 容入紙 1卷13張.
175) 容入紙 17張.
176) 紙 1束5張.

이것은 『諸道冊板錄』과 『冊板錄』을 그대로 傳寫한 것으로 보인다.

2. 道別 및 時期別 分析

다음으로 책판목록에 나타난 천자문 간인의 추이를 道別 時期別로 분석해보고자 한다. 먼저 천자문을 크게 各 道別로 묶어 그것을 각 開板地 別로 세분하여 간인의 추이를 분석하도록 한다. 時期別 분석에서는 각 冊板目錄에 근거한 板刻時期別로 천자문의 간인의 추이를 밝히고자 한다.

가. 道別 分析

1) 江原道

江原道에서는 3개 開板地에 3건이 조사되었다. 이를 開板地 별로 집계하면 표 1)과 같다.

표 1) 江原道의 千字文 冊板

開板地 \ 時期	16세기 이전	18세기 이전	19세기 이전	계
江 陵		1		1
旌 善	1	1(1)		2(1)
平 海	1			1
計	2	2(1)		4(1)

표 1)에서 보는 바와 같이 江原道의 千字文 판각을 開板地 別로 살펴보면 천자문 책판의 기록이 江陵 1건, 旌善 2건, 平海 1건 등 4건 나타나지만 그 중 旌善의 1건은 중복 책판이다.

旌善은『攷事撮要』(1585년)에 처음으로 수록되고『鏤板考』(1796년)에 다시 수록되었다. 책판은 한번 새겨 놓으면 대략 2세기 동안은 보존되기 때문에『攷事撮要』의 것이『鏤板考』에 다시 수록된 것으로 여겨진다. 따라서 江原道에서는 세 곳에서 각 한 건씩 판각된 것으로 나타났다. 이하 표의 괄호 안 숫자는 중복된 책판을 뜻한다.

2) 漢城 및 京畿道

漢城 및 京畿道에서는 4개 開板地에서 11건이 조사되었다. 이를 開板地별로 집계하면 표 2)와 같다.

표 2) 漢城 및 京畿道의 千字文 册板

開板地 \ 時期	16세기 이전	17세기 이전	18세기 이전	19세기 이전	計
校書館		1	1(1)		2(1)
南漢(廣州)			3(2)	3(3)	6(5)
北漢太古寺			1	1(1)	2(1)
朔寧			1		1
計		1	6(3)	4(4)	11(7)

표 2)에서 보는 바와 같이 漢城 및 京畿道의 천자문 책판을 開板地 별로 살펴보면 校書館 2건, 南漢(廣州) 6건, 北漢 2건, 朔寧 1건이다. 이 가운데 중복 책판이 있는 곳은 校書館 1건, 南漢(廣州) 5건, 北漢 太古寺 1건 등 3곳이다.

校書館은『攷事撮要』崇禎9년(仁祖 14, 1636) 訓鍊都監字本 이후에 처음으로 수록되었는데 이것이『鏤板考』(1796년)에 다시 실렸다.『鏤板考』는 중앙 여러 부서의 책판을 조사한 것이므로 여기에 다시 수록된 것으로 보인다.

南漢(廣州)은『古冊板有處攷』(1700~1766년)에 註解千字板과 千字板이 처음으로 수록되었는데 千字板은 "板舊來並刊"이란 책판의 상태표시로 보아 그 이전에 있던 책판을 그대로 옮겨 적은 것으로 보인다. 그러므로『古冊板有處攷』에 나타난 천자문 2건 중 註解千字板은 新刊이고 千字板은 중복 책판이다. 그리고『鏤板考』(1796년)에는 "南漢 開元寺 千字文" 1건이 수록되어 있는데 이것이『古冊板有處攷』에 나타난 천자문 2건 중 어떤 천자문을 말하는지 확실하지 않다. 그러나 현전본 중에 英祖 28年(1752) 南漢 開元寺 간인의『註解千字文』이 있는데[177]『鏤板考』의 作成時期(1796년)와 이 현전본의 刊印時期(1752년)를 고려해 볼 때『古冊板有處攷』에 수록된 천자문은『註解千字文』임을 알 수 있다. 따라서『鏤板考』에 수록된 千字文은『古冊板有處攷』에 나타난 註解千字板과 동일한 책판이므로『鏤板考』에 나타난 千字文 1건은『古冊板有處攷』에서 그대로 옮겨 적은 것이다.

또한『各道冊板目錄』(1840년)에는 大千字 小千字 註解千字 3건이 수록되어 있는데 이 3건 모두에 '缺'이란 책판 상태표시가 나타나므로[178] 중복 책판임을 알 수 있다. 따라서 南漢(廣州)은 총 6건 중 5건이 중복 책판이다.

北漢의 太古寺는『鏤板考』(1796년)에 1건 실려 있는데[179] 이것이『各道冊板目錄』(1840년)에 5張이 빠진 상태로 수록되어 있다[180]. 그러므로 1건은 新刊이고 1건은 중복 책판이다.

이상에서 漢城 및 京畿道의 千字文 板刻 특징은 총 11건 중 7건이 중복 책판이고 나머지 4건이 新刊이다. 중복 책판은 南漢(廣州)이 5건으로 가장 많이 조사되었고, 新刊은 校書館, 南漢(廣州), 北漢, 朔寧이 각 1건씩으로 나타났다.

---

177) 註 140) 參照.
178) 註 170), 171), 172) 參照.
179) 註 133) 參照.
180) 註 169) 參照.

3) 慶尙道

慶尙道에서는 19개 開板地에 총 40건이 조사되었다. 이를 開板地별로 집계하면 표 3)과 같다.

표 3) 慶尙道의 千字文 冊板

開板地 ＼ 時期	16세기 이전	18세기 이전	19세기 이전	計
監營		1		1
慶州	2(1)			2(1)
固城		1		1
金海		4(1)		4(1)
密陽	1			1
比安	1			1
山陰	1			1
尙州	1			1
星州		4(2)		4(2)
安東	6(3)	1		7(3)
盈德	1			1
永川	2(1)			2(1)
榮川	1			1
蔚山		1		1
義城	1	1		2
晉州	3(1)			3(1)
昌原	2(1)			2(1)
淸道		3(1)	1(1)	4(2)
統營		1		1
計	22(7)	17(4)	1(1)	40(12)

　표 3)에서 보는 바와 같이 慶尙道의 경우 千字文 冊板이 가장 많이 조사된 開板地를 순서대로 열거하면 安東 7건, 金海, 星州, 淸道 각 4건씩, 晉州 3건, 慶州, 永川, 義城, 昌原이 각 2건씩이다. 그리고 1건씩 조사된 開板地는 監營, 固城, 密陽, 比安, 山陰, 尙州, 盈德, 榮川, 蔚山, 統營 등 10곳이다. 이들 開板地 가운데 중복된 책판이 있는 곳은 慶州 1건, 金海 1건, 星州 2

건, 安東 3건, 永川 1건, 晉州 1건, 昌原 1건, 淸道 2건 등 8곳이다.

慶州는 『攷事撮要』(1568년)와 『嶺南冊板記』(1590년)에 眞草千字 각 1건이 나타나는데 『攷事撮要』(1568년)의 것을 『嶺南冊板記』(1590년)에서 그대로 옮겨 적은 것으로 여겨진다.

金海는 『慶尙道冊板』(1683~1767년)에 韓濩千字, 『冊板置簿冊』(1759~1767년)에 千字文, 『嶠南冊錄』(1783년)에 千字 그리고 『嶺湖列邑冊板目錄』(1793년 이후)에 千字文 등 각 1건씩 조사되었다. 『慶尙道冊板』과[181] 『冊板置簿冊』[182] 『嶺湖列邑冊板目錄』[183]에 나타난 천자문의 印紙數를 조사하여 보면 각기 다른 新刊임을 알 수 있다. 그러나 『嶠南冊錄』에 실린 千字는 冊板 狀態表示와 印紙數가 생략된 것으로 보아 그 이전의 책판목록에서 그대로 轉寫된 것이므로 金海는 총 4건 중 1건만 중복 책판이고 나머지 3건은 新刊이다.

星州는 『慶尙道冊板』(1683~1767년)에 千字, 『冊板置簿冊』(1759~1767년)에 千字文, 『嶠南冊錄』(1783년)에 大千字, 『鏤板考』(1796년)에 千字文 등 각 1건씩 나타난다. 『慶尙道冊板』[184]과 『冊板置簿冊』[185]에 나타난 千字와 千字文의 印紙數를 살펴보면 서로 일치하지 않으므로 각기 다른 책이고 『嶠南冊錄』[186]과 『鏤板考』[187]에 나타난 千字와 千字文은 『冊板置簿冊』의 千字文과 印紙數를 비교해 볼 때 1卷11丈으로 정확하게 일치하므로 『冊板置簿冊』의 것을 그대로 轉寫한 것이다. 따라서 星州는 총 4건 중 2건이 중복 책판이고 2건은 新刊이다.

---

181) 註 80) 參照.
182) 註 98) 參照.
183) 註 128) 參照.
184) 註 81) 參照.
185) 註 99) 參照.
186) 註 111) 參照.
187) 註 135) 參照.

安東은『攷事撮要』(1568년)에 수록된 四字千字 五字千字 八字千字를『嶺南冊板記』(1590년)에서 그대로 옮겨 적었다. 또한『嶠南冊錄』(1783년)에 수록된 千字 1건은[188]『嶺南冊板記』에 수록된 3건[189] 중 그 어느 것과도 印紙數가 일치하지 않으므로 安東은 총 7건 중 3건이 중복 책판이고 4건은 新刊이다.

永川은『攷事撮要』(1568년)에 수록된 四字千字를『嶺南冊板記』(1590년)에서 그대로 옮겨 적었으므로 총 2건 중 1건은 중복 책판이고 1건은 新刊이다.

晉州는『攷事撮要』(1585년)에 실린 白字千字와 草書千字 가운데『嶺南冊板記』(1590년)에서 白字千字 1건만 옮겨 적었으므로 총 3건 중 1건은 중복된 책판이다.

昌原은『攷事撮要』(1568년)에 실린 草千字를『嶺南冊板記』(1590년)에서 그대로 옮겨 적었으므로 총 2건 중 1건은 중복 책판이다.

淸道는『嶠南冊錄』(1783년)에 수록된 大千字와 草書千字를 보면[190] "石峯 書"와 "韓濩 書"라는 著者表示를 구체적으로 적고 있어 시기 고증에 도움을 준다. 그리고『鏤板考』(1796년)에 실린 千字文에는[191] '缺'이란 冊板狀態表示를 하고 있어 그 이전에 이미 책판이 있었던 것으로 여겨진다. 또한『各道冊板目錄』(1840년)에 실린 千字는[192]『嶠南冊錄』에 실린 草書千字[193]와 그 印紙數를 비교해 볼 때 1卷13張으로 정확하게 일치한다. 따라서 淸道는 총 4건 중 2건이 중복 책판이다.

이상과 같이 慶尙道의 千字文 板刻 특징을 살펴보면 총 40건 중 12건이

---

188) 註 114) 參照.
189) 註 71), 72), 73) 參照.
190) 註 112), 113) 參照.
191) 註 136) 參照.
192) 註 175) 參照.
193) 註 113) 參照.

중복 책판이고 나머지 28건이 新刊이다. 중복 책판은 安東에서 3건으로 가장 많이 조사되었고 新刊 또한 安東이 4건으로 가장 많이 조사되었다.

4) 全羅道

全羅道에서는 19개 開板地에 총 50건이 조사되었다. 그 내용은 표 4)와 같다.

표 4) 全羅道의 千字文 冊板

開板地 ＼ 時期	16세기 이전	18세기 이전	19세기 이전	計
監營			3	3
高山	1			1
光州	1			1
求禮	1	5(5)		6(5)
錦山	1			1
南原	2	2(1)		4(1)
同福	1			1
務安		4(2)		4(2)
茂長	2			2
寶城	1			1
淳昌	1	2		3
順天		3(1)	1(1)	4(2)
靈光		4(4)		4(4)
長興	1	2(1)		3(1)
全州		2	2	4
濟州		2(1)		2(1)
左水營		1		1
珍山		1	3(2)	4(2)
泰仁			1	1
計	12	28(15)	10(3)	50(18)

표 4)에서 보는 바와 같이 全羅道의 경우 千字文이 가장 많이 조사된 開板地는 求禮로 6건이다. 그 다음이 南原, 務安, 順天, 靈光, 全州, 珍山으로

각 4건씩, 監營, 淳昌, 長興이 각 3건씩, 茂長, 濟州가 각 2건씩이며 1건씩 판각한 지역은 高山, 光州, 錦山, 同福, 寶城, 左水營, 泰仁 등 7곳이다. 그 중 중복된 책판이 있는 곳은 求禮 5건, 南原 1건, 務安 2건, 順天 2건, 靈光 4건, 長興 1건, 濟州 1건, 珍山 2건 등 8곳이다.

求禮는 『攷事撮要』(1585년)에 草書千字가 처음 수록되었고 그 다음은 『完營冊板目錄』(1759년)에 大千字와 韓濩千字 2건이 실려 있는데, 이는 冊板 狀態 表示가 '無'라고194) 되어 있어 新刊은 아님을 알 수 있다. 그리고 『冊板置簿冊』(1759~1767년)에 나타난 韓濩千字 1건은195) 『完營冊板目錄』 의 韓濩千字196)와 그 印紙數를 비교할 때 '白紙 1束 2丈'으로 정확하게 일치하므로 중복 책판이다. 또한 『五車書錄』(1791년 이후)에 나타난 大千字 와 韓濩千字 2건을197) 『完營冊板目錄』의 것과198) 印紙數를 비교하여 보면 정확하게 일치할 뿐만 아니라 冊板 狀態表示에 있어서도 '刑秩'이라는 표 시가 있어 중복된 책판임이 확실하다. 따라서 求禮는 총 6건 중 5건은 중 복 책판이다.

南原은 『攷事撮要』(1568년)에 白字千字와 眞草千字가 처음으로 수록되 고 그 다음 『完營冊板目錄』(1759년)에 千字 1건이 실렸는데, 그 冊板 狀態 表示에 '板子永無'라 되어 있어 이전에 이미 책판이 있었으므로 중복 책판 임을 알 수 있다. 그리고 『五車書錄』(1791년 이후)에 실린 千字 1건은 新刊 으로 여겨진다. 그러므로 南原은 총 4건 중 1건이 중복 책판이다.

務安은 『完營冊板目錄』(1759년)에 大千字 1건이 처음 실렸는데 '白紙 1 束2丈 無'라 되어 있어 중복 책판임을 알 수 있다. 그리고 『五車書錄』(1791 년 이후)에도 大千字 1건이 수록되었는데 이는 『完營冊板目錄』의 大千字

---

194) 註 85), 86) 參照.

195) 註 102) 參照.

196) 註 86) 參照.

197) 註 121), 122) 參照.

198) 註 85), 86) 參照.

와 그 印紙數가 '1束2丈'으로 정확하게 일치하는 것으로 보아 중복 책판임을 알 수 있다. 따라서 務安은 총 4건 중 2건이 중복 책판이다.

順天은 『完營冊板目錄』(1759년)의 千字는 그 印紙數가 '白紙 16丈'이고 『五車書錄』(1791년 이후)에 나타난 千字의 印紙數는 '紙 19丈'이므로 각기 다른 板임을 알 수 있다. 그러나 『三南所藏冊板』(1797년 이전)에 수록된 千字는 '19丈'이라 되어 있으므로 이는 『五車書錄』에서 그대로 옮겨 적은 것이다. 또한 『諸道冊板錄』(19세기 이전)에 나타난 千字도 '19丈'이라 되어 있으므로 이 또한 『五車書錄』에서 그대로 옮겨 적은 것이다. 그러므로 順天은 총 4건 중 2건이 중복 책판이다.

靈光은 『完營冊板目錄』(1759년)에 韓濩千字와 篆千字가 처음 실렸는데, 冊板 狀態表示가 2건 다 '刊'이라[199] 되어 있으므로 중복된 책판임을 알 수 있다. 篆千字는 현재 奎章閣에 소장되어 있는 "順治十八年辛丑(肅宗 2, 1661)二月靈光郡新刊"이라는 刊記가 있는 천자문과 같은 것으로 여겨진다. 또 『冊板置簿冊』(1759~1767)에 수록된 篆千字 1건은 『完營冊板目錄』의 것을 그대로 옮겨 적었고 『五車書錄』(1791년 이후)에 수록된 韓濩千字 1건은 '刊秩 昔有今無秩'이란[200] 冊板 狀態表示와 그 印紙數에 있어서도 『完營冊板目錄』의 印紙數인 '1束2張'과 일치하므로 중복 책판이다. 따라서 靈光은 총 4건 중 4건 모두가 중복 책판이다.

長興은 『完營冊板目錄』(1759년)에 大千字 1건이 수록되어 있는데 이를 『五車書錄』(1791년 이후)에 나타난 大千字와 印紙數를 비교해 보면 '白紙 1束5丈'으로 똑같다. 그리고 특히 『五車書錄』에는 '刊秩'이란 冊板 狀態表示가 있으므로 『五車書錄』에 수록된 大千字는 중복 책판임이 확실하다. 따라서 長興은 총 3건 중 1건이 중복 책판이다.

濟州는 『古冊板有處攷』(1700~1766년)에 千字板이 수록되어 있는데 『鏤

---

199) 註 89), 90) 參照.
200) 註 118) 參照.

板考』(1796)에는 千字文의 印紙數와 ‘刊缺’이란 冊板 狀態表示가[201] 구체적
으로 기록되어 있어 『鏤板考』에 나타난 千字文은 『古冊板有處攷』의 千字
板을 재수록한 중복 책판임이 확실하다. 따라서 濟州는 총 2건 중 1건이
중복 책판이다.

　珍山은 『諸道冊板錄』(19세기 이전)과 『冊板錄』(1814년 이후) 그리고 『完
營客舍冊板目錄』(1885년)에 韓濩千字 각 1건씩 나타난다. 그런데 그 印紙
數를 비교해 보면 3개의 책판목록에 똑같이 ‘1束5丈’이라 되어 있어 『諸道
冊板錄』의 것을 『冊板錄』과 『完營客舍冊板目錄』에서 그대로 옮겨 적었음
을 알 수 있다. 그러므로 珍山은 총 4건 중 2건이 중복 책판이다.

　이상과 같이 全羅道의 千字文 총 50건 중 18건이 중복된 책판이고 32건
이 新刊이다. 중복 책판은 求禮에서 5건으로 가장 많이 조사되었고 그 다
음이 靈光으로 4건이다. 新刊이 가장 많이 조사된 곳은 監營과 南原 및 淳
昌으로 각 3건 씩 나타났다.

5) 平安道

　平安道는 2개 開板地에서 총 3건이 조사되었다. 이를 開板地별로 집계
하면 표 5)와 같다.

표 5) 平安道의 千字文 冊板

開板地 ＼ 時期	16세기 이전	18세기 이전	19세기 이전	計
成　川			1	1
平　壤	2			2
計	2		1	3

　표 5)에서 나타난 바와 같이 平安道의 千字文 冊板을 開板地 별로 살펴

---

201) 註 134) 參照.

보면 成川 1건, 平壤 2건이다.

成川은『各道冊板目錄』(1840년)에 千字가 실려 있고, 平壤은『攷事撮要』(乙亥字 翻刻本, 1576년)에 大千字와 雪庵千字가 실려 있다. 이 두 곳에서는 중복 책판은 발견되지 않았다. 여기서 平壤의 雪庵千字가 어떤 書體로 된 천자문인지 실물이 전해지지 않아 확실하지 않지만 世宗 17年 4月8日 己酉條에 의하면[202] 사람들이 모두 雪庵體를 숭상하였지만 이는 기이하고 특별한 서체로 익히기 어려웠기 때문에 임금이 이를 구하여 寫字官의 習字用으로 사용하였다고 한다. 또 萬曆 4年(宣祖 9, 1576) 乙亥字 飜刻本『攷事撮要』에 雪庵千字가 수록되어 있는 것으로 보아 국가에서 이를 입수하여 平壤에서 판각하도록 한 것이 아닌가 생각된다.

표 5)에서 살펴본 바와 같이 平安道의 판각 상황이 저조한 것은 다른 開板地보다 판각을 적게 했을 수도 있겠지만 冊板目錄에 누락되었거나 조사 대상에서 빠졌을 가능성도 있을 것으로 여겨진다.

6) 咸鏡道

咸鏡道는 3개 開板地에서 총 4건이 조사되었다. 이를 開板地 별로 집계하면 표 6)과 같다.

표 6) 咸鏡道의 千字文 冊板

開板地 \ 時期	16세기 이전	18세기 이전	19세기 이전	計
監 營		4(2)	2(2)	6(4)
端 川		1		1
咸 興	1			1
計	1	5(2)	2(2)	8(4)

---

202) 世宗實錄 卷68 乙卯 世宗 17年 4月8日 己酉條.
　　「中樞院事許稠曰……今承文院官寫字者 不楷正良由求見好體也 好體莫如晉字 願求之 使得取法 上曰 予於書字 不留意會我國人 皆尙雪菴體 稍奇特然 未能得體則其終字樣甚陋 莫如晉字 予將求以賜之」

표 6)에서 보는 바와 같이 咸鏡道의 千字文 冊板을 開板地 別로 살펴보면 監營 6건, 端川과 咸興은 각 1건씩으로 나타났다. 그 중 중복된 책판이 있는 곳은 監營으로 4건이다.

監營은『完營冊板目錄』(1759년)에 처음으로 御筆千字(白紙 1束3丈)와 韓濩千字(白紙 1束10丈)가 실렸는데『冊板置簿冊』(1759~1767년)에는 韓濩千字(白紙 1卷10丈)만,『五車書錄』(1791년 이후)에는 御筆千字(紙 1束3丈)만 수록하고 있다.『完營冊板目錄』의 韓濩千字와『冊板置簿冊』의 韓濩千字는 그 印紙數를 비교할 때 '1束10丈'으로 정확하게 일치하므로『冊板置簿冊』의 것은 중복 책판이다. 그리고『完營冊板目錄』의 御筆千字와『五車書錄』의 御筆千字는 그 印紙數을 비교하면 '1束3丈'으로 정확하게 일치하므로『五車書錄』의 것은 중복 책판이다. 또한『完營冊板目錄』의 御筆千字와 韓濩千字가『諸道冊板錄』(19세기 이전)에 그대로 나타나고 印紙數 또한 똑같으므로203)『完營冊板目錄』의 것을 그대로 옮겨 적은 것이다. 따라서 監營은 총 6건 중 4건이 중복 책판이다.

咸鏡道의 千字文 板刻의 특징은 총 8건 중 4건이 중복 책판이고 나머지 4건이 新刊이다. 중복 책판은 監營에서 4건으로 가장 많이 나타났고 新刊 또한 監營으로 2건이며 端川과 咸興은 각 1건씩 나타났다.

7) 黃海道

黃海道는 海州에서 판각한 篆千字 1건이 18세기 이전에 작성된『冊板置簿冊』(1759~1767년)에 실려 있다. 黃海道 역시 천자문 판각을 하지 않았던 것이 아니라 冊板目錄에 누락되었거나 조사대상에서 빠진 것으로 여겨진다.

---

203) 註 160), 161) 參照.

나. 時期別 分析

冊板目錄에 나타난 千字文은 8道에서 총 117건이 조사되었다. 이를 時期別로 집계하면 다음 표 7)과 같다.

표 7) 時期別 千字文 冊板

道＼時期	16세기 이전	17세기 이전	18세기 이전	19세기 이전	計
江原道	2		2(1)		4(1)
漢城 및 京畿道		1	6(3)	4(4)	11(7)
慶尙道	22(7)		17(4)	1(1)	40(12)
全羅道	12		28(15)	10(3)	50(18)
平安道	2			1	3
咸鏡道	1		5(2)	2(2)	8(4)
黃海道			1		1
計	39(7)	1	59(25)	18(10)	117(42)

1) 16세기 이전

표 7)에서 보는 바와 같이 16세기의 천자문 책판을 道別로 살펴보면 江原道 2건, 慶尙道 22건, 全羅道 12건, 平安道 2건, 咸鏡道 1건이다. 따라서 16세기 千字文을 가장 많이 판각한 道는 慶尙道라고 할 수 있고, 全羅道는 慶尙道 다음으로 많이 조사되었는데 12건 모두가 『攷事撮要』(1585년)에 수록되어 있다.

이상 16세기 천자문 책판은 모두 39건인데 그 가운데 중복 책판은 7건이고 32건이 신간이다. 중복 책판은 모두 慶尙道에 집중되어 있는데 慶州의 眞草書千字, 安東의 四字千字 五字千字 八字千字, 晉州의 眞草書千字, 昌原의 草千字, 永川의 四字千字 등 7건이다. 이는 『攷事撮要』(1585년)에 실린 것을 『嶺南冊板記』(1590년)에 그대로 실었기 때문이다. 16세기에 가장 많이 판각을 한 開板地는 慶尙道의 安東으로 3건 판각되었다.

2) 17세기 이전

표 7)에서 보는 바와 같이 17세기에는 漢城 및 京畿道에서 1건 판각되었다.

임진왜란 이후에 작성된 崇禎 9年(1636) 訓練都監字本『攷事撮要』와 康熙 13年(1674) 戊申字本『攷事撮要』그리고 雍正 12年(1734) 印書體活字本『攷事撮要』을 비교하여 보면 이 시기 校書館에서 간인한 韓濩千字 1건이 판각되었음을 알 수 있다.

3) 18세기 이전

표 7)에서 보는 바와 같이 18세기의 千字文 冊板을 道別로 살펴보면 江原道 2건, 漢城 및 京畿道 6건, 慶尙道 17건, 全羅道 28건, 咸鏡道 5건, 黃海道 1건이다. 그 가운데 중복 책판이 있는 道는 江原道 1건, 漢城 및 京畿道 3건, 慶尙道 4건, 全羅道 15건, 咸鏡道 2건 등 5道이다.

江原道는『攷事撮要』(1585년)에 旌善의 草千字文 1건이 처음 수록된 것을『鏤板考』(1796년)에 다시 수록한 것으로 보인다. 이는 책판을 한번 새겨 놓으면 대략 2세기 동안은 유지되기 때문이다.

漢城 및 京畿道는 校書館 1건과 南漢(廣州) 2건이 중복 책판에 해당한다. 校書館은『攷事撮要』崇禎9年 (仁祖 14, 1636) 訓錬都監字本 이후에 나타난 韓濩千字 1건을『鏤板考』(1796년)에서 다시 실었기 때문이다. 南漢(廣州)은 『古冊板有處攷』(1700~1766년)에 註解千字와 千字板이 처음 실렸는데 千字板은 '板舊來並刊'이란 冊板 狀態表示로 보아 중복 책판임을 알 수 있다. 그리고『鏤板考』에서는 南漢 開元寺에서 간인한 註解千字文이 있는데[204]

---

204) 註 141) 參照.

이는『古冊板有處攷』에서 그대로 轉寫한 것으로 여겨진다. 그러므로 南漢
은 2건이 중복 책판이다.

　慶尙道는 金海 1건, 星州 2건, 淸道 1건이 중복 책판에 해당한다. 金海는
18세기에만 나타나는 開板地로『嶠南冊錄』(1783년)에 수록된 千字 1건이
그 이전의 책판목록에서 그대로 轉寫되어 있다. 여기에는 다른 책판목록에
보이는205) 冊板 狀態表示와 印紙數가 생략되어 있다. 星州 2건은 역시 18
세기에만 보이는 開板地로『冊板置簿冊』(1759~1767년)에 나타난 것을『嶠
南冊錄』(1783년)과『鏤板考』(1796년)에서 그대로 轉寫한 것이다. 이는『冊
板置簿冊』에 나타난 印紙數와 비교해 볼 때206) ‘壯紙 1卷11丈’으로 정확하
게 일치하기 때문이다. 淸道는『鏤板考』(1796년)에 실린 千字文 1건이 ‘缺’
이란 冊板 狀態表示가 있으므로『嶠南冊錄』(1783년)에서 옮겨 적은 것으로
여겨진다.

　全羅道는 18세기에 15건으로 중복 책판이 가장 많이 조사된 道이다. 이
것은『攷事撮要』(1585년)와『完營冊板目錄』(1759년)에 수록된 천자문을『五
車書錄』(1791년 이후)에서 그대로 베껴 적었기 때문이다. 그 중 중복 책판
이 있는 곳은 求禮 5건, 南原 1건, 務安 2건, 順天 1건, 靈光 4건, 長興 1건,
濟州 1건 등 8곳이다.

　求禮는『完營冊板目錄』(1759년)에 수록된 大千字와 韓濩千字 2건은 ‘無’
라는 冊板 狀態表示로 보아 중복 책판이다. 또한『冊板置簿冊』(1759~1767
년)에 수록된 韓濩千字 1건도『完營冊板目錄』에 수록된 韓濩千字와 그 印
紙數가 ‘白紙 1束2丈’으로 똑 같으므로 중복 책판이다. 그리고『五車書錄』
(1791년 이후)에 수록된 大千字와 韓濩千字 2건을『完營冊板目錄』과 그 印
紙數를 비교해 보면207) 정확하게 일치할 뿐만 아니라 ‘刊秩’이란 冊板 狀

---

205) 註 79), 98), 128) 參照.
206) 註 99), 111), 135) 參照.
207) 註 85), 86), 121), 122) 參照.

態表示도 있으므로 중복 책판이다.

南原은『完營冊板目錄』(1759년)에 千字 1건이 '板子永無'란 冊板 狀態表示가 되어 있으므로 중복 책판이다.

務安은『完營冊板目錄』(1759년)에 수록된 大千字 1건은 '無'라는 冊板 狀態表示가 있으므로 중복 책판이고 또『五車書錄』(1791년 이후)에 수록된 大千字 1건은『完營冊板目錄』에 나타난 印紙數가 '白紙 1束2丈'으로 정확하게 일치하므로 중복 책판이다.

順天은『三南所藏冊板』(1797년 이전)에 수록된 千字의 印紙數 19丈이『五車書錄』(1791년 이전)에 수록된 千字의 印紙數와 일치하므로 중복 책판이다.

靈光은『完營冊板目錄』(1759년)에 수록된 韓濩千字와 篆千字 2건이 '刋'이란 표시가 있으므로 중복 책판인데『冊板置簿冊』(1759~1767년)에 수록된 篆千字 1건은 이를 그대로 옮겨 적었다. 또한『五車書錄』(1791년 이후)에 수록된 韓濩千字 1건은『完營冊板目錄』의 印紙數인 '白紙 1束2張'을 그대로 옮겨 적었고 또 '刋秩 昔有今無秩'이란 표시를 통하여 중복 책판임을 확실하게 알 수 있다.

長興은『五車書錄』(1791년 이후)에 나타난 大千字 1건과『完營冊板目錄』(1759년)에 나타난 大千字와 印紙數를 비교하여 보면 '白紙 1束5丈'으로 정확하게 일치한다. 그리고『五車書錄』의 것은 '刋秩'이란 표시를 있으므로 중복 책판임이 확실하다.

濟州는『鏤板考』(1796년)에 수록된 千字文 1건은 '刋缺'이란 冊板 狀態表示가 있으므로『古冊板有處攷』에서 옮겨 적은 것으로 여겨진다.

咸鏡道는 2건이 중복 책판이다.『冊板置簿冊』(1759~1767년)에 실린 韓濩千字는『完營冊板目錄』(1759년)에 실린 韓濩千字의 印紙數인 '白紙 1束10丈'과 비교할 때 정확히 일치하므로 중복 책판이고,『五車書錄』에 실린 御筆千字 또한『完營冊板目錄』에 실린 御筆千字의 印紙數인 '白紙 1束3丈'과

일치하므로 중복 책판이다.

이상에서 18세기 천자문 책판은 총 59건 중 25건이 중복 책판이고 34건이 新刊이다. 18세기에 가장 많이 조사된 道는 全羅道로 28건이며 중복 책판 또한 全羅道가 가장 많아 15건 조사되었다. 全羅道에 중복 책판이 많은 이유는『攷事撮要』(1585년)와『完營冊板目錄』(1759년)에 실린 천자문을『五車書錄』(1791년 이후)에서 그대로 베껴 적었기 때문이다.

新刊을 많이 판각한 道는 全羅道와 慶尙道로 각 13건씩 판각하였는데 慶尙道는 중복 책판이 4건인데 비하여 新刊은 13건으로 많은 편이다. 그리고 慶尙道의 金海(3건)는 18세기에 천자문을 가장 많이 판각한 開板地이다.

4) 19세기 이전

표 7)에서 보는 바와 같이 19세기 천자문 책판을 道別로 살펴보면 漢城 및 京畿道 4건, 慶尙道 1건, 全羅道 10건, 平安道 1건, 咸鏡道 2건이다. 그중 중복 책판은 漢城 및 京畿道 4건, 慶尙道 1건, 全羅道 3건, 咸鏡道 2건이다.

漢城 및 京畿道는 南漢(廣州) 3건과 北漢 太古寺 1건이 중복된 책판에 해당한다. 南漢(廣州)의 3건은『各道冊板目錄』(1840년)에 大千字 小千字 註解千字 3건이 수록되어 있는데 이 3건 모두에 '缺'이란 冊板 狀態表示가 나타나므로 중복 책판이고, 北漢의 太古寺 1건도『各道冊板目錄』에 '缺'이란 冊板 狀態表示가 나타나므로 중복 책판이다.

慶尙道는『各道冊板目錄』(1840년)에 실린 千字를『嶠南冊錄』(1783년)에 실린 草書千字와 印紙數를 비교하여 보면 '1卷13張'으로 정확하게 일치하므로 중복 책판이다.

全羅道는 順天 1건과 珍山 2건이 중복 책판이다. 順天 1건은『諸道冊板錄』(19세기 이전)에 千字가 수록되어 있는데 그 印紙數가 '19丈'으로『五車

書錄』(1791년 이후)에 수록된 千字의 印紙數와 비교하여 보면 정확하게 일치하므로 중복 책판이다. 珍山 2건은『諸道冊板錄』(19세기 이전)에 나타난 韓濩千字를『冊板錄』(1814년 이후)과『完營客舍冊板目錄』(1885년)에서 그대로 옮겨 적었다. 이것은 그 印紙數를 비교하여 보면 3개의 冊板目錄에 한결같이 '1束5丈'이라 되어『冊板錄』과『完營客舍冊板目錄』의 것은 중복 책판임을 알 수 있다.

咸鏡道는 監營 2건으로『諸道冊板錄』(19세기 이전)에 나타나는 御筆千字와 韓濩千字가『完營冊板目錄』(1759년)에 그대로 나타난다. 여기에 印紙數까지 '1束3丈'과 '1束10丈'으로 똑 같이 표시되어 있으므로『諸道冊板錄』의 것은『完營冊板目錄』의 것을 그대로 轉寫한 것이라 할 수 있다.

따라서 19세기 천자문 책판은 총 18건 중 10건이 중복 책판이고 8건이 新刊이다. 19세기에 천자문이 가장 많이 조사된 道는 全羅道로 10건이며 중복된 책판이 가장 많은 道는 漢城 및 京畿道로 4건이다. 新刊을 가장 많이 판각한 道는 全羅道 7건으로 그 가운데 監營이 3건을 차지한다.

이상 15종의 책판목록에 나타난 千字文 冊板은 51개 開板地에서 117건이 조사되었다. 이를 開板地 및 時期別로 集計하여 표로 나타내면 표 8)과 같다. 여기서 괄호 안에 묶은 것은 중복된 것이다. 磨滅과 刓缺된 것으로 나타난 책판은 대략 2세기 정도 거친 것으로 여겨지기 때문이다. 다만 '新刊', '新增'의 표시가 있는 것과 印紙數를 조사하여 서로 일치하지 않는 것은 예외이므로 모두 새로운 件數로 계산하였다. 표 8)에서 *는 17세기 이전에 판각된 책판이다.

표 8) 開板地 및 時期別 千字文 冊板

<table>
<tr>
<th rowspan="2">板刻時期
冊板目錄
開板地</th>
<th colspan="2">16세기 이전</th>
<th colspan="9">18세기 이전</th>
<th colspan="4">19세기 이전</th>
<th rowspan="2">計</th>
</tr>
<tr>
<th>攷事
1585</th>
<th>嶺南
1590</th>
<th>慶尙
1683~1767</th>
<th>完營
1759</th>
<th>冊置
1759~1767</th>
<th>古有
1700~1766</th>
<th>嶠南
1783</th>
<th>五車
1791 이후</th>
<th>嶺湖
1793 이후</th>
<th>鏤板
1796</th>
<th>三南
1797 이전</th>
<th>諸道
19C 이전</th>
<th>冊板
1814</th>
<th>各道
1840</th>
<th>完客
1885</th>
</tr>
<tr><td>江原 江陵</td><td></td><td></td><td></td><td></td><td></td><td>1</td><td></td><td></td><td></td><td></td><td></td><td></td><td></td><td></td><td></td><td>1</td></tr>
<tr><td>旌善</td><td>1</td><td></td><td></td><td></td><td></td><td></td><td></td><td></td><td></td><td>1(1)</td><td></td><td></td><td></td><td></td><td></td><td>2(1)</td></tr>
<tr><td>平海</td><td>1</td><td></td><td></td><td></td><td></td><td></td><td></td><td></td><td></td><td></td><td></td><td></td><td></td><td></td><td></td><td>1</td></tr>
<tr><td>漢城校書館</td><td>1*</td><td></td><td></td><td></td><td></td><td></td><td></td><td></td><td></td><td>1(1)</td><td></td><td></td><td></td><td></td><td></td><td>2(1)</td></tr>
<tr><td>京畿 南漢</td><td></td><td></td><td></td><td></td><td></td><td>2(1)</td><td></td><td></td><td></td><td>1(1)</td><td></td><td></td><td></td><td>3(3)</td><td></td><td>6(5)</td></tr>
<tr><td>北漢</td><td></td><td></td><td></td><td></td><td></td><td></td><td></td><td></td><td></td><td>1</td><td></td><td></td><td></td><td>1(1)</td><td></td><td>2(1)</td></tr>
<tr><td>朔寧</td><td></td><td></td><td></td><td></td><td>1</td><td></td><td></td><td></td><td></td><td></td><td></td><td></td><td></td><td></td><td></td><td>1</td></tr>
<tr><td>慶尙 監營</td><td></td><td></td><td></td><td></td><td></td><td></td><td>1</td><td></td><td></td><td></td><td></td><td></td><td></td><td></td><td></td><td>1</td></tr>
<tr><td>慶州</td><td>1</td><td>1(1)</td><td></td><td></td><td></td><td></td><td></td><td></td><td></td><td></td><td></td><td></td><td></td><td></td><td></td><td>2(1)</td></tr>
<tr><td>固城</td><td></td><td></td><td></td><td></td><td></td><td></td><td>1</td><td></td><td></td><td></td><td></td><td></td><td></td><td></td><td></td><td>1</td></tr>
<tr><td>金海</td><td></td><td></td><td>1</td><td></td><td>1</td><td></td><td>1(1)</td><td></td><td>1</td><td></td><td></td><td></td><td></td><td></td><td></td><td>4(1)</td></tr>
<tr><td>密陽</td><td></td><td>1</td><td></td><td></td><td></td><td></td><td></td><td></td><td></td><td></td><td></td><td></td><td></td><td></td><td></td><td>1</td></tr>
<tr><td>比安</td><td>1</td><td></td><td></td><td></td><td></td><td></td><td></td><td></td><td></td><td></td><td></td><td></td><td></td><td></td><td></td><td>1</td></tr>
<tr><td>山陰</td><td>1</td><td></td><td></td><td></td><td></td><td></td><td></td><td></td><td></td><td></td><td></td><td></td><td></td><td></td><td></td><td>1</td></tr>
<tr><td>尙州</td><td></td><td>1</td><td></td><td></td><td></td><td></td><td></td><td></td><td></td><td></td><td></td><td></td><td></td><td></td><td></td><td>1</td></tr>
<tr><td>星州</td><td></td><td></td><td>1</td><td></td><td>1</td><td></td><td>1(1)</td><td></td><td></td><td>1(1)</td><td></td><td></td><td></td><td></td><td></td><td>4(2)</td></tr>
<tr><td>安東</td><td>3</td><td>3(3)</td><td></td><td></td><td></td><td></td><td>1</td><td></td><td></td><td></td><td></td><td></td><td></td><td></td><td></td><td>7(3)</td></tr>
<tr><td>盈德</td><td>1</td><td></td><td></td><td></td><td></td><td></td><td></td><td></td><td></td><td></td><td></td><td></td><td></td><td></td><td></td><td>1</td></tr>
<tr><td>永川</td><td>1</td><td>1(1)</td><td></td><td></td><td></td><td></td><td></td><td></td><td></td><td></td><td></td><td></td><td></td><td></td><td></td><td>2(1)</td></tr>
<tr><td>榮川</td><td>1</td><td></td><td></td><td></td><td></td><td></td><td></td><td></td><td></td><td></td><td></td><td></td><td></td><td></td><td></td><td>1</td></tr>
<tr><td>蔚山</td><td></td><td></td><td>1</td><td></td><td></td><td></td><td></td><td></td><td></td><td></td><td></td><td></td><td></td><td></td><td></td><td>1</td></tr>
<tr><td>義城</td><td>1</td><td></td><td></td><td></td><td>1</td><td></td><td></td><td></td><td></td><td></td><td></td><td></td><td></td><td></td><td></td><td>2</td></tr>
<tr><td>晉州</td><td>2</td><td>1(1)</td><td></td><td></td><td></td><td></td><td></td><td></td><td></td><td></td><td></td><td></td><td></td><td></td><td></td><td>3(1)</td></tr>
<tr><td>昌原</td><td>1</td><td>1(1)</td><td></td><td></td><td></td><td></td><td></td><td></td><td></td><td></td><td></td><td></td><td></td><td></td><td></td><td>2(1)</td></tr>
<tr><td>淸道</td><td></td><td></td><td></td><td></td><td></td><td></td><td>2</td><td></td><td></td><td>1(1)</td><td></td><td></td><td></td><td>1(1)</td><td></td><td>4(2)</td></tr>
<tr><td>統營</td><td></td><td></td><td></td><td></td><td></td><td></td><td></td><td></td><td>1</td><td></td><td></td><td></td><td></td><td></td><td></td><td>1</td></tr>
<tr><td>全羅 監營</td><td></td><td></td><td></td><td></td><td></td><td></td><td></td><td></td><td></td><td></td><td></td><td>3</td><td></td><td></td><td></td><td>3</td></tr>
<tr><td>高山</td><td>1</td><td></td><td></td><td></td><td></td><td></td><td></td><td></td><td></td><td></td><td></td><td></td><td></td><td></td><td></td><td>1</td></tr>
<tr><td>光州</td><td>1</td><td></td><td></td><td></td><td></td><td></td><td></td><td></td><td></td><td></td><td></td><td></td><td></td><td></td><td></td><td>1</td></tr>
<tr><td>求禮</td><td>1</td><td></td><td></td><td></td><td>2(2)</td><td>1(1)</td><td></td><td>2(2)</td><td></td><td></td><td></td><td></td><td></td><td></td><td></td><td>6(5)</td></tr>
<tr><td>錦山</td><td>1</td><td></td><td></td><td></td><td></td><td></td><td></td><td></td><td></td><td></td><td></td><td></td><td></td><td></td><td></td><td>1</td></tr>
<tr><td>南原</td><td>2</td><td></td><td></td><td></td><td>1(1)</td><td></td><td></td><td>1</td><td></td><td></td><td></td><td></td><td></td><td></td><td></td><td>4(1)</td></tr>
<tr><td>同福</td><td>1</td><td></td><td></td><td></td><td></td><td></td><td></td><td></td><td></td><td></td><td></td><td></td><td></td><td></td><td></td><td>1</td></tr>
<tr><td>務安</td><td></td><td></td><td></td><td></td><td>1(1)</td><td>1</td><td></td><td>1(1)</td><td>1</td><td></td><td></td><td></td><td></td><td></td><td></td><td>4(2)</td></tr>
<tr><td>茂長</td><td>2</td><td></td><td></td><td></td><td></td><td></td><td></td><td></td><td></td><td></td><td></td><td></td><td></td><td></td><td></td><td>2</td></tr>
<tr><td>寶城</td><td>1</td><td></td><td></td><td></td><td></td><td></td><td></td><td></td><td></td><td></td><td></td><td></td><td></td><td></td><td></td><td>1</td></tr>
<tr><td>淳昌</td><td>1</td><td></td><td></td><td></td><td>1</td><td></td><td></td><td>1</td><td></td><td></td><td></td><td></td><td></td><td></td><td></td><td>3</td></tr>
</table>

	順天				1				1			1(1)	1(1)				4(2)
	靈光				2(2)	1(1)			1(1)								4(4)
	長興	1			1				1(1)								3(1)
	全州				1	1								1	1		4
	濟州						1				1(1)						2(1)
	左水營					1											1
	珍山						1						1	1(1)		1(1)	4(2)
	泰仁														1		1
平安	成川														1		1
	平壤	2															2
咸鏡	監營				2	1(1)			1(1)				2(2)				6(4)
	端川						1										1
咸興		1															1
黃海	海州					1											1
計		31	9(7)	3	12(6)	11(3)	6(1)	7(2)	9(6)	3	7(6)	1(1)	7(3)	2(1)	8(5)	1(1)	117(42)

　1) 표 8)에서 보는 바와 같이 千字文 冊板을 開板地 별로 그 특징을 살펴보면 다음과 같다.

　전체적으로 천자문이 가장 많이 조사된 곳은 慶尙道 安東으로 7건이고, 그 다음이 京畿道 南漢(廣州), 全羅道 求禮, 咸鏡道 監營으로 각 6건씩이다.

　慶尙道 安東에서 천자문이 가장 많이 조사된 이유는『攷事撮要』(1585년)와『嶺南冊板記』(1590년)에 각 3건씩 수록되었던 것 때문이다. 중복 책판은 京畿道 南漢(廣州)과 全羅道 求禮가 각 5건씩으로 가장 많이 나타났고, 新刊은 慶尙道 安東과 全羅道 全州가 각 4건씩으로 가장 많이 나타났다.

　중복 책판의 경우 京畿道 南漢은 총 5건 중『各道冊板目錄』(1840년)에 3건이 나타나 가장 큰 비중을 차지하였고, 全羅道 求禮는『完營冊板目錄』(1759년)에 2건과『冊板置簿冊』(1759~1767)에 1건 그리고『五車書錄』(1791년 이후)에 2건이 중복 책판으로 5건 모두가 18세기 이전에 작성된 책판목록에 수록되어 있다는 점이 그 특징이다. 新刊의 경우 慶尙道 安東은 총 4건 중『攷事撮要』(1585년)에 3건이 수록되어 큰 비중을 차지하였다. 全羅道 全州는 총 4건 중 4건 모두가 新刊이라는 점이 특징이라면 全羅道 靈光은 총 4건 중 4건 모두가 중복 책판에 해당하는 점이 특징이다.

2) 표 8)에서 보는 바와 같이 千字文 板刻을 時期別로 살펴보면 다음과 같다.

16세기 이전에는 총 39건 중 7건이 중복 책판이고 나머지 32건이 新刊으로 다른 시기에 비해 천자문 판각을 많이 한 것으로 나타났다.

16세기 이전에 가장 많은 천자문이 조사되었던 道는 慶尙道로 총 22건이지만 그 중 7건은 중복 책판이다. 이것은『攷事撮要』(1585년)에 수록되었던 것을『嶺南冊板記』(1590년)에서 그대로 轉寫하였기 때문이다. 특히 慶尙道 安東은 3건으로 천자문을 가장 많이 판각한 곳이다.

17세기 이전에는 漢城 및 京畿道에서 1건이 판각되었는데『攷事撮要』(1636년)에 실려 전한다.

18세기 이전에는 총 59건이 조사되어 전체의 약 50%를 차지한다. 그러나 이 가운데 25건은 이전의 책판목록과 중복된 것이었다. 하지만 이전부터 전해져온 책판을 통해서도 천자문 간인은 이루어질 수 있으므로 천자문 後印 추이는 천자문 初印의 추이와 반드시 일치하지 아닐 것이다. 어쨌든 18세기 이전에 이르면 상당수의 開板地에서 천자문 책판을 보유하게 되었음을 확인할 수 있다.

18세기 이전에 가장 많은 천자문이 조사된 道는 全羅道로 28건이며 중복 책판 또한 가장 많아 15건이다. 全羅道가 중복 책판이 많은 이유는『攷事撮要』(1585년)와『完營冊板目錄』(1759년)에 수록된 천자문을『五車書錄』(1791년 이후)에서 그대로 베껴 적었기 때문이다. 그러나 18세기에 가장 많은 판각을 한 開板地로는 慶尙道 金海(3건)를 들 수 있다.

19세기 이전에는 총 18건으로 17세기를 제외한 다른 시기와 비교해 볼 때 천자문 판각이 대체로 저조하다. 전체적인 천자문 숫자는 全羅道가 10건으로 가장 많고 중복 책판이 많은 道는 漢城 및 京畿道로 4건 모두가 중복 책판에 해당한다. 咸鏡道 역시 총 2건 모두가 중복 책판이다.

　이상과 같이 책판목록에 의해서 천자문 판각의 추이를 전체적으로 분석했을 때 그 중심지는 全羅道이고 그 다음이 慶尙道이며 천자문 판각이 가장 활발했던 시기는 16세기 이전이라는 점을 확인할 수 있다.

Ⅳ. 現傳本에 의한 刊印 分析

本 章에서는 15세기부터 1910년 사이에 간행된 50건의 現傳本 千字文을 대상으로 그 刊印事項을 분석하고자 한다.

앞 장에서는 冊板目錄이라고 하는 문헌을 통한 分析이기 때문에 道別 時期別로 전체적인 간인 추이를 살펴보는데 그쳤다. 그러나 이 章은 실물에 의한 分析이기 때문에 보다 구체적인 모습을 살펴볼 수 있다. 먼저 천자문을 楷書體 草書體 草楷書體 草篆書體 篆書體의 書體別로 구분하여 道別 時期別 간인 상황을 살펴보고, 다음으로 千字文의 刊印本을 크게 官版本, 私版本으로 나누어 다시 官版本은 다시 中央官署本과 地方官署本으로, 私版本은 寺刹本, 私家本, 坊刻本으로 나누어 각 각의 刊印處와 刊印時期를 고증하기로 하자. 여기서 각 項目의 기술은 刊印의 時期順이며 각 판본의 書誌事項과 그림은 附錄으로 첨부하였다.

1. 刊印本의 書體

가. 道別 分析

1) 漢城 및 京畿道

漢城 및 京畿道의 千字文 현전본은 10개 開板地에서 총 28건이 조사되었다. 이를 楷書體, 草書體, 草楷書體, 草篆書體, 篆書體의 서체별로 구분하고 이를 다시 開板地 別로 집계하면 다음 표 9)와 같다.

표 9) 漢城 및 京畿道의 千字文 現傳本

書體 開板地	楷書體	草書體	草楷書體	草篆書體	篆書體	計
漢城　廣通坊	1					1
銅　峴				1		1
武　橋	1			1		2
油　洞				1		1
紫　巖				1		1
中央官署	8			1		9
紅樹洞	1					1
孝　橋	1					1
京畿道　廣州	3					3
安城	1					1
其　　　他	2	1	1		2	6
計	18	1	1	5	2	27

楷書體는 총 18건으로 그 중 漢城 廣通坊 1건, 武橋 1건, 中央官署 8건, 紅樹洞 1건, 孝橋 1건, 京畿道 廣州 3건, 安城 1건, 其他 2건이다. 그 가운데 楷書體가 가장 많이 판각된 곳은 中央官署로 8건이고 그 다음이 京畿道 廣州 3건, 其他 2건이다. 여기서 其他는 開板地가 漢城 및 京畿道 지역이지만 구체적으로는 어디인지 분명치 않은 곳을 말한다.

中央官署 8건 중 1건은 한글석음이 없는『千字文』으로 鑄字所에서 간인한 것이고 7건은 한글석음이 달린『千字文』으로 韓石峯이 필사한 천자문이다. 京畿道 廣州 3건은 奉先寺와 開元寺에서 간인한 2건과 廣州 地方官衙에서 간인한 1건이다.

草書體로는 漢城에서는 1건도 간인되지 않았고 京畿道에서만 1건 간인되었다. 草楷書體 1건은 安平大君이 쓴 眞草千字文으로 현전 千字文 중 가장 오래된 千字文이다.

草篆書體는 모두 5건으로 銅峴, 武橋, 油洞, 紫岩, 中央官署에서 각 1건씩으로 나타났다. 銅峴, 武橋, 油洞, 紫岩의 공통적인 특징은 中央官署本인

石峯의 草千字文을 바탕으로 간인한 坊刻本이라는 점이다.

篆書體는 漢城에서는 1건도 나타나지 않았으나 京畿道에서 2건 간인한 것으로 나타났다. 이 2건의 공통점도 坊刻本이다.

이상에서 漢城 및 京畿道에서 간인한 千字文의 書體 중 가장 많은 것은 楷書體 18건으로 전체의 66.7%에 해당한다. 이를 開板地 별로 세분하여 보면 中央官署가 8건이며 廣州가 3건의 순이다. 그리고 漢城 및 京畿道의 천자문 중 楷書體 7건이 石峯 千字文으로 中央官署의 판각이고 草篆書體 5건 중 4건은 石峯 草千字文을 바탕으로 한 坊刻本이다. 中央官署는 초보적인 漢字 敎育에 치중하여 楷書體를 판각한 반면 坊刻에서는 書法敎育에 치중하여 草篆書體를 판각한 것으로 보인다.

2) 慶尙道

慶尙道에서는 4개 開板地에서 총 4건의 천자문 현전본이 조사되었다. 이를 書體別로 구분하여 開板地 별로 다시 집계하면 표 10)과 같다.

표 10) 慶尙道의 千字文 現傳本

開板地＼書體	楷書體	草書體	草楷書體	草篆書體	篆書體	計
大 邱	1					1
善 山	1					1
星 州	1					1
昌 寧	1					1
計	4					4

慶尙道의 現傳本의 모습은 冊板目錄에 나타난 千字文 板刻 狀況과 비교하면 상당히 대조적이다. 그 숫자가 책판목록에 나타난 천자문에 비하면 매우 적어서 전국에서 차지하는 비율이 약 10%에 불과하다.

이를 書體別로 살펴보면 楷書體만 총 4건 발견되었을 뿐 다른 서체는 발견되지 않았다. 이를 開板地 별로 세분하여 살펴보면 大邱, 善山, 星州, 昌寧에서 각 1건씩 판각하였다. 大邱와 善山의 현전본은 寺刹本이고 昌寧의 현전본은 坊刻本이며 星州의 현전본은 地方官署本에 해당한다. 이렇게 慶尙道의 千字文 現傳本의 특징은 총 4건 모두가 楷書體로 간인되었다는 점이다.

3) 全羅道

全羅道에서는 9개 開板地에서 총 18건의 천자문 현전본이 조사되었다. 이를 書體別로 구분하여 다시 開板地別로 집계하면 표 11)과 같다.

표 11) 全羅道의 千字文 現傳本

開板地＼書體	楷書體	草書體	草楷書體	草篆書體	篆書體	計
光　州	2					2
淳　昌		1				1
順　天	2	1				3
全　州	2		1	2		5
同　福	1					1
羅　州		1				1
靈　光					1	1
濟　州					1	1
完　濟		1				1
其　他	2					2
計	9	4	1	2	2	18

全羅道는 총 18건으로 漢城 및 京畿道 다음으로 많이 조사되었다. 이를 書體別로 살펴보면, 다른 道와 마찬가지로 楷書體가 9건으로 제일 많아 전체의 50%를 차지했다.

楷書體 9건은 光州, 順天, 全州, 其他에서 각 2건씩 간인되었고, 同福에서 1건 간인되었다. 光州 2건은 地方官署本으로 그 중 1건은 한글석음을 가진 千字文 중 가장 오래된 천자문이다. 順天 2건은 寺刹本이고 全州 2건은 坊刻本으로 4건 모두가 한글석음이 달려 있는 천자문이다. 其他는 全羅道 어느 지방에서 간인된 천자문으로 地方官署本 1건과 坊刻本 1건이 이에 해당한다. 同福 1건은 寺刹本으로 역시 한글석음이 달린 천자문이다. 이렇게 全羅道의 楷書體 판각은 地方官署本과 寺刹本 그리고 坊刻本에 각 3건씩 나타나고 있다.

草書體는 총 4건으로 淳昌, 順天, 羅州, 完齊에서 각 1건씩 간인하였다. 여기서 順天과 完齊의 것은 坊刻本에 해당하고 淳昌과 羅州의 것은 私家本에 해당한다. 坊刻本과 私家本에 草書體가 많이 나타나는 것은 筆寫本의 판독을 위한 書法敎育의 필요성 때문으로 보인다.

草楷書體 1건은 草書體에 楷書體가 곁들어진 書體로 全州에서 간인한 坊刻本이고 草篆書體 2건은 草書體에 篆書體가 곁들어진 書體로 石峯의 草千字文을 底本으로 하여 全州에서 간인한 坊刻本이다.

篆書體 2건은 靈光과 濟州에서 각 1건씩 간인하였다. 이 2건의 천자문은 地方官署本으로 靈光本이 底本이고 濟州本은 이를 다시 간인한 것으로 여겨진다.

이상과 같이 全羅道의 千字文 現傳本의 특징은 전체의 절반인 9건이 楷書體이며 地方官署와 私家 그리고 坊刻에서 각 3건씩 고루 간인하였다는 점이다. 이것은 漢字의 基本敎育에 楷書體 천자문이 보편적으로 사용되었음을 보여준다. 한편 草書體 4건이 간인되었는데 그 중 2건은 坊刻本이고 2건은 私家本으로 坊刻과 私家에서는 筆寫本의 판독과 書法敎育을 위하여 草書體 천자문을 간인한 것으로 보인다.

4) 忠淸道

忠淸道에서는 冊板目錄에는 천자문이 한 건도 조사되지 않았지만 現傳本은 篆書體 1건이 조사되었다. 忠淸道에서 판각한 禹伏龍(1547~1613)이 쓴 篆千字文으로 禹伏龍이 忠淸 監司 시절에 地方民의 篆刻 判讀을 위한 敎育의 목적으로 간인한 것이다.

나. 時期別 分析

1) 15세기

표 12)에서 보는 바와 같이 15세기에는 漢城 및 京畿道에서 楷書體 1건과 草楷書體 1건이 조사되었다.

楷書體 1건은 成宗 2年(1471) 廣州 奉先寺에서 간인한 寺刹本으로 그 板書者는 趙孟頫이며, 草楷書體 1건은 文宗 卽位年(1450) 漢城에서 간인한 私家本으로 그 板書者는 安平大君이다. 15세기에 이르기까지 書法敎育에는 趙孟頫와 安平大君의 글씨가 유명하였던 것으로 여겨진다.

표 12) 15세기의 千字文 現傳本

道＼書體	楷書體	草書體	草楷書體	草篆書體	篆書體	計
漢城및 京畿道	1		1			2
慶尙道						
全羅道						
忠淸道						
計	1		1			2

2) 16세기

16세기에 주로 간인된 것은 楷書體 천자문이었다. 표 13)에서 보는 바와 같이 전체 7건 가운데 楷書體가 5건을 차지하였고 이밖에 草書體와 草篆書體가 각 1건씩 조사되었다.

楷書體는 漢城 및 京畿道에서 3건, 全羅道에서 2건 조사되었다. 여기서 漢城 및 京畿道는 3건 중 2건이 中央官署本으로 校書館에서 간인하였고 그 板書者는 韓濩(1534~1605)이다. 나머지 1건은 鑄字所에서 初鑄甲寅字로 간인한 천자문이다. 全羅道의 2건은 地方官署本으로 光州에서 간인한 천자문이다.

草書體는 全羅道에서 1건 조사되었다. 이것은 私家本으로 淳昌의 剛泉寺 連臺庵에서 金麟厚(1510~1560)가 쓴 草千字文이다.

草篆書體는 漢城 및 京畿道에서 1건 조사되었다. 이 천자문은 石峯 草千字文의 原刊本으로 후일 坊刻本의 底本이 되었던 草千字文으로 유명하다.

이상에서 16세기의 千字文 現傳本의 특징은 楷書體가 5건으로 가장 많으며 중심지는 漢城 및 京畿道라는 점이다. 漢城 및 京畿道의 楷書體 2건은 韓濩가 板書하였으며 校書館에서 간인하였다.

표 13) 16세기의 千字文 現傳本

道＼書體	楷書體	草書體	草楷書體	草篆書體	篆書體	計
漢城 및 京畿道	3			1		4
慶尙道						
全羅道	2	1				3
忠淸道						
計	5	1		1		7

3) 17세기

표 14)에서 보는 바와 같이 17세기에는 楷書體가 8건으로 가장 많이 조사되었고 그 다음으로 草書體가 1건, 篆書體가 2건이었다.

楷書體는 漢城 및 京畿道에서 4건, 慶尙道에서 2건, 全羅道에서 2건 조

사되었다. 여기서 漢城 및 京畿道는 4건 중 3건이 中央官署本이고 板書者
는 韓濩(1534~1605)와 李海龍(1546~1618)이다. 나머지 1건은 京畿道 安城
에서 간인한 私家本이다. 慶尙道의 2건은 寺刹本에 해당한다.

　草書體는 全羅道에서만 1건 조사되었는데 이것은 朴彭年이 쓴 것으로
私家本이다. 篆書體는 全羅道와 忠淸道에서 각 1건씩 조사되었다. 全羅道
1건은 靈光에서 간인한 地方官署本이고 忠淸道 1건은 地方官署本으로 禹
伏龍이 쓴 것이다.

　이상에서 17세기 千字文 現傳本의 특징은 楷書體가 8건으로 가장 많았
으며 그 중심지는 漢城 및 京畿道라는 점이다. 천자문의 板書者로는 漢城
및 京畿道에서는 韓濩, 全羅道에서는 朴彭年, 忠淸道에서는 禹伏龍인 것으
로 나타났다.

표 14) 17세기의 千字文 現傳本

道＼書體	楷書體	草書體	草楷書體	草篆書體	篆書體	計
漢城 및 京畿道	4					4
慶尙道	2					2
全羅道	2	1			1	4
忠淸道					1	1
計	8	1			2	11

4) 18세기

　표 15)에서 보는 바와 같이 18세기에는 楷書體 7건, 草書體 2건, 篆書體
1건이 조사되었다.

　楷書體는 漢城 및 京畿道에서 5건, 全羅道에서 4건, 慶尙道에서 1건 순
으로 조사되었다. 漢城 및 京畿道의 것은 韓濩가 쓴 천자문으로 中央官署
本 2건과 地方官署本 2건이 있고 洪聖源이 쓴 寺刹本 1건이 있다. 全羅道

의 4건은 寺刹本으로 同福과 順天에서 각 1건씩, 地方官署本으로 제주에서 1건, 방각본으로 순천에서 1건이 간인되었다. 慶尙道 1건은 地方官署本으로 李恒福(1556~1618)이 쓴 천자문이다.

草書體는 漢城 및 京畿道와 全羅道에서 각 1건씩 조사되었다. 漢城 및 京畿道의 1건은 嚴漢朋이 쓴 천자문으로 坊刻本이고, 全羅道의 1건은 鷗化子가 刻한 천자문으로 坊刻本이다. 篆書體는 全羅道 濟州에서만 1건 간인된 것으로 地方官署本이다.

18세기 千字文 現傳本의 특징은 楷書體가 7건으로 가장 많으며 그 중심지는 漢城 및 京畿道라는 점이다. 漢城 및 京畿道의 것은 16, 17세기와 마찬가지로 韓濩가 쓴 천자문이다.

표 15) 18세기의 千字文 現傳本

道＼書體	楷書體	草書體	草楷書體	草篆書體	篆書體	計
漢城 및 京畿道	4	1				5
慶尙道	1					1
全羅道	2	1			1	4
忠淸道						
計	7	2			1	10

5) 19세기

표 16)에서 보는 바와 같이 19세기에도 楷書體가 8건으로 가장 많지만 草篆書體가 5건으로 그 뒤를 잇고 있는 점이 눈에 띈다. 이밖에 草楷書體가 1건, 篆書體가 2건 조사되었다.

楷書體는 漢城 및 京畿道가 6건으로 가장 많고 全羅道가 2건이다. 漢城 및 京畿道의 경우 6건 가운데 4건은 坊刻本이고 2건은 李茂實이 쓴 천자문으로 私家本이다. 16~18세기에 걸쳐서 漢城 및 京畿道의 楷書體 천자문의 板書者가 주로 韓濩였음에 비해서 19세기에 와서는 韓濩가 쓴 천자문은 나타나지 않고 李茂實이 쓴 천자문 2건만 조사된 점이 눈에 띈다. 全羅道에서는 2건 중 1건이 松溪가 쓴 천자문으로 조사되었다.

草楷書體는 全羅道에서 1건 조사되었는데 趙孟頫가 쓴 천자문으로 坊刻本이다. 15세기 書法敎育에 있어서 趙孟頫體가 유행한 적이 있었는데 19세기에도 趙孟頫體로 書法敎育이 행해지고 있음을 알 수 있다.

草篆書體는 漢城 및 京畿道에서 3건, 全羅道에서 2건 조사되었는데 이들의 공통적인 특징은 韓濩가 쓴 천자문으로 坊刻本이라는 점이다. 이는 16세기에 간인된 石峯의 草千字文의 原刊本을 底本으로 간인하여 坊刻本으로 유통시킨 것이다.

篆書體는 漢城 및 京畿道에서만 2건 조사되었는데 이것은 坊刻本으로 그 중 1건은 申汝櫂가 쓴 천자문이다.

따라서 19세기 千字文 現傳本의 특징은 楷書體가 8건으로 압도적으로 많았고 그 중심지는 漢城 및 京畿道라는 점이다.

漢城 및 京畿道의 경우 이전 시기 楷書體 천자문의 板書者는 주로 韓濩였음에 비해서 이 시기에는 韓濩가 쓴 천자문은 1건도 조사되지 않았다. 그러나 19세기 草篆書體 5건은 모두가 韓濩가 쓴 천자문이었다. 이것은 16세기에 草篆書體인 石峯 草千字文을 底本으로 간인하여 坊刻本으로 유통시킨 것이다.

표 16) 19세기의 千字文 現傳本

書體別\道別	楷書體	草書體	草楷書體	草篆書體	篆書體	計
漢城 및 京畿道	6			3	2	11
全羅道	2		1	2		5
忠淸道						
計	8		1	5	2	16

6) 20세기 초

표 17)에서 보는 바와 같이 20세기 초에는 楷書體가 2건, 草書體와 草篆書體가 각 1건씩 조사되었다.

楷書體는 慶尙道 1건, 全羅道 1건이고 草書體는 全羅道에서 李奉事가 쓴 천자문 1건이다. 草篆書體 1건은 石峯의 草千字文을 底本으로 제일 나중에 간인한 천자문이다. 이 4건 천자문의 공통점은 모두 坊刻本이라는 점이다.

따라서 20세기 초의 千字文 現傳本의 특징은 모두 坊刻本이며 다른 시기와 마찬가지로 楷書體가 2건으로 가장 많다는 점이다.

표 17) 20세기 초의 千字文 現傳本

道＼書體	楷書體	草書體	草楷書體	草篆書體	篆書體	計
漢城 및 京畿道				1		1
慶尙道	1					1
全羅道	1	1				2
計	2	1		1		4

이상과 같은 분석을 토대로 現傳本 千字文을 書體의 道別, 時期別 판각 상황을 종합적으로 집계하면 다음 표 18)과 같다.

표 18)을 통해서 千字文 現傳本 板刻 狀況을 다음과 같이 살펴 볼 수 있다.

1) 千字文 現傳本을 道別로 살펴보면,

① 千字文을 가장 많이 板刻한 道는 漢城 및 京畿道의 27건으로 楷書體 18건, 草書體 1건, 草楷書體 1건, 草篆書體 5건, 篆書體 2건이었다.

② 두번째로 많이 板刻한 道는 全羅道의 18건으로 楷書體 9건, 草書體 4건, 草楷書體 1건, 草篆書體 2건, 篆書體 2건이었다. 다른 道에 비해 대체로 고른 분포를 보이고 있다.

③ 세번째로 많이 板刻한 道는 慶尙道의 4건으로 모두 楷書體이다.

④ 네번째로 많이 板刻한 道로는 忠淸道의 1건으로 篆書體이다.

표 18) 書體의 道別, 時期別 綜合

時期	書體＼道	漢城京畿		慶尙道		全羅道		忠淸道		總計	
15세기	楷書	1								1	
	草書										
	草楷	1	2							1	2
	草篆										
	篆書										
16세기	楷書	3				2				5	
	草書					1				1	
	草楷		4				3				7
	草篆	1								1	
	篆書										
17세기	楷書	4		2		2				8	
	草書					1				1	
	草楷		4		2		4		1		11
	草篆										
	篆書					1		1		2	
18세기	楷書	4		1		2				7	
	草書	1				1				2	
	草楷		5		1		4				10
	草篆										
	篆書					1				1	
19세기	楷書	6				2				8	
	草書										
	草楷		11			1	5			1	16
	草篆	3				2				5	
	篆書	2								2	
20세기초	楷書			1		1				2	
	草書					1				1	
	草楷		1		1	2	2				4
	草篆	1								1	
	篆書										
總計		27		4		18		1		50	

2) 千字文 現傳本을 時期別로 살펴보면,

① 千字文을 가장 많이 板刻한 時期는 19세기 16건으로 전체의 약 30.2%를 차지한다. 이것은 坊刻本의 수효가 많았기 때문이다. 이를 書體別로 세분하여 보면 楷書體 8건, 草楷書體 1건, 草篆書體 5건, 篆書體 2건이다.

② 두번째로 많이 板刻한 時期는 17세기 11건으로 楷書體 6건, 草書體 3건, 篆書體 2건으로 나타난다.

③ 세번째로 많이 板刻한 時期는 18세기 10건으로 楷書體 7건, 草書體 2건, 篆書體 1건이다.

④ 네번째로 많이 板刻한 時期는 16세기 7건으로 楷書體 5건, 草書體 1건, 草篆書體 1건으로 나타난다.

⑤ 다섯번째로 많이 板刻한 時期는 20세기 初에 4건으로 楷書體 2건, 草書體 1건, 草篆書體 1건으로 나타난다.

⑥ 여섯번째로 많이 板刻한 時期는 15세기 2건으로 楷書體 1건, 草楷書體 1건이다.

이상에서 살펴 본 바를 종합하여 보면,

천자문은 총 50건 중 楷書體가 31건으로 가장 큰 비중을 차지하고 있으며 그 다음이 草篆書體으로 7건이다.

楷書體를 가장 많이 판각하였던 시기는 17세기와 19세기로 각 8건씩 간인하였는데 그 중 6건이 漢城 및 京畿道에서 간인되었다. 草篆書體를 가장 많이 판각하였던 시기는 19세기 5건으로 그 중 3건은 漢城 및 京畿道에서 판각한 것인데 石峯의 草千字文을 底本으로 하였다는 점이 특징이다. 草篆書體 천자문은 기본적인 한자 교육을 마친 다음 일상생활에 쓰이는 草書體의 판독과 鈐印의 篆刻과 그 판독을 위한 교육에 쓰였기 때문이다.

이상에서 볼 수 있듯이 현전본 천자문 가운데 楷書體 천자문이 漢字敎育의 바탕이 되었기 때문에 그 주종을 이루고 있었다. 또한 천자문 간인의 중심지는 漢城 및 京畿道였으며 가장 활발했던 時期는 19세기였다. 그것은 坊刻本의 수효가 많았기 때문이다.

2. 刊印本

앞에서 현전본 천자문을 서체를 중심으로 그 간인의 추이를 살펴보았다. 여기서는 千字文의 刊印本을 크게 官版本과 私版本으로 나누고 官版本은 다시 中央官署本과 地方官署本으로, 私版本은 寺刹本, 私家本, 坊刻本으로 나누어 그 刊印處와 刊印時期를 중점적으로 살펴보기로 하자. 각 項目의 서술은 刊印의 時期順에 따랐다. 그리고 각 판본의 書誌事項과 그림은 附錄으로 첨부하였다.

가. 官版本

官版本이란 중앙관서 및 지방관서에서 간인한 책을 총칭한다. 관판본은 중앙의 교서관 혹은 주자소에서 인출한 국가의 典章 史書 및 王家의 기록 등과 같은 중요한 관찬서에 속하는 것으로 대개는 중앙에서 먼저 활자판에 인쇄하여 관계의 官署 및 官員들에게 頒賜하게 된다. 그러나 널리 반사의 필요가 있는 것이나 또는 후대까지 널리 전해야 하는 중요한 서책들은 그 활자본을 지방의 각 監營 보내어 官名으로서 다시 刻板하게하며, 때로는 서책의 종류에 따라 처음부터 校書館이나 監營에서 각판하게 하는 경우도 있다. 여기서는 中央官署本과 地方官署本으로 나누어 각 刊印本을 시대 순에 따라 살펴보기로 하자. 각 항목의 서술은 刊印處와 刊印時期 고증에 중점을 둔다.

1) 中央官署本

(1) 中宗 明宗年間(1507~1567) 鑄字所 印出의 千字文 〈그림 1〉

이 千字文은 活字의 판종과 마멸도 및 四周單邊, 匡郭 26.3×17cm, 10行 18字, 大黑口 內向黑魚尾인 冊의 版式을 아울러 고려하면, 初鑄甲寅字 多混補字本임을 알 수 있다. 따라서 刊印處는 鑄字所이고 활자의 補字 混入度와 마멸도를 고려하면 그 刊印時期는 中宗 明宗年間으로 추정된다. 현재까지 발견된 천자문 중 유일한 금속활자본이다.

이 책은 『新刊大字附音釋文三註』라는 書名아래 上, 中, 下 3卷2冊으로 구성되어 있는데 그 중 第1卷이 「千字文」이다. 第2卷은 胡元質이 註를 단 「詠史詩」, 第3卷은 李瀚이 註를 단 「蒙求」이다. 연세대본에는 第1卷인 「千字文」이 빠진 상태로 소장되어 있으며208) 개인소장본에는 第1卷 만이 分冊된 상태로 소장되어 있다.

(2) 宣祖 16年(1583) 校書館 刊印의 原刊本 〈그림 2〉

이 冊은 卷末 刊記에 "萬曆十一年(1583)正月日 副司果 臣韓濩奉敎書"란 기록과 內賜記에 "萬曆十一年(1583)七月日 內賜司諫院大司諫 朴承任209) 千字文 一件 命際謝恩 左副承旨 臣某"이란 기록이 있어서 石峯 千字文의 原

---

208) 延世大中央圖書館 古書目錄 第2輯에 보면, 『新刊大字附音釋文三註』는 甲寅 字再鑄本으로 3卷2冊이고, 目次는 卷之上: 未詳. 卷之中: 詠史詩/胡元質. 卷之下: 蒙求/李瀚 註로 되어 있다. 여기서 卷之上의 未詳은 千字文으로 개인소장본이다.

209) ① 宣祖實錄, 宣祖 16年 7月條.
　　「有政以朴承任拜大司諫」
　② 晉陽志 慶尙道 4, p.848.
　　「朴承任이 明宗 21年(1566)에 4面에 각 書齋를 세우고 學田과 守護人을 두었다.」

刊本임을 알 수 있다.

이 책은 韓石峯이 왕명으로 千字文의 판서본을 써서 목판본으로 간행하여 下賜할 때 大司諫 朴承任이 받은 것이다. 이렇듯 이 책은 임진왜란 이전에 간인되었기 때문에 그 刊印處는 한 나라의 書籍 刊印 사업을 맡은 校書館이며 刊印時期는 刊年과 內賜年이 일치되는 宣祖 16年(1583)임이 확실하다 하겠다.

이 千字文은 慶北 榮州市에 사는 朴贊成씨가 家寶로 보존해 오던 것을 誠巖 趙炳舜씨가 조사하여 학계에 처음으로 공개하였다.210)

(3) 宣祖 30年(1597) 刊印의 『草千字文』211) 〈그림 3〉

이 책은 卷末 刊記에 "萬曆丁酉季秋石峯書"란 기록이 있는 것으로 보아 宣祖 30年(1597)에 刊印되었으며 板本의 상태로 보아 아주 정교하게 새겼으므로 中央官署에서 간인한 것으로 여겨진다.

이 책은 불분권 1책으로 17장이다. 본문 윗부분 4분의 1은 篆書體를 陽刻으로 새겼는데 그 본문의 내용을 포함하고 있다. 본문 나머지 부분은 본문의 내용을 草書體 陰刻으로 새기고 각 글자 옆 둥근 여백에는 초서체를

---

210) ① 趙炳舜, 前揭論文, 參照.
　　② 동아일보, 1981, 3월 20일자 參照.
211) 韓石峯 草千字文의 刊印順序를 나열하면 다음과 같다.
　　① 1597년 萬曆丁酉本
　　② 1809년 銅峴新刊本
　　③ 1823년 景福宮前
　　④ 1847년 油洞新刊本
　　⑤ 1861년 完山重刊本
　　⑥ 1864년 武橋重刊本
　　⑦ 1899년 己亥重刊本
　　⑧ 1905년 紫岩新刊本
　　⑨ 1918년 雁東書舘刊本
　　⑩ 1919년 翰南書林刊本

쉽게 식별할 수 있도록 해서체로 새겨놓았다.

(4) 內閣文庫 所藏의 翻刻本 〈그림 4〉

이 千字文은 原刊本의 翻刻本이다. 종래 李基文은 이 冊을 石峯千字文의 原刊本으로 추정하였다. 그 이유로는 ① 內閣文庫本 石峯千字文의 卷末 刊記에 "萬曆十一年(1583)正月日 副司果 臣韓濩奉敎書"란 기록이 있는 점, ② 본문 중에 傍點이 사용되지 않았다는 점, ③ 종성 'ㆁ'의 字體에 분명한 꼭지가 있으며, ④ 'ㅿ'자가 한번도 사용되지 않은 점, ⑤ 한자음이 대체로『新增類合』과 일치함을 들어 石峰千字文의 原刊本으로 추정하였다.212) 그러나 原刊本과 한글석음 표기를 비교해 보면 독음과 석음이 완연히 다름을 實査할 수 있다. 내각문고본은 원간본처럼 정교하게 판각한 점에서 관판본임에는 의심할 여지가 없으나 여러 刻字를 위에서 언급한 원간본과 對査하여 보면 다음 표 19)와 같이 17군데의 한글석음에 차이가 발견된다.

이 천자문은 종래의 校書館本 한글석음을 校正한 다음 翻刻하였으며 그 刊印時期는 16세기로 추정된다. 이 책에는 '高林寺藏書', '日本政府圖書'의213) 장서인이 찍혀 있다.214) 高林寺 舊藏으로 明治以後 새로 수집한 책임을 알 수 있다. 이 책은 1973년 檀國大 東洋學 研究所에서 影印하였다.

---

212) 李基文, 前揭論文, pp.397-398.
213) 安秉禧, 前揭論文, pp.30-31.
214) 韓國書誌學會, 前揭書, p.19.

표 19) 石峰千字文 原刊本과 內閣本의 한글석음 차이

번호	千字文順	漢字	內閣本	原刊本
1	189	器	그릇긔	그릇씌
2	379	廉	청념념	청렴렴
3	524	實	염글실	염귤실
4	536	衡	저울째 형	저울대형
5	595	頗	ᄌᄆ파	ᄌᄆ파
6	623	云	니놀운	니룰운
7	649	治	다ᄉ리티	다ᄉ릴티
8	764	翠	프늘취	프를취
9	767	早	이눌조	이룰조
10	843	夕	나조셕	나죄셕
11	907	賊	도죽적	도적적
12	908	盜	도죽도	도적도
13	920	嘯	프랍쇼	프람쇼
14	993	謂	니눌위	니룰위
15	997	焉	입계언	입겻언
16	998	哉	입계지	입겻지
17	1000	也	입계야	입겻야

(5) 孝宗 1年(1650) 校書館 刊印의 重補本 〈그림 5〉

이 책은 卷末 刊記에 "萬曆十一年(宣祖 16, 1583)正月日 副司果 臣韓濩奉 教書 二十九年辛丑(宣祖 34, 1601)七月日 內府開刊 庚寅(孝宗 1, 1650)重補" 라는 기록이 있다. 이 기록으로 보아 宣祖 16년(1583)에 原刊本이 나온 이 후 宣祖 34년(1601)에 다시 간인되고 그 후 孝宗 1年(1650)에 校書館에서 重補한 것임을 알 수 있다.

孝宗朝에서는 校書館이 나라의 서적 간행업무를 담당하였다. 임진왜란 이후 인조반정, 정묘 병자 양란을 거쳐 인조 말기에 이르러 한 나라의 인 쇄업무가 예전과 같이 校書館으로 돌아오고 訓鍊都監에서 활자 만들기와 판짜기 및 인쇄법을 경험한 장인들이 校書館으로 옮겨와 인쇄업무가 재개 되었다는[215] 기록이 있으므로 이 庚寅重補本의 刊印處는 校書館임을 알 수 있다.

또 같은 해에 庚寅(孝宗 1, 1650)夏重補本이 간인되었다. 이 庚寅(孝宗 1, 1650)夏重補本은 그 실물이 전해지지 않고, 翻刻本만이 전해지고 있다. 이 翻刻本은 日本에서 翻刻한 것으로 한글석음이 있는 천자문과 한글석음이 없는 천자문 2종이 있다.

한글석음이 있는 翻刻本은 奎章閣 소장본으로,[216] 책의 裏面紙에 "延寶 (1673~1680) 覆刻 朝鮮千文"이란 기록이 필사되어 있다. 이 천자문의 실물을 살펴보면, 石峰千字文의 原刊本(宣祖 16, 1583)을 辛丑年(宣祖 34, 1601)에 內府에서 開刊한 것을 漢字는 그대로 판각하고 한글석음은 고쳐서 판각한 것이다. 이 천자문에 나타난 延寶는 일본의 연호로 1673~1680년에 해당한다. 그 구체적인 刊印時期는 日本 에도에 살고 있는 '나가노'가 1675년에 日本에서 출판했다는 기록을 참고한다면[217] 그 刊印時期는 肅宗 1年 (1675)년임을 알 수 있다. 이 천자문은 한글석음으로 보아 한글을 모르는 사람이 번각한 것으로 보이는데 그 새김이 독특하다. 석자씩 새긴 새김을 두자씩 새겨 글 뜻이 애매한 부분이 상당히 많다. 예를 들면 秋 ㄱ츄, 收 거슈, 冬 겨동, 餘 나여, 成 이셩, 露 이로, 霜 서상, 焉 입언, 哉 입지, 乎 온호, 也 겻 등이다.

한글석음이 없는 翻刻本은 內閣文庫 所藏으로 石峰千字文의 原刊本을 辛丑年(宣祖 34, 1601)에 內府에서 開刊한 것을 漢字는 그대로 판각하고 한글석음은 생략하여 翻刻하였다. 그 刊印時期에 대하여는 책의 형태 서지사항과 책의 마멸도를 고려한다면 18~19세기에 翻刻한 것으로 여겨진다.[218] 이 책은 明治이후 새로 수집한 책으로 '學習院印'이라는 藏書印이 찍혀 있다.

---

215) 纂圖互註周禮(校書館木活字本) 「上之二十六年戊子(仁祖26, 1648)五月下浣 校書館 提調趙絅謹跋」 參照.

216) 奎(古大2410-6).

217) 리철하 저, 조선출판문화사, 백산자료원, 1995, p.249.

218) 韓國書誌學會, 前揭書, p.19.

(6) 肅宗 17年(1691) 校書館 刊印의 重刊本 〈그림 6〉

이 책은 卷末 刊記에 "萬曆十一年(宣祖 16, 1583)正月日 副司果 臣韓濩奉敎書 二十九年辛丑(宣祖 34, 1601)七月 日 內府開刊 辛未(肅宗 17, 1691)夏校書館重刊"이란 기록이 있다. 그리고 肅宗 17年에 親製의 千字文 序文을 春坊에 내렸다는 기록을[219) 감안한다면 이 책의 간인시기를 짐작할 수 있다. 또한 가장 신빙성 있는 책판목록으로 알려진『鏤板考』(正祖 20, 1796)에는 이 책에 대하여 "校書館 藏印紙 1牒12張"이라 기록되어 있으므로 실제 이 책의 印紙數와 대조해 볼 때 서로 일치함으로 이 책의 간인시기는 肅宗 17年(1691)이고 간인처는 校書館임을 알 수 있다.

이 책의 卷首에는 肅宗의 序文이 있는데, 序文 末尾에 당시 호조판서인 吳始復(1637~1712)이 序文의 版下를 썼다는 기록이 보인다.[220) 이 책은 刊印記錄으로 보아 原刊本이 나온 이후 임진왜란 직후인 宣祖 34年(1601)에 大內에서 간인한 판본을[221) 바탕으로 肅宗 17年(1691)에 重刊한 것임을 알 수 있다.

(7) 17세기 李海龍이 쓴『千字文』〈그림 7〉

이 책은 卷末 識記에 "萬曆二十九年(宣祖 34, 1601)仲夏書于玉堂 繕寫猨經乘暇而遺焉 汝之勉之"란 기록만 있을 뿐 간인기록은 없다. 즉, 이 천자문은 宣祖 34年(1601)에 李海龍이 弘文館에서『春秋』를 쓰다가 餘暇를 내어 쓴 책임을 알 수 있다.

---

219) 肅宗實錄 肅宗 17年 辛未 閏7月25日 戊寅條 參照.
220) 辛未秋七月朔序 正憲大夫戶曹判書兼同知經筵事 臣吳時復奉敎書.
221) 安秉禧, 前揭論文, 1982, p.158.
　　「金東旭 所藏의 羅孫本을 辛丑本(宣祖 34, 1601)의 존재로 여기고 그 이유로는 ① 壬亂以後와 庚寅夏(孝宗 1, 1650)重補本 以前인 약 50年에 중앙에서 별도로 辛丑本을 따로 重刊하지 않았을 것이고 ② 한글석음표기에서의 종성 "ㆁ"이 정확하게 사용되었으며 ③ 독음과 새김이 다른 重刊本보다도 原刊本에 더 가깝다고 하였다.」

이 천자문은 石峯 原刊本과 비교하여 보면 우선 漢字體는 筆力이 살아 있는 듯한 느낌을 주는 것이 다르며 또 본문 중 '降'(783)[222]과 '宵'(784)[223], 그리고 '咲'(944)[224]는 石峯 原刊本 과 다른 漢字이다. 그러나 한글석음에 있어서 공통으로 일치하는 부분이 많이 발견되므로 石峯原刊本과의 간인시기가 비슷할 것으로 생각된다. 그러므로 이 천자문의 刊印處는 中央官署이고 刊印時期는 적어도 17세기 이전쯤으로 여겨진다. 이 책의 표지제목은 "北岳筆蹟"이라 되어 있는데 北岳은 李海龍의[225] 號이므로 이 천자문을 쓴 사람은 李海龍임을 알 수 있다.[226]

(8) 嶺南大 所藏의 翻刻本 〈그림 8〉

이 책은 卷首에 肅宗의 御製序文과 吳始復의 序文이 생략된 채 "千일천천 字글ᄌᆞ 文글월문"으로 시작된다. 이 卷首題는 다른 판본과는 달리 한글석음을 달고 있는 것이 특징이다.

卷末 刊記에는 "萬曆十一年(宣祖 16, 1583)正月日 副司果臣濩奉敎書 二十九年辛丑(宣祖 34, 1601)七月日內府開刊 (?)[227]"이란 기록이 있다. 이 책의 刊印處와 刊印時期를 고증하기 위하여 위에서 언급한 辛未本(肅宗 17, 1691)과 본문을 비교하여 보면 우선 漢字體에 있어서 위 아래로 내리 긋는 (ㅣ)획이 辛未本은 위 아래로 내리 긋는획이 짧고 嶺南大本은 긴 편이고,

---

222) 石峯 原刊本은 '絳'.
223) 石峯 原刊本은 '霄'.
224) 石峯 原刊本은 '笑'.
225) 李海龍은 인명사전마다 本官이 廣州로 잘못 기재되어 있는데 李海龍의 本官은 慶州로 慶川派에 속한다. 이것은 慶州李氏慶川派世譜와 慶州李氏族譜 北岳公派譜를 참고하면 알 수 있다.
226) 五大祖北岳公行狀(筆寫本)에 의하면 '公의 諱는 海龍, 字는 海叟, 號는 北岳이다. 生沒年은 明宗 1~光海君 10(1546~1618)'이라고 되어 있다.
227) (?)부분은 찢겨 나간 부분이라 확실하게 글자를 알 수 없지만 희미하게 '辛'이라 는 글자를 알 수 있으므로 '辛未(肅宗 17, 1691)夏 校書館重刊'임을 추정할 수 있다.

새을(乙) 획에서 辛未本은 새을 획이 길고 嶺南大本은 짧은 편이다. 그리고 한글석음을 살펴보면 첫째, 전반적으로 초성이 嶺南大本에는 'ㆁ'과 'ㅇ'이 辛未本에는 'ㅇ'과 'ㆁ'으로 되어 있고, 종성이 嶺南大本에는 'ㆁ'과 'ㅇ'이 辛未本에는 'ㅇ'과 'ㆁ'으로 되어 있다. 둘째, 한글석음에 차이가 나는 곳이 다음 표 20)과 같이 19군데가 나타난다.

표 20) 辛未本과 嶺南大本의 한글 석음 차이

番號	千字文順	漢字	辛未本	嶺南大本
1	24	藏	갈물장	갈믈장
2	62	重	므거울듕	무거울듕
3	107	問	무롤문	무를문
4	112	章	글월쟝	글얼쟝
5	118	伏	굿쌜복	구쌜복
6	189	器	그딋긔	그릇긔
7	199	羔	염고	염쇼고
8	251	竭	다올갈	다홀갈
9	338	受	바둘슈	바들슈
10	437	畵	그림하	그림화
11	491	將	쟝슈장	쟝슈쟝
12	579	滅	쁠멸	쁠멸
13	610	州	고올쥬	고올쥐
14	656	稽	곡식거풀식	곡식거둘식
15	682	幾	거의긔	거의기
16	745	欣	깃쓸흔	깃쌜흔
17	764	翠	프를취	푸롤취
18	770	根	블후근	블휘근
19	819	故	눌글고	들글고

그러므로 이 천자문은 辛未本(肅宗 17, 1691) 한글석음을 校書館에서 校正한 다음 翻刻하였으며 그 刊印時期는 18세기로 추정된다. 그러나 嶺南大 古書目錄에는 이 책의 刊印時期에 대하여 "辛丑(1601)"이라고만 하였는데 아마도 희미하게 보이는 "辛未(肅宗 17, 1691)夏 校書館重刊"이란 기록을 간과한 것으로 여겨진다. 이 책은 嶺南大 所藏으로 책의 가장자리가 매우

닳고 찢어져 상태가 좋지 못한 편이다.

(9) 英祖 30年(1754) 校書館 刊印의 重刊本 〈그림 9〉

이 책의 卷末 刊記에 "萬曆十一年(宣祖 16, 1583)正月日 副司果 臣韓濩奉
敎書 二十九年辛丑(宣祖 34, 1601)七月日內府開刊 甲戌重刊"이라는 기록이
있다. 따라서 여기서 甲戌年을 ① 肅宗 20年(1694)[228]과 ② 英祖 30年(175
4)[229]과, ③ 純祖 14年(1814)[230]으로 보는 견해가 있을 수 있다.

① 肅宗 20年(1694) 說은 李謙魯 所藏本의 첫머리에 御製千字文序 4張이
있고, 그 끝에 "崇禎紀元後六十四年辛未(肅宗 17, 1691)秋七月朔朝序"가 있
으니 辛未의 바로 3년 뒤인 肅宗 20年(1694) 甲戌年에 해당한다는 주장이다.

② 英祖 30年(1754) 說은 아직 구체적인 근거가 제시되지 않았고,

③ 純祖 14年(1814) 說의 근거는 다음과 같다. 첫째 庚寅(孝宗 1, 1650)重
補本인 陳泰夏 교수 所藏本이 墨書識記에 內侍집안에서 나온 것이라 되어
있으며 그 책의 앞 副紙에 '嘉慶12年(純祖 7, 1807)11月 26日 賜給'이란 기
록이 있다는 점, 둘째 1938년 경성제국대학에서 일본의 제국대학 도서관
회의를 개최한 기념으로 이 책 30부 인출하였으며 이에 대한 解說을 덧붙
였는데 여기에서 '甲戌重刊'을 象嵌으로 해설하고 있어 이때까지 책판이
보존되어 있었다는 점이다.

이러한 여러 가지 說 중 먼저 肅宗 20年 甲戌說에 대하여 검토하여 보자.

먼저 이 책에서는 肅宗의 序文 末尾에 붙인 吳始復의 序文이 삭제되어
있다. 그리고 肅宗의 序文과 吳始復이 함께 실려 있는 肅宗 17年(1681) 辛
未本과 肅宗 20年(1694) 甲戌 重刊本으로 주장하는 이 책의 본문을 對査하

---

228) 李基文, 前揭論文, 1972, p.400.
229) ① 小倉進平, 增訂朝鮮語學史, 東京 : 刀江書院, 昭和39(1964), p.193.
　　　② 前間恭作 著, 安春根 編譯, 韓國板本學, 서울 : 汎友社, 1985, p.112.
230) 安秉禧, 前揭論文, 1982, p.157.

여 보면 한글석음 전반에 걸쳐 차이가 나타난다. 즉 辛未本의 초성 'ㆁ'과 초성 'ㅇ'이 甲戌重刊本에서 'ㅇ'과 'ㆁ'으로 뒤섞여 새겨져 있다. 그리고 다음과 같이 18군데 한글석음의 차이를 발견할 수 있다.

표 21) 辛未本과 甲戌重刊本의 한글 석음 차이

番號	千字文順	漢字	辛未本	甲戌重刊本
1	20	來	올니	올리
2	65	海	바라히	바다히
3	68	淡	물곧담	물글담
4	81	始	비르슬시	비르솔시
5	99	伐	베홀벌	베힐벌
6	235	非	아릴비	아닐비
7	259	履	볼을리	볼불니
8	334	唱	부를챵	브를챵
9	357	同	오힌동	오히동
10	437	畵	그림하	그림화
11	608	靑	프를쳥	푸를쳥
12	620	岱	뫼디	뫼디
13	764	翠	프를취	푸를취
14	765	梧	머귀오	머귀으
15	778	根	블후근	불휘근
16	799	垣	담원	담완
17	834	扇	부셰션	부쳬션
18	942	嚬	삥글빈	뼹글빈

이렇게 볼 때 御製 序文을 붙여 肅宗 17年(1691) 辛未에 판각한 책을 3년 후인 肅宗 20年(1694) 甲戌에 한글석음을 고쳐 다시 판각하였다는 것은 받아들이기 어렵다.

다음은 純祖 14年(1814) 說에 대하여 검토하여 보겠다. 첫째, 陳泰夏 교수 所藏本에 적힌 '嘉慶 12年(純祖 7, 1807) 11月 26日 賜給'이란 기록을 근거로 純祖 14年(1814)에 重刊되었다고 보는 것은 時期的으로 볼 때 무리가 아닐까 한다. 校書館 藏板의 內賜本은 木板을 잘 보관하면서 뒤에 얼마든지 찍어 頒賜할 수 있기 때문에 內賜記를 근거하여 刊印時期를 추정하는 일은 무척 조심스러운 일이다. 이것은 그 이전에 판각한 藏板을 純祖 7年 (1807)에 찍어 內賜한 것이기 때문에 純祖 14年(1814) 甲戌重刊과 직접적인 관련은 없는 것이다.

둘째, '甲戌重刊'을 象嵌이라고 하였는데 庚寅(孝宗 1, 1650)重補本과 본문을 대사해 보면 象嵌이 아님을 확인할 수 있다. ① 庚寅重補本의 'ㆁ'을 甲戌重刊本에서 'ㅇ'로 고쳐 새겼고 ② 漢字體를 살펴 볼때 파임(乀) 획에서 庚寅重補本의 파임(乀)은 길지만 甲戌重刊本은 짧은 편이며 ③ 한글석음이 살펴보면 다음과 같이 11군데 차이가 나타난다. 이러한 점들은 이 책이 전체의 補修重刊이라는 점을 보여주고 있다.

표 22) 庚寅重補本과 甲戌重刊本의 한글석음 차이

番號	千字文順	漢字	庚寅重補本	甲戌重刊本
1	65	海	바라히	바다히
2	68	淡	묽을담	묽글담
3	157	豈	엇찌지	엇쩌긔
4	259	履	불을리	불불니
5	371	隱	스믈은	수믈은
6	643	縣	소음면	소옴면
7	682	幾	거의기	거의긔
8	765	梧	머귀오	머귀으
9	798	垣	담원	담완
10	924	紙	죠히지	죠히지
11	981	徘	머믈비	머믈빈

이런 여러 검증에 입각할 때 '石峰千字文 解說'은 판본 감식에 있어서 많은 취약점을 지니고 있는 것이 아닌가 생각된다.

끝으로 英祖 30年(1754) 甲戌說을 검토하여 보겠다. 肅宗 17年(1691) 辛未 이후에서 甲戌年을 조사하여 보면 위에서 든 바와 같이 3년 뒤인 肅宗 20年(1694) 甲戌과 그로부터 60년 뒤인 英祖 30年(1754) 甲戌, 그리고 다시

60년 뒤인 純祖 14年(1814) 甲戌로 이어진다. 이들 세 甲戌年 중 時期 및 板刻條件 등으로 미루어 볼 때 英祖 30年(1754) 甲戌에 校書館이 辛丑本(宣祖 34, 1601)을 底本으로 한글석음을 고쳐 翻刻한 重刊本임을 추정할 수 있다. 이 甲戌重刊本은 1928년에 책판을 줄여 방각본으로 유통시켰는데 密陽陝瞻巷藏板이 그것이다.231)

이상에서 살펴본 바와 같이 중앙관서본의 특징은 다음과 같다. 첫째, 판종은 8건이 목판본이고 1건이 초주갑인자본이다. 둘째, 韓濩가 쓴 천자문 6건의 刊印處는 校書館이며 刊印時期는 16~18세기에 걸쳐 있다. 셋째, 8건이 해서체이고 1건이 초전서체로 되어 있으며 그 중 韓濩가 쓴 해서체 千字文 6건은 한글새김이 있는 천자문이다. 이를 표로 나타내면 다음 표 23)과 같다.

표 23) 千字文의 中央官署本

番號	書名	書體	板書者	刊印處	刊印時期	所藏處	備考
1	新刊大字附音釋文三註;千字文	楷書體	未詳	鑄字所	〔中宗明宗年間(1507~1567)〕	개인소장	初鑄甲寅字
2	千字文	楷書體	韓濩(1534~1605)	校書館	宣祖 16(1583)	개인소장	石峯原刊本 影印(書誌學7호)
3	草千字文	草篆書體	韓濩(1534~1605)	未詳	宣祖 30(1597)	개인소장 國立(한-82-187-2)	精刻本(石峯草千字文의 原刊本)
4	千字文	楷書體	韓濩(1534~1605)	校書館	〔16세기〕	日本 東京 內閣文庫	原刊本의 釋訓 校正本 影印(檀大東洋學研究所, 1973)
5	千字文	楷書體	韓濩(1534~1605)	校書館	孝宗 1(1650)	誠巖(1-355) 精文研(대A10D-9N) 國立(한-41-122) 개인소장	校書館 刊印의 重補本 影印(京城。 三中堂書店, 1943)

---

231) 現在 韓國貿易出版株式會社 所藏.

6	千字文	楷書體	韓濩 (1534~ 1605)	校書館	肅宗 17 (1691)	高大舊藏(貴541)	校書館 刊印의 重刊本 影印(申慶澈, 漢 字字釋研究, 通 文館, 1978)
7	千字文	楷書體	李海龍 (1546~ 1618)	未詳	〔17세기〕	개인소장	
8	千字文	楷書體	韓濩 (1534~ 1605)	校書館	〔18세기〕	嶺南大(711.47)	辛未(肅宗 17, 1691)本의 釋訓 校正本
9	千字文	楷書體	韓濩 (1534~ 1605)	校書館	英祖 30 (1754)	高大舊藏(A13-A10) 簡 松, 精文研(貴大A10-9D), 奎章閣古495.181-H19c 2), 成大(A10D-10), 國 立(위창古3111-26)	校書館 刊印의 重刊本

2) 地方官署本

地方官署本은 대개 中央官署의 명을 받아 각 지방에서 刻板한 것이 대부분이지만 때에 따라서는 지방관서들의 각자의 필요에 따라 刻板한 것도 있다. 또한 지방의 監司나 守令들이 관직을 이용하여 자기의 조상이나 선현들의 문집을 私財나 혹은 公費로서 刊板한 뒤에 그 板木을 당해지방에 그대로 남겨둔 것도 적지 않다. 그 중에서도 특히 小學 孝經 大學 中庸 論語 孟子 千字文 類合 童蒙先習 童蒙須知 등과 같은 아동들의 학습계몽에 필요한 책판들이 많이 나타나는 것은 당시 각 지방관의 교화정책의 면모를 잘 보여주고 있다.

조선시대에 간행한 도서의 版種을 살펴보면 監司의 책임 하에 各道의 監營에서 발간되는 서적이 많았다. 監營에서 간행한 도서의 경우는 중앙의 명령으로 간행하여 上送하는 예도 있지만, 監司가 지방의 文風振興과 民風醇化에 목적을 두고 독자적으로 간행하는 경우도 많았다. 특히 嶺營 箕營 完營과 같은 物産이 풍부한 감영에서는 18세기 이래 많은 서적이 간행되었다.232) 이들 지역은 당시 큰 도회지로서 刻工이나 그 밖의 匠人들이 서울에 못지않게 많았고 監營의 재정도 매우 윤택했기 때문에 官板의 刊刻印出은 주로 이 3개소의 監營에서 담당하였다.

이 밖에 咸興, 公州, 海州 등의 監營이나 寧邊, 慶州 등의 府衙 및 濟州의 牧衙 등에서도 때때로 官板의 印頒을 담당했는데, 이 밖의 監營府郡에서는 이와 같은 일이 극히 드물었던 것 같다. 또한 北漢의 太古寺, 南漢의 開元寺 같은 사찰에서도 官의 명에 따라 다수의 각판을 만들었다.233)

(1) 宣祖 8年(1575) 光州 刊印의 千字文 〈그림 10〉

이 책은 卷末 刊記에 "萬曆三年(宣祖 8, 1575)月日 光州刊上"이라 되어 있어 宣祖 8年(1575) 光州에서 간인되었음을 알 수 있다. 또한 『攷事撮要』 萬曆 13年(宣祖 18, 1585) 許篈續撰本에 실린 光州의 千字文은 이 책을 말하는 것으로 여겨진다. 여기서 '刊上'이 中央의 命에 따라 光州에서 간행하여 올려 보낸 것인지는 확실하지 않지만 世宗 7年의 기록에 따르면234) 地方官司에서 刊板 印出된 서적이나 판본을 進上하였다는 내용이 있다. 이를 미루어 짐작한다면 이 千字文은 光州에서 刊刻하여 중앙에 進上하였을 것으로 여겨진다.

이 천자문은 한글석음이 있는 千字文 중 刊記가 있는 최초의 것이다. 여기서 주목해야 할 사실은 한글석음이 있는 천자문 가운데 石峯千字文 이전에 地方板이 있었다는 사실이다. 그런데 이러한 地方板은 한글석음과 자음이 표준으로 삼을 만 하지 못하므로 韓石峯으로 하여금 표준이 되는 한글석음과 자음을 달아 官版 千字文을 간행하였을 것으로 여겨진다.

---

232) 李樹健, 朝鮮時代 地方行政史, 서울 : 民音社, 1989, p.211.
233) 前間恭作 著, 安春根 編譯, 韓國板本學, 서울 : 汎友社, 1985, p.37.
234) 世宗實錄 卷30 世宗 7年 11月 丁酉條.
　「慶尙道 監司가 印送한 入學圖說, 易, 詩, 春秋, 中庸, 大學, 論語, 孝行錄, 篆書千字文, 大千字文을 成均館 校書館 四部學堂에 頒賜하였다.」

한편 천자문 본문 중에 '女慕貞烈'[235] 부분이 이 光州本에서는 '女慕貞潔'로 되어 있다. 이러한 차이를 기준으로 천자문을 烈字本과 潔字本으로 나누기도 하는데 石峰千字文 계열이 烈字本이라고 한다면, 光州本 계열은 潔字本에 속한다.[236] 이 光州本은 현재 日本 東京大學에만 소장되어 있고 국내에서는 이를 1973년 檀國大 東洋學 研究所에서 影印하였다.

(2) 16세기 光州 刊印의 千字文 〈그림 11〉

이 책은 임진왜란 이전의 간본인 것은 확실하며 16세기 중엽 또는 그 이전까지 거슬러 올라갈 수 있다.[237]

이 책과 光州本(宣祖 8, 1575)을 비교하여 보면 한자체도 거의 비슷하고 異體字가 쓰인 예와 형태도 대부분 같다.[238] 또한 光州本과 같은 潔字本이기도 하다. 그리고 兩者의 한글새김을 비교하여 보면 거의 비슷한 시기에 光州地方에서 간인된 것으로 추정된다. 본문의 한글새김 중 '萬구룸만(7)'[239], '典노나련(20)' '房겸방(35)', '嫡어늘뎍(37)'은 다른 판본에서 찾아 볼 수 없는 독특한 한글표기이다.

---

235) 李粹光, 芝峯類說에는
　　「千字文은 女慕貞潔과 紈扇圓潔 중 潔이란 글자가 중복되는데 어떤 이는 貞潔의 潔은 마땅히 絜이란 글자를 써야 한다고 한다. 지금 韓石峯이 쓴 천자문에는 貞烈이라고 썼는데 그 근거하는 바를 알지 못하겠다고 하였다.」

236) 安炳禧, 前揭論文, 1982, pp.148-151.
　　「烈字本 系統은 한글표기에서 △이 전혀 나타나지 않고, 종성 'ㅇ'이 정확히 사용되어 있으며, 반복기호 표시인 'ㆍㆍ'가 나타나지 않는다. 반면에 潔字本 系統은 △이 탈락된 예도 많으나 △이 큰 혼란을 보이고 있다. 그리고 'ㅇ'은 거의 종성이 'ㅇ'으로 되어 있으며 반복기호 표시인 'ㆍㆍ'가 나타나고 있다. 또한 四聲表示의 有無에 따라서 烈字本과 潔字本으로 나누어진다. 즉 烈字本은 四聲表示가 있으나 潔字本은 四聲表示가 없음은 實物에서도 확인된다.」

237) 藤本幸夫, "朝鮮版「千字文」の系統 ― 其一", ＜朝鮮學報＞ 94輯, 昭和55(1980), p.67.

238) 申東姬, 前揭論文, p.51.

239) ( )안에 든 숫자는 千字文 順을 말한다.

본문 속의 글자체를 살펴보면 짜임이 정제되지 않았고 무리한 획법이 많아 서예교본으로서의 수준은 낮은 편에 속한다고 할 수 있다. 이 책은 현재 일본 동경의 大東急記念文庫에 소장되어 있고『朝鮮學報』93輯에 影印하여 수록되어 있다.

(3) 宣祖 37年(1604) 忠淸道 간인의 篆千字文〈그림 12〉

이 책은 卷末 刊記에 "萬曆甲辰(1604)元月上澣 丹陽禹伏龍書"란 기록이 있는 것으로 보아 그 刊印時期를 알 수 있다. 刊印處에 대한 기록으로는 宣祖 35年(1602)에 禹伏龍을(1547~1613)[240] 忠淸監司로 삼았다[241]라는 기록을 들 수 있다. 이 기록으로 미루어 보면 禹伏龍이 충청감사 시절에 지방민 교화를 위한 교육의 목적에서 간인한 것으로 보인다.

卷末 跋文 記錄에 의하면[242] 이 篆千字文은 귀하여 얻을 수가 없었는데 마침 錦城(羅州)에 2본이 있어 한 부를 얻어 간행한다고 하니 忠淸道에서 간인한 篆千字文의 底本은 錦城本임을 알 수 있다. 錦城에서 간인한 篆千字文은 책판목록에는 수록되어 있지 않다. 이 책은 篆書와 隸書를 함께 적고 있어서 習字를 할 때 도움이 된다.

(4) 顯宗 2年(1661) 全羅道 靈光 간인의 新刊抄海篇心鏡 ; 秦漢篆文의 千字文〈그림 13〉

이 책은 卷末 刊記에 "順治十八年辛丑(1661)二月 靈光郡新刊"이라 陰刻

---

240) 李斗熙 等編, 韓國人名字號辭典, 서울 : 啓明文化社, 1988.
　　「生沒年은 1547~1613. 朝鮮文臣으로 字는 見吉, 號는 懼庵, 東溪이다. 本官은 丹陽이고 著書로는 懼庵集과 東溪雜錄이 있다.」
241) 宣祖 35年(1602) 7月23日 壬午條.
　　「禹伏龍爲忠淸監司」
242)「篆與八分 於書法中 (最?)爲典雅可愛 而常患罕得而見之 分符錦城 適得二本 並刊 一紙 思與人之好古者 共之」

되어 있어 그 刊印處와 刊印時期를 알 수 있다. 이 천자문은 『完營冊板目錄』(英祖 35, 1759)에 "靈光 篆千字 白紙 刊"이라 되어 있어 그 간인시기를 더욱 뒷받침 해준다고 할 수 있다.

이 책의 형태적인 특징을 살펴보면, 不分卷 1책(41장)으로 구성되어 있다. 판식은 四周 單邊에 반곽 14.7×14cm, 行字數는 6行6字로 되어 있으며 魚尾는 內向黑魚尾로 되어 있다. 본문은 상하 2단으로 나누어 下段은 隸書體, 小篆書體, 大篆書體 順으로 3字씩 차례로 나열하고 있다. 卷首題 부분이 절반 정도 떨어져 나갔으나 인쇄의 마멸도와 지질을 살펴 볼 때 卷末 刊記에 있는 간인시기와 일치한다고 할 수 있다.

(5) 肅宗 22年(1696) 全羅道 간인의 千字文 〈그림 14〉

이 책은 卷末 刊記에 "丙子 三月于〔刊〕"이라 陰刻되어 있다. '于'는 '刊'의 誤刻으로 보인다. 여기서 丙子年이 언제인지에 대해서는 仁祖 14年(1636) 說[243]과 17세기 전반기 說,[244] 그리고 肅宗 22年(1696) 說[245]이 있다. 이러한 여러 說에 대하여 본문에 나타난 한글자석의 특징을 근거로 刊印時期를 추정해 볼 수 있다. 여기서 丙子年은 'ㄷ ㅌ' 구개음화 현상으로 보아 17세기 말기로[246] 추정 할 수 있다. 그리고 地方官署本인 光州本(宣祖 8, 1575)이나 大東急記念文庫本(16세기)의 한글석음 표기에서 유사한 점이 많고 간혹 호남지방의 方言이 나타나므로[247] 肅宗 22年(1696) 全羅道에서

---

243) ① 岡村繁對馬藩現存漢籍分類目錄前篇, 九州大學文學部, 昭和55(1980), p.21.
    ② 李鉉淙, "海外所在 韓國文獻", ＜韓國學 文獻研究의 現存과 展望＞, 서울 : 亞細亞文化社, 1983, p.254.
244) 藤本幸夫, "宗家文庫藏朝鮮本に就いて ―「天和三年目錄」と 現存本 對照しつつ ―", ＜朝鮮學報＞ 99-100合號, 昭和56(1981), p.222.
245) ① 崔世和, 前揭論文, 1985, pp.48-51.
    ② 崔世和, "對馬歷史民族資料館藏本의 千字文 字釋에 대하여", ＜日本學＞ 5, 東國大學校, 1986, p.204.
246) 허웅, 國語音韻學(改稿新版), 서울 : 正音社, 1965, p.442.

간인한 千字文으로 여겨진다.

이 책은 卷首에 '千字文'이란 卷首題가 없이 本文이 바로 시작된다. 書體를 보면 字劃의 차이가 있으며 書風도 다르나 호결강건하면서도 유려미가 있다. 이 책은 현재 對馬島歷史民俗資料館에 소장되어 있고 1993년에 太學社에서 影印하였다.

⑹ 肅宗 44年(1718) 濟州 간인의 玉堂釐正字義韻律海篇心鏡 ; 大篆書義 泰漢篆文의 千字文 〈그림 15〉

이 책은 卷末 刊記에 "康熙五十七年戊戌(1718)五月日 濟州開刊"이란 기록이 있고『鏤板考』의 "濟州牧 藏 刓缺 印紙1牒1張"이란 기록을 고려한다면 肅宗 44年(1718) 濟州에서 간인하였음을 알 수 있다.

이 책의 表題紙 書名은 白首文이라 되어 있다. 형태적인 특징은 四周 單邊이고 半郭이 14.0×13.7㎝, 行字數가 6行6字이며 魚尾는 內向黑魚尾이다. 위의 ⑷에서 설명한 靈光郡新刊本과 마찬가지로 上下 2段으로 나누어 각 字마다 3자씩을 隷書體, 小篆書體, 大篆書體 順으로 차례로 나열하고 있다. 여기서 형태적 특징인 半郭만 제외한다면, 靈光郡新刊本과 이 책은 그 특징이 유사하다고 할 수 있다. 그러므로 이 책은 靈光郡新刊本을 底本으로 하여 濟州에서 다시 간인한 것임을 알 수 있다.

⑺ 英祖 1年(1725) 廣州 간인의 千字文 〈그림 16〉

이 책은 卷末 刊記에 "乙巳(英祖 1, 1725)夏 南漢重刊 韓濩書"란[248] 기록이 있는데 이를『各道冊板目錄』에 "大千字 4張缺 容入紙 1卷12張"이란 기록과 서로 비교해 보면 일치함을 알 수 있다. 이러한 것으로 보아 이 책은

---

247) 崔世和, 前揭論文, 1986, pp.217-220 參照.
248) 汎友社 所藏本에는 이 刊記가 떨어져 나갔으나『尙熊文庫目錄』에는 이 刊記가 그대로 실려 있다.

京畿道 廣州에서 韓石峯이 쓴 千字文을 重刊한 것임을 알 수 있다.

이 책의 형태적인 특징을 살펴보면, 四周가 無邊이고, 한 면에 2行씩, 한 항에 4字씩을 배열하고 있다. 책의 크기는 세로가 64.1cm이고 가로가 34.6cm으로 現傳本 千字文 중 가장 큰 책이라 할 수 있다.

(8) 英祖 10年(1734) 星州 刊印의 千字文 〈그림 17〉

卷末 刊記에 "丁未(1607)首夏書與孫兒…右白沙先生書 甲寅(1734)刊于星州牧"이라 하여 丁未年(宣祖 40, 1607)에 李恒福이 그 孫子에게 주려고 쓴 것을 甲寅年(英祖 10년, 1734)에 星州牧에서 木版本으로 刊印한 책이다.

종래 이 책의 刊印時期에 대하여 등재본을 필사한 때와 간행년도가 干支만로 나와 있어 甲寅年의 정확한 연대를 알 수 없다고 하였으나[249] 책판목록을 조사해 보면,『慶尙道冊板』(肅宗 31년~英祖 10년)에 "星州 千字 壯紙 三卷二張二折"이라 하여 가장 먼저 수록되어 있다. 그러나 이 천자문은 현전본과 그 인지수를 비료해 볼 때 일치하지 않으므로 현전본과는 다른 천자문임을 알 수 있다.

그 이후의『冊板置簿冊』(英祖 35~英祖 43)에는 "星州 千字文 壯紙一卷十一張",『嶠南冊錄』(正祖 7, 1783)에는 "星州 大千字 李恒福著 壯紙一束十一張",『各道冊板目錄』(憲宗 6, 1840)에는 "星州 大千字 容入紙 一束十一張"이라 기재되어 있다. 또 책판목록으로 가장 신빙성있는『鏤板考』(正祖 20, 1796)에는 좀 더 자세한 간인처를 기록하고 있다. 즉 "星州 雙溪寺 藏 印紙一牒十一張"이라 되어 있다. 이러한 기록들을 종합하여 이 책과의 印紙數를 비교해 볼 때 일치함을 확인할 수 있다.

또한 여러 冊板目錄의 내용을 종합하여 보면 星州牧은 李恒福이 쓴 千字文을 雙溪寺의 刻僧에 의뢰하여 영조 10년(1734)에 판각하고 그것을 留

---

249) 申東姬, 前揭論文, p.33.

板한 것도 알 수 있다. 그러나 『鏤板考』의 기록에 "雙溪寺藏"이라 되어 있어 이를 寺刹本이라고[250] 하나 그 간인 주체는 星州牧이므로 地方官署本으로 보는 것이 타당할 것이다.

　이상에서 地方官署本 千字文의 특징은 다음과 같다. 첫째, 書體로 보면 해서체가 5건이고 전서체가 3건이며 道別로는 총 8건 중 5건이 전라도 開板地에서 간인되었다. 慶尙道 忠淸道 漢城 京畿道는 각 1건씩 간인한 것으로 나타났다. 시기적으로는 주로 18세기에 간인되었음을 알 수 있다. 이를 표로 나타내면 표 24)와 같다.

표 24) 千字文의 地方官署本

番號	書名	書體	板書者	刊印處	刊印時期	所藏處	備考
1	千字文	楷書體	未詳	光州	宣祖 8(1575)	日本東京大學	影印(단국대 동양학연구소, 1973)
2	千字文	楷書體	未詳	〔光州〕	〔16세기〕	日本東京大東急記念文庫	影印(朝鮮學報93輯, 1979)
3	篆千字	篆書體	禹伏龍	忠淸道	宣祖 37(1604)	개인소장	
4	新刊抄海篇心鏡 ; 秦漢篆文	篆書體	未詳	靈光	顯宗 2(1661)	奎(古2400-5)	
5	千字文	楷書體	未詳	〔全羅道〕	〔肅宗 22(1696)〕	日本對馬島歷史民俗資料館	影印(崔世和, 漢字敎本三書硏究, 太學社, 1993)
6	玉堂釐正字義韻律海篇心鏡;大篆書義秦漢篆文	篆書體	未詳	濟州	肅宗 4(1718)	國立(의산古3134-3)	
7	千字文	楷書體	韓濩	廣州	英祖 1(1725)	개인소장	
8	千字文	楷書體	李恒福	星州	英祖 10(1734)	國立(한-41-113)	

---

250) 趙婷化, 前揭論文, p.135.

나. 私版本

私版本은 저자의 자손들이 私費로써 출판하는 것으로 저자의 자손이나 문인들 중에 재력의 여유가 있으면 손쉽게 훌륭한 인본을 출판할 수 있지만 대개는 그 자손이나 친척 또는 문인들이 지방의 道伯이나 郡守의 職을 가졌을 때 인사를 치르고 書冊을 값싸게 刻板케 하는 것이 통례로 되어 있다. 여기서는 寺刹本, 私家本, 坊刻本으로 나누어 살펴보자.

1) 寺刹本

寺刹本이란 寺刹에서 간행한 책을 총칭하는 말이다. 寺刹本에는 佛典과는 관련이 없는 관판본들의 번각본이 있다. 이런 翻刻本들은 施主가 따로 있어서 開板한 것이 아니고 대개는 사찰 자체의 수요에 의하여 만든 것이 있다.

『千字文』,『明心寶鑑』,『通鑑節要』 등과 같은 방각본에서 흔히 볼 수 있는 책들을 사찰본에서도 볼 수 있는데 여기에는 두 가지의 경우를 들 수 있다. 그 중 하나는 저작자의 자손이나 문인들이 각판에 능숙한 승려들에게 의뢰하여 판각한 경우이고 다른 하나는 사찰에서 年少한 승려들에게 문자교육을 실시하기 위해 자체적으로 판각한 경우이다.[251] 예를 들면 宣祖 8年 乙亥(1574)년에 全羅道 雲梯縣 兜率山 安心寺에서 開刊한 類合이나 同寺의 古板本으로 전해진 千字文이 여기에 속한다.[252]

한편 本家에 藏板閣을 갖지 못한 人士들이 그 家門과 연고가 있는 인근의 사찰에 板木을 소장해 두는 예도 있었다. 예를 들면 顯宗 2年(1661)에 私家에서 천자문을 간행하여 京畿道 安城郡 七長寺에 소장한 경우이다.

---

251) 宋日基, "順天 松廣寺 刊行 佛書考", <書誌學研究> 第10輯, 書誌學會, 1994, p.549.
252) 金斗鍾, 韓國古印刷技術史, 서울 : 探求堂, p.244.

(1) 成宗 2年(1471) 奉先寺[253] 간인의 千字文 〈그림 18〉

이 책은 卷末 刊記에 "成化七年辛卯(成宗 2, 1471)八月日 奉先寺開板"이 란 기록이 있어 그 刊印處와 刊印時期를 알 수 있다.

卷末에 조그마한 글씨로 "吳興趙孟頫書"라고 필사되어 있다. 이 千字文 은 韓石峰 이전의 千字文으로 본문 내용은 烈字本 系列이다. 이 책의 형태 적인 특징을 보면, 불분권 1책(10장)이고, 사주 단변에 반곽이 19.0×13.2㎝ 이다. 계선은 없고 한 면에 6항씩, 한 행에 10자씩을 나열하고 있다. 어미 는 無魚尾이다. 이 천자문은 한글 새김이 없는 해서체 천자문으로 판본의 상태는 깨끗하지 못한 편이다. 원 소장자는 故 安春根이나, 현재는 한국정 신문화연구원 장서각에 소장되어 있다.『冊房秘話』에[254] 安氏가 가지고 있 는 천자문이 가장 오래되었다고 하는 것은 이를 두고 한 말이다.

(2) 孝宗 3年(1652) 慶北 水多寺 간인의 千字文 〈그림 19〉

이 책은 卷末 刊記에 "歲次壬辰暮春日開刊"이란 기록이 있다. 이 壬辰年 은 私家板인 七長寺板 千字文과 板式을 비교하여 보면[255] 孝宗 3年(1652) 임을 알 수 있다. 이는 七長寺板의 卷末 刊記에 "順治十八年(顯宗 2, 1661) 留于私板"이란 기록을 통하여 이와 근접한 시기를 水多寺本의 刊印時期로 추정해 볼 수 있기 때문이다. 이 千字文은 현재 慶北 水多寺[256]에 冊板이

---

253) 李政 編, 韓國佛教寺刹辭典, 서울 : 불교시대사, 1996, p.264.
  「경기도 남양주시 진접읍 부평리 雲岳山 기슭에 있다. 대한불교조계종 제25교구 본사. 969년(고려 광종 20) 法印 국사 坦文이 창건하여 雲岳寺라 함. 조선 세종 (1418~1450) 이전의 7종은 선교양종으로 통합할 당시 이 절을 혁파. 1496년(예종 1) 세조의 비인 정희왕후 윤씨가 세조를 추모하여 능침을 보호하기 위하여 89 칸 의 규모로 중창한 뒤 봉선사라 함. 1968년 조계종의 제25교구 본사가 됨」
254) 李謙魯, 通文館 책방비화, 서울 : 民學會, 1988, p.198.
255) 水多寺板 : 四周單邊, 半郭 17.8×17.3㎝, 4行4字, 內向2葉花文魚尾.
  七長寺板 : 四周單邊, 半郭 17.5×17.2㎝, 4行4字, 內向2葉花文魚尾.
256) 李政 編, 前揭書, p.360.
  「경상북도 구미시 무을면 상송리 淵岳山 기슭에 있다. 대한 불교조계종 제8교구

소장되어 있다.

(3) 顯宗 6年(1665) 全南 興國寺 간인의 천자문 〈그림 20〉

이 책은 卷末 刊記에 "乙巳季春"이란 간략한 간기가 있을 뿐 간인시기를 추정할 만한 다른 기록은 없다. 이것만으로는 乙巳年이 언제쯤 인지는 잘 알 수가 없다. 그러나 興國寺[257]가 간인한 책 중에서 구체적인 간인기록이 있는 4종의 책들을[258] 조사하면 그와 근접한 시기를 간인시기로 추정할 수 있다.

따라서 興國寺 소장본 중 『預修十王生七齋儀纂要』을 조사해 보면 이 책과 같은 乙巳年에 간인되었으므로 이 책은 顯宗 6年(1665)에 간인되었음을 알 수 있다. 이 책의 板書者는 學敏인데 興國寺에 소장되어 있는 類合의 板書者로도 알려져 있다.

본사인 직시사의 末寺. 신라 문성왕때(839~857) 眞鑑國師 慧昭가 창건. 967년(고려 광종 18) 화재로 소실. 1185년(명종 15)에 신축하여 聖巖寺라고 부름. 1273년(고려 원종 14)때 수해로 극락전, 시왕전, 청천전만 남고 모두 유실. 1572년(선조 5)에 중수하여 水多寺라고 함. 1704년(숙종 30) 화재로 대웅전, 명부전 요사채만 남기고 모두 소실됨」

257) 上揭書, p.667.
「전라남도 여천시 중흥동 靈鷲山 남서쪽 기슭에 있다. 대한 불교 조계종 제19교구 본사인 화엄사의 末寺. 1195년(고려 명종 25) 普照 知訥이 창건. 1559년(명종 14) 法守가 중창. 1592년(선조 25) 임진왜란때 전소. 1624년(인조 2) 戒特이 중건」

258) 朴相國, 全國寺刹所藏板集, 서울 : 文化財管理局, 1987, pp.268-270.
　　① 緇門警訓 : 四周單邊, 半郭18.5×14.8cm, 11行20字, 刊記: 康熙三年甲辰(1664) 三月 全羅道順天 興國寺開板
　　② 預修十王生七齋儀纂要 : 四周單邊, 半郭19.5×17.5cm, 8行16字, 內向黑·二葉花文魚尾. 刊記: 康熙四年乙巳(1665)五月日全羅道順天興國寺刊板
　　③ 天地冥陽水陸齋儀纂要 : 四周單邊, 半郭26×21cm, 7行17字, 內向二葉花紋魚尾. 刊記: 順治十七年庚 子(1660)仲春日 靈鷲山興國寺開刊
　　④ 全羅道順天府靈鷲山興國寺事蹟 : 四周單邊, 半郭18.5×14cm, 8行17字, 下向二葉花紋魚尾. 刊記: 康熙四十七年(1708) 順天 靈鷲山興國寺 新開刊板

⑷ 顯宗 9年(1668) 慶北 把溪寺 간인의 千字文

이 천자문은 卷末 刊記에 "戊申三月日 金縈書 李相國泰淵命靈空刻"이란 기록이 있어 이 기록을 통하여 板書者는 金縈이고 李泰淵(1615~1669)이[259] 板刻에 능숙한 靈空으로 하여금 刻을 하게 한 사실을 알 수 있다.

刊印時期는 李泰淵의 生沒年을 고려하면 顯宗 9年(1668)이 될 것이다. 把溪寺[260]에 소장되어 있는 이 천자문의 판식은 四周가 單邊이고 半郭이 27.0×23.0㎝이다. 한 면에 3行4字로 되어 있고 魚尾는 內向黑魚尾로 되어 있다.

⑸ 肅宗 27年(1701) 同福 靈鳳寺 開板의 千字文 〈그림 21〉

이 책의 卷末 刊記에는 "辛巳年孟春日 福川地靈鳳開板"이란 기록이 있는데 辛巳年이 언제쯤에 해당하는지는 확실하지 않다. 하지만 興國寺板(顯宗 6, 1665)의 板式과[261] 漢字體, 한글석음 등을 비교하여 보면 興國寺板을 바탕으로 靈鳳寺에서 이를 刊印하였음을 알 수 있다. 현재 이 천자판이 소장되어 있는 道林寺[262] 所藏板 중에서 간기가 뚜렷한 목판을 조사하여[263] 그 간인시

---

259) 韓國民族大百科事典, 韓國精神文化研究院, 1988, p.319.
　　「光海君 7~顯宗 10(1615~1669), 조선 중기의 문신, 본관은 韓山, 字는 靜叔, 號는 訥齋, 1666년 경상도 관찰사를 거쳐 1668년 대사간 이조참의를 지냄」
260) 李政 編, 前揭書, p.618.
　　「대구광역시 동구 중대동 八公山 서쪽 기슭에 있다. 대한불교조계종 제9교구 본사인 동화사의 末寺. 신라 애장왕5년(804)心地가 창건. 선조38년(1605) 戒寬이 중창. 숙종21년(1695) 玄應이 삼창」
261) 全南 靈鳳寺板 : 四周單邊, 半郭 18.7×15.6㎝, 有界, 4行4字, 註双行, 內向黑魚尾.
　　全南 興國寺板 : 四周單邊, 半郭 19×16㎝, 有界, 4行4字, 註双行, 內向黑魚尾.
262) 李政 編, 前揭書, p.133.
　　「전라남도 곡성군 곡성읍 월봉리 動樂山 남쪽 기슭에 있다. 대한 불교 조계종 제19교구 본사인 화엄사의 末寺. 660년 신라 무열왕 7년에 원효가 창건」
263) 天地冥陽水陸齋儀梵音刪補集.
　　刊記 : 康熙四十八年己丑(1709)孟秋下浣　全羅道谷 城道林寺開板　乾隆四年己未(1739)六月日　全羅道谷城道林寺重刊

기를 추정하여 보면 辛巳年은 肅宗 27年(1701)에 해당함을 알 수 있다.

이 천자판은 현재 道林寺에 15板이 소장되어 있으며 판의 상태는 그다지 깨끗하지 못한 편이다.

(6) 英祖 6年(1730) 順天 曹溪山 松廣寺 간인의 千字文 〈그림 22〉

이 책은 卷末 刊記에 "雍正八年九月日 順天曹溪山松廣寺開刊 老刻卓梅 見學願心後日傳布"란 기록이 있어 그 刊印時期와 刊印處를 알 수 있다. 또한 『完營冊板目錄』(英祖 35, 1759)에 "順天 千字 白紙 16장"이라 되어 있어 그 印紙數를 조사하여 볼 때 정확하게 일치함을 알 수 있다.

이 목판은 현재 松廣寺[264] 소장이고, 板本은 延世大[265]와 日本 天理大, 檀國大 國語國文學科, 東國大, 朴相國, 黃淇江 등이 소장하고 있으나 그 중 延世大本이 善本이다. 연세대본은 첫 장이 낙장이다. 이 천자문의 影印은 1993년 태학사에서 일본 천리대 도서관 소장본과[266] 朴相國 소장본을 영인한 것이 있다. 日本 天理大 所藏本의 인쇄상태는 그다지 좋은 편이 못된다.

(7) 英祖 28年(1752) 南漢 開元寺[267] 간인의 註解千字文 〈그림 23〉

이 책은 卷末 刊記에 "崇禎百二十五年壬申(英祖 28, 1752)冬 註解于龜谿 精舍 上護軍南陽洪聖源書 南漢 開元寺 開刊"이란 기록이 있다. 『樓板考』의

---

264) 李政 編, 前揭書, p.353.
    「전라남도 순천시 송광면 신평리 조계산에 있다. 대한불교조계종 제21교구 본사. 신라말 慧璘이 창건하여 吉祥寺라 함. 고려 인종(1123~1146)때 釋照가 중창. 고려 희종(1204~1211)이 송광산 길상사를 조계산 修禪社라 고침」
265) 2부가 있다. 1부는 孫熙河가 소개한 日本 天理大 圖書館 所藏本이고, 1부는 慶北 대학교 총장이 기증한 책이다.
266) ① 손희하, 千字文<松廣寺板>, 서울 : 太學社, 1993.
    ② 崔世和, 漢字教本三書研究, 서울 : 太學社, 1993.
267) 李政 編, 前揭書, p.30.
    「경기도 광주군 중부면 산성리 남한산성 동문 안에 있었다. 언제 누가 창건했는지 언제 폐사되었는지 알 수 없다.」

"南漢開元寺藏 印紙11牒7張1片"이란 기록,『各道冊板目錄』의 "南漢 註解千字 4張缺 容入紙1卷2張"이란 기록을 종합해 보면 이 註解千字文은 英祖 28年(1752) 간인되었음을 알 수 있다.

이 註解千字文의 板書者 洪聖源이[268] 이 책을 板書한 당시 나이는 53세이고 벼슬은 上護軍이었던 것 같다. 이 책의 판본상태는 깨끗하지 못한 편으로 한글로 된 주석은 부분 부분이 희미하여 알아보기가 어렵다. 奎章閣에는 古2410-37과 一蓑古418.3-C422m의 두 판본이 소장되어 있는데 一蓑本이 古圖書本보다 더 後刷에 속한다.

이상에서 살펴본 寺刹本 千字文의 특징은 다음과 같다. 7건 모두가 楷書體로 되어 있고 板刻處는 全羅道가 3건, 慶尙道가 2건, 京畿道가 2건이다. 그 중 현전하는 천자문 중 사찰본으로 가장 오래된 천자문은 趙孟頫가 쓴 千字文이다.

이상을 표로 나타내면 표 25)와 같다.

2) 私家本

私家本이란 개인이 自費로 刊印하여 대가를 받지 않고 펴낸 책을 총칭하는 말이다. 조선시대 사가판은 주로 가문을 빛내고 양반의 문벌과 혈통을 유지하며 특권을 누리고자 하는데서 발달하여 문집과 족보류가 주류를 이루고 있음이 그 특징이다. 한편 판각술의 측면에서는 대체로 가급적 저렴한 비용으로 鏤梓하였기 때문에 새김이 조잡하고 인쇄가 거칠어 책의 품위가 사뭇 떨어지는 것이 특징이다.[269]

---

268) ① 國會圖書館 編, 國朝榜目, 서울 : 同圖書館, 1971, p.297.
　　② 洪俊杓 編, 南陽洪氏大觀, 서울 : 南陽洪氏大宗中 中央宗會, 1980, p.367.
　　「洪聖源 : 字는 明叔, 己卯(1699)生, 居住地는 尙州, 本官은 南陽 英宗己酉 五年 (1729)式年榜丙科 三十一人 陵令條 幼學」

표 25) 千字文의 寺刹本

番號	書名	書體別	板書者	刊印處	刊印時期	所藏處	備考
1	千字文	楷書體	趙孟頫(元)	廣州奉先寺	成宗 2 (1471)	精文研 (貴A10-9A)	京畿 廣州 奉先寺本
2	千字文	楷書體	未詳	慶北水多寺	孝宗 3 (1652)		慶北 水多寺藏板(15판)
3	千字文	楷書體	學敏	全南興國寺	顯宗 6 (1665)		全南 興國寺藏板(15판)
4	千字文	楷書體	金縈	慶北把溪寺	顯宗 9 (1668)		慶北 把溪寺藏板(21판)
5	千字文	楷書體	未詳	全南靈鳳寺	肅宗 27 (1701)		全南 道林寺藏板(15판)
6	千字文	楷書體	未詳	全南松廣寺	英祖 6 (1730)	연세대(41D.71/2),일본천리대,단국대국어국문학과,동국대,박상국,황패강	全南 松廣寺藏板(16판) 影印(千字文, 太學社, 1993)
7	註解千字文	楷書體	洪聖源	南漢開元寺	英祖 28 (1752)	奎(古2410-37,一蕡418.3-c 422m)	南漢 開元寺本

(1) 文宗 卽位年(1450) 刊印의 安平大君 眞草千字文 〈그림 24〉

이 책의 卷末 刊記를 보면 "愛其筆法命工刻石 各具同志者共之 淸之"라는 기록이 있다. 여기서 '淸之'란 安平大君(1418~1453)의 字이므로 이 眞草千字文의 板書者는 安平大君임을 알 수 있다. 安平大君은 스스로 眞草千字文을 쓰고 卷末 末尾에 "그 筆法을 좋아하여 이름난 石工에게 刻하게 하고 아울러 同志들과 함께 즐기고자 한다"라고 하였다. 즉 이 천자문은 安平大君이 趙孟頫의 松雪體를 좋아하여 私家에서 사사로이 刻한 것으로 여겨진다.

이 천자문의 刊印時期는 文宗 卽位年 11月10日 庚戌條의[270] "安平大君 瑢이 趙子昂의 草千字를 올렸다"는 기록과 福昌君 楨이 模刊한 石刻拓本에 "景泰統悵紀元秋七月下澣 琅玕居士安平大君淸之"이란[271] 기록을 감안한다면 文宗 즉위년(1450)에 간인된 것으로 여겨진다.

---

269) 千惠鳳, 韓國書誌學(改訂增補版), 서울 : 民音社, 1997, p.229.
270) 註 38) 參照.
271) 韓相奉, "새로 발견된 안평대군의 眞草千字文", 〈月刊書藝〉 204호, 1998.8, p.97.

(2) 中宗 32年(1537) 連臺庵 刊印의 草千字文 〈그림 25〉

이 책은 卷末 刊記에 "嘉靖丁酉(中宗 32, 1537)夏四月 河西子 爲仲獻書于連臺庵 乃國俗燈夕也"이란 기록을 통하여 連臺庵에서 中宗 32年(1537)에 刊印되었음을 알 수 있다.

여기서 河西子는 金麟厚[272](1510~1560)의 號인데 『奎章閣圖書韓國本綜合目錄』에는[273] 韓濩 書라고 되어 있다. 이 책을 河西子의 글씨를 모아 놓은 『河西筆跡』[274]과 비교하면 글씨체가 꼭 같음을 실사할 수 있다.

이 草千字文의 刊印處인 連臺庵은 河西子의 妻家가[275] 있는 全南 淳昌 八德面[276] 剛泉寺에 딸린 庵子을 말한다.[277] 이곳에서 河西子는 仲獻을 위하여 千字文을 쓴 것이다.

(3) 顯宗 2年(1661) 安城 간인의 千字文 〈그림 26〉

卷末 刊記에 "順治十八年 留于私板"이란 기록으로 보아 私板에 두었던 千字文 藏板이다. 어느 民家에서 판각한 것을 뒤에 사찰에 소장시킨 것으로 여겨진다. 당시 본가에 藏板閣을 갖지 못한 인사들이 그 가문과 연고가 있는 인근의 사찰에 판목을 소장해 두는 예가 있었다.

이 藏板은 현재 七長寺[278]에 소장되어 있다. 단국대 국어국문학과에서

---

272) 字는 厚之, 號는 河西·澹齋, 本貫은 蔚山이다. 中宗35年(1540) 別試文科에 丙科로 급제하여 正字·博士·說書 등을 거쳤다.

273) 서울大學校圖書館 編, 奎章閣圖書韓國本綜合目錄 上, 서울 : 서울大學校出版部, 1983, p.83.

274) 奎章閣(奎10317).

275) 河西의 妻丈人은 鎭安 縣監을 지낸 驪興 尹任衡이다.

276) 옛명칭은 '활구지'이다.

277) 河西五大孫 自然堂時瑞의 宗孫 中軒 金鐘燮氏의 證言.

278) 李政 編, 前揭書, p.320.
　「異名은 漆長寺이다. 경기도 안성군 죽산면 칠장리 七賢山에 있다. 대한불교 조계종 제2교구 본사인 용주사의 말사. 636년(신라 선덕여왕5) 慈藏이 창건, 1014년(현종5) 중창, 1308년(충렬왕34) 중창, 1383년(우왕9) 중수」

인쇄하였는데 이를 보면 마멸도가 심하여 나무결의 흔적이 많이 보이므로 후쇄본임을 한눈에 알 수 있다. 본문에 나타난 한글 자석어휘들은 비교적 판각 당시의 언어현상들을 충실히 반영하고 있어 17세기 국어의 연구에 중요한 자료이다.279)

(4) 17세기 羅州 간인의 草千字文 〈그림 27〉

이 책은 卷末 跋文에 "後學 宋時烈跋"이란 기록과 『宋子大全』 卷148에 "書平壤朴彭年所寫千字文後"라는 기록이 있을 뿐 刊印時期를 구체적으로 알 수 있는 기록은 없다.

그러나 千字文 간행 경위를 적은 그의 跋文에서 이 천자문은 朴彭年(1417~1456)이 그 사위인 宗室 永豊君을 위해서 쓴 것이라고 하고 公의 충절을 기리기 위하여 그의 천자문을 만드니, 公을 따르는 후학들은 그것을 보고 公의 뜻을 숭상하라고 하였다. 이에 成三問의 외손자 趙世煥이 장차 千字文을 改刊하고자 하여 후기에 붙인다고 하였다.280) 그러므로 이 跋文의 기록을 통하여 이 천자문은 改刊本임을 알 수 있다.

이 천자문의 이전본은 誠巖古書博物館에 소장되어 있다.281) 이 책의 跋文에 "皇明萬曆三十日年月日 通政大夫行羅州牧使謹誌"라 되어 있어 宣祖 36年(1603) 羅州에서 간인되었음을 알 수 있다. 그러므로 이 천자문은 위의 기록과 宋時烈 跋文을 참고한다면 17세기 羅州에서 간인되었을 것으로 여겨진다.

이 책의 첫 장에는 永豊, 醉琴之軒永豊이란 藏書印이 찍혀 있는데 이것

---

279) 申景澈, "七長寺本 千字文 研究", <語文研究> 第18輯, 語文研究會, 1988.12, p.66 에서 17세기 국어의 특징을 14가지로 나누어 요약하고 있다.

280) 「嘗聞滄江趙涑丈 以爲先生嘗爲其女壻宗室永豊君 寫與千字文 …… 生手跡之所在 而因以稱先生者 亦可見後學尊尙之誠矣 先生同志固多 而其最賢者 成先生也 今成先生彌甥趙世煥嶷望 將改刊其千字 故困著其說於後云 後學宋時烈跋」

281) 誠巖 1-356.

은 朴彭年의 號이다. 이 천자문의 跋文을 통하여 당시 풍속이 글을 하는 사람이라면 한 두 편의 천자문을 써서 자신의 필적으로 남기고 있다가 후손이나 후학들에 의하여 책으로 간행하는 것이었음을 알 수 있다.

(5) 哲宗 8年(1857) 간인의 李茂實 千字文 〈그림 28〉

이 千字文은 李茂實이 쓴 千字文으로 三刊本에 해당한다.

이 책의 卷末 刊記에 "雍正十三年乙卯(英祖 11, 1735)三月日 月城李茂實書 道光十年庚寅(純祖 30, 1830)四月日孫基大 曾孫孟新重刊 咸豊七年丁巳(哲宗 8, 1857)三月日 五代孫芝秀三刊"이란 기록이 있다. 이 기록을 통해서 英祖 11年(1735) 李茂實이 천자문을 쓰고 純祖 30年(1830) 손자 基大와 증손자 孟新이 重刊하였으며 그 후 27년만인 哲宗 8年(1857) 5대손인 芝秀가 三刊을 하였음을 알 수 있다.

이 천자문은 舊 소장은 故 安春根이나 지금은 韓國精神文化硏究院에 소장되어 있다. 특히 주의를 요하는 것은 이 삼간본은 원본이 아니라 韓紙에 축소 복사한 복사본이라는 점이다.

이 천자문은 축소복사본이므로 반곽의 크기가 17.0×14.8cm로 유난이 작은 편이다. 본문 글자체는 구양순 체를 모방한 필치를 보이고 획의 太細가 분명하다. 책의 첫 장에는 '月城李氏世寶'라는 印章이 있다.

(6) 高宗 31年(1894) 간인의 李茂實 千字文 〈그림 29〉

이 천자문은 李茂實 쓴 천자문으로 사간본에 해당하는데 비교적 많이 알려져 있는 千字文이다.

卷末 刊記는 앞서 살펴본 哲宗 8年(1857)의 三刊本과 같은데, 여기에 "光緒二十年甲午(高宗 31, 1894)五月日五代孫東珍四刊"이란 간기가 더 추가되어 있다. 四刊은 5대손인 東珍에 의해 간인되었다.

이 책의 형태적 특징은 반곽의 크기만 제외하고 나머지는 三刊本과 비
슷하다. 책의 첫 장에 나타나는 '月城李氏世寶'라는 印章이 三刊本에서는
희미하게 보였으나 四刊本에서는 분명하게 식별할 수 있다.

또 내용적인 특징을 三刊本(1857년)과 四刊本(1894년)의 한글석음 차이점
을 들어 비교해 보면 75군데 차이를 발견할 수 있다. 이러한 차이는 간인시
기를 밝히는 데 도움이 되기 때문이다. 이를 표로 나타내면 표 26)와 같다.

표 26) 三刊本과 四刊本의 한글석음 차이점

番號	千字文順	漢字	三刊本(1857년)	四刊本(1894년)
1	133	白	힌 백	힌 빅
2	177	罔	업슬망	업슬먕
3	223	習	니길습	니킬습
4	253	忠	튱셩튱	츙셩츙
5	259	履	ᄇ블리	ᄇ불리
6	285	言	말슴언	말심인
7	288	定	일덩덩	일녕졍
8	293	愼	삼갈신	삼갈심
9	299	所	마 소	바 소
10	301	籍	글월젹	글월덕
11	308	仕	벼슬ᄉ	비슬ᄉ
12	331	下	아래하	아리하
13	354	懷	푸믈회	픔물회
14	362	友	벋 우	볏 우
15	372	惻	슬흘측	슬플측
16	384	虧	이즐휴	이줄규
17	399	意	뜻 이	뿟 의
18	411	華	빈날화	빗날화
19	421	浮	뜰 부	쁠 부
20	438	綵	치식치	치석히
21	440	靈	녕홀녕	어딜령
22	443	傍	견 방	겻 방
23	445	甲	갑 갑	가 갑
24	470	達	ᄉ뭇출달	ᄉ뭇츨달
25	476	典	법 뎐	번 뎐

26	486	書	글월셔	글 셔
27	492	相	시로숭	셔로셩
28	496	卿	베슬경	벼슬경
29	497	戶	지게호	지게호
30	504	兵	병마병	군사병
31	510	轂	술위롱곡	술위통곡
32	511	振	별 진	벌 진
33	513	世	인간셰	인간시 ㅣ
34	515	侈	샤치치	사치치
35	520	輕	가비올경	가비올경
36	523	茂	거츨무	거츨무
37	524	實	여믈실	열매실
38	526	碑	비 비	비셕비
39	537	奄	믄득엄	문득엄
40	539	曲	고불고	규불곡
41	541	薇	쟈글미	져글미
42	546	公	구의공	구어공
43	550	弱	약홀약	약홀야
44	554	回	도라올회	도라올휙
45	567	寔	잇 식	이 식
46	597	用	뿔 용	쓸 용
47	605	馳	둘닐티	둘닐치
48	640	庭	뜰 뎡	뜰 뎡
49	649	治	다스릴티	다스릴치
50	652	農	더믈지을롱	녀롬지을농
51	653	務	힘뿔 무	힘쓸무
52	672	陟	오를턱	오롤척
53	688	勅	정히홀틱	다스릴칙
54	689	聆	드룰령	드를뎡
55	728	逼	갓 짜 올핍	갓 짜 을벽
56	733	沈	드물팀	좀길침
57	740	論	의논논	의론로
58	760	條	올 됴	기지됴
59	770	根	블희근	불희근
60	784	霄	하늘쇼	하을쇼
61	787	甄	구경완	구경안
62	809	飽	비브롤포	비불롤포
63	859	頓	구룰돈	구을돈

64	905	誅	버힐듀	비힐쥬
65	914	射	뿔 샤	쏠 샤
66	927	任	맛뜰 임	맛들임
67	928	釣	랏ㅅ글 됴	낙글됴
68	951	郎	몰굴랑	볼글랑
69	959	環	골희환	골희환
70	963	修	닷 칠 슈	닷글슈
71	974	仰	울얼앙	울럴앙
72	992	誚	구지줄쵸	구지질쵸
73	997	焉	입겻언	입깃연
74	998	哉	입겻지	입깃지
75	1000	也	입겻야	입깃야

표 26)에서 삼간본과 사간본의 한글석음 차이는 20여 군데 차이가 난다. 이러한 차이는 한글의 변천과정을 살펴보는데 중요한 자료가 된다.

표 27) 千字文의 私家本

番號	書名	書體別	板書者	刊印處	刊印時期	所藏處	備考
1	眞草千字文	草楷書體	安平大君 (1418~1453)	漢城	文宗 卽位年 (1450)	江陵 博物館	
2	千字文	草書體	金麟厚 (1510~1560)	全羅道淳昌八德面剛泉寺 連臺庵	中宗 32 (1537)	개인소장, 奎(9872), 國立(한-82-117), 啓明大(이741.316, 고741. 316)	
3	千字文	楷書體 (한글석음 있음)	未詳	京畿道 安城郡 七長寺	顯宗 2(1661)	檀大 國語國文學科	
4	千字文	草書體	朴彭年 (1417~1456)	羅州	〔17세기〕	개인소장, 奎(古2410-6A, 奎9871, 10316), 嶺南大(648.2), 檀大羅孫文庫(451.47-천3082)	
5	千字文	楷書體 (한글석음 있음)	李茂實	〔京畿道〕	哲宗 8(1857)	精文硏(1-219)	
6	千字文	楷書體 (한글석음 있음)	李茂實	〔京畿道〕	高宗 31 (1894)	奎(11944), 개인소장	

　이상에서 살펴본 私家本 천자문의 특징은 다음과 같다. 해서체 천자문은 4건 모두 京畿道에서 간인되었고 초서체 천자문 2건 모두는 전라도에서 간인되었다. 또한 사간본은 자제의 교육을 위하여 판각한 것이 특징이어서 李茂實, 金麟厚, 朴彭年이 쓴 千字文 등이 다 여기에 속한다고 할 수 있다. 특히 李茂實이 쓴 천자문은 자손들에 의해서 四刊까지 간인되었음이 주목할 만하다. 이상을 표로 나타내면 표 27)과 같다.

3) 坊刻本

　坊刻本은 문자 그대로 坊 즉 閭巷에서 상인들에 의하여 간인된 것으로 서적이 수공업적 규모나마 상품화 된 것을 말하는 것으로 일반 민중의 지위 상승내지 신분의 평등화가 가져온 하나의 결과였다. 물론 그 이유는 과거에 의한 인재등용과 양반계급의 수적 증가로 말미암은 측면이 클 것이다. 그 결과 사서삼경을 비롯하여 史略, 通鑑, 小學 등의 小學書의 수요가 급격히 증가하여 官營 板刻本이나 寫本으로는 그 수요를 충족하지 못하게 되었기 때문에 나온 것이 바로 坊刻本이다.

　방각본은 초기에는 판로가 넓은 千字文, 通鑑, 四書 등 小學書의 간인으로부터 비롯하여 한문소설 등으로 이어졌다. 1848년 京板本 소설 三說記가 출현함으로써 한글소설의 간행이란 새로운 국면에 이르게 되었다.[282] 방각본은 17세기 중기인 인조 말경부터 판각하기 시작하여 18세기에는 한때 소강상태를 보이다가 19세기 초부터 다시 활성화되었다. 19세기 중기 이후에 들어서는 서울 및 전주를 비롯하여 각 지방에서도 많은 방각본들이 출판되었다.[283]

---

282) 국어국문학회 편, <국어국문학> 제41호, 附錄, 1968, pp.692-693.
283) 金斗鐘, 前揭書, p.460.

(1) 英祖 1年(1725) 昇平 간인의 草千字文 〈그림 30〉

이 책의 卷末 刊記에 "崇禎紀元周甲戊辰後乙巳(英祖 1, 1725)夏 昇平鷗化子刻"이라 되어 있어 英祖 1年(1725) 鷗化子가 刻하여 昇平에서 간인한 草千字文임을 알 수 있다. 昇平은 오늘날 順天이다.

이 책의 형태적 특징은 불분권 1책(18장)으로 四周가 單邊이고, 半郭의 크기는 17.4×14.2㎝이다. 한 면은 5行6字로 되어 있고, 어미는 內向2葉花紋魚尾이다. 版心의 제목은 '千'으로 3번째 획을 길게 내려 그었음이 매우 독특하다. 草書體 오른쪽에는 楷書體로 된 작은 글씨가 필사되어 있는데 이것은 이 책 소장자의 글씨로 보인다. 草書를 모르는 사람이 학습하기에 좋은 자료이다.

(2) 正祖 15年(1791) 간인의 草千字文 〈그림 31〉

이 책의 卷末 跋文에 "己酉(正祖 13, 1789)秋 八月 豹翁書"와 "辛亥(正祖 15, 1791)春 松下山樵書"란 기록이 있다. 跋文의 기록으로 보아 이 책의 간인시기는 正祖 15年(1791)에 간인되었음을 알 수 있다. 여기서 豹翁은 姜世晃을 말하고[284] 松下山樵는 趙允亨을[285] 말한다.

이 천자문은 嚴漢朋(1658~1759)이[286] 쓴 천자문을 陰刻으로 탁인한 천자문이다. 본문은 초서체로 되어 있고, 그 오른쪽 조그마한 원안에는 楷書를 양각하여 초서를 습득하는데 도움이 되도록 하였다.

---

284) 姜世晃(1713~1791)은 조선 후기의 대표적인 문인 서화가, 평론가. 본관은 진주. 字는 光之. 號는 忝齋, 山響齋, 樸菴, 宜山子, 露竹, 豹菴, 豹翁, 海山亭, 無限景樓, 紅葉 尙書로도 불린다.
285) 趙允亨(1725~1799)은 조선후기의 문신. 본관은 昌寧, 字는 稱行, 號는 松下翁, 草書와 隸書를 잘 써 書寫官을 역임.
286) 金基昇, 新稿 韓國書藝史, 서울 : 正音社, 1975, p.706.
「조선 후기의 서예가로 字는 道卿, 號는 晚香齋이다. 本貫은 寧越로 韓石峯 이래 명필로 칭하며 특히 草書와 隸書를 잘 썼고, 雙鉤塡墨에도 능하였다. 著書로는 晚香齋 詩鈔가 있다」

(3) 純祖 4年(1804) 京城 廣通坊 간인의 註解千字文 〈그림 32〉

이 책의 卷末 刊記에 "南陽洪泰運書 崇禎百七十七年甲子秋 京城 廣通坊 新刊"이라 되어 있어 純祖 4年(1804) 廣通坊에서 新刊하였음을 알 수 있다. 그리고 刊記 바로 앞에 "篆與子音淸濁及小註並新增"이라 되어 있어 이 책 은 增修本임을 알 수 있다. 이 책의 板書者는 洪泰運으로 字는 致敬이다. 英祖 38年(1762)에 태어나서 正祖 14年(1790)에 卒하였다.[287]

이 책의 판본은 여러 곳에 소장되어 있고, 판본의 상태는 대체로 깨끗한 편이다. 이 책의 특징은 본문 本字의 右上에는 小篆을, 本字의 左上에는 子音 淸濁을 표시하고 있는데 全淸은 ○로 표시, 次淸은 D로 표시, 不淸 不濁은 ◑로 표시, 全濁은 ●로 표시하고 있다. 또 하나의 한자가 뜻에 따 라 청탁을 달리하는 경우에도 자세하게 설명하고 있다. 한편 이 책은 각 한자에 해당하는 四聲을 표시하였을 뿐만 아니라 동일자라도 뜻에 따라 四聲이 다른 예가 많으므로 上聲을 'ㅇ'으로 擧聲을 '`'으로 표시하였고, 平聲과 入聲은 아무런 표시도 하지 않았다. 아마도 이것은 石峰千字文의 전례에 따른 것으로 여겨진다.

(4) 純祖 9年(1809) 銅峴 開刊의 草千字文 〈그림 33〉

이 책의 卷末 刊記에 "萬曆丁酉(宣祖 30, 1597)季冬 石峯書 嘉慶己巳年 (純祖 9, 1809) 季秋"라 되어 있고, 卷首題의 윗부분에는 銅峴新刊"이란 간 기가 있다.

이 기록을 통해 이 책은 萬曆丁酉本(宣祖 30, 1597)을 底本으로 하여 純 祖 9年(1809) 銅峴에서 다시 간인되었음을 알 수 있다. 銅峴은 오늘날 을지 로 입구에 해당한다.

이 책의 본문 구성은 본문 윗부분을 ⅓로 나누어 각 해당 한자를 篆書로

---

287) 洪太裕 編, 南陽洪氏世譜 卷之二, 南陽洪氏中央花樹會, 1991, p.349.

표시하고 있다. 나머지 ⅔은 草書로 陰刻하고 그 옆 둥근 여백에는 楷書로 陽刻하여 쉽게 알아볼 수 있도록 하였다.

(5) 憲宗 13年(1847) 油洞 重刊의 草千字文 〈그림 34〉

이 책의 卷末 刊記에 "萬曆丁酉(宣祖 30, 1597)季冬 石峯書 道光丁未(憲宗 13, 1847)仲春 油洞重刊"이란 기록이 있어 萬曆丁酉本을 底本으로 憲宗 13年(1847) 油洞에서 다시 중간하였음을 알 수 있다. 油洞은 오늘날 을지로 1가에 해당한다.

油洞에서 간인한 책들은 대개가 간인시기가 알 수 없는데 비해 이 책은 刊印時期를 구체적으로 기재하고 있어 油洞本인『史要聚選』[288],『增補天機大要』[289],『全韻玉篇』[290],『童蒙先習』[291] 등의 간인시기 고증에도 도움을 준다. 이 책의 본문 구성은 銅峴에서 간인한 千字文과 같다.

(6) 哲宗 11年(1860) 完府 간인의 眞草千字文 〈그림 35〉

이 책의 刊印時期는 本文 중에 "歲庚申(哲宗 11, 1860)秋 開刊 于完府之溪南山房"이라 되어 있어 庚申年 完府의 溪南山房에서 간인한 것임을 알 수 있다. 여기서 完府는 全州의 별칭이다.[292] 完府에서 新刊한 책 중에『三韻通考』[293],『書簡草』[294],『趙雄傳』[295] 등은 간기가 명확하게 나타나기 때

---

288) 丙辰(1856)季冬油洞新刊.
289) 乙卯(1855)孟夏油洞重刊.
290) 庚戌(1850)仲秋油洞重刊.
291) 丁未(1847)孟冬油洞新刊.
292) 安春根, 韓國出版文化史大要, 서울 : 靑林, 1994, p.198.
　　「完板이란 全州板의 별칭으로 完府新刊, 完新刊, 完西新刊 등 여러가지로 표시된다.」
293) ① 安春根, 上揭書, p.194.
　　② 柳鐸一, "完板 坊刻小說의 文獻學的 硏究", 東亞大學校(博士學位論文), 1980, p.33.
　　「三韻通考 丁卯(1867)孟冬 完府新刊(袖珍本)」

문에 이 책들을 통하여 이 천자문의 간인시기를 추정할 수 있다. 따라서 이 천자문은 哲宗 11年(1860) 完府의 溪南山房에서 간인하였음을 알 수 있다.

이 千字文 본문은 연세대에 소장되어 있는『圓嶠書帖』과[296] 비교해 보면 유사한 부분을 발견할 수 있다. 특히 本文 중에 있는 刊記 1면과 行大字 4면은 兩者가 똑 같지만 眞草千字文 총62면 중 趙孟頫의 眞草千字 41면과 附錄 夙興夜寐箴 12면은 다르다. 자세한 검토가 필요한 부분이다.

이 책에 표시된 印章을 조사하여 보면 '京城帝國大學圖書章'이라 되어 있는데 이것은 일제시대 수집된 책임을 말해 주는 것이다.

(7) 哲宗 12年(1861) 完山 간인의 草千字文 〈그림 36〉

이 책의 卷末 刊記에 "萬曆丁酉 季冬 石峯書 咸豊辛酉(哲宗 12, 1861)季冬 完山重刊"이란 기록이 있어 萬曆丁酉本을 底本으로 하여 哲宗 12年(1861) 完山에서 간인된 천자문임을 알 수 있다.

完山은 오늘날 全州의 殿洞 매곡교 부근의 남부시장에 해당하며『諸道冊板錄』에서 '南門外 私板'이라고 한 것은 바로 이 곳을 말한 것이다.[297] 이 책은 陰刻한 草千字文으로 그 형태적인 특징은 四周 單邊에 半郭의 크기가 21.7×14.6㎝이고 한 면에 5行6字씩 배열하고 있고, 어미는 內向黑魚尾로 되어 있다.

---

294) 柳鐸一, 上揭論書, p.33.
　　「書簡草 丁酉(1897)元月 完府諸許堂開板」
295) 柳鐸一, 上揭論書, p.58, 61.
　　「趙雄傳 完府新刊」
296) 延世大 所藏(742.64). 이 책은 李匡師(1705~1777)의 手蹟을 陰刻해서 白字로 보이게 한 책으로 篆大字 2면, 隷 2면, 篆細字 2면, 隷細字 2면, 楷 22면, 楷小 3면, 楷細字 1면, 楷行雜 4면, 行 6면, 行書小字 2면, 艸 6면, 行大字 4면, 刊記 1면으로 총57매가 된다.
297) 權熙昇, "湖南坊刻本에 관한 硏究", 서울 : 成均館大學校(碩士學位論文), 1981, p.18.

(8) 哲宗 9年～哲宗 12年(1858～1861) 紅樹洞 간인의 千字文 〈그림 37〉

이 책은 卷末에 "紅樹洞"이라는 刊記가 있을 뿐 간인시기를 추정할 만한 다른 기록은 없다.

柳鐸一도 紅樹洞은 국문소설 8종[298] 만을 간인한 곳으로 千字文의 존재에 대해서는 언급을 하지 않았다.[299] 그러나 柳鐸一이 언급한 紅樹洞刊本 중『三國志』下卷에 "咸豊己未(哲宗 10, 1859)紅樹洞 新刊"이란 기록이 있어 이 기록을 통하여 이 책의 간인시기를 추정할 수 있다.

즉 紅樹洞에서 국문소설 8종을 간인한 咸豊己未(哲宗 10, 1859)를 기준으로 이 千字文의 간인시기를 추정하면 哲宗 9年～哲宗 12年(1858～1861) 사이에 간인된 것을 알 수 있다. 紅樹洞은 오늘날 서울의 昌信洞에 해당된다.

이 천자문은 현재 高大 新巖文庫[300]에도 소장되어 있는데 간인기록을 가지고 있어 개인소장본과 高大 舊藏本[301]을 각 각 비교해 본 결과 이 두 본은 간인기록만 없는 동일본이었다.

본문 중 '散(741) 훗을산', '凌(781) 업슈이넉일룽'의 한글석음은 다른 천자문에서 볼 수 없는 독특한 한글 표기이다. 본문 첫 장 第1行은 卷首題인 "千字文" 표시가 되어 있고, 第2行은 "周興嗣 撰"이란 千字文 저자표시가 되어 있다. 第3行부터 "天地玄黃…"이라는 본문이 시작된다. 글자체는 세로가 가로보다 긴 장방형 형태의 해정한 해서체로 되어 있다.

(9) 純祖 21年～哲宗 12年(1821～1861) 간인의 篆千字文 〈그림 38〉

이 책의 형태적인 특징과『古鮮冊譜』의[302] "道光 咸豊年間 坊刻"이란

---

298) 刊記가 있는 紅樹洞 刊本으로는 ＜장풍운젼＞戊午(1858), ＜삼국지＞己未(1859), ＜숙영낭ᄌ젼＞庚申(1860), ＜신미록＞辛酉(1861)이 있고 刊記가 없는 紅樹洞刊本으로는 ＜됴웅젼＞, ＜월봉귀＞, ＜장한졀효긔＞, ＜제마무젼＞이 있다.

299) 柳鐸一, 前揭書, p.167.

300) 新巖(A13-A10A).

301) 舊(A13-A10B).

기록을 감안한다면 이 책은 純祖 21년에서 哲宗 12년 사이에 京畿道에서 간인하였음을 알 수 있다.

이 책의 卷末에는 "臣申汝櫂書"라고 필사되어 있고 본문은 卷首題 없이 곧 바로 시작되며 각 篆書體 아래에는 楷書體와 한글석음이 있다.

(10) 哲宗 13年(1862) 全羅 杏谷 간인의 千字文 〈그림 39〉

이 책의 卷末 刊記에 "崇禎紀元後四壬戌(哲宗 13, 1862)杏谷開刊"이란 기록이 있어 이 책의 刊印時期는 哲宗 13년(1862)이고 刊印處는 杏谷임을 알 수 있다.

여기서 杏谷이란 全州지역인 것으로 여겨진다. 그 이유로는 첫째, 坊刻本 중 完板에 『조웅전』이란 판본이 있는데[303] 그 卷末 刊記에 "同治五年(1867)杏洞開刊"이라 되어 있어 '杏洞'은 '杏谷'과 같은 開板地로 추정된다는 점이다. 둘째, 『열녀춘향슈절가』에 나타나는 음운 현상이 이 천자문의 한글석음에 나타난 음운현상과 비슷한 것으로 보아서 '杏谷'은 『열녀춘향슈절가』를 펴낸 全州 지역일 것으로 여겨진다는 점이다.[304] 셋째, 이 천자문에 '林'字(717)의 새김으로 나오는 '숨플'을 전주 지역에서 확인할 수 있다.[305] 넷째, 高大 舊藏에는 이 '杏谷本'을 底本으로 하여 1916년 全州 多佳書舖에서 後刷한 판본을 발견할 수 있다.[306] 그리고 두 책의 半郭을 비교해 보면 杏谷本의 半郭이 21.5×17.3cm이라면 多佳書舖本의 半郭은 20.1×17cm이므로 多佳書舖本은 杏谷本을 底本으로 삼았음을 알 수 있다. 이러

---

302) 前間恭作 編, 古鮮冊譜(影印本), 부산 : 民族文化, 1995, p.1147.

303) 국어국문학회편, 前揭書, 附錄(國語國文學 研究 資料 및 坊刻本 展示會 目錄), pp.674-675.

304) 孫熙河, "새김 어휘 연구", 全南大學校(博士學位論文), 1991, p.125.

305) 崔銓承, 19세기 후기 全羅方言의 음운현상과 그 역사성, 서울 : 翰信文化史, 1992, p.103.

306) 高大 舊藏 A13-A10本을 조사하여 보면, 底本刊記 : 崇禎紀元後四壬戌 (1862)杏谷開刊이고, 新刊記 : 大正五年(1916) 十月八日 全州 多佳書舍浦라 되어 있다.

한 것을 종합하여 보면 '杏谷'은 全州 지역인 것으로 여겨진다.

(11) 高宗 1年(1864) 武橋 重刊의 草千字文 〈그림 40〉

이 책의 卷末 刊記에 "萬曆丁酉(宣祖 30, 1597)季冬 石奉書 同治甲子(高宗 1, 1864)季夏 武橋重刊"이란 기록이 있어 이 책은 高宗 1年(1864) 武橋에서 重刊한 千字文임을 알 수 있다.

이 책은 萬曆丁酉本(1597)을 바탕으로 간인하였는데 또 이 武橋本을 바탕으로 삼아 또 大正 8年(1919)에 白斗鏞이 翰南書林에서 『三體草千字』라는 書名으로 간인하였음을 실물을 통해 확인할 수 있다.307) 武橋는 오늘날 서울의 武橋洞을 말한다.

(12) 高宗 2年(1865) 간인의 千字文 〈그림 41〉

이 책에는 卷首題가 시작되기 전인 앞 행에 "乙丑季秋松溪書"란 간인기록이 있다. 이 기록을 통하여 乙丑年에 이 책을 간행하였음을 알 수 있으나 乙丑年에 해당하는 시기가 언제인지는 분명하지 않다. 하지만 杏谷本(1862년)과 完山本(1905년)의 비교를 통하여 한글석음이 공통으로 일치하는 부분을 조사해 보면 11군데를 발견할 수 있다. 이를 표로 나타내면 표 28)과 같다.

그러므로 이 천자문은 杏谷本과 完山本 사이에 간행된 천자문임을 알 수 있다. 즉 乙丑年은 高宗 2年(1865)에 해당하고 刊印處는 全羅道 어느 지방에서 간행한 것으로 보인다. 日本 宮內廳 書陵部本은 대체로 깨끗한 편이어서 한자뿐만 아니라 한글석음도 쉽게 알아 볼 수 있다.

---

307) 國立(한-82-185).
　　新刊記 : 大正 8年(1919)6月25日 發行 京城府 仁寺洞 170番地 翰南書林
　　舊刊記 : 萬曆丁酉(1597)季秋石峯書 同治甲子(1864)季夏武橋重刊

표 28) 杏谷本과 完山本의 한글석음 일치부분

번호	千字文順	漢字	한글새김
1	254	則	곳 즉
2	297	榮	빗날영
3	669	勸	힘쓸권
4	676	素	본더소
5	694	貌	얼굴모
6	761	枇	비파비
7	762	杷	비파파
8	917	嵇	혜계혜
9	991	等	우디등
10	995	助	도을조
11	996	者	놈 즈

(13) 高宗 19年(1882) 간인의 新刊抄海篇心鏡 : 秦漢篆文 〈그림 42〉

이 책의 卷末 刊記에 "壬午(1882)臘月日 鄭東基梓"라 되어 있어 高宗 19年(1882) 鄭東基가 판매목적으로 간인한 千字文임을 알 수 있다.

이 책은 肅宗 2年(1661) 靈光에서 간인한 新刊抄海篇心鏡 : 秦漢篆文을 翻刻한 것으로 보인다. 그 이유는 不分卷 1책(42張)과 四周 單邊, 그리고 매 변이 6行6字, 어미가 內向黑魚尾로 서로 일치하기 때문이다. 半郭의 크기에 있어서도 靈光本(1661)은 14.7×14.0cm이고 이 책은 13.5×13.6cm인 것으로 보아 靈光本(1661)을 底本으로 삼아 翻刻 한 것으로 여겨진다. 또한 글자를 서로 대조를 해 보면 거의 유사함을 實査할 수 있다.

(14) 憲宗 10年～高宗 31年(1844～1894) 武橋 新刊의 千字文 〈그림 43〉

이 책은 卷末 刊記에 "武橋新刊"이란 간기만 크게 새겨져 있을 뿐 刊印 時期를 추정할만한 다른 기록은 없다. 그러나 武橋에서 간인한 草千字文의 卷末 刊記에 "同治 甲子(高宗 1, 1864)武橋"라는 기록이 있으므로 이를 미루어 짐작하면 이 천자문도 高宗 1年(1864) 前後에 간인된 것이 아닌가 여겨진다.

또한 武橋에서 간인한 책들 중 간기가 있는 책들을 조사하여 보면[308] 이 천자문의 刊印時期를 짐작할 수 있다. 즉『儒胥必知』(甲辰, 1844),『옥쥬호연』(辛亥, 1851),『史要聚選』(乙丑, 1865),『簡牘精要』(己巳, 1869),『임진녹』(甲午, 1894) 등의 간기를 통하여 이 책의 간인시기를 추정하면 위로는 憲宗 10年(1844)부터 아래로는 高宗 31年(1894)까지로 잡을 수 있다. 武橋는 오늘날 서울의 武橋洞을 말한다.

본문 내용 중에 '嚴'(246)의 한글석음은 '클엄'으로 되어 있어 光州에서 간인한 천자문 같은 계열이나 '果(57) 렬름'과 '索(729) 녹근삭'의 한글석음은 다른 천자문에서 볼 수 없는 독특한 한글 표기이다.

(15) 1800年代 孝橋 新刊의 千字文 〈그림 44〉

이 천자문의 첫 장 아래에는 '孝橋 新刊'이라는 刊記가 있다. 그 刊印時期는 책의 형태적 특징으로 보아 1800年代로 추정된다.

<京板有刊記坊刻本一覽>를 살펴보면[309] 孝橋本으로는『簡禮語彙』와『直星行年便覽』만이 소개되어 있는데 여기에 효교신간본『千字文』이 하나 더 추가 되는 셈이다. 孝橋는 오늘날 舟橋洞을 말한다. 孝橋本의 글자체의 특징은 편평하면서도 매우 해정한 편이다.

(16) 光武 3年(1899) 完山 간인의 草千字文 〈그림 45〉

이 책의 卷末 刊記에는 "萬曆丁酉(1597)季秋 石峯書 咸豊辛酉(1861)季冬 完山 重刊"이란 기록과 "己亥(1899)重刊"이란 기록이 있다. 이 기록들을 통하여 萬曆丁酉本(1597)을 底本으로 咸豊辛酉年(1861)에 完山에서 이를 重刊하고 또 다시 이 完山 重刊本(1861)을 底本으로 己亥(1899)에 중간했음을

---

308) 柳鐸一 , 前揭書, p.166.
309) 柳鐸一 著, 前揭書, p.157.

알 수 있다.

이 책의 형태적인 특징은 四周 單邊에 半郭의 크기가 20.0×14.2㎝인 중간본으로 完山 重刊本의 반곽 크기 21.7×14.6㎝ 보다 작은 편이다. 매 면의 行字數는 5行6字이고 어미는 內向黑魚尾로 되어 있다.

(17) 光武 9年(1905) 完山 新刊의 千字文 〈그림 46〉

이 책에는 간인기록이 없으므로 몇 가지 자료를 통하여 간인시기를 추정하기로 하자.

첫째, 이 천자문의 卷末 刊記에 "乙巳季冬完山新刊"이란 기록이 있으며 둘째, 哲宗 13年(1862)에 간인된 杏谷本과의 한글석음을 비교해 보면 이 책이 훨씬 현대화되어 있음을 확인할 수 있다.[310] 그리고 셋째로, 이 책을 底本으로 하여 梁承坤이 1937년에 完州 梁冊房에서 重刊한 책이 현재 국립중앙도서관에 소장되어 있다.[311] 그러므로 이 책은 杏谷本과 完州 梁冊房本 사이에 간인되었음을 알 수 있다. 즉 1862년과 1937년 사이의 乙巳年은 1905년이므로 이 책은 1905년에 완산에서 간인하였음을 알 수 있다.

이 책의 본문은 杏谷本(1862년)과 마찬가지로 첫 장의 왼쪽 첫 행에 "鵬始圖驥初程"이라는 篆書體 글자로 시작되는데 이는 큰 붕새가 날기 시작하고 천리마가 달리기 시작하는 첫 길이라는 뜻으로 천자문을 처음으로

---

310)

千字文順	漢字	杏谷本(1862)	完山本(1905)
59	李	외얏이	외앗이
128	王	림금왕	임금왕
131	在	리실지	이실지
157	豈	엇지긔	엇지기
573	趙	죳나라죠	조나라조
690	音	소리음	소리음

311) 국립中央本(한41-94).
　　卷末 舊刊記 : 乙巳(1905)季冬完山, 新刊記 : 昭和十二年(1937)五月六日 發行 完州 郡 龍進面 牙進里 九百十一番地 梁冊房라 되어 있다. 이 책은 조선총독부 기증본으로 도서번호는 13389이고, 昭和12년 5월25일의 기증 날짜가 찍혀 있다.

배우기 시작하는 어린이들의 씩씩함을 상징하는 말이다.

  (18) 光武 9年(1905) 昌寧 華林齋 新刊의 註解千字文 〈그림 47〉

  이 책의 卷末 刊記에 "光武乙巳(1905)秋 新刊 昌寧 華林齋藏板"이란 기록이 있어 이 책은 光武 9年(1905) 昌寧 華林齋에서 간인하였음을 알 수 있다.

  이 책의 識文을 쓴 成敦鎬는 간인취지를 다음과 같이 밝히고 있다. "천자문은 비록 많지만 이 주해본과 같이 자세한 책은 없으며 그 初刊은 지금부터 102년전 서울 廣通坊에서 간행했는데 그 판본이 지금까지 완전한지 알 수 없다고 하였다. 그리고 먼 곳에 있는 私塾에는 註解가 없는 千字로 자제들을 가르치므로 글자도 알고 字句도 알지만 글 뜻은 통하지 못하므로 약간의 비용을 내어 간행하는 것이니 어린이들을 가르치기가 훨씬 쉬울 것이다"라고 하였다.312) 필자의 조사에 의하면 이 『註解千字文』은 7번 간인되었는데313) 昌寧 華林齋藏板은 그 중 5번째 간인된 千字文으로 조사되었다. 이 『註解千字文』은 천자문 250구에 대한 通解를 各 句 뒤에 한문으로 적고 있어 천자문의 결점을 잘 보완하고 있다.

---

312) 「是書印本雖多 而未有如此本之詳而精者 基始刊於京城廣通坊 今距已百有二年 不知印板尙完與否 然荒遠邨塾 往往不能得見多以無註者 授子弟 是以得其字 不盡其訓 得其句 不通其義 愚竊病焉 乃捐費若干 爲付剞劂 庶鄕近間有義養蒙者 求不勞而敎不困云 夏山後人成敦鎬識」

313) 『註解千字文』의 刊印 狀況
    ① 1752년 : 廣州 開元寺本(사찰본)
    ② 1804년 : 京城 廣通坊本(방각본)
    ③ 1855년 : 完山 新刊本(방각본)
    ④ 1866년 : 武泉重刊本(방각본)
    ⑤ 1905년 : 昌寧 華林齋本(방각본)
    ⑥ 1913년 : 慶北 在田堂書舖(방각본)
    ⑦ 1916년 : 全州 多佳書舖本(방각본)
    여기서 ③ ④는 간인기록만 있으므로 실물조사에서는 제외되었음.

(19) 光武 9年(1905) 紫岩 新刊의 草千字文 〈그림 48〉

이 책의 卷末 刊記에 "大韓光武九年九月日 紫岩新刊"이란 기록이 있어 光武 9年(1905) 紫岩에서 新刊한『草千字文』임을 알 수 있다. 紫岩은 오늘날 봉래동 1가를 말한다.

이 책의 형태적인 특징은 四周가 單邊에 半郭의 크기가 21.2×14.2㎝, 한 면에 5行6字씩, 그리고 어미가 上2葉花紋魚尾인 版式을 가지고 있으므로 석봉계열의 다른『草千字文』과 다름을 실사할 수 있다. 版式을 제외한 본문 구성은 석봉계열의 다른 초천자문과 같으나 둥근 원안에 楷書로 글씨를 쓰고 검은 실선으로 두르고 있는 점이 차이점이다. 이 책은 석봉계열의 초천자문 중 제일 나중에 간인한 천자문이므로 책의 상태는 아주 깨끗한 편이다. 이 책을 토대로 大正 7年(1918) 滙東書舘에서 다시 발행한 바가 있다.314)

(20) 1907年 全羅 完齊 開刊의 草千字文 〈그림 49〉

이 책의 卷末 刊記에 "歲在丁未(1907)季秋 完齊 開刊 李奉事草"란 기록이 있어 이를 통해 丁未年에 李奉事가 草한 것임을 알 수 있다.

여기서 丁未年이 언제인지는 이 책의 每張 뒷면에 褙接을 조사하면 "大淸 嘉慶十九年 歲次甲戌(1814) 時憲書"란 기록이 있다. 1814년 이후의 丁未年는 1847年과 1907年이 해당하는데 이 책의 형태적인 특징으로 보아 1847년보다는 1907年이 더 가깝다고 할 수 있다. 간인처인 完齊는 全羅道 어디를 말하는지는 확실하지 않다.

이상에서 살펴본 바와 같이 坊刻本으로 간인된 천자문은 시기별로 보아서 19세기에서 20세기에 걸쳐 주로 간행되었다. 사실 19세기는 정치적으로

---

314) 개인소장본(刊記: 大正七年二月二十日 京城府 南大門通 滙東書舘).

仕宦階級들의 文運이 차차로 후퇴되어 갔지만 그와는 반대로 국문소설 등에 대한 독서열은 오히려 왕성하였다. 또한 종래에는 거의 양반계층에게만 읽혀졌던 서책들이 차차 일반민중들 사이에도 그 수요자가 늘어나게 되었다. 한편으로 소극적이었던 시장거래도 종전과는 달리 보편적으로 활용하게 되어서 영리적 수단에 의한 값싼 방각본들의 매매가 차차로 활기를 띠게 되었던 시기이기도 하였다.315) 그렇기 때문에 이러한 방각본 간인의 바람을 타고 천자문도 간인되었던 것이다.

이상 방각본 형태로 간인된 천자문의 현전본을 살펴보면, 총 20건 중 漢城 및 京畿道에서 10건 간인되어 방각본의 절반이 漢城 및 京畿道에서 간인되었음을 알 수 있다.

구체적인 刊印處는 孝橋, 武橋, 紅樹洞, 廣通坊, 銅峴, 紫岩, 油洞, 鄭東基家로 韓濩의 『草千字文』 4건이 新刊되거나 重刊되었음이 특징이다. 全羅道는 8건으로 杏谷, 完山, 完齊, 順天, 完府에서 간인되었다. 慶尙道는 1건으로 昌寧에서 간인되었다. 이상을 표로 나타내면 다음 표 29)와 같다.

표 29) 千字文의 坊刻本

番號	書名	書體別	板書者	刊印處	刊印時期	所藏處	備考
1	千字文	草書體	鷗化子	昇平 (순천)	英祖 1 (1725)	개인소장	
2	千字文	草書體	嚴漢朋 (1658~ 1759)	京畿道	正祖 15 (1791)	장서각(A10D-9), 國立	
3	註解千字文	楷書體	洪太運	廣通坊	純祖 4 (1804)	奎(일사古418.3- j 936), 장서각(A10D-32), 단대, 영남대, 개인소장, 고대, 연대, 국립	
4	千字文	草篆書體	韓濩	銅峴	純祖 9 (1809)	成大(검역A10D-22), 개인소장	底本 : 萬曆丁酉季秋石峯書
5	千字文	草篆書體	韓濩	油洞	憲宗 13 (1847)	개인소장, 奎(古2410-20, 일사古418.3-H19c), 단대 나손문고	〃

---

315) 金斗鐘, 前揭書, p.460.

6	眞草千字文	草諧書體	趙孟頫	完府 (전주)	哲宗 11 (1860)	奎(古2410-15)	
7	千字文	草篆書體	韓濩	完山 (전주)	哲宗 12 (1861)	개인소장, 高大만송(A13-A1L), 단대 나손문고(고451.47-천308), 국립(한-82-184), 장서각(C10C-72D)	底本: 萬曆丁酉季秋石峯書
8	千字文	楷書體	未詳	紅樹洞	〔哲宗 9~哲宗 12〕 (1858~1861)	高大舊藏(A13-A10B), 高大新巖文庫(A13-A10A), 개인소장	
9	篆千字文	篆書體	申汝權	〔京畿道〕	〔純祖 2~哲宗 12〕 (1821~1861)	高大만송(A13-AIM)	
10	千字文	楷書體	未詳	杏谷 (전주)	哲宗 13 (1862)	개인소장	
11	千字文	草篆書體	韓濩	武橋	高宗 1 (1864)	개인소장	底本:萬曆丁酉季秋石峯書
12	千字文	楷書體	松溪	全羅	高宗 2 (1865)	개인소장, 日本宮內廳書陵部	影印(朝鮮學報98집)
13	新刊抄海篇心鏡;秦漢篆文	篆書體	未詳	鄭東基梓	高宗 19 (1882)	개인소장	
14	千字文	楷書體	韓濩	武橋	〔憲宗 10~高宗 31〕 (1844~1894)	개인소장	
15	千字文	楷書體	未詳	孝橋	〔1800年代〕	개인소장	
16	千字文	草篆書體	韓濩	完山 (全州)	光武 3 (1899)	高大舊藏(A13-A1)	底本:萬曆丁酉季秋石峯書咸豊辛酉季冬完山重刊
17	千字文	楷書體		完山 (全州)	光武 9 (1905)	개인소장	
18	註解千字文	楷書體		昌寧 華林齋	光武 9 (1905)	개인소장, 영남대	
19	千字文	草篆書體	韓濩	紫岩	光武 9 (1905)	奎(一蓑古418.3-422), 개인소장	
20	千字文	草書體	李奉事	完齊	〔1907〕	개인소장	

이상과 같이 현전본 千字文의 刊印處 및 刊印時期를 살펴보았다. 조선시대의 천자문 간인의 전체적인 흐름을 표로 나타내면 다음 표 30)과 같다.

표 30) 刊印本의 推移

刊印處別＼時期別	15세기	16세기	17세기	18세기	19세기	20세기初	計
中央官署本		4	3	2			9
地方官署本		2	3	3			8
寺刹本	1		3	3			7
私家本	1	1	2		2		6
坊刻本				2	14	4	20
計	2	7	11	10	16	4	50

즉 초기에는 ① 개인이나 사찰에서 교육의 목적에 의하여 간행되기 시작하였지만 그 다음에는 ② 중앙관서나 지방관서에서 주도하였고 ③ 조선 후기에 이르면 상업적 목적에 의한 간행이 주류를 이루는 모습을 보여주고 있다.

V. 結論

　이상에서 朝鮮時代 千字文의 刊印本 硏究에서 분석한 내용을 요약하면 다음과 같다.

　첫째, 千字文 刊印의 時代的 背景을 文字敎育의 보급이라는 측면과 印刷文化의 전개라는 측면으로 나누어 살펴보았다.

　문자교육의 보급 측면에서는 아동교육의 확산과 조선시대의 교육제도의 전개를 통하여 천자문의 수요가 어떻게 확산되고 있는지 살펴보았다. 천자문 출판이 증가한 것은 유교문화의 지방확산으로 서당서립이 늘었기 때문이기도 하지만 18세기 들어 서당교육이 평민층에까지 확산되기 시작하였다는 점이다.

　인쇄문화의 전개라는 측면에서는 『朝鮮王朝實錄』을 중심으로 조선시대의 인쇄문화를 고찰하여 당시 천자문이 어떠한 방식으로 공급되었는지 살펴보았다. 조선전기에는 중앙관서가 주도하여 천자문을 간인하였지만 조선후기에 이르면 상업적 출판형태의 새로운 양상이 나타나기 시작하였다. 천자문의 서당교육이 양반 중심에서 일반서민에 까지 확산되면서 그 수요가 대폭 늘어나게 되어 새로운 인쇄형태와 새로운 유통구조가 나타나기 시작하였던 것이다.

　둘째, 冊板目錄에 의한 刊印 分析에서는 조선시대에 작성된 15종의 冊板目錄을 대상으로 作成時期와 그 특성을 밝히고 아울러 각 목록에 수록된 천자문을 道別 및 時期別로 분석하였다. 그리고 책판목록에 기록된 천자문의 印紙數와 冊板 狀態表示를 조사하여 간인기록이 없는 현전본의 시기 고증에 적용하였다.

이를 분석한 결과 책판목록에 나타난 천자문은 八道에서 총117건이 조사되었다.

이를 道別로 살펴보면, 全羅道가 50건으로 가장 많았고, 그 다음이 慶尙道로 40건이었다. 전체적으로 천자문을 가장 많이 조사된 지역은 慶尙道 安東으로 7건이다. 그 이유는『攷事撮要』(1585년)와『嶺南冊板記』에 각 3건씩 수록되었기 때문이다. 중복 책판의 경우는 京畿道 南漢으로 총 5건 중 3건이『各道冊板目錄』에 수록되어 가장 많이 조사되었고 신간의 경우는 慶尙道 安東으로 총4건 중 3건이『攷事撮要』(1585년)에 수록되어 다른 지역보다 많이 조사되었다.

時期別로 살펴보면, 18세기 이전이 59건으로 천자문이 가장 많이 조사되었던 시기이다. 이 시기에 이르면 상당수의 開板地에서 천자문 책판을 보유하게 되었음을 확인할 수 있다. 그리고 18세기 이전에 천자문을 가장 많이 보유한 지역은 전라도로 28건이며 중복 책판 또한 가장 많아 15건에 해당한다. 실제적으로 천자문 판각을 가장 많이 하였던 시기는 16세기 이전이 39건으로 그 중 중복 책판이 7건이고 나머지 32건이 新刊에 해당하는 것으로 조사되었다.

이상 책판목록에 의해서 천자문 판각의 추이를 분석했을 때 그 중심지는 全羅道이고 천자문 판각이 가장 활발했던 시기는 16세기이다.

셋째, 現傳本에 의한 刊印 分析에서는 현전본 50건을 대상으로 먼저 書體로 나누어 道別 및 時期別로 분석하였다. 그 다음 千字文 刊印本을 中央官署本, 地方官署本, 寺刹本, 私家本, 坊刻本으로 나누어 각각의 특징과 刊印處 및 刊印時期를 밝혔다. 이를 분석한 결과는 다음과 같다.

1) 천자문은 총 50건 중 楷書體가 31건이 판각되어 가장 큰 비중을 차지하고 그 다음이 草篆書體로 7건 판각되었다.

楷書體를 많이 판각하였던 시기는 19세기로 8건이 조사되었다. 그 중 6

건은 漢城 및 京畿道에서 간인한 천자문이다. 楷書體가 이렇게 큰 비중을 차지하는 이유는 아동에게 초보적인 한자교육을 시키기 위해서는 무엇보다 楷書體가 바탕이 될 수밖에 없었기 때문인 것으로 보인다.

草篆書體를 많이 판각하였던 시기는 19세기 5건이 조사되었다. 그 중 3건은 漢城 및 京畿道에서 판각되었다. 이 3건은 石峯의 草千字文을 底本으로 하여 판각한 千字文이다. 草篆書體는 한자의 기본 교육을 받은 다음 읽는 것으로 일상생활에 쓰이는 草書體의 판독교육과 鈐印의 篆刻과 그 판독을 위해 篆書體를 곁들어 판각한 것이다.

그러므로 현전본에 의한 천자문 판각은 楷書體가 漢字教育의 바탕이 되었기 때문에 가장 많았고 그 중심지는 漢城 및 京畿道였으며 가장 활발했던 板刻時期는 19세기이다.

2) 刊印處 및 刊印時期의 특징을 살펴보면 다음과 같다.

① 中央官署本은 총 10건으로 그 중 6건은 韓濩가 쓴 천자문으로 校書館에서 重刊 또는 重補한 것이었는데 이들 판본의 형태적인 특징과 한글 석음의 특징을 밝혀 그 刊印時期를 고증하였다.

② 地方官署本은 총 8건 중 5건이 全羅道에서 간인되었고, 慶尙道, 忠淸道, 漢城 및 京畿道가 각 1건씩 간인한 것으로 나타났다. 지방관서본은 중앙관서의 명을 받아 각 지방에서 각판한 것과 지방관서의 필요에 따라 각판한 것이 있는데 이들 판본들의 특징을 살펴보았다.

③ 寺刹本은 총 7건 중 全羅道 3건, 慶尙道 2건, 京畿道 2건인 것으로 나타났다. 寺刹本은 저작자의 자손이나 문인들이 각판에 능숙한 승려들에게 의뢰하여 판각한 경우와 寺刹에서 年少한 승려들에게 문자교육을 실시하기 위하여 자체적으로 판각한 경우를 중점적으로 살펴보았다.

④ 私家本은 총 6건 중 京畿道 4건, 全羅道 2건인 것으로 나타났다. 私家本은 문중자제의 교육을 위하여 판각한 것이 특징으로 李茂實, 金麟厚,

朴彭年이 쓴 천자문이 여기에 속한다고 할 것이다. 특히 京畿道에서 간인된 李茂實이 쓴 천자문은 자손들에 의하여 四刊까지 간인되었는데 초간본 소개와 함께 三刊本과 四刊本의 한글석음의 차이를 밝혀 그 판본의 특징을 살펴보았다.

⑤ 坊刻本은 총 20건 중 10건이 漢城 및 京畿道에서 간인되었고 그 간인시기는 대개가 19세기 후반에서 20세기 초기까지에 걸친 시기였다. 여기서는 韓濩의 草篆千字文이 7건이 坊刻本에 해당하는데 이들 판본의 특징을 살피고 刊印時期를 추정하였다. 그리고 종래에 刊印時期와 刊印處가 확실하지 않았던 杏谷本, 孝橋本, 武橋本, 完山本 등을 한글석음과 문헌의 여러 기록을 통하여 그 刊印處와 刊印時期를 추정하였다.

第2部

日帝時代 千字文

I. 일제시대 천자문의 종류와 특징

1. 緒論

천자문은 옛날부터 문자교육을 위한 초급교재로서 널리 쓰였기 때문에 다양한 주체에 의해 다양한 방식으로 간인되었다. 조선시대에는 천자문을 개인이나 사찰에서 사사로이 간인하기도 하였지만 중앙관서나 지방관서에서 간인하여 보급한 경우도 있었다. 조선 후기에 이르면 상업적 목적에 의해 간인한 방각본도 다수 발행되었다.

천자문은 조선시대에 이어 일제시대에 들어서도 매우 많이 발행되었다. 일제시대에 발행된 천자문은 대체로 상업적 목적으로 출판한 것으로서 조선후기의 방각본의 전통을 계승한 것이었다. 서양의 인쇄술이 도입된 뒤에도 본문의 편집 체재나 활자의 크기, 장책 방식, 용지 등에 있어서 조선시대의 전통적인 방식을 온존하면서 답습하고 있었던 것이다.

이렇게 일제시대 천자문이 조선시대의 방각본 전통을 계승한 것이었다고 하더라도 조선시대의 천자문과 똑같은 것은 아니었다. 우선 형식상에 있어 일제시대 천자문에는 조선시대 방각본과는 달리 반드시 판권지를 첨부하고 있다는 점을 들 수 있다. 판권지란 천자문뿐만 아니라 당시 모든 상업출판물에 반드시 첨부되던 것인데 1909년 반포된 출판법에 따른 것이었다.

내용상에 있어서도 일정한 변화가 있었다. 조선시대 방각본 전통을 그대로 계승한 천자문도 있었지만 대개는 조선시대 방각본의 내용을 일부 수정하여 발행하거나 아니면 아예 새로운 편집 체재로 발행하는 경우가 많았다. 심지어 조선시대 천자문의 내용 일부를 수정하여 번각하는 과정에서 간기의 일부분을 빼버리고 발행하는 경우도 있었다. 이러한 경우 간기만 보고는 同本인지 異本인지 판단하기 어려운 것이 사실이다.

이렇게 일제시대 천자문은 조선시대 방각본 전통을 액면 그대로 계승한 천자문, 일부 내용을 수정하여 발행한 천자문, 그리고 일제시대 새로운 편집체재로 발행한 천자문 등 다양한 모습을 하고 있다. 따라서 일제시대 천자문은 방각본이라고 하는 전통적인 출판문화가 근대화 과정에서 어떠한 변화를 겪고 있는지 살펴보는 데 중요한 자료가 된다고 할 수 있다. 이에 본 연구는 일제시대에 발행된 천자문을 크게 초서체 천자문과 해서체 천자문으로 나누어 그 종류와 특징을 살펴보려 한다. 이 연구에서는 周興嗣가 次韻한 千字文에 한하여 1910년부터 1945년까지 발행된 천자문의 현전본을 조사대상으로 삼았다.

2. 時代的 背景

일제시대 천자문 발행의 시대적 배경으로는 서당교육 현황에 대해서 살펴볼 필요가 있다. 서당교육 현황을 살펴보는 것은 초급 한자교재인 천자문의 사회적 수요가 주로 書堂을 통해 이루어지고 있었기 때문이다.

먼저 일제시대 서당교육의 현황을 살펴보면 단적으로 말해서 전통적 교육기관인 서당의 숫자가 일제시대 들어 줄어들기는커녕 대폭 늘어나고 있었다. 일제시대 설립된 서당의 숫자는 시기마다 약간의 차이는 있지만 대체로 2만 전후의 선을 유지하고 있었으며[1] 조선인 교육에 있어서 상당한 비중을 차지하고 있었다. 이러한 숫자는 조선시대보다 대폭 늘어난 것으로 여겨진다. 이렇게 일제시대 서당이 숫자가 늘어난 데에는 몇 가지 이유가

---

1) 盧榮澤, 日帝下 民衆敎育運動史, 서울: 探求堂, 1992, p.99.

있었다. 일제 초기 총독부의 교육정책은 교육차별에 의한 愚民化에 초점을 맞추고 있었다. 따라서 한국인의 교육열에 비해서 충분한 교육시설을 제공하지 않았다. 또한 한국인이 세운 사립학교들에 대해서는 치안상의 이유로 엄격한 규제를 실시하였다.

따라서 한국인의 교육욕구는 공교육을 통해 채워질 수 없었으며 야학, 사설학술강습회 등 비공식적 부문을 통해 충족시킬 수밖에 없었다. 서당도 이러한 분위기 속에서 광범하게 설립된 것이다. 당시 사립학교는 총독부 당국의 여러 가지 규제를 받았기 때문에 설립하거나 운영하는 것이 자유롭지 않았다. 이에 비해서 상대적으로 서당은 설립과 운영이 용이했기 때문에 사립학교를 세우는 대신에 서당을 세우는 경우도 많았다.

이렇게 광범하게 서당이 설립되기 시작하자 총독부 당국에서도 이에 주목하지 않을 수 없었다. 그래서 1918년에는 "서당규칙"을 공포하여 서당 통제에 나서기 시작했다.[2] 그러나 이 무렵 서당 통제에 나섰다고 해서 바로 서당 설립을 금지하거나 해산을 강요한 것은 아니었다. 이 보다는 오히려 서당을 온존시키면서 이를 총독부 당국이 행정적으로 장악하고자 한 것이었다. 사실 1920년대까지만 해도 총독부 당국은 한국인들이 요구하는 규모의 교육시설을 제공하지 못하고 있던 실정이었다. 따라서 서당에 약간의 개량을 가하여 부족한 초등교육기관을 보충하는 수단으로 사용하려 한 것이다.

서당에 대한 통제는 교육내용과 교재에 대한 규제로 나타났다. 먼저 교육내용을 살펴보면 전통적인 漢學 외에 일본어, 조선어, 산술 등 새로운 교과목을 가르칠 것을 권장하였으며, 교재에 있어서도 서당에서 사용하기 적당하다고 인정되는 것을 열거하고[3] 기타 서적은 불량서적이라 하여 사

---

2) 盧榮澤, 日帝下 民衆敎育運動史, pp.81-82.
3) 千字文, 類合, 啓蒙編, 擊蒙要訣, 小學, 孝經, 四書三經, 通鑑, 古文眞寶, 明心寶鑑, 文章軌範, 唐宋八家文讀本, 東詩, 唐詩, 法帖, 朝鮮總督府編纂敎科書.

용을 금지하였다. 1930년대에 들어서면 총독부 당국의 서당에 대한 정책의 기조가 일정하게 변화한다. 그것은 1929년에 개정된 "서당규칙"을 통해서 알 수 있다. 개정된 "서당규칙"은 이전에 비해서 서당에 대한 통제 정도를 강화하고 있다. 통제의 정도는 교육내용과 교재뿐만 아니라 서당의 存廢 문제에까지 이르고 있었다. 이렇게 서당에 대한 통제가 1930년대 들어 강화된 데에는 그럴만한 이유가 있었다. 이 무렵 총독부의 교육정책의 기조가 愚民化에서 皇民化로 바뀌고 있었으며 이에 따라 대대적인 교육기관 확충이 이루어졌다. 이에 따라 초등학교 취학률도 급격하게 높아지고 있었다. 이러한 정책 기조 변화에 따라 총독부의 서당에 대한 태도도 바뀔 수밖에 없었다. 서당은 이제 그들이 정력적으로 설립하고 있는 초등학교와 대립하는 교육시설이었던 것이다. 따라서 황민화 교육을 보다 효율적으로 실시하기 위해서는 서당을 통제하여 서당에 있는 아동들을 초등학교로 흡수해야만 하였다. 그러나 그렇다고 해서 1930년대 이후 서당이 급격하게 줄어든 것은 아니다. 이후 서당은 초등학교 취학 전 아동을 대상으로 하거나 공교육을 보완하는 교육기관으로 개편되어 존속되고 있다.

이상에서 살펴본 바와 같이 서당은 일제시대 들어서 과거보다 오히려 늘어나고 있으며 그곳에서는 전통적인 한학뿐만 아니라 일본어, 산술 등 신식 교과까지 가르치고 있었다. 또한 1894년 이후 신분적 울타리가 소멸하였기 때문에 서당에서 교육을 받는 아동들도 전통적인 양반 가문뿐만 아니라 일반 서민의 자식들까지로 확산되고 있었다. 따라서 일제시대 한자 초급교재로서의 천자문은 서당을 매개로 광범한 수요가 존재하였으며 이는 상업출판물의 형태로 충당될 수밖에 없었다. 이러한 이유로 일제시대에 들어서도 천자문은 상업출판물이란 형태로 광범하게 발행되었던 것이다.

3. 草書體

　일제시대 발행된 초서체 천자문은 모두 판권지가 붙어 있어 판권지를 통해 발행에 관한 제반사항을 알 수 있다. 필자는 이미 일제시대 천자문의 판권지 분석을 통하여 천자문 발행에 관한 제반 사항을 살펴본 바 있다.[4] 여기서는 이어서 일제시대 초서체 천자문에 나타난 형태와 내용의 변화에 대해서 살펴보도록 하겠다. 각 항목에 대한 서술은 발행 순서에 따랐다.

가. 종류

1) 1913년 新舊書林 발행 『千字文』〈그림 1〉

　이 책은 1913년에 경성 신구서림에서 목판으로 발행한 초천자문이다.

　책의 卷末 舊刊記에는 "萬歷丁酉(宣祖 30, 1597)季秋石峯書"라 되어 있고 책의 판권지에는 "大正 二年(1913) 八月 二十日 發行/ 京城 南部 紫岩洞 四十二統十戶/ 印刷兼 發行所 新舊書林"라 되어 있다.

　책의 판식은 사주단변, 반곽 약21.0×14.2㎝, 5항6자, 상흑어미를 가지고 있다. 총 17장으로 구성되어 있고 본문 위쪽 4분에 1에 해당되는 부분은 전서를 양각으로 새겼는데 초서 내용을 포함하고 있다. 본문 나머지 부분은 본문의 내용을 초서를 음각으로 새기고 각 글자 옆에 동그란 원에 해서를 조그마하게 새겼다. 책의 표지 제목은 '三體千字文'이라 되어 있고 朝鮮總督府 警務總監部의 納本番號 제201호와 大正 2년 8월 21일의 납본 날짜가 적혀있다. 이것은 刷를 달리하여 발행할 때마다 출판허가와 제본 납부를 반복해야 했던 당시의 사정을 단적으로 보여주는 예라고 할 수 있다.

　이 책은 본문 내용으로 보아 조선시대에 간인된 韓濩의 초천자문 계통

---

4) 拙稿, "일제시대 천자문 연구-판권지 분석을 중심으로", <書誌學硏究> 22집(2001.12).

이다. 보다 자세한 검토를 위하여 조선시대에 간인된 油洞重刊本과 그 형태와 내용을 비교해 보기로 하자.

우선 이 책의 형태사항은 사주단변, 반곽 약 21.0×14.2㎝, 5항6자, 상흑어미이며 油洞重刊本과는 반곽의 크기만 차이날 뿐 나머지 사항은 꼭 같다. 油洞重刊本은 반곽의 크기가 약 21.9×14.3㎝로 이 책보다 약간 큰 편이다.

다음으로 본문의 글자체를 살펴보면 油洞重刊本은 전체적으로 글자체가 굵고 완만한 곡선을 보이며 위 글자 아래 글자가 맞물리는 연결자가 많이 나타나는 반면 이 책에 나타난 글자체는 전체적으로 글자체가 얇고 날카로우며 위 글자와 아래 글자가 떨어져 있는 독립자가 많이 나타나는 편이다. 이것으로 보아 이 책은 油洞重刊本을 번각하였음을 알 수 있다.

한편 油洞重刊本의 권말 간기는 "萬歷丁酉(宣祖 30, 1597)季秋石峯書 道光丁未(憲宗 13, 1847)仲春油洞重刊"이라 되어 있는데 비해서 이 책의 권말 간기에는 "萬歷丁酉(宣祖 30, 1597)季秋石峯書"라고만 되어 있다. 이렇게 간기가 다른 것은 이 책이 번각하는 과정에서 油洞重刊本의 간기 일부분을 빼버리고 발행하였기 때문으로 여겨진다. 이것은 당시 판권이 없는『千字文』을 가져다 解冊하여 그대로 판하본으로 삼거나 일부를 수정하여 번각하는 경우가 종종 있었기 때문이다. 그러면 이 책은 유동중간본을 그대로 번각했는지 아니면 일부를 수정하여 번각했는지의 여부는 실제 본문 내용을 검토해 볼 필요가 있는데 실제 본문 내용을 검토해 보면 7군데의 차이점을 발견할 수 있다.[5]

따라서 이 책은 유동중간본을 일부 수정하여 번각하였고 번각하는 과정에서 간기의 일부분을 빼버리고 발행하였음을 알 수 있다. 일제시대 천자문들을 그 책의 간기만 보고 同本 또는 異本으로 판단해 버리는 경우가 있는데 그 책의 형태와 내용을 보다 자세히 검토할 필요가 있다고 할 수 있다.

---

5) 大(150번째 전서), 忘(171번째 전서), 得(173번째 초서), 短(180번째 초서), 恃(182번째 초서) 傳(219번째 초서), 尺(233번째 초서).

2) 1913년경 재전당서포 발행 『千字文』〈그림 2〉

이 책은 1913년 경에 대구 재전당서포에서 목판으로 발행한 초천자문이다.

책의 권말 舊刊記에는 "萬歷丁酉(宣祖 30, 1597)季秋石峯書"라 되어 있지만 판권지가 없어 발행시기가 정확하지 않다. 책의 권말에는 "慶尙道 大邱 東上 後洞 在田堂書舖 金基鴻"이라는 타원형의 스탬프가 찍혀 있다. 이 것으로 이 책의 발행 시기를 살펴볼 수 있다. 이 책에서는 재전당서포의 주소가 "慶尙道 大邱 東上 後洞"이라 되어 있는데 "慶尙道 大邱 東上 後洞"은 뒷날 다른 동에 통합되었다. 즉 1911년 11월 14일<경북 고시 제38호>에 의하여 대구 서상면의 쇄환동, 남일동의 일부와 동상면의 전동과 후동의 일부가 통합되어 京町 一丁目으로 된 것이다.[6] 따라서 1913년 재전당서포에서 발행된 『註解千字文』의 판권지에는 주소가 "京町 一丁目"이라 되어 있다. 이러한 점을 미루어 주소가 "慶尙道 大邱 東上 後洞"으로 되어 있는 이 책은 적어도 1913년경에 발행되었을 것으로 판단된다.

또한 이 책은 앞서 설명한 신구서림본(1913)과 그 형태, 내용을 비교해 본 결과 신구서림본과 마찬가지로 油洞重刊本의 일부분을 고쳐 새긴 『千字文』으로 판단된다. 1913년을 전후한 시기는 재전당서포가 초기계몽의 교육용 교과서를 위주로 가장 활발하게 출판을 행했던 시기이기도 하다.[7]

이 책의 판식은 사주단변, 반곽 약 21×14.2cm, 5항6자, 상흑어미로 신구서림본(1913)과 꼭 같다. 이 책은 총 17장으로 구성되어 있고 본문 위쪽 4분에 1에 해당되는 부분은 전서를 양각으로 새겼고 초서를 쉽게 식별하도록 동그란 원에 해서를 넣어 새겼다.

---

6) 柳鐸一, "大邱地方坊刻本(達板)에 대하여", <書誌學研究> 제3집, 書誌學會, 1988.12, p.81.

7) 柳鐸一, 「大邱地方坊刻本(達板)에 대하여」, p.83.

3) 1916년 회동서관 발행 『草千字文』〈그림 3〉

이 책은 1916년 경성 회동서관에서 석판으로 발행한 초천자문이다.

책의 판권지에 "大正 五年(1916) 十月十日 發行/ 京城府 南大門通 1丁目 17番地 / 印刷兼 發行所 滙東書舘"라 되어 있다.

이 책의 발행자는 이주완으로 되어 있다. 발행자는 대개 발행소의 사주가 맡는 것이 보통인데 이주완은 당시 회동서관이 아니라 영풍서관의 사주였으며 회동서관의 사주는 이주완이 아니라 고유상이었다. 이는 이 책이 회동서관의 이름으로 발행되었지만 실제 발행주체는 따로 있었음을 의미한다. 이주완이 회동서관의 명의를 빌려서 『草千字文』을 간행한 이유는 이주완이 1916년까지 총독부당국으로부터 출판허가를 얻지 못하여 회동서관의 명의를 빌린 것으로 추정된다. 한편 이 『草千字文』은 회동서관에서 새로 발행한 천자문이므로 판권지에는 "模印不許"라는 판권표시를 강조하고 있다.

책의 판식은 사주쌍변, 반곽 약 20.5×12.3㎝, 4항8자, 무어미이다. 본문은 16장으로 되어 있고 각각의 초서 옆에 해서를 곁들여 초서를 쉽게 식별하도록 하였다. 본문 첫 장에는 "朝鮮 尹溪石 書"라고 되어 있고 그 아래에는 "溪石居士", "尹困臣印"이라는 두 印章이 찍혀 있다. 이 『草千字文』의 書者인 尹困에 대하여 『槿域書畵徵』에 "호는 溪石(또는 谿石)이며 파평인으로 유학가서 죽었다. 초서에 뛰어나 『草訣歌』와 『千字文』을 써서 중국 광동에서 간행하였다"라고 기재되어 있다. 윤균은 1850년대에 출생하여 전북 운봉에서 한학과 서예를 공부하다가 중국광동에서 활동했고 미국 하와이로 넘어가 약 1910년경까지 살았던 것으로 추정된다.

4) 1918년 회동서관 발행 『千字文』〈그림 4〉

이 책은 1918년 경성 회동서관에서 목판으로 발행한 초천자문이다.

책의 권말 舊刊記에는 "大韓光武九年(1905)九月日 紫岩新刊"이라 되어 있고[8] 판권지에는 "大正 七年(1918) 二月 二十日 發行/ 京城府 南大門通 1 丁目 17番地/ 發行所 滙東書舘"으로 되어 있다.

舊刊記에 표시된 자암신간본(1905)과의 판식을 비교하여 보면 사주단변에 반곽이 약 21.4×14.3㎝이고 5항6자, 상2엽화문어미인 점이 꼭 같다. 그리고 본문 내용을 검토해 보면 두 본이 꼭 같음을 알 수 있다. 그러므로 이 책은 자암신간판의 판목을 회동서관에서 인수하여 13년 후인 1918년에 다시 인쇄한 것으로 보인다. 이것은 기존의 판목을 인수하는 것이 판목을 다시 새기는 것보다 비용 면에서 훨씬 경제적이었기 때문이다.

책의 본문은 17장으로 구성되어 있고 본문내용은 초서를 음각으로 새기고 각 글자 옆에는 동그란 원안에 해서를 새겼다. 표지 제목은 '草千字 兼 篆'이라 되어 있다.

책의 이면지에는 "本舘發兌白紙版書目" 24건이 소개되어 있는데 회동서관에서는 『草千字』, 『三體註解千字文』, 『千字文』 등 3건을 발행한 것을 알 수 있다. 그리고 책 가격은 백지시세의 고저에 따라 일정하지 않으므로 기재하지 않는다고 하였는데[9] 이것은 당시의 책값이 용지의 시세에 맞추어 정해졌음을 보여주는 한 예이다. 백지판의 가격은 용지의 시세에 따라 개량지판에 비해 좀 비싸게 매긴 것으로 나타났다.

5) 1919년 한남서림 발행 『千字文』〈그림 5〉

이 책은 1919년 경성 한남서림에서 목판으로 발행한 초천자문이다.

책의 권말 舊刊記에는 "萬曆丁酉(宣祖 30, 1597)季秋 石峯書 同治甲子(高宗 1, 1864)季夏武橋重刊"라 되어 있고 이어 판권지에는 "大正 八年(1919)

---

8) 安美璟, 朝鮮時代 千字文 刊印本 硏究(박사학위논문), 성균관대학교 대학원, 1998, p.111.
9) 草千字, 회동서관, 1918, 裏面 參照.

六月二十五日 發行/ 京城府 仁寺洞 170番地/ 印刷所 翰南書林印刷部"라 되어 있다.

이 책을 舊刊記에 표시된 '武橋重刊本(1864)'과 판식을 비교하여 보면 사주단변, 반곽 약 21.4×14.4㎝, 5항6자, 상흑어미는 모두 꼭 같고 본문 내용 또한 모두 같음을 알 수 있다. 따라서 이 책은 무교중간판을 한남서림에서 인수하여 1919년에 다시 인쇄한 것으로 보인다. 이는 한남서림이 기존의 판목을 인수하는 것이 판목을 다시 새기는 것보다 훨씬 경제적이었기 때문이다.

책의 본문은 17장으로 구성되어 있고 본문내용은 초서를 음각으로 새기고 각 글자 옆에 동그랗게 해서를 새기고 있는데 동그랗게 새긴 해서 안에 하나의 원을 더 새겨 넣었다. 표지 제목은 '三體草千字'이라 되어 있다.

책의 끝 부분은 판권지와 함께 "本書林發行舊書目錄"과 "新書籍發行目錄"이 붙어 있는데 "本書林發行舊書目錄"에는 서명과 책수만 표시되어 있고 "新書籍發行目錄"에는 서명, 책수와 함께 가격이 표시되어 있다. 구서목록에 가격표시가 나타나지 않는 것은 방각본 형태로 출판하는 경우로 서적의 가격이 종이 값의 등락에 따라 크게 오르내렸기 때문이다. 이러한 이유로 舊書에 속하는 천자문에도 가격이 기재되지 않았다. 판권지에는 발행겸 총발매소인 한남서림 이외에도 분매소인 9개 발행소가 기재되어 있다.[10)

6) 1923년 신안서림 발행『千字文』〈그림 6〉

이 책은 1923년 경성 신안서림에서 목판으로 발행한 초천자문이다.

---

10) 분매소란 도매 방식의 한 형태로 한 개 또는 몇 개의 서점과 판매특약을 맺어 이들 지정 서점에서만 출판물을 판매하도록 하는 것이다. 한남서림은 재전당서포, 영창서관 광익서관, 덕흥서림, 보문관, 유일서관, 회동서관, 박문서관, 신구서림과 판매특약을 맺어 출판물을 판매하도록 하였다.

책의 권말 舊刊記에는 "萬歷丁酉(宣祖 30, 1597)季秋石峯書"라 되어 있고 판권지에는 "大正 十二年(1923) 十二月 十一日 發行/ 京安城郡[11] 寶蓋面 曲川里 235/ 印刷兼 發行所 新安書林"이라 되어 있다.

이 책의 형태적 특징과 본문 내용을 검토해 보면 신구서림본(1913)을 번각한 것으로 보인다. 이 책의 판식은 사주단변, 약 21.0×14.0㎝, 5항6자, 상흑어미인데 반해 신구서림본(1913)은 사주단변, 약 21×14.2㎝, 5항6자, 상흑어미로 반곽에서 약간의 차이가 날 뿐이다. 본문 내용을 살펴보면 신구서림본에서 고쳐 새긴 7군데가 이 책에서도 그대로 나타남을 알 수 있다. 그리고 이 초천자문에 나타나는 篆書를 비교해 보면 신구서림본(1913)보다 글자 획의 굵기가 일정하지 않고 글자새김이 거칠고 조잡함을 한눈에 식별할 수 있다. 이러한 몇 가지 사항으로 보아 이 초천자문은 신구서림본(1913)을 번각한 것으로 여겨진다. 이 책은 총 17장으로 구성되어 있고 표제는 '草千字文'으로 되어 있다.

7) 1925년 대성서림 발행 『千字文』〈그림 7〉

이 책은 1925년 경성 대성서림에서 목판으로 발행하였다.

책의 권말 舊刊記에 "萬曆丁酉(宣祖 30, 1597)季秋 石峯書"라 되어 있고 책의 표지에는 책의 발행사항과 관련하여 여러 가지 사항을 기재하고 있다. 즉 "大正 十四年(1925) 六月 二十五日 發行/ 京城府 笠井洞 119番地/ 大成書林 主 姜殷馨"이란 발행사항과 더불어 "出版許可", "檢閱濟"의 인장이 찍혀 있고 서명과 장수가 기재되어 있다. 이를 통해 조선총독부의 출판허가를 받아야만 출판을 할 수 있었던 당시의 사정을 알 수 있다.[12]

이 책의 형태와 내용을 자세히 살펴보면 앞서 설명한 신안서림본(1923)

---

11) 京安城郡은 京畿道 安城郡을 말한다.
12) 拙稿, "일제시대 천자문 연구-판권지 분석을 중심으로", p.318.

의 경우와 같이 韓濩의 초천자문 계통으로 신구서림본(1913)과 같은 본이
다. 즉 이 책은 신구서림본(1913), 재전당서포본(1913), 신안서림본(1923)과
동일본이다. 그 이유는 책의 판식이 사주단변, 약 21.0×14.2㎝, 5항6자, 상
흑어미로 꼭 같고 본문 내용도 신구서림본에서 고쳐 새긴 7군데가 이 책
에서도 같이 나타나기 때문이다. 그리고 이 책의 권말 간기에 나타나는
"萬歷丁酉(1597)季秋石峯書"란 간기 일부분도 모두 동일하다. 따라서 이 책
은 油洞重刊本을 번각이고 신구서림본(1913)과 같은 판으로 1925년에 다시
인쇄하였음을 알 수 있다. 이 책은 모두 17장으로 구성되어 있고 표제는
'草千字文'으로 되어 있다.

8) 1928년 영창서관 발행 『四體千字文』〈그림 8〉

이 책은 1928년 경성 영창서관에서 석판으로 발행하였다.

책의 권말에는 석봉초천자문 계열에 흔히 나타나는 "萬曆丁酉(宣祖 30.
1597)季秋 石峯書"라는 舊刊記가 빠지고 그 자리에 판권사항이 기재되어
있다. 즉 "昭和 三年(1928) 八月十五日 發行/ 京城府 鐘路2丁目 84番地/ 發行
所 永昌書舘"이라 되어 있어 그 발행시기와 발행처를 정확하게 알 수 있다.

이 책은 총 17장이고 판식은 四周單邊, 半郭 약 23.8×13.9㎝, 無界, 5行6
字, 上黑魚尾이다. 지질은 일제시대 출판물에 많이 보이는 노루지로 되어
있다.

이 책은 석봉 초천자문 계열과 비교하여 보면 본문 상단 부분이 다르다
는 것을 알 수 있다. 즉 본문 3분의 1에 해당하는 상단 부분은 전서와 예
서를 한 항에 쌍항으로 6자씩 배열하여 양각으로 새기고 있다. 이것은 기
존의 초서 천자문의 서법교육에 부족한 隸書를 추가하여 草書, 篆書, 隸書,
楷書를 한꺼번에 식별하기 위한 것으로 여겨진다. 따라서 권수제도 '四體
千字文'이라 하였다. 나머지 본문 3분의 2에 해당하는 하단 부분은 석봉

초천자문 계열과 거의 유사하다.

9) 1930년 최웅열서점 발행 『千字文』〈그림 9〉

이 책은 1930년 수원 최웅열서점에서 석판으로 발행하였다.

책의 권말에는 "萬歷丁酉(宣祖 30, 1597)季秋石峯書"라는 舊刊記에 이어 판권지가 붙어 있다. 판권지에는 "昭和 五年 二月十日 發行/ 水原邑 北水町 332番地/ 發行所 崔雄烈書店"이라 되어 있다.

판권지가 수록되어 있는 페이지 상단에는 일본어 가타카나가 실려 있고 하단에 판권사항이 기재되어 있다. 또한 판권지에는 "新舊書籍 각종을 두루 완비함과 동시에 주문한 책은 신속하게 보내고 薄利 多賣하는 것이 본점의 특색"임을 강조하는 광고문을 첨가하였다. 그리고 百合社를 분매소로 지정하고 있다.

이 책의 판식은 四周單邊, 半郭 약 21.1×14.1㎝이고 無界, 5行6字, 上黑魚尾로 총 17장으로 구성되어 있다. 이 초천자문의 형태와 내용을 신안서림본(1923)과 비교하여 보면 형태사항은 반곽에서만 약간의 차이가 날 뿐 다른 차이는 없다. 즉 이 책의 반곽이 약 21.1×14.1㎝라면 신안서림본(1923)의 반곽은 약 21×14.0㎝이다. 그리고 본문내용 중 초서부분은 신안서림본(1923)보다 글자체의 굵기가 가늘고 날카로우며 전서부분은 글자의 크기가 약간 크면서 글자새김이 거칠고 조잡함을 알 수 있다. 따라서 이 책은 수원 최웅열서점에서 신안서림본(1923)을 저본으로 발행한 천자문임을 알 수 있다.

10) 1935년 삼성서림 발행 『千字文』〈그림 10〉

이 책은 1935년 수원 삼성서림에서 석판으로 발행하였다.

책의 권말에는 영창서관본(1928)의 경우와 같이 "萬曆丁酉(宣祖 30, 1597) 季秋 石峯書"라는 舊刊記는 삭제되고 판권지가 붙어 있는데 "昭和 十年

(1935) 八月十三日 發行/ 京畿道 水原邑 北水里 350番地/ 印刷兼發行所/ 三成書林"이라 되어 있다.

이 책은 14장으로 구성되어 있고 판식은 四周單邊, 半郭 약 20.5×16㎝, 6항6자, 상흑어미이다. 그리고 판권지에는 구입광고문과[13] 더불어 "官許", "三成書林新板發行"을 크게 새겨 강조하고 있다. 여기서 新板을 특히 강조하는 것은 舊板이 너무나 조잡하여 읽기 어려우므로 특별히 石版으로 새롭게 인쇄하였기 때문이다.

본문 내용을 석봉 초천자문 계열과 비교하여 살펴보면 본문 구성체제가 다름을 쉽게 알 수 있다. 즉 본문 구성체제는 항자수가 석봉 초천자문 계열은 5항6자인데 반해 삼성서림본은 6항6자이고, 책의 張數도 석봉 초천자문 계열은 17장인데 반해 삼성서림본은 14장이다. 이것은 당시 용지 부족으로 인한 종이 값 상승이 그 원인으로 여겨진다. 또한 판식의 계선을 보면 석봉 초천자문 계열은 전서부분인 본문 위 3분의 1부분에 계선이 있는데 반해 이 책은 계선을 생략하고 있다.

11) 1935년 낙빈서당 발행 『千字文』〈그림 11〉

이 책은 1935년 대구 달성 낙빈서당에서 목판으로 발행하였다.

책의 권말 판권지에는 "朝鮮總督府 指令 第480號/ 昭和 十年(1935) 四月二十三日 發行/ 達成郡 河凌面 甘文洞 464/ 印刷兼發行所 洛濱書堂"이라 되어 있다.

이 초천자문의 書者는 朴彭年(1417~1456)으로 初刊은 宣祖 36年(1603) 羅州에서 이루어졌으며[14] 改刊은 17세기 羅州에서 행해진 것으로 여겨진다.[15] 이 改刊本에는 宋時烈의 跋文이 있는데 그의 발문 내용 중에 "이 천

---

13) 各種 新舊書籍을 無漏完備하옵고 舊書籍版은 特別 石版으로 一新하게 新刷하와 大割引引로 迅速酬應하오며 引換代金時에는 必히 一割先金을 要함.
14) 성암고서박물관 소장(1-356).

자문은 朴彭年이 그의 사위인 종질 영풍군을 위하여 쓴 것으로 공의 충절을 기리기 위해 천자문을 간행하니 후학들은 공의 뜻을 숭상할 것이며 성삼문의 외손자 趙世煥이 천자문을 改刊하고자 하여 후기에 붙인다.”라는 글이 있다. 이 초천자문은 17세기에 개간된 나주본을 바탕으로 1935년 대구 달성군 낙빈서당에서 목판으로 새긴 초천자문이다.

이 책의 판식이 四周單邊, 半郭 약 27.4×20.3㎝, 無界, 4行6字, 無魚尾인데 반해 17세기본은 半郭 약 27.4×20.4㎝만 차이가 날 뿐 나머지는 동일하다. 총 23장으로 구성되어 있고 책의 첫 장에는 朴彭年의 號인 “永豊”, “醉琴之軒永豊”이란 인장과 “朝鮮總督府警務局寄贈本”, “朝鮮總督府圖書館藏書印”이란 인장이 찍혀 있다.

12) 1936년 광한서림 발행 『隷篆草書千字文』〈그림 12〉

이 책은 1936년 경성 광한서림에서 석판으로 발행하였다.

책의 권말에는 판권지가 붙어 있는데 “昭和 十一年(1936) 四月十五日 發行/ 京城府 鐘路 2丁目 42番地/ 發行所 廣韓書林”이라 되어 있다.

우선 이 책의 첫 장부터 살펴보면 권수제는 “隷篆草書千字文”이고 이어 줄을 바꿔 “周興嗣 次韻, 韓石峯 書”라 되어 있다. 이것으로 보아 한석봉의 초천자문에서 해서를 빼고 예서를 새로 추가하여 발행한 천자문임을 알 수 있다.

이 책의 본문 구성을 살펴보면 상단, 하단 구분 없이 한 면에 8항씩 16자씩을 배열하고 있는데 그 순서는 각각의 草書 오른쪽에 상단과 하단을 나누어 상단에는 篆書를 하단에는 隷書를 붙이고 있다. 篆書는 陽刻하여 隷書와 구별하였다. 초서의 글자체는 석봉 초천자문과 비교해 보면 거의 유사하다. 따라서 이 책은 석봉 초천자문을 재편집하여 석판으로 발행한

---

15) 拙稿, “朝鮮時代 千字文 刊印本 硏究”, p.96.

천자문임을 알 수 있다.

이 책의 판식은 사주단변, 반곽 약 22.4×14.9㎝, 8항16자, 상2엽화문어미이다. 총 16장으로 되어 있고 판심제는 "隷篆草千字文", 제첨은 "三體草千字文"이다.

13) 1937년 보현사 발행 『千字文』〈그림 13〉

이 책은 1937년 묘향산 보현사에서 목판으로 발행하였다.

책의 권말에는 "嘉靖丁酉(中宗32, 1537)夏四月 河西子爲仲獻書于連臺庵 乃國俗燈夕也"라 되어 있고 이어 판권지에는 "昭和 十二年(1937) 五月三十一日 發行/ 平北 寧邊郡 妙香山 普賢寺/ 發行所 妙香山 普賢寺"라 되어 있다.

이 기록으로 보아 이 책의 書者인 河西 金麟厚(1510~1560)가 中宗 32(1537)년에 仲獻을 위해 連臺庵에서 쓴 천자문임을 알 수 있다. 連臺庵은 金麟厚의 처가가 있는 全南 淳昌 八德面 剛泉寺에 딸린 암자를 말한다.16)

여기서 金麟厚가 中宗 32(1537)년에 쓴 이『千字文』은 필사 후 바로 판각되지 않고 필사본의 형태로 존재하다가 17세기 초에 판각되었다.17) 그후 1937년 묘향산 보현사에서 17세기 초기 본을 바탕으로 다시 목판으로 간인한 것이 이『千字文』이다.

이 책을 17세기 초기본과 비교할 때 뚜렷하게 차이가 나는 점은 다음과 같다. 먼저 책의 크기 면에서 17세기 초기본이 약 34.3×22.4㎝라면 이 책은 약 33.0×22.0㎝이고 판각의 방법 면에서 17세기 초기본이 양각으로 새겼다면 이 책은 음각으로 새겼다는 점이다. 따라서 이 책은 17세기 초기본을 저본으로 하여 1937년에 목판 음각으로 발행한『千字文』임을 알 수 있다.

이 책은 30장으로 되어있고 책의 크기는 약 33×22㎝이며 특별한 판식은

---

16) 拙稿, "朝鮮時代 千字文 刊印本 研究", p.95.
17) 전남대학교 문헌정보연구소, 全南 書院의 木板, (전남: 동연구소, 1998), p.79에 의하면 "현재 이 천자문은 筆巖書院에 18板이 소장되어 있다"고 한다.

없으며 한 면의 4항으로 한 항에 4~6자씩 배열되어 있다. 이 천자문의 1000
번째 자인 '也'가 한 면 전체를 차지하고 있음이 특징이다.

14) 1937년 세창서관 발행 『四體千字文』〈그림 14〉

이 책은 1937년 경성 세창서관에서 석판으로 발행한 초천자문이다.

책의 권말에는 석봉 초천자문 계열에 흔히 나타나는 "萬曆丁酉(宣祖 30,
1597)季秋 石峯書"라는 舊刊記가 빠지고 그 자리에 판권사항이 기재되어
있다. "昭和 十二年(1937) 十月 三十日 發行/ 京城府 鐘路4丁目 77番地/ 發
行所 世昌書舘"이라 되어 있어 1937년 세창서관에서 발행한 천자문임을
알 수 있다.

이 책의 형태와 내용을 영창서관본(1928)과 비교하여 보면 두 본이 꼭
같음을 알 수 있다. 책의 장수는 총 17장이고 판식은 四周單邊, 半郭 약
23.8×13.9㎝, 無界, 5行6字, 上黑魚尾이며 지질은 노루지로 되어 있는 점이
모두 같다. 본문 상단에 있는 내용 역시 전서와 예서를 한 항에 쌍항으로
6자씩 배열하여 양각으로 새기고 있다.

나. 특징

1) 時期別 발행 상황

일제시대에 발행된 초천자문은 총14건으로 그 중 1930년대가 6건으로
가장 많은 것으로 조사되었으며 1910년대가 5건으로 그 뒤를 잇고 있다.
1920년대는 3건 밖에 조사되지 않았다.

1930년대 6건은 최웅열서점본(1930), 삼성서림본(1935), 낙빈서당본(1935),
광한서림본(1936), 보현사본(1937), 세창서관본(1937)이 그것이다. 그 중 석
봉 초천자문을 바탕으로 번각하거나 또는 새로운 편집체재로 발행한 것이

4건이고, 박팽년의 초천자문을 번각한 것이 1건, 김인후의 초천자문을 번각한 것이 1건으로 조사되었다. 따라서 1930년대는 조선시대 초천자문을 바탕으로 번각한 것이 3건이고 나머지 3건은 새로운 편집체재로 발행하였다. 새로운 편집체재로 발행하였다고는 하지만 이것도 석봉의 초천자문을 바탕으로 발행한 것에 지나지 않는다.

2) 地域別 발행 상황

일제시대 초천자문을 가장 많이 발행한 지역은 경성으로 8건이다. 이것은 일제시대 천자문 발행의 중심지가 경성이었던 것을 보여주고 있다. 그 다음은 경기도 3건, 경북 2건, 평북 1건순이다.

먼저 경성은 8건 중 종로통에서 3건, 남대문통에서 2건, 자암동, 인사동, 입정동 등에서 각 1건씩 발행되었다. 경기도 3건은 수원 북수에서 2건, 안성에서 1건이 발행되었고 경북 2건은 대구에서 모두 발행되었다. 나머지 평북 1건은 영변에서 발행되었다. 따라서 일제시대 초천자문 발행의 중심지는 조선시대와 마찬가지로 경성과 경기도였다.[18]

3) 版種別 상황

일제시대 초천자문의 판종은 석판 6건, 목판 8건이다.

석판은 모두 6건인데 그 가운데 5건은 석봉 초천자문을 새로운 체재로 편집하여 발행한 초천자문이다. 즉 최웅열서점본(1930), 영창서관본(1928), 삼성서림본(1935), 광한서림본(1936), 세창서관본(1937)이 그것이다. 석봉 초서천자문 계열은 책의 張數가 17장인데 반해 삼성서림본(1935)은 14장인 점이 특히 눈에 띈다. 이것은 용지부족으로 인한 종이 값 상승이 영향을 미친 것으로 여겨지며 판권지에서도 "三成書林新板發行"을 크게 새겨 구판

---

18) 拙稿, "朝鮮時代 千字文 刊印本 研究", pp.67-68.

과 다름을 강조하고 있다. 나머지 1건은 회동서관본(1916)으로 일제시대 새로 발행한 천자문이다. 따라서 일제시대 석판으로 찍은 초천자문은 주로 석봉 초천자문에 바탕하여 새로운 편집 체재로 발행한 것이라고 할 수 있다.

목판 8건은 조선시대에 간인된 천자문을 바탕으로 번각한 것이 6건이고 후쇄한 것이 2건이다. 번각한 것은 油洞重刊本을 저본으로 하여 신구서림과 재전당서포에서 발행한 것이 2건이고 신구서림본(1913)을 저본으로 하여 신안서림(1923)과 대성서림(1925)에서 발행한 것이 2건이다. 이들 초천자문의 권말 간기는 "萬曆丁酉(宣祖 30, 1597) 季秋石峯書"라고 되어 있지만 "道光丁未(1847)仲春油洞重刊"은 깎아 버리고 인쇄한 것으로 조사되었다. 판권이 없는 당시에는 판목을 일부 수정하여 번각하는 경우가 있었기 때문이다. 그리고 낙빈서당본(1935)과 보현사본(1937)은 17세기본에 바탕하여 번각한 것으로 나타났다.

후쇄는 회동서관에서 자암신간본(1905)을 후쇄한 것이 1건이고 무교중간본(1864)을 후쇄한 것이 1건이다. 이것은 기존의 판목을 인수하는 것이 판목을 다시 새기는 것 보다 비용 면에서 훨씬 경제적이었기 때문인 것으로 여겨진다. 따라서 일제시대에 목판으로 찍은 초천자문 모두는 번각 혹은 후쇄한 것이고 일제시대 새로이 목판으로 판각한 천자문은 없는 것으로 조사되었다. 즉 목판 8건 모두는 조선시대 천자문에 바탕을 두고 번각과 후쇄를 거듭한 것이다.

4) 書者別 상황

일제시대 초천자문의 書者는 韓濩 11건, 金麟厚, 朴彭年, 尹汲이 각 1건씩이다. 韓濩가 11건으로 압도적으로 많은 이유는 韓濩의 초천자문이 초서와 전서를 함께 배울 수 있다는 실용적인 목적에서 많이 발행되었을 것으로 여겨진다. 또한 초천자문은 기본적인 한자교육을 마친 다음 일상생활에 쓰이는 초서체 판독과 鈐印의 전각과 그 판독을 위한 교육에 쓰였다.

그러므로 조선시대에 간인되었던 석봉 초천자문 유동중간본(1847), 무교중간본(1864), 자암신간본(1905)은 일제시대에도 번각이나 후쇄를 거듭하면서 그 명맥을 유지해 왔다고 할 수 있다.

韓濩가 쓴 초천자문은 그가 노년기에 쓴 천자문이다. 그의 해서체 천자문이 중앙관서에서 간인한 천자문인 것과는 달리 초천자문은 개인적인 입장에서 쓴 것이기 때문에 그 간인기록이 자세하지는 않다. 韓濩의 초천자는 한 글자씩 떼어 쓰는 獨草 계통으로 古法의 전형적인 틀에서 벗어나 韓濩 특유의 독자적 서풍으로 변모한 것이라고 할 수 있다. 朴彭年의 초천자와 金麟厚의 초천자가 각 각 조맹부의 초서와 장필의 초서로부터 크게 자기화하지 못했던 것에 비하여 韓濩의 초천자문은 둥그런 원필을 가미하여 원숙하고 단아한 필치를 이루었다는 점에서 노필다운 개성적 필치가 잘 나타나기 때문이다.[19]

金麟厚는 글씨를 잘 썼는데 서풍이 端重하고 嚴密했으며 眞草와 篆隷를 겸했다고 한다. 김인후가 쓴 초천자문은 자형이나 짜임, 획법 등에서 懷素의 초서와 함께 明代 초서의 영향을 느끼게 한다. 특히 상하로 길쭉한 자형이라든지, 아래로 길게 툭 떨어지는 형세의 삐침 등에서 張弼의 초서풍이 가미되어 있다. 그러나 그는 태세의 변화가 덜하고 세로획에서 장필처럼 좌우로 파동치는 운필은 쓰지 않았다.[20] 1000번째 자인 '也'는 한 면을 차지하고 있음이 특징이다.

朴彭年의 글씨는 왕희지체와 송설체를 겸하였는데 조맹부의 서풍을 터득했다고 할 만큼 글씨를 아주 잘 썼다. 尹恮은 중국인들이 草聖이라고 부를 만큼 그의 글씨는 뛰어난 예술미와 신묘함이 있었다. 그가 쓴 초천자문은

---

19) 李完雨, 石峯 韓濩 書藝 硏究, 성남: 한국학대학원, 1998, p.122.
20) 韓國書藝二千年, 서울: 예술의 전당, 2002, p.258.

중국 광동지역의 소학교에서 초서교본으로 사용할 만큼 아주 유명하였다
고 한다.

이상에서 살펴본 내용을 표 1)로 나타내면 다음과 같다.

표 1) 日帝時代 草書體 千字文

번호	발행년	발행처	서명	서자	판종	판 식				소장처	비고
						사주	반곽	항자수	어미		
1	1913	경성 신구서림	千字文	韓濩	목판 (번각)	단변	21.0× 14.2	5항6자	상흑	국립	
2	1913	대구 재전당서포	千字文	韓濩	목판 (번각)	단변	21.0× 14.2	5항6자	상흑	정문연	
3	1916	경성 회동서관	草千字文	尹困	석판	쌍변	20.5× 12.3	4항5자	무	개인소장	
4	1918	경성 회동서관	千字文	韓濩	목판 (후쇄)	단변	21.4× 14.3	5항6자	상2엽	개인소장	
5	1919	경성 한남서림	千字文	韓濩	목판 (후쇄)	단변	21.4× 14.4	5항6자	상흑	국립	
6	1923	경성 신안서림	千字文	韓濩	목판 (번각)	단변	21.3× 14.0	5항6자	상흑	국립	
7	1925	경성 대성서림	千字文	韓濩	목판 (번각)	단변	21.2× 14.1	5항6자	상흑	국립	
8	1928	경성 영창서관	四體千字文	韓濩	석판	단변	23.8× 13.9	5항6자	상흑	개인소장	
9	1930	수원 최응열서점	千字文	韓濩	석판	단변	21.1× 14.1	5항6자	상흑	개인소장	
10	1935	수원 삼성서림	千字文	韓濩	석판	단변	20.5× 16.0	6항6자	상흑	국립	
11	1935	대구 낙빈서당	千字文	朴彭年	목판 (번각)	단변	27.4× 20.3	4항6자	무	국립	
12	1936	경성 광한서림	隸篆草千字文	韓濩	석판	단변	22.4× 14.9	8항16자	상2엽	국립	
13	1937	평북 보현사	千字文	金麟厚	목판 (번각)	무	무	4항4-6자	무	동국대	
14	1937	경성 세창서관	千字文	韓濩	석판	단변	23.8× 13.9	5항6자	상흑	개인소장	

4. 楷書體

   일제시대 발행된 해서체 천자문은 초서체 천자문과 마찬가지로 모두 판권지가 붙어 있어 판권지를 통해 발행에 관한 제반사항을 알 수 있다. 여기서는 일제시대 해서체 천자문에 나타난 형태와 내용의 변화를 중점적으로 살펴보도록 하겠다. 각 항목에 대한 서술은 발행 순서에 따랐다.

가. 千字文類

1) 종류

(1) 1913년 紙物書冊舖 발행 『千字文』〈그림 15〉
   이 책은 1913년 경성 지물서책포에서 목판으로 발행한 『千字文』이다.

   판권지에는 "大正 二年(1913) 十月 二十五日 發行/ 京城 南部 紫岩洞 99 統 8戶/ 印刷兼發行所 紙物書冊舖"로 되어 있다. 이 책은 분매소를 京鄕各書舖로[21] 명시하고 있어 경향의 각 서포에서 자유롭게 판매할 수 있었음을 알 수 있다.

   이 책은 32장이고 판식은 사주가 단변이고, 반곽은 약 20.5×16.1㎝이며, 계선은 없다. 그리고 항자수에 있어서 한면이 4항이고 4자씩 배열되어 있다. 어미는 상흑어미이다. 본문 첫 장을 펼쳐보면 篆書로 "周興嗣 撰/ 學古堂 書"라 되어 있는데 여기서 學古堂은 누구를 지칭하는지 기록이 없어 잘 알 수 없다. 뒤에서도 설명이 되겠지만 學古堂이 쓴 『千字文』은 일제시대를 대표할 만큼 많이 발행되었다. 이 책의 특징은 조선시대 『千字文』에 비

---

21) 분매소란 도매방식의 한 형태로 한 개 또는 몇몇 서점과의 판매특약을 맺어 이들 지정서점에서만 출판하도록 한 것이다. 분매소가 경향각서포라고 기재 된 것은 대체로 학고당의 해서체 천자문과 석봉의 초천자문과 같이 저본의 사용이 개방된 책으로 독점 판매권을 설정하는 것이 의미가 없기 때문인 것으로 여겨진다.

해 상당히 현대화된 표기를 하고 있고 매 한자마다 사성점을 표기하고 있
다. 평성은 ○표, 상성은 ●표, 상성과 평성의 통용은 ◑표로 하였다. 그리
고 본문 한자의 글자체는 마치 붓으로 쓴 듯이 아주 해정한 것이 특징이다.

(2) 1913년 新舊書林 발행 『千字文』〈그림 16〉

이 책은 1913년 신구서림에서 목판으로 발행한 『千字文』이다.

권말 판권지에는 "大正 二年(1913) 八月 二十日 發行/ 京城 南部 紫岩洞
42統 10戶/ 印刷兼 發行所 新舊書林"이라 되어 있다. 이 책은 紙物書冊舖
本(1913)과 마찬가지로 분매소를 京鄕各書舖로 명시하고 있다.

이 책은 32장으로 구성되어 있다. 판식은 사주 단변에 반곽은 약 20.5×
16.3㎝이고, 계선은 무계이다. 항자수는 4항4자이고 어미는 상흑어미로 되
어 있어 紙物書冊舖本(1913)과 거의 유사하다. 또한 본문 첫 장에 篆書로
"周興嗣 撰/ 學古堂 書"라 되어 있는 것과 卷首題 아래에 사성표를 달고
있는 것이 같음을 실사할 수 있다. 그리고 본문 내용을 전반적으로 살펴볼
때 이 책은 紙物書冊舖本(1913)과 동일한 판에서 인쇄한 것으로 여겨진다.

한편 이 책의 표지를 통해 새로운 사실을 알 수 있다. 일제시대에는 출
판법의 규정에 따라 모든 출판물에 출판허가와 제본을 납부하게 되는데
이러한 내용이 이 책의 표지에 그대로 표시되어 있다.22)

(3) 1915년 紙物書冊商 발행 『千字文』〈그림 17〉

이 책은 1915년 紙物書冊商에서 목판으로 발행한 『千字文』이다.

권말 판권지에는 "大正 四年(1915) 七月 五日 發行/ 京城 南門 外蓬萊町
1丁目 129番地/ 印刷兼發行所 紙物書冊商"으로 되어 있다. 이 책의 편집겸

---

22) 납본번호: 제171호
　　납본처: 朝鮮總督府警務總監部
　　납본년월일: 大正 二年(1913) 八月二十日

발행자는 李鍾模이고 인쇄자는 崔宗默이다. 여기서 紙物書冊商의 사주는 李敏漢인데 李鍾模가 편집겸 발행자가 되는 이유는 발행권이 李鍾模에게만 있고 李敏漢은 단지 출판사의 명의를 빌려준 것에 불과하기 때문이다. 이 책의 분매소 역시 京鄕各書舖로 되어 있다.

이 책은 32장으로 되어 있다. 판식은 사주 단변에 반곽 약 20.8×16.1㎝, 계선은 무계, 항자수는 4항4자, 어미는 상흑어미이다. 그리고 내용적 검토를 위해 紙物書冊舖本(1913)과 新舊書林本(1913)과의 본문을 비교하여 보면 우선 본문 첫 장 卷首題 다음에 "周興嗣 撰/ 學古堂 書"라는 부분과 사성표를 달고 있는 부분은 동일하나 "天地玄黃"이라 시작되는 본문 내용에서 한자는 거의 유사하나 한글석음은 고쳐 새긴 부분이 있다. 따라서 이 책은 紙物書冊舖本(1913)이나 新舊書林本(1913)과는 다른 번각본임을 알 수 있다. 고쳐 새긴 부분을 표 2)로 나타내면 다음과 같다.

표 2) 지물서책상본과의 한글석음 비교

번호	千字文順	漢字	紙物書册商本 (1915)	紙物書册舖本 (1913)	新舊書林本 (1913)
1	675	敦	돗르올돈	돗틋올돈	돗틋올돈
2	724	機	틀긔	틀긔	틀긔
3	781	蒸	찔종	찔증	찔증
4	901	特	소톡	소특	소특
5	921	恬	평안임	평안염	평안염

(4) 1916년 翰南書林 발행 『千字文』 〈그림 18〉

이 책은 1916년 한남서림에서 목판으로 발행한 『千字文』이다.

권말 판권지에 "大正 五年(1916) 六月 三十日 發行/ 京城府 仁寺洞 170番地/ 印刷兼 發行所 翰南書林"으로 되어 있다. 분매소는 경향각서포로 되어 있다.

이 책은 32장이고 판식은 사주 단변에 반곽이 약 21×16.2㎝이다. 계선은
무계이고 항자수는 4항4자, 어미는 상흑어미이다. 본문 첫 장에 篆書로 "周
興嗣 撰/ 學古堂 書"로 되어 있는 것과 卷首題 아래에 사성표를 달고 있는
것은 여타 다른 본과 같으나 본문 내용을 紙物書冊商本(1915)과 비교하여
보면23) 지물서책상본(1915)에서 잘못 새긴 한글석음을 한남서림본(1916)에
서 고쳐 새겼음을 알 수 있다. 따라서 이 책은 紙物書冊商本(1915)을 바탕
으로 1916년에 翰南書林에서 다시 고쳐 새긴『千字文』으로 여겨진다. 고쳐
새긴 부분을 표 3)으로 나타내면 다음과 같다.

표 3) 지물서책상본과의 한글석음 비교

번호	千字文順	漢字	翰南書林本(1916)	紙物書册商本(1915)
1	223	習	익힐습	익횔습
2	636	石	돌셕	몰셕
3	661	我	나아	니아
4	675	敦	돗툳올돈	돗른올돈
5	724	機	틀긔	를긔
6	741	散	흐틀산	흐를산
7	763	晩	느질만	노질만
8	871	蒸	찔증	찔종
9	901	特	소특	소톡
10	910	獲	어들획	어둘획
11	918	琴	거문고금	거문묘금
12	921	恬	평안염	평안임
13	949	羲	복희희	복힉힉
14	957	晦	그뭄회	그뭄화
15	974	仰	우러앙	우리앙
16	984	眺	볼죠	블죠
17	989	愚	어릴우	이릴우

23) 지물서책상본(1915)을 비교 대상으로 삼은 것은 지물서책포본(1913)이나 신구서림
   본(1913)보다 유사한 점이 많기 때문이다.

(5) 1916년 多佳書舖 발행『千字文』〈그림 19〉

이 책은 1916년 전주 多佳書舖에서 목판으로 발행한『千字文』이다.

책의 권말에는 "崇禎紀元後四壬戌 杏谷開刊"[24)]이라는 舊刊記가 있고 판권지에는 "大正 五年(1916) 十月八日 發行/ 全州郡 多佳町 127番地/ 發行所 多佳書舖"라 되어 있어 1916년에 발행되었음을 알 수 있다.

이 책은 모두 32장으로 되어 있다. 판식은 사주 쌍변에 반곽이 약 20.1×17.1㎝이고 계선은 유계, 항자수는 4항4자, 어미는 내향2엽화문어미이다. 이는 杏谷開刊本(1862)과 거의 유사한 판식을 하고 있는데 특히 반곽의 크기에 있어서 杏谷開刊本(1862)이 약 21.5×17.3㎝이라면 이 책은 약 20.1×17.1㎝로 杏谷開刊本(1862)에 비하면 조금 작은 편이다.

본문을 살펴보면 본문 첫 장 제1항에는 篆書體로 "鵬始圖驥初程"이라 되어 있다. 이것은 큰 붕새가 날기 시작하고 천리마가 달리기 시작하는 첫 길이라는 뜻으로『千字文』을 처음으로 배우기 시작하는 어린이들의 씩씩함을 은유한 말이다. 제2항에는 한글석음이 붙은 권수제가 나오고 제3항부터 '天地玄黃'의 본문이 시작된다.

판심제는 '千字'이고 본문의 글자체는 가로보다 세로가 긴 장방형 형태이며 글자의 획은 굵으면서 끝이 날카로운 편이다. 따라서 이 책은 杏谷開刊本(1862)과의 판식, 글자체, 글자모양 등을 감안한다면 哲宗 13年(1862)에 全州 杏谷에서 새긴 것을 바탕으로 1916년 多佳書舖에서 다시 발행한 것으로 여겨진다.

(6) 1916년 弘壽堂 발행『千字文』〈그림 20〉

이 책은 1916년 京城 弘壽堂에서 목판으로 발행한『千字文』이다.

판권지에는 "大正 五年(1916) 一月三十日 發行/ 京城府 黃金町 4丁目 82

---

24) 고대 소장본에 "杏谷開刊"이란 부분이 매우 흐미하게 보인다.

番地/ 發行所 弘壽堂"으로 되어 있다.

총 32장으로 되어 있고 판식은 사주 쌍변에 반곽 약 22.0×16.5cm이다. 계선은 유계이고 항자수는 4항4자이며 어미는 상2엽화문어미이다. 이 책은 哲宗 9~12년(1858~1861)에 간인된 紅樹洞本과[25] 비교하여 보면 판식뿐만 아니라 글자모양, 글자체 등도 꼭 같음을 알 수 있다. 글자체는 세로가 가로보다 긴 장방형 형태의 해정한 해서체로 되어 있다. 따라서 이『千字文』은 哲宗9~12년(1858~1861)에 새긴 紅樹洞板을 弘壽堂이 그 판목을 인수하여 1916년에 다시 인쇄하였음을 알 수 있다. 紅樹洞은 지금의 창신동에 해당한다.[26]

이『千字文』의 특징은 '散(741) 홋을샨', '凌(781) 업슈이넉일릉'의 한글석음인데 이는 다른『千字文』에서는 볼 수 없는 독특한 한글석음이다. 그리고 책의 표지에는 題簽과 더불어 납본에 대한 기재사항이 적혀 있는 것이 특징이다.[27]

⑺ 1917년 七書房 발행『千字文』〈그림 21〉

이 책은 1917년 전주 칠서방에서 목판으로 발행한『千字文』이다.

판권지에는 "大正 六年(1917) 八月十日 發行/ 全北 全州郡 本町 1丁目 141番地/ 印刷兼發行所 七書房"이라 되어 있다. 발매소는 全北 全州郡 多佳町에 위치한 昌南書館으로 되어 있다.[28]

---

25) 高大 新巖文庫(A13-A10A).
26) 拙稿, "朝鮮時代 千字文 刊印本 研究", p.104.
27) 납본번호: 제51호

　　납본처: 朝鮮總督府警務總監部

　　납본년월일: 大正五年 一月二十九日
28) 발매소는 판권을 소유하지 않은 상태에서 발행소의 서적발행과 판매에 관한 권한을 공유한 일종의 공동출판권을 가진 것이다. 따라서 발매소는 해당 출판물의 발행소와 함께 판권면에 등재될 수 있었던 것이다.

이 책은 32장으로 구성되어 있다. 판식은 사주 단변에 반곽 약 20.1×17.0㎝
이고 계선은 무계, 항자수는 4항4자, 어미는 내향흑어미이다. 본문 첫 장에
卷首題에 앞서 "乙丑季秋松溪書"라고 되어 있는데 이 '乙丑'은 高宗 2年
(1865)에 해당한다.[29] 松溪는 누구를 말하는지 자세하지 않다. 여기서 이
책을 乙丑本(1865)과 비교하여 보면 반곽의 크기면에서 乙丑本(1865)이 약
21.1×17.5㎝로 조금 큰 편이다. 글자 획의 굵기와 글자체를 살펴보면 조금
다름을 실사할 수 있다. 따라서 이 책은 高宗 2年(1865)에 간인된『千字文』
을 바탕으로 1917년에 全州 七書房에서 번각한『千字文』임을 알 수 있다.

(8) 1918년 滙東書舘 발행『千字文』〈그림 22〉

이 책은 1918년 경성 회동서관에서 목판으로 발행한『千字文』이다.

판권지에는 "大正 七年(1918) 二月二十日 發行/ 京城府 南大門通 1丁目
17番地/ 發行所 滙東書舘"으로 되어 있다. 판권지에는 '本舘發兌白紙版書
目'이 실려 있는데 여기에는 書目을 나열하기 앞서 "但 價格은 白紙時勢의
高低를 隨ᄒ여 定치 안치로 記載치 못홈"이라 하고 그 다음 書目 24건을
나열하고 있다. 그 중에는 千字文類 4건이 포함되어 있다.[30]

이 책은 32장으로 되어 있다. 판식은 사주 단변에 반곽이 약 20.8×16.2㎝,
계선은 무계, 항자수는 4항4자, 어미는 상흑어미로 되어 있다. 본문 내용을
翰南書林本(1916)과 비교하여 보면[31] 한남서림본(1916)에서 잘못 새긴 한글
석음을 이 책에서는 고쳐 새긴 부분이 있다. 따라서 이 책은 翰南書林本
(1916)을 바탕으로 1918년에 滙東書舘에서 고쳐 새긴『千字文』으로 여겨진
다. 고쳐 새긴 한글석음을 표 4)로 나타내면 다음과 같다.

---

29) 拙稿, "朝鮮時代 千字文 刊印本 研究", p.106.
30)『蒙學二千字』,『草千字』,『註解三體千字文』,『千字文』.
31) 비교대상을 한남서림본(1916)으로 한 것은 다른 본보다 가장 유사한 한글석음을
  가지고 있기 때문이다.

표 4) 회동서관본과 한남서림본과의 한글석음 비교

번호	千字文順	漢字	滙東書舘本(1918)	翰南書林本(1916)
1	59	李	외앗리	외앗니
2	77	鳥	식됴	식됴(ㄱ)
3	82	制	지을데	기을데
4	247	與	더불여	더블여
5	265	似	가틀스	가를스
6	269	如	가틀여	가를여
7	353	孔	구멍구	구밍구
8	373	造	지을죠	지을쵸
9	481	杜	막을두	믹을두
10	517	車	슈레거	슈레기
11	582	土	흙토	흙로

(9) 1919년 天一書舘 발행 『千字文』〈그림 23〉

이 책은 1919년 경성 천일서관에서 목판으로 발행한 『千字文』이다.

판권지에는 "大正 八年(1919) 一月 六日 發行/ 京城府 蓬萊町 1丁目 135 番地/ 發行所 天一書舘"으로 되어 있다. 천일서관은 營業課目을 新舊書籍 出版發行, 諸唐版書籍直輸入, 總督府敎科書都散賣 등 세 가지로 나누어 영업하였고 출판물에 대한 광고와 출판물에 대한 不許複製를 강조하고 있다. 본문은 32장으로 되어 있다. 판식은 사주 단변에 반곽 약 21.0×16.2cm이고 계선은 무계, 항자수는 4항4자, 어미는 상흑어미이다. 이러한 판식은 한남서림본(1916)과 동일하다. 책의 표지 제첨은 '訂本千字文'으로 되어 있다. 본문을 한남서림본(1916)과 비교하여 보면 한남서림본(1916)에서 잘못 새긴 한글석음까지도 동일하다. 따라서 이 『千字文』은 한남서림본(1916)과 같은 본임을 알 수 있다.

(10) 1925년 滙東書舘 발행 『千字文』〈그림 24〉

이 책은 1925년 경성 회동서관에서 목판으로 발행한 『千字文』이다.

판권지에는 "大正十四年(1925) 五月十一日 發行/ 京城府 南大門通 1丁目 17番地/ 發行所 滙東書館"으로 되어 있다. 판권지의 상단에는 "但 價格은 白紙時勢의 高低를 隨ᄒ야 一定치 안키로 記載치 못함"이라 기재되어 있고 다음에 "本舘發兌白紙版書目"을 나열하고 있다.32) 이는 당시의 책값이 용지의 시세에 따라 정해졌음을 알 수 있다. 실제 동아일보에 나타난 광고를 보면33) 한남서림 발행『大方草簡牘』全 2冊의 정가는 白紙가 1원50전인데 반하여 改良紙의 정가는 1원20전으로 표시하고 있어 白紙가 改良紙에 비해 좀 비싸게 매긴 것으로 나타났다.

이 책은 26장이다. 판식은 사주가 단변이고, 반곽은 약 20.9×16.3㎝이다. 계선은 유계이고 항자수는 매 면에 5항씩, 한 항에 4자씩 배열하고 있고 어미는 상2엽화문어미로 되어 있다. 판심제는 '漢日鮮千字文'이다.

본문 첫 장에는 "周興嗣 撰/ 學古堂 書"로 되어 있어 저자와 書者를 쉽게 알 수 있다. 본문은 각 한자 밑에 중국 음과 한글석음 그리고 일본어 석음이 붙어 있고 또 각 한자 상단의 오른쪽에는 사성표시를 하고 있다. 1918년에 회동서관에서 발행한『千字文』과의 차이점을 살펴보면 기존의 學古堂이 쓴『千字文』에 일본어 석음과 중국 음을 새로 추가하였을 뿐 큰 변화는 없다고 할 수 있다.

(11) 1926년 廣安書舘 발행『千字文』〈그림 25〉

이 책은 1926년 安城의 광안서관에서 목판으로 발행한『千字文』이다.

판권지에는 "大正 十五年(1926) 八月二十日 發行/ 京畿道 安城郡 寶盖面 其佐里 495番地/ 印刷兼發行所 廣安書舘"으로 되어 있다.

본문은 32장으로 되어 있다. 판식은 사주 단변에 반곽이 약 19.9×17.5㎝

---

32) 滙東書舘에서 발행한『蒙學二千字』,『草千字』,『註解三體千字文』,『千字文』에 이러한 기재사항과 서목이 모두 포함되어 있다.

33) 동아일보, 1921년 5월27일자, 1면 광고.

이고 항자수는 4항4자이며 어미는 내향흑어미이다. 본문의 글자체를 살펴보면 편평하고 해정하여 얼핏 보아 조선시대에 간인된 孝橋本(19세기)과 비슷하게 보이나 자세히 살펴보면 글자체나 글자모양이 다르다.

(12) 1928년 大昌書院 普及書館 발행 『千字文』〈그림 26〉

이 책은 1928년 경성 대창서원과 보급서원에서 석판으로 발행한 『千字文』이다. 판권지에는 "昭和 三年(1928) 六月 二十九日 發行/ 京城府 堅志洞 80番地/ 發行所 大昌書院・普及書舘"으로 되어 있다.

이 책은 총 25장이다. 판식은 사주 단변에 반곽이 약 20.2×17.0cm이고 계선은 무계, 항자수는 5항4자, 어미는 상2엽화문어미이다. 이 책의 본문은 마치 붓으로 쓴 것처럼 아주 해정하고 한글석음은 다른 천자문에 비해 상당히 현대화된 표기를 하고 있다.

(13) 1928년 大昌書院 普及書舘 발행 『千字文』〈그림 27〉

이 책은 1928년 대창서원・보급서관에서 석판으로 발행한 『千字文』이다.

판권지에 "昭和三年(1928) 六月二十九日 發行/ 京城府 堅志洞 80 番地/ 發行所 大昌書院・普及書舘"으로 되어 있다.

이 책은 26장이다. 판식은 사주가 단변이고, 반곽이 약 20.8×15.9cm이다. 계선은 무계이고 항자수는 5항4자이고 어미는 상2엽화문어미이다. 이 책은 위의 항목에서 설명한 책과 동일하나 본문의 각 한자아래 있는 한글석음에 일본어석음을 덧붙이고 있다는 것만 다르다. 판권지를 살펴보면 大昌書院과 普及書舘은 1928년 6월29일에 한글석음의 『千字文』과 한글석음에 일본어 석음을 덧붙인 『千字文』을 동시에 발행하였다는 것을 알 수 있다.

(14) 1928년 陟瞻臺 발행『千字文』〈그림 28〉

이 책은 1928년에 밀양 척첨대에서 목판으로 발행한『千字文』이다.

卷末에 "萬曆十一年(1583)正月日副司果臣韓濩奉敎書 二十九年辛丑(1601)七月日 內府開刊 甲戌(1754)重刊"이란 간기에 이어 "戊辰(1928)八月日 滄藩朴海徹識 陟瞻臺藏板"이란 간기가 있어 甲戌(1754)重刊本을 底本으로 1928년에 발행한『千字文』임을 알 수 있다.

이 책은 42장으로 구성되어 있고 판식은 사주 쌍변에 반곽 약 28.2×20.6㎝이다. 계선은 유계이고 항자수는 3항4자이며, 어미는 내향3엽화문어미이다.

底本이 된 甲戌重刊本(1754)과 비교하여 보면 반곽의 크기에서만 차이가 날 뿐 나머지 사항은 동일하다. 즉 甲戌重刊本(1754)의 반곽의 크기는 약 31.0×20.6㎝인데 반해 이 책은 약 28.2×20.6㎝이다.

이 책의 跋文에 의하면 이『千字文』의 刻者는 河璣秉이라는 사람으로 朴海徹이[34] 자기의 家藏本을 河氏에게 주어 刻을 하였는데 河氏는 刻匠이 아니라 文人임에도 불구하고 刻術에 능하여 舊本과 털끝만큼도 틀리지 않는다고 칭찬을 하였다.[35] 따라서 이 천자문은 판식과 발문의 기록으로 보아 1928년 朴海徹이 석봉천자문을 대량 보급하기 위하여 책판을 줄여서 방각본으로 유통시킨 것으로 여겨진다.

(15) 1930년 博文書舘 발행『漢日鮮千字文』〈그림 29〉

이 책은 1930년 박문서관에서 석판으로 발행한 천자문이다.

판권지에는 "昭和 五年(1930) 五月三十日 發行/ 京城府 鐘路 2丁目 82 番地/ 發行所 博文書舘"으로 되어 있다.

이 책은 모두 26장이다. 판식은 사주 단변에 반곽 22.2×16.5㎝이고 계선

---

34) 朴海徹은『養正篇』(1929刊)의 발문을 1926년 썼음을 감안한다면 여기서의 "戊辰"은 1928년이 될 것이다.

35) 家藏本授河君璣秉而摹焉 河君士人而工於刻者也 毫髮不差舊本.

이 있으며, 매 면에 5항씩, 한 항에 4자씩을 배열하고 있다. 어미는 상2엽 화문어미이다. 판심제는 '四體千字文'으로 되어 있다. 본문은 각 한자마다 사성표시가 있고 여기에 한글석음과 일본어 석음을 덧붙이고 있다. 또한 본문 상단에 각 한자에 해당하는 한자를 篆書, 隷書, 草書의 순으로 배열하고 있어 여러 가지 서체를 학습하는데 도움을 준다

(16) 1932년 佛敎社 발행 『千字文』〈그림 30〉

이 책은 1932년 경성 불교사에서 한용운이 목판으로 발행하였다.

권말 판권지에 "昭和 七年(1932) 十二月 十四日 發行/ 全羅北道 全州郡 安心寺藏板/ 京城 壽松洞 44番地 佛敎社 韓龍雲 發行"으로 되어 있어 이 책은 전주 안심사 장판에서 다시 인쇄한 것임을 알 수 있다. 인쇄는 鮮光印刷株式會社에서 담당하였다.[36]

이 책은 17장이다. 판식은 사주단변에 유계이고, 한 면에 5항씩 1항에 6자씩 배자하고 있어 글자의 위 아래가 빽빽한 편이다. 반곽은 약 21×18.3cm이고 어미는 무어미이다. 항자수에 있어서 다른 『千字文』은 4항4자가 많은데 비해 이 『千字文』은 5항6자로 되어 있으므로 이 『千字文』을 일러 '六字千字文'이라고도 하였다.[37]

현재 이 『千字文』은 규장각과[38] 연세대에소장되어 있다.[39] 규장각에는 판권지가 떨어져 나간 상태로 보관되어 있고 연세대에는 복본 2부를 소장되어 있는데 판권지가 붙어 있다. 이 판권지를 통해 전주 안심사 장판을

---

36) 鮮光印刷株式會社는 和信商會의 대표 朴興植과 平和堂株式會社의 창업주 李根澤이 1927년에 공동으로 설립한 활판인쇄소이다. 1930년대 중반에 趙鎭周가 인수했다가 다시 吳鉉俊, 朱貞順 등을 거쳐 일본인 사카이(酒井)에게 넘어갔다. 8 · 15 광복 후에는 金是達이 경영하였다.(조성출, 韓國印刷出版百年, 서울: 보진재, 1997, p.408).
37) 손희하, "새김 어휘 연구"(박사학위논문), 전남대학교 대학원, 1991, p.10.
38) 奎(古3820-13).
39) 延大(410.71-6).

1932년에 다시 인쇄한 것임을 알 수 있다. 安心寺藏板의 판각시기는 형태적인 사항을 고려한다면 대략 19세기로 추정된다. 연세대본과 규장각본을 비교해 보면 판각의 기법이나 마멸의 흔적 등이 꼭 같은 것으로 보아 같은 시기에 인쇄된 것으로 보인다.

(17) 1932년 한남서림 발행 『蒙學圖像千字文』〈그림 31〉

이 책은 1932년 경성 한남서림에서 목판으로 발행하였다.

판권지에는 "昭和 七年(1932) 七月拾五日 發行/ 京城府 寬勳洞 18番地 / 發行兼 總發賣所 翰南書林"으로 되어 있다.

판권지 상단에는 '본서림발행구서목록'과 '신서적발행목록'으로 나누어 '본서림발행구서목록'은 책수만 기재하고 '신서적발행목록'은 책수와 정가가 표시되어 있다. 구서목록에 책수만 기재한 것은 방각본 형태로 발행하는 경우 책의 가격이 종이 값의 등락에 따라 오르내렸기 때문에 가격을 기재하지 않았을 것으로 여겨진다.

이 책은 21장이고 판식은 사주 단변에 반곽 21.0×16.2cm이고 유계에 항자수는 6항4자, 그리고 어미는 상흑어미이다. 본문은 "周興嗣"라는 저자표시와 더불어 시작된다. 본문은 각 한자 아래에 한글석음과 일본어 석음을 붙이고 오른쪽에 사성을 표시하였다. 그리고 본문 상단에 매 한자에 해당하는 그림을 그려 초학자가 학습하는데 도움이 되도록 하였다.

(18) 1932년 宇宙書林 발행 『千字文』〈그림 32〉

이 책은 1932년 경성 우주서림에서 목판으로 발행한 『千字文』이다.

판권지에는 "昭和 七年(1932) 十月五日 發行/ 京城府 和泉町 211番地 - 三/ 發行所 兼 印刷所 宇宙書林"으로 되어 있다.

이 책은 21장으로 되어 있다. 판식은 사주 단변에 반곽 약 21.4×16.3cm이다. 계선은 있고 매 면에 6항씩, 한 항에 4자씩을 배열하고 있으며 어미는 상흑어미이다.

본문 첫 장에 "周興嗣 撰/ 學古堂 書"로 되어 있다. 본문 구성은 각 한자에 사성표시와 더불어 한글석음과 일본어 석음이 붙어 있다. 이는 회동서관에서 발행한 『千字文』(1925)과 비슷하나 회동서관본(1925)에 있는 중국음이 이 책에서는 생략되어 있다는 점이 다르다.

(19) 1933년 新興書舘 발행 『新釋漢日鮮文四體千字』〈그림 33〉

이 책은 1933년 경성 新興書舘에서 석판으로 인쇄하였다.

판권지에는 "昭和 八年(1933) 四月十七日 發行/ 京城府 鐘路 3丁目 77 / 發行所 新興書舘"으로 되어 있다.

이 책은 총 21장이다. 판식은 사주가 단변이고, 반곽은 약 20.9×16.2㎝이며 계선은 유계로 한 면에 6항씩, 한 항에 4자씩 배열하고 있다. 어미는 상흑어미이고 판심제는 '四體千字文'이다.

본문 첫 장에 "川香 朴翔緖 題/ "華城 洪鍾應 訂"으로 표시되어 있어 朴翔緖가 제목을 쓰고 洪鍾應이 이를 수정했음을 알 수 있다. 본문은 상단에 전서, 예서, 초서를 붙이고 각 한자마다 한글석음과 일본어 석음을 붙이고 있다.

(20) 1934년 世昌書舘 발행 『千字文』〈그림 34〉

이 책은 1934년 경성 세창서관에서 석판으로 발행하였다.

판권지에는 "昭和 九年(1934) 五月三十日 發行/ 京城府 鐘路 3丁目 141番地/ 發行所 世昌書舘"으로 되어 있다.

이 책은 26장이고 판식은 사주가 단변이고 반곽은 약 20.7×16.2㎝이다. 계선은 유계에 한 면에 5항, 한 항에 4자씩 배열하고 있고 어미는 상2엽화문어미이다. 판심제는 '漢日鮮千字文'이다.

본문 첫 장에는 "周興嗣 撰/ 學古堂 書"로 되어 있어 학고당이 쓴 『千字

文』임을 알 수 있다. 본문은 판심제에서도 알 수 있듯이 각 한자마다 중국
어 음과 한글석음, 일본어 석음이 붙어 있다. 이는 회동서관 발행『千字文』
(1925)과 본문이 유사하나 단지 차이점이 있다면 중국어 음의 위치이다.
회동서관 발행『千字文』(1925)은 각 한자의 아래 부분에 중국 음을 넣어
중국 음을 강조한데 비하여 이 책은 각 한자의 오른쪽에 중국 음을 표시하
였다.

(21) 1935년 三成書林 발행『千字文』〈그림 35〉

이 책은 1935년 수원 삼성서림에서 석판으로 발행하였다.

판권지에는 "昭和 十三年(1935) 八月 十三 發行/ 京畿道 水原邑 北水里
350番地/ 印刷兼 發行所 三成書林"이라 되어 있다.

이 책은 총 25장으로 구성되어 있고 사주단변에 반곽 약 20.4×15.8㎝이
고 계선은 무계이다. 항자수는 5항4자이고 어미는 상2엽화문어미이다. 표
지 제첨은 '訂正新編 千字文'으로 되어 있다. 본문의 글자체는 가로보다
세로로 긴 장방형의 형태로 필서체보다 인서체에 가깝고 한글석음은 현대
식 발음으로 기재하고 있다.

(22) 1935년 三文社 발행『漢日鮮千字文』〈그림 36〉

이 책은 1935년 경성 삼문사에서 석판으로 인쇄한 천자문이다.

판권지에는 "昭和 十年(1935) 十一月 十五日 發行/ 京城府 寬勳洞 121番
地/ 發行所 三文社"로 되어 있다. 編輯 兼 發行者는 高敬相이고, 印刷者는
申相浩이다.

이 책은 21장이다. 판식은 사주 단변에 반곽 약 23.2×16.0㎝이고 계선은
유계이며 항자수는 6항4자, 어미는 상2엽화문어미이다. 판심제는 '四體千
字文'이고 판심 하단에는 '三文社藏版'이라 하여 藏版處를 명확하게 밝히
고 있다.

　본문은 매 한자 아래 한글석음과 일본어 석음이 있고 매 한자의 위쪽 오른쪽에 사성표시가 있다. 그리고 본문 상단에는 전서, 예서, 초서가 있어 서체를 학습하는데 도움이 되도록 하였다.

(23) 1936년 三文社 발행 『日鮮千字文』〈그림 37〉

　이 책은 1936년 경성 삼문사에서 석판으로 인쇄한 천자문이다.

　판권지에는 "昭和十一年(1936) 二月 二十五日 發行/ 京城府 寬勳洞 121 番地/ 發行所 三文社"로 되어 있다.

　이 책은 26장이고 판식은 사주가 단변이고, 반곽은 20.9×16.0㎝, 계선은 유계, 항자수는 5항4자, 어미는 상2엽화문어미이다. 판심 하단에는 삼문사에서 발행한 『漢日鮮千字文』(1935)과 마찬가지로 '三文社藏版'이라 하여 藏版處를 명확하게 밝히고 있다.

　이 책은 삼문사 발행 『漢日鮮千字文』(1935)과 본문이 같으나 본문 상단에 있는 전서, 예서, 초서는 생략되어 있다.

(24) 1936년 永昌書舘 발행 『日鮮圖像千字文』〈그림 38〉

　이 책은 1932년 경성 영창서관에서 석판으로 인쇄한 천자문이다.

　판권지에는 "昭十一年(1936) 二月二十五日 發行/ 京城府 鐘路 2丁目 84 番地 / 發行所 永昌書舘"으로 되어 있다.

　이 책은 21장이고 판식은 사주가 쌍변, 반곽은 약 22.0×16.5㎝, 계선은 유계, 항자수는 6항4자, 어미는 상흑어미이다. 판심제는 '圖像千字文'으로 되어 있다. 본문 권수제 아래에는 "永昌書舘編纂"이라 하여 영창서관에서 편찬했음을 강조하고 있다. 본문은 각 한자에 해당하는 한글석음과 일본어 석음은 있으나 사성표시는 생략되었다. 특히 본문 상단에는 그림을 그려 초학이 이해하기 쉽도록 하였다.

(25) 1937년 梁冊房 발행『千字文』〈그림 39〉

이 책은 1937년 전주 양책방에서 목판으로 인쇄한 천자문이다.

판권지에는 "昭和 十二年(1937) 五月六日 發行/ 完州郡 龍進面 牙中里 911番地/ 發行兼 發行所 梁冊房"으로 되어 있다.

이 책은 모두 32장이다. 판식은 사주 쌍변에 반곽 약 20.0×17.3cm이고 계선은 유계, 항자수는 4항4자, 어미는 내향2엽화문어미이다. 이는 조선시대에 간인되었던 "乙巳(1905)季冬 完山新刊"과 판식이 꼭 같다.[40) 판심제 또한 '千字'로 동일하고 글자체, 글자모양도 거의 유사하다. 다만 마멸의 흔적이 이 책에서 많이 나타나는 것만 다를 뿐이다. 따라서 이 책은 조선시대에 간인되었던 "乙巳(1905)季冬 完山新刊"의 판목에서 다시 인쇄한 것으로 보인다.

이 책의 본문은 "鵬始圖驥初程"과 더불어 시작된다. 이것은 큰 붕새가 날기 시작하고 천리마가 달리기 시작하는 첫길이라는 뜻으로 천자문을 처음 배우기 시작하는 어린이들의 씩씩함을 상징하는 말이다. 본문 내용을 전반적으로 살펴보면 이 천자문은 상당히 현대화된 한글표기를 하고 있다. 예를 들면 李(59) 외앗이, 王(128) 임금왕, 趙(573) 조나라조, 音(690) 소리음 등이 그것이다.

(26) 1937년 梁冊房 발행『日鮮千字文』〈그림 40〉

이 책은 1937년 전주 양책방에서 목판으로 인쇄한 천자문이다.

판권지에는 "昭和十二年(1937) 四月 十日 發行/ 完州郡 龍進面 牙中里 911番地/ 發行兼 發賣所 梁冊房"으로 되어 있다.

이 책은 26장이고 판식은 사주 단변에 반곽 17.5×16.7cm이고, 항자수는 5항4자, 어미는 상2엽화문어미이다. 판심제는 '日鮮千字'이다. 본문은 각 한

---

40) 拙稿, "朝鮮時代 千字文 刊印本 研究", p.109.

자에 한글석음과 일본어 석음, 그리고 사성를 표시하고 있다.

(27) 1937년 德興書林 발행 『新釋漢日鮮文圖像千字』〈그림 41〉

이 책은 1937년에 경성 德興書林에서 석판으로 인쇄한 천자문이다.

판권지에는 "昭和 十二年(1937) 八月三十日 發行/ 京城府 鐘路 2丁目 20 番地/ 發行所 德興書林"으로 되어 있다.

이 책은 모두 21장이다. 판식은 사주가 단변이고, 반곽은 약 20.9×16.4㎝ 이다. 계선은 유계이고 한 면에 6항씩, 한 항에 4자씩 배열하고 있으며 어미 는 상흑어미이다. 판심제는 '圖像千字文'이고 제첨은 '漢日鮮文千字文'이다.

본문 첫 장에는 "月堂新案謹製發行" 표시와 더불어 소나무 그림이 있고 본문 상단에는 초학이 이해하기 쉽도록 그림을 그리고 각 한자에 한글석 음과 일본어 석음을 붙이고 있다.

(28) 1937년 德興書林 발행 『新釋漢日鮮文四體千字』〈그림 42〉

이 책은 1937년 경성 덕흥서림에서 석판으로 인쇄한 천자문이다.

판권지에 나타나는 사항이 덕흥서림 발행 『新釋漢日鮮文圖像千字』(1937) 과 동일하다. 즉 "昭和 十二年(1937) 八月 三十日 發行/ 京城府 鐘路 2丁目 20番地/ 發行所 德興書林"이며 編輯 兼 發行者가 金東縉, 印刷人이 李鍾汰 등이 동일하다. 심지어 판권지 상단의 영업 광고문과 일본어 가다카나까지 도 동일하다. 이것으로 보아 덕흥서림은 1937년 8월 30일에 '新釋漢日鮮 文'에 '圖像'과 '四體'를 붙인 천자문을 석판으로 각각 발행하였던 것이다.

이 책은 모두 21장이다. 판식은 사주가 단변이고, 반곽은 약 20.9×16.4㎝ 이다. 계선은 유계이고 한 면에 6항씩, 한 항에 4자씩 배열하고 있으며 어 미는 상흑어미이다. 판심제는 '四體千字文'이고 제첨은 '漢日鮮文四體千字 文'이다.

본문 첫 장에는 "月堂新案謹製發行" 표시와 더불어 소나무 그림이 있고 본문 각 한자에 한글석음과 일본어 석음이 있다. 본문 상단에는 그림 대신 전서, 예서, 초서를 넣어 서체를 학습하는데 도움이 되도록 하였다.

(29) 1937년 廣韓書林 발행『日鮮四體千字文』〈그림 43〉

이 책은 1937년에 경성 廣韓書林에서 석판으로 인쇄한 천자문이다.

판권지에는 "昭和 十二年(1937) 九月 三十日 發行/ 京城府 鐘路 2丁目 42 番地/ 發行所 廣韓書林"으로 되어 있다.

이 책은 모두 19장이다. 판식은 사주가 단변이고 반곽이 약17.6×17.3㎝ 로 가로와 세로의 크기가 비슷하다. 또 계선이 있으며 한 면에 7항씩, 한 항에 4자씩 배열하고 있어 좀 빽빽하다는 느낌을 주는데 이는 종이를 절 약하기 위한 것으로 보인다. 어미는 상흑어미이며 판심제는 '四體千字文' 이다.

본문 첫 장에 "周興嗣 撰/ 學古堂 書"로 되어 있어 이 책은 학고당이 쓴 천자문에 한글석음과 일본어 석음을 붙여 발행한 천자문임을 알 수 있다. 본문의 書眉에는 초서, 예서, 전서의 순으로 배열하여 서체를 학습하는데 도움이 되도록 하였다.

(30) 1943년 三中堂書店 발행『千字文』〈그림 44〉

이 책은 1943년 경성 삼중당서점에서 庚寅(1650)重補本을 축소 영인한 천자문이다.

책의 판권지에는 "昭和 十八年(1943) 二月十日 發行/ 京城府 寬勳洞 123 番地/ 發行所 三中堂書店"이라 되어 있다. 인쇄는 寶晉齋에서 담당하였으 며 配給元은 日本出版配給株式會社 朝鮮支店이다.[41]

축소 영인한『千字文』의 대상은 孝宗 1年(1650)에 校書館에서 간인한 重

---

41) 일본출판배급주식회사 조선지점은 1941년부터 국내 출판물의 유통과 배급을 도
   맡았음.

補本이다.[42] 이 책의 권말 간기에 "萬曆 十一年(1583) 正月 日/ 副司果 臣 韓濩奉教書 /二十九年 辛丑七月 日 內府開刊 庚寅(1650)重補"라고 되어 있는 것으로 보아 原刊本(1563)이 나온 이후에 임진왜란 직후 大內에서 간인한 판본을 孝宗 1年(1650)에 교서관에서 重補한 것임을 알 수 있다.

이 책의 판식은 사주쌍변에 반곽 약 19.7×13.6㎝이다. 庚寅(1650)重補本의 반곽이 약 31.5×21.4㎝라면 이 책은 상당히 축소하여 영인한 것이다. 또 이 책은 계선이 있고 항자수는 3항4자이며 어미는 내향3엽화문어미이다. 이 축소영인본은 御製千字文序(4장),[43] 千字文(42장), 解題並韓石峯小傳(1장), 千字文[44](11장) 순으로 구성되어 모두 58장이다.

2) 특징

(1) 時期別 발행 상황

일제시대에 발행된 楷書體 千字文類는 총 30건으로 1930년대가 15건, 1910년대가 9건, 1920년대가 5건, 1940년대가 1건순으로 나타났다.

1930년대가 15건으로 압도적으로 많은 이유는 기존의 한글석음이 있는 천자문에 일본어 석음을 곁들인 천자문 발행이 양적으로 크게 늘어났기 때문이다. 이는 일제가 추진한 皇國臣民化 정책으로 일본어 교육이 강화되고 있는 정황과 연관되지 않을까 생각된다. 한편 주목할 만한 사실은 1930년대 經書類 의 출판이 감소하는 추세가 눈에 띄는데 비해서[45] 천자문 발행은 오히려 늘어나고 있다는 점이다. 이는 1930년대 들어 초등교육이 대폭 확충되면서 서당이 초등학교에 취학하기 전 다니는 예비학교로 그 성격이 바뀌고 있는 점과 연관이 있는 것으로 여겨진다. 이러한 성격의 서당

---

42) 拙稿, "朝鮮時代 千字文 刊印本 研究", p.73.
43) 御製千字文序는 石峰千字文 甲戌本(1754)에 붙어 있는 것을 영인한 것임.
44) 각각의 한자마다 신활자로 일본어 가타카나와 현대식 한글표기를 함.
45) 조선일보 1931년 6월2일자 기사.

이라면 경서보다는 천자문이 많이 쓰였을 것이다.

다음으로 1910년대가 9건으로 조사되었다. 이 중 學古堂이 쓴 천자문이 6건으로 조사되었다. 학고당이 누구를 지칭하는지는 자세하지 않으나 학고당이 쓴 천자문은 일제시대 해서체 천자문을 대표할 만큼 많은 수량을 차지한다. 학고당이 쓴 천자문의 특징은 조선시대 천자문에 비해 상당히 현대화된 한글표기와 사성표시를 하고 있다는 점이다. 나머지 3건은 조선시대 방각본 출판의 전통을 이어 받아 기존의 판목에서 그대로 찍어내거나 기존의 책을 바탕으로 번각하였음이 그 특징이다.

1920년대는 두드러진 특징은 없으나 회동서관이 발행한 천자문(1925) 1건은 1910년대 발행된 천자문에 비해 일본어석음과 중국음을 새로 추가하여 발행하였다. 또 1928년에는 3건의 천자문을 발행하게 되는데 대창서원과 보급서관이 공동으로 2건의 천자문을 발행하였다. 한글석음 천자문과 한글석음과 일본어석음이 동시에 곁들여진 천자문을 석판으로 각각 발행하였다. 나머지 1건은 밀양 척첨대에서 발행한 천자문으로 석봉천자문의 대량보급을 위해 책판을 줄여 방각본으로 유통시킨 천자문이다.

1940년대는 석봉 천자문 경인중보본을 축소영인한 천자문 1건이 있다. 1940년대의 천자문 발행이 급격히 줄어든 이유는 태평양전쟁으로 인한 물자부족 때문인 것으로 여겨진다. 일제시대 종이류 부족으로 동아일보, 조선일보 등 주요 신문 잡지를 폐간시켰으며 특히 1943년 8월에는 출판실적이 없는 출판사들은 사업을 지속할 수 없도록 하는 법령이 발표되기도 하였다.46)

(2) 地域別 발행 상황

일제시대 발행된 楷書體 千字文類의 발행 중심지는 단연 경성이다. 총

---

46) 매일신보 1943년 8월11일자 기사.

30건 중 무려 23건이 경성이고 그 다음이 전북 4건, 경기도 2건, 경상도 1
건순이다.

먼저 경성 23건 중 종로통에서 7건, 관훈동에서 4건, 견지동, 남대문통,
자암동, 봉래정에서 각 2건씩이고 인사동, 황금정, 수송동, 화천정에서 각
1건씩 발행되었다. 종로통에 위치한 발행소는 박문서관, 신흥서관, 영창서
관, 세창서관, 덕흥서림, 광한서림이다. 이들 발행소의 공통점은 1930년대
천자문을 발행한 발행소로 기존의 한글석음에 일본어석음을 곁들인 천자
문을 발행하였다는 점이 그 특징이다. 다음은 전북 4건으로 모두 전주에서
발행되었다. 경기도는 수원과 안성에서 각 1건씩 발행되었고 경상도는 밀
양에서 1건이 발행되었다. 이상에서 살펴본 바와 같이 일제시대 천자문 발
행의 중심지는 조선시대의 경우와 마찬가지로 경성이었다.

(3) 版種別 상황

일제시대에 발행된 해서체 천자문류 총30건 중 목판은 18건, 석판은 11
건으로 나타났다.

목판 18건 중 기존의 방각본 전통을 그대로 계승하여 후쇄한 경우는 5
건으로 조사되었다. 홍수동본(1916), 천일서관본(1919), 불교사본(1932), 양책
방본(1937) 2건이 그것이다. 한편 기존의 천자문 내용을 일부 수정하여 발
행한 경우는 6건인데 그 중 조선시대의 천자문 내용을 일부 수정하여 발
행한 것은 다가서포본(1916), 칠서방본(1917), 척첨대장판본(1928) 3건이고
일제시대 천자문 내용을 일부 수정하여 발행한 것은 지물서책상본(1915),
한남서림본(1916), 회동서관본(1918) 3건이다.

석판 11건은 기존의 목판으로 발행된 천자문보다 새로운 간인수단에 의
해 새로운 편집체재로 발행한 경우이다.

일제시대 천자문은 1928년부터 석판본이 등장하는데 대창서원과 보급서
원이 공동으로 발행하였다. 이것은 일본어 석음을 덧붙여서 발행한 것이

특징이다. 일본어석음을 곁들인 석판본은 9건으로 조사되었는데 그 중『新釋漢日鮮文四體千字』(1933),『新釋漢日鮮文四體千字』(1937),『日鮮文四體千字』(1937)은 해서, 전서, 예서, 초서를 포함하고 있어 서체를 학습하는데 도움이 되도록 하였다. 그리고『日鮮圖像千字文』(1936),『新釋漢日鮮文圖像千字』(1937)는 그림을 넣어 초학자가 쉽게 이해하도록 하였다.

일제시대 석판본이 많이 발행된 이유는 여타 인쇄술에 비해 비교적 공정이 간단하고 그림이나 도안, 삽화 등 비교적 정교한 圖繪類의 인쇄에 적합하였기 때문이다.[47] 축소영인 1건은 孝宗 1년(1650) 校書館에서 간인한 重補本을 축소 영인 한 것이다.

(4) 書者別 상황

일제시대 楷書體 千字文類 30건 중 書者가 뚜렷한 것은 13건이고 나머지 17건은 書者가 자세하지 않다. 서자를 알 수 있는 13건 중 學古堂이 10건으로 가장 많고 그 다음이 韓濩 2건, 松溪 1건순이다.

學古堂은 누구를 지칭하는지 자세하지 않다. 단지 일제시대 해서체 천자문을 대표할 만큼 學古堂이 쓴 천자문이 많이 보급된 것으로 여겨진다. 韓濩가 서자로 된 천자문은 밀양 척첨대본(1928)과 경성 삼중당서림본(1943)이다. 韓濩의 글씨는 왕희지, 안진경 등 중국 명필의 서체를 바탕으로 독특한 서풍을 이루었다. 松溪가 서자로 된 천자문은 전주 칠서방본(1917)이다. 이상에서 살펴본 바를 표 5)로 나타내면 다음과 같다.

---

47) 吳英蘭, "韓國石版印刷術에 관한 研究"(석사학위논문), 이화여자대학교 대학원,
     1976, p.7.

표 5) 日帝時代 楷書體 千字文類

번호	발행년	발행처	서명	서자	판종	판 식				소장처	비고
						사주	반곽	항자수	어미		
1	1913	경성 지물서책포	千字文	學古堂	목판	단변	20.5× 16.1	4항4자	상흑	연대	한글석음
2	1913	경성 신구서림	千字文	學古堂	목판	단변	20.5× 16.3	4항4자	상흑	국립	한글석음
3	1915	경성 지물서책상	千字文	學古堂	목판 (번각)	단변	20.8× 16.1	4항4자	상흑	국립	한글석음
4	1916	경성 한남서림	千字文	學古堂	목판 (번각)	단변	21.0× 16.2	4항4자	상흑	국립	한글석음
5	1916	전주 다가서포	千字文	미상	목판 (번각)	쌍변	20.1× 17.1	4항4자	내향 2엽	고대구장	한글석음
6	1916	경성 홍수당	千字文	미상	목판 (후쇄)	쌍변	22.0× 16.5	4항4자	상2엽	국립	한글석음
7	1917	전주 칠서방	千字文	松溪	목판 (번각)	단변	20.1× 17.0	4항4자	내향흑	국립	한글석음
8	1918	경성 회동서관	千字文	學古堂	목판 (번각)	단변	20.8× 16.2	4항4자	상흑	개인소장 성대	한글석음
9	1919	경성 천일서관	千字文	學古堂	목판 (후쇄)	단변	21.0× 16.2	4항4자	상흑	국립	한글석음
10	1925	경성 회동서관	千字文	學古堂	목판	단변	20.9× 16.3	5항4자	상2엽	국립	한글석음 일본어석음
11	1926	경기도 광안서림	千字文	미상	목판	단변	19.9× 17.5	4항4자	내향흑	국립	한글석음
12	1928	경성 대창서원・보급서관	千字文	미상	석판	단변	20.2× 17.0	5항4자	상2엽	국립	한글석음
13	1928	경성 대창서원・보급서관	千字文	미상	석판	단변	20.8× 15.9	5항4자	상2엽	국립	한글석음 일본어석음
14	1928	밀양 척첨대	千字文	韓濩	목판 (번각)	쌍변	28.2× 20.6	3항4자	내향 3엽	개인소장	한글석음
15	1930	경성 박문서관	漢日鮮 千字文	미상	목판	단변	22.2× 16.5	5항4자	상2엽	국립	한글석음 일본어석음
16	1932	경성 불교사	千字文	미상	목판 (후쇄)	단변	21.0× 18.3	5항6자	무	규장각 연대	한글석음
17	1932	경성 한남서림	蒙學圖像千字文	미상	목판	단변	21.0× 16.2	6항4자	상흑	국립	한글석음 일본어석음

18	1932	경성 우주서림	千字文	學古堂	목판	단변	21.4× 16.3	6항4자	상흑	연대	한글석음 일본어석 음
19	1933	경성 신흥서관	新釋漢 日鮮文千 四體字	미상	석판	단변	20.9× 16.2	6항4자	상흑	개인소 장	한글석음 일본어석 음
20	1934	경성 세창서관	千字文	學古堂	석판	단변	20.7× 16.2	5항4자	상2엽	국립	한글석음 일본어석 음
21	1935	수원 삼성서림	千字文	미상	석판	단변	20.4× 15.8	5항4자	상2엽	국립	한글석음
22	1935	경성 삼문사	漢日鮮 千字文	미상	석판	단변	23.2× 16.0	6항4자	상2엽	국립	한글석음 일본어석 음
23	1936	경성 삼문사	日鮮千 字文	미상	석판	단변	20.9× 16.0	5항4자	상2엽	국립	한글석음 일본어석 음
24	1936	경성 영창서관	日鮮圖 像千字 文	미상	석판	쌍변	22.0× 16.5	6항4자	상흑	국립	한글석음 일본어석 음
25	1937	전주 양책방	千字文	미상	목판 (후쇄)	쌍변	20.0× 17.3	4항4자	내향 2엽	국립	한글석음
26	1937	전주 양책방	日鮮千 字文	미상	목판 (후쇄)	단변	17.5× 16.7	5항4자	상2엽	국립	한글석음 일본어석 음
27	1937	경성 덕흥서림	新釋漢 日鮮文千 圖像字	미상	석판	단변	20.9× 16.4	6항4자	상흑	개인소 장	한글석음 일본어석 음
28	1937	경성 덕흥서림	新釋漢 日鮮文千 四體字	미상	석판	단변	20.4× 16.0	6항4자	상2엽	개인소 장	한글석음 일본어석 음
29	1937	경성 광한서림	日鮮四 體千字	學古堂	석판	단변	17.6× 17.3	7항4자	상흑	국립	한글석음 일본어석 음
30	1943	경성 삼중당서림	千字文	韓濩	축소 영인	쌍변	19.7× 13.6	3항4자	내향 3엽	국립	한글석음

나. 註解千字文類

1) 종류

(1) 1911년 文明書舘 발행 『註解千字文』〈그림 45〉

이 책은 1911년 전주 문명서관에서 목판으로 발행한 千字文이다.

판권지에는 "明治 四十四年(1911) 八月二十二日 發行/ 全州郡 多佳町 24 番地/ 印刷兼 發行所 文明書舘"이라 되어 있다. 판권지에는 이 책의 구입처에 대한 안내가 나타나는데 大邱警察署 앞에 있는 新舊書舖에서 書冊뿐만 아니라 紙筆墨商店까지 취급한다고 되어 있다.[48) 이것으로 이『註解千字文』의 판매처는 新舊書舖임을 알 수 있다.

이 책은 모두 32장이다. 판식은 사주단변에 반곽 약 21.8×17.0㎝이고, 유계에 4항4자이며 어미는 내향1,2엽화문어미(混入 내향흑어미)이다.

본문을 살펴보면 조선시대『註解千字文』인 개원사본(1752), 광통방본(1804), 화림재본(1905)과는 좀 다른 편집 체재를 가지고 있다. ① 이 책 본문 첫 장 권수제 다음 항에 있는 "梁周興嗣撰"이라는 저자표시는 조선시대『註解千字文』에서는 없는 표시이다. ② 매 한자 오른쪽에 있던 篆書가 이 책에서는 생략되었다. ③ 각 한자에 해당되는 한글석음의 위치가 縱으로 되어 있었던 것이 이 책에서는 橫으로 나열되어 있다. ④ 항자수에 있어서 3항4자였던 것이 이 책에서는 4항4자로 되어 있다. ⑤ 한글석음에 나타나는 한글표기가 상당히 현대화된 표기이다. 이상에서 살펴볼 때 이『註解千字文』은 조선시대『註解千字文』과는 다른 새로운 편집체재로 발행된 천자문임을 알 수 있다.

---

48) 판권지에 타원형의 스탬프가 찍혀 있는데 그 안에 판매에 대한 안내가 들어 있다.

(2) 1913년 在田堂書舖 발행 『註解千字文』〈그림 46〉

이 책은 1913년 대구 재전당서포에서 목판으로 발행한 千字文이다.

판권지에는 "大正 二年(1913) 九月二十六日 發行/ 慶尙北道 大邱府 大邱面 京町 1丁目 47番地/ 印刷兼 發行所 在田堂書舖"라 되어 있다.

이 책은 모두 32장이다. 판식은 사주단변에 반곽 약 21.8×17.0㎝이고 유계에 4항4자이며 어미는 내향2엽화문어미이다. 본문은 문명서관본(1911)과 같은 편집체재를 하고 있으나 글자체, 글자모양, 한글석음이 조금씩 다르고 또 문명서관본(1911)에 없는 "新貨三拾錢"이라는 가격표시가 이 책의 권말에 표시되어 있다.

(3) 1916년 多佳書舖 발행 『註解千字文』〈그림 47〉

이 책은 1916년에 전주 다가서포에서 발행하였다.

권말에 "乙卯(1855)臘月完山新刊"이라는 舊刊記가 있고 판권지에 "大正五年(1916) 十月八日 發行/ 發行所 多佳書舖"라 되어 있어 乙卯(1855)에 전주에서 새긴 것을 1916년에 다가서포에서 다시 인쇄한 책임을 알 수 있다.

이 책은 모두 32장이다. 판식은 사주단변에 반곽 약 21.2×16.8㎝이고 유계에 4항4자이며 어미는 내향흑어미이다. 본문은 문명서관본(1911)이나 재전당서포본(1913)과 같은 편집체재를 가지고 있다. 이것은 아마도 '完山新刊本(1855)'에서부터 이러한 편집체재가 구성된 것이 아닌가 여겨진다.[49] 본문을 문명서관본(1911)이나 재전당서포본(1913)과 비교해 보면 글자체, 글자모양이 서로 다른 것을 확인할 수 있다.

(4) 1916년 滙東書舘 발행 『三體註解千字文』〈그림 48〉

이 책은 1916년 경성 회동서관에서 석판으로 발행한 천자문이다.

---

49) '完山(1855)新刊本'의 미발견으로 전주 다가서포본(1916)과의 비교 설명은 어렵다.

판권지에는 "大正 五年(1916) 十月十二日 發行/ 京城府 南大門通 1丁目 37番地/ 發行所 滙東書舘"이라 되어 있다. 편집 겸 발행자는 姜義永이고 인쇄자는 曹命根이다. 여기서 회동서관의 사주는 고유상인데 강의영이 발행자로 나선 이유는 다음과 같이 생각해 볼 수 있다. 강의영은 1914년에 세창서관이란 이름으로 출판업을 시작하여[50] 척독류와 유행창가집을 출판하였다. 1917년 2월에는 상호를 영창서관으로 바꾸어 재개업을 하였는데[51] 척독류와 유행창가집 이외에 신문예물, 교과서, 중국서 등을 출판하게 되었다. 따라서 『三體註解千字文』의 발행은 영창서관을 재개업하기 이전인 세창서관 시절이므로 세창서관의 이름으로는 조선총독부 당국으로부터 출판허가를 얻지 못하여 회동서관의 명의를 빌린 것이다.

이 책은 32장으로 되어 있다. 판식은 사주단변에 반곽 약 21.1×15.7cm이고 유계에 4항4자이며 어미는 상2엽화문어미이다. 이 책은 기존의 『註解千字文』과는 달리 전서, 초서, 해서인 삼체로 되어 있는데 특히 본문 위 여백 書眉에는 篆書의 小字로 표시하고 있다. 또 본문 중 각 한자에 딸린 한글 석음은 현대화된 표기로 수정하였고 註解 또한 한글로 표기하고 있다. 본문 첫 장에는 "周興嗣 撰, 姜義永 修"라 하여 기존의 『註解千字文』을 새로운 편집체재로 발행했음을 강조하고 있다.

(5) 1916년 朴元植書店 발행 『日鮮諺解千字文』〈그림 49〉

이 책은 1916년 경성 박원식서점에서 목판으로 인쇄한 천자문이다.

판권지에는 "大正 五年(1916) 二月二十八日 發行/ 京城府 蓬萊町 1丁目 94番地/ 印刷兼 發行所 朴元植書店"이라 되어 있다.

이 책은 25장이고 판식은 사주 단변에 유계, 5항4자, 상2엽화문어미을 가지고 있다. 본문 첫장에는 "梁 周興嗣 撰, 朴元植 訂"이라 되어 있어 주

---

50) 매일신보 1914년 9월15일자, 9월22일자.
51) "尺牘類에서 産聲을 發한 永昌書舘의 今日", 『朝光』 12월호(1938), p.317.

홍사의『千字文』을 朴元植이 수정하여 발행하였음을 알 수 있다.

이 책을 회동서관 발행의『三體註解千字文』과 비교하여 보면 본문 구성에 있어서 세 가지 서체로 된 것은 동일하나 篆書의 위치는 다르다. 즉 書眉에 위치하였던 篆書가 이 책에서는 각 한자의 아래 부분에 초서와 나란히 배열되어 있다. 그리고 회동서관본(1916)에 없는 일본어 석음을 이 책에서는 매 한자의 왼쪽에 추가하였고 권말에 가다카나를 한글로 읽는 법도 소개하고 있다. 일본어 석음이나 권말에 덧붙인 가타카나 소개는 조선총독부의 교육정책에 부응한 출판이라고 생각해 볼 수 있다.

(6) 1917년 한남서림 발행『註解千字文』〈그림 50〉

이 책은 1917년 한남서림에서 목판으로 발행하였다.

판권지에는 "大正六年(1917) 六月三十日 發行/ 京城府 仁寺洞 170番地/ 印刷兼 發行所 翰南書林"으로 되어 있다. 編集兼 發行者는 백두용이고 인쇄자는 조명천이며 분매소는 京鄕各書舘이다.[52]

이 책은 32장이고 판식은 사주단변, 반곽 약 22.8×17.2cm, 유계, 4항4자, 내향2엽화문어미이다. 반곽의 크기에서 다른『註解千字文』보다 조금 큰 편이다.[53] 본문의 구성은 다가서포본(1916)과 유사하나 글자체, 글자모양은 서로 다른『註解千字文』임을 알 수 있다.

(7) 1917년 趙慶勳家 발행『圖像註解千字文』〈그림 51〉

이 책은 1917년 조경적가에서 목판으로 발행한『圖像註解千字文』이다.

판권지에 "大正 六年(1917) 十二月二十四日 發行/ 京城府 仁義洞 115番

---

52) 국립중앙도서관 고서목록(한 古朝 41-65-2)에 "937년 양책방 발행"으로 잘못 기재되어 있다.
53) 문명서관본(1911), 재전당서포본(1913) : 반곽 22.8×17.2cm.
　　다가서포본(1916) : 반곽 21.2×16.8cm.

地/ 印刷兼 發行所 趙慶勳家"으로 되어 있다. 판권지에서 주목되는 것은 판권표시인데 이것은 서명, 저자명, 판권표시가 동시에 나타나는 특이한 판권으로 다른 발행소에서는 찾아볼 수 없는 독특한 표시이다.

이 책은 26장이고 판식은 사주쌍변, 반곽 23.0×14.9㎝, 유계, 5항4자, 내향2엽화문어미로 되어 있다. 본문 첫장 권수제 다음 항에 "梁 周興嗣 撰, 漢陽趙慶勳 註解幷書"라고 되어 이 책의 저자는 周興嗣이고 주해자와 서자는 조경적임을 알 수 있다. 각 한자 밑에 한글새김과 한자 주해, 그리고 일본어 가다카나가 있으며 매 항 위에는 그림을 그려 내용의 이해를 돕도록 하였다. 예를 들어 "天地玄黃"위에는 天體와 地體를 그림으로 표시하였다.

(8) 1925년 영창서관 발행 『日鮮註解千字文』〈그림 52〉

이 책은 1925년 경성 영창서관에서 석판으로 발행하였다.

판권지가 떨어져 나가 판권에 관한 사항이 자세하지 않으나 이 책에 대해 도판과 함께 소개한 책이 있어 이 책을 통하여 大正 14년인 1925년에 발행되었음을 알 수 있다.54)

본문은 21장으로 되어 있고 판식은 사주쌍변, 반곽, 유계, 6항4자, 상흑어미로 되어 있다. 본문 매 한자아래 한글석음과 일본어 가타카나 음을 달았으며 사성표시는 생략되어 있다. 또 매 항 위에는 한글로 주해하여 천자문을 읽는 자로 하여금 뜻을 쉽게 이해하도록 하였다.

(9) 1931년 수원 최성원상점 발행 『日鮮註解千字文』〈그림 53〉

이 책은 1931년 수원 崔聖運商店에서 목판으로 발행하였다.

판권지에 "昭和六年(1931) 三月二十日 發行/ 京畿道 水原郡 水原面 北水里 1135番地/ 印刷兼 發行所 崔聖運商店"으로 되어 있다.

---

54) 呂丞九, 책・冊과 歷史, 서울: 한국출판무역주식회사, 2002, p.156.

이 책은 25장이고, 판식은 사주단변, 반곽 22.8×16.2㎝, 유계, 5항 자수부정, 상흑어미로 되어 있다. 본문은 매 한자아래 한글석음과 일본어 가타카나 음을 달고, 또 한글음을 독립하여 따로 새기고 각 한자마다 사성표시를 하였다. 또 매 항 아래에는 한글로 주해하여 천자문을 읽는 자로 하여금 뜻을 쉽게 이해하도록 하였다. 이러한 편집은 다른 출판사에서 발행한『註解千字文』과 좀 색 다른 편집으로 영업의 수익성을 도모했던 것으로 보인다.

(10) 1936년 성문당서점 발행『新釋漢日鮮文註解千字』〈그림 54〉

이 책은 1936년 경성 盛文堂書店에서 석판으로 인쇄한『新釋漢日鮮文註解千字』으로 기존의『註解千字文』에 새로운 해석을 가하고 한글과 일본어가 곁들여진 천자문이다.

판권지에는 "昭和十一年(1936) 十月二十日 發行/ 京城府 西大門町 1丁目 79番地/ 發行所 盛文堂書店"으로 되어 있어 1936년 성문당서점에서 발행한 천자문임을 알 수 있다.

본문은 총 20장이다. 판식은 사주가 단변이고, 반곽은 20.3×16.5㎝이다. 계선은 유계이고 한 면에 6항씩 배열하고 있으며 어미는 상흑어미이다. 판심제는 '註解千字'이다.

본문 구성에 있어서 매 항의 위에는 한글로 된 주해가 있고 본문 각 한자 아래에는 한글석음과 일본어 가타카나가 있으며 사성표시는 생략되었다. 또 본문 첫 장 권수제 다음 항에는 "川香 朴翔緒 題/ "華城 洪鍾應 訂"으로 표시되어 있어 朴翔緒가 題하고 洪鍾應이 訂했음을 알 수 있다.

2) 특징

(1) 時期別 발행 상황

일제시대에 발행된 楷書體 註解千字文類는 총10건으로 1910년대가 7건, 1930년대가 2건, 1910년대가 1건순으로 나타났다.

　　1910년대가 7건으로 많은 이유는 조선시대 『註解千字文』과는 다른 새로운 편집체재로 발행한 것이 많았기 때문이다. 조선시대 주해천자문의 전통을 이은 것은 다가서포본(1916) 1건뿐이다. 1920년대와 1930년대 주해천자문류의 특징은 일본어석음을 모두 붙이고 있다는 점이다. 이것은 해서체 천자문류의 경우와 마찬가지로 일본어 교육이 강화되고 있는 정황과 관련이 있는 것으로 여겨진다.

(2) 地域別 발행 상황

　　일제시대 발행된 楷書體 註解千字文類의 발행 중심지도 楷書體 千字文類와 마찬가지로 역시 경성이다. 총 10건 중 6건이 경성이고 그 다음이 전북 2건, 경상도 1건, 경기도 1건 순이다.

　　경성은 남대문통, 봉래정, 인사동, 인의동, 서대문정, 종로통에서 각 1건씩 발행되었다. 남대문통에 위치한 회동서관은 기존의 註解千字文에 전서, 초서까지 첨가하고 있고 본문은 현대화된 한글표기로 주해하고 있음이 그 특징이다. 이는 당시로서 새로운 내용의 註解千字文이라 할 수 있다.

　　다음은 전북 2건으로 모두 전주에서 발행되었다. 그 중 다가서포본(1916)은 조선시대 간인된 바 있는 完山新刊本(1855)을 多佳書舖에서 다시 발행하였음이 그 특징이다. 경상도는 대구에서 1건 발행되었고 경기도는 수원에서 1건이 발행되었다. 이상에서 일제시대 해서체 주해천자문류의 발행 중심지는 역시 경성이었다.

(3) 版種別 상황

　　일제시대 발행된 楷書體 註解千字文類 총 10건 중 목판은 7건, 석판은 3건으로 조사되었다.

　　목판 7건은 조선시대 註解千字文과는 다른 새로운 편집제재로 발행되었다. 조선시대의 註解千字文과는 달리 일제시대 주해천자문은 한글석음의 위치를 우선 종에서 횡으로 바꾸었다. 그 다음 일본어 석음을 첨가하면서 기존의 주해천자문에 새로운 해석을 가하였다. 조선시대 방각본 전통을 이은 것으로는 多佳書舖本(1916) 1건을 들 수 있는데 이는 完山新刊本(1855)을 바탕으로 발행하였다.

석판 3건 중 회동서관본(1916)은 해서, 전서, 초서까지 포함하고 있어 서체를 학습하는데 도움이 되도록 하였음이 그 특징이고, 영창서관본(1925)과 성문당서점본(1936)은 한글주해와 함께 일본어 석음을 덧붙이고 있어 한자의 학습뿐만 아니라 일본어 학습까지 겸하였음이 그 특징이다.

(4) 書者別 상황

일제시대 楷書體 註解千字文類 10건 중 書者가 뚜렷한 것은 趙慶勛 1건뿐이다. 이것은 본문에 "漢陽趙慶勛 註解幷書"라고 명시되어 있어서 알 수 있지만 나머지 9건은 書者가 누군지 알 수 없다.

이상에서 살펴본 바를 표 6)으로 나타내면 다음과 같다.

5. 結論

이상에서 살펴본 바를 요약하여 결론으로 삼으면 다음과 같다.

첫째, 초서체 천자문은 총 14건으로 1) 시기적으로는 1930년대가 6건으로 가장 많이 조사되었다. 이는 석봉의 초천자문을 바탕으로 발행한 것이었다. 즉 조선시대에 간인되었던 석봉 초천자문 유동중간본(1847), 무교중간본(1864), 자암신간본(1905)은 일제시대에도 번각이나 후쇄를 거듭하면서 그 명맥을 유지해 왔다고 할 수 있다.

2) 지역적으로는 경성이 8건으로 가장 많이 발행되었다. 이는 조선시대와 마찬가지로 경성이 초천자문 발행의 중심지였다.

표 6) 日帝時代 楷書體 註解千字文類

번호	발행년	발행처	서명	서자	판종	판　식				소장처	비고
						사주	반곽	항자수	어미		
1	1911	전주 문명서관	註解 千字文	미상	목판	단변	21.8× 17.0	4항4자	내향1,2엽	연대 개인소장	한글석음
2	1913	대구 재전당서포	註解 千字文	미상	목판 (번각)	단변	21.8× 17.0	4항4자	내향 2엽	개인소장	한글석음
3	1916	전주 다가서포	註解 千字文	미상	목판	단변	21.2× 16.8	4항4자	내향흑	정문연	한글석음
4	1916	경성 회동서관	三體註解 千字文	미상	석판	단변	21.1× 15.7	4항4자	상2엽	국립	한글석음
5	1916	경성 박원식서점	日鮮註解 千字文	미상	목판	단변	22.1× 15.8	5항4자	상2엽	개인소장	한글석음 일본어석음
6	1917	경성 한남서림	註解 千字文	미상	목판	단변	22.8× 17.2	4항4자	내향 2엽	국립	한글석음
7	1917	경성 조경적가	圖像註解 千字文	趙慶勛	목판	쌍변	23.0× 14.9	5항4자	내향 2엽	개인소장	한글석음
8	1925	경성 영창서관	日鮮註解 千字文	미상	석판	쌍변	22.0× 16.5	5항4자	상흑	개인소장	한글석음 일본어석음
9	1931	수원 최성원상점	日鮮註解 千字文	미상	목판	단변	22.8× 16.2	6항4자	상흑	개인소장	한글석음 일본어석음
10	1936	경성 성문당서점	新釋漢日 鮮文註解 千字文	미상	석판	단변	20.3× 16.5	6항4자	상흑	고대만송	한글석음 일본어석음

3) 판종별로는 목판 8건, 석판 6건으로 발행되었다. 목판은 조선시대 천자문에 바탕을 두고 번각과 후쇄를 거듭한 것인데 번각은 油洞重刊本을 저본으로 한 것이 많았고 후쇄는 자암신간본(1905)과 무교중간본(1864)을 후쇄한 것이었다. 석판은 석봉 초천자문에 바탕하여 새로운 편집 체재로 발행한 천자문이었다.

4) 서자별로 살펴보면 韓濩가 11건으로 압도적으로 많았다. 그것은 韓濩의 초천자문이 초서와 전서를 함께 배울 수 있다는 실용적인 목적에서 많이 발행되었을 것이다. 따라서 유동중간본(1847), 무교중간본(1864), 자암신간본(1905)은 일제시대에도 번각이나 후쇄를 거듭하면서 그 명맥을 유지해 왔다고 할 수 있다.

둘째, 해서체 천자문을 千字文類와 註解千字文類로 나누어 살펴보면 다음과 같다.

1) 해서체 千字文類는 총 30건으로 ① 시기적으로는 1930년대가 15건가 가장 많았다. 그것은 기존의 한글석음이 있는 천자문에 일본어 석음을 곁들인 천자문 발행이 양적으로 크게 늘어났기 때문이다. 이는 일제가 추진한 皇國臣民化 정책으로 일본어 교육이 강화되고 있는 정황과 연관되지 않을까 생각된다.

② 지역적으로는 단연 경성이었다. 이는 조선시대와 마찬가지였다.

③ 판종별로는 목판이 18건, 석판 11건, 축소영인본 1건순으로 나타났다. 목판은 조선시대 천자문을 번각하거나 후쇄한 것이 대부분이고 석판은 새로운 편집체재로 발행한 경우이다. 일제시대 석판본이 많이 발행된 이유는 여타 인쇄술에 비해 비교적 공정이 간단하고 그림이나 도안, 삽화 등의 인쇄에 적합하였기 때문이다.

④ 서자별로 살펴보면 서자를 알 수는 것은 13건인데 그 중 學古堂이 10건으로 가장 많았다. 여기서 학고당은 누구를 지칭하는지 자세하지 않으나 일제시대 해서체 천자문을 대표할 만큼 많이 보급된 것으로 여겨진다.

2) 해서체 註解千字文類는 총 10건으로 ① 시기적으로는 1910년대가 7건으로 가장 많았다. 그것은 조선시대 註解千字文과는 다른 새로운 편집체재로 발행한 것이 많았기 때문이다.

② 지역적으로는 여타 천자문과 마찬가지로 경성이었다.

③ 판종별로는 목판 7건, 석판 3건으로 조사되었는데 목판은 조선시대와 달리 새로운 체재로 발행하였다. 우선 한글석음의 위치를 縱에서 橫으로 바꾸었다. 그 다음 일본어 석음을 첨가하면서 기존의 주해천자문에 새로운 해석을 가하였다.

④ 서자별로는 書者가 뚜렷한 것은 趙慶勳 1건뿐이다.

II. 일제시대 천자문 판권지 분석

1. 緒論

천자문은 조선시대에 광범하게 간인된 서적이지만 일제시대에 들어서도 매우 많이 발행되었다. 일제시대 천자문은 기본적으로 조선시대 천자문의 전통을 계승하여 발행되었지만 그럼에도 조선시대 천자문과는 다른 몇 가지 특징을 지니고 있었다. 그 가운데서도 가장 두드러진 점은 版種에 있다. 조선시대 천자문은 官版本부터 시작하여 寺刹本, 私家本, 坊刻本에 이르기까지 여러 판종에 걸쳐서 두루 나타나고 있음에 비해서 일제시대 천자문은 몇몇 극소수를 제외하고는 압도적인 다수가 과거 방각본의 전통을 계승한 것이었다는 점이다.

일제시대 천자문이 조선시대의 방각본 전통을 계승한 것이었다고 하더라도 조선시대의 천자문과 똑같은 것은 아니었다. 시간이 흐르면서 인쇄방법 등 여러 측면에서 변화가 나타나기 시작하였다. 그렇지만 일제시대 천자문이 과거의 방각본과 가장 크게 다른 점은 판권지를 첨부하고 있다는 점이다. 판권지란 천자문뿐만 아니라 당시 모든 상업출판물에 반드시 첨부되던 것인데 1909년 반포된 출판법에 따른 것이었다.

1909년 2월 23일 법률 제6호로 반포된『출판법』은 "機械와 其他 如何方法을 물론ᄒ고 發賣 又는 頒布로 目的삼는 文書와 圖書를 印刷함을 出版"이라 규정하면서 출판되는 모든 도서들은 판권지를 첨부하도록 하였다. 판권지에는 저작자와 관련된 사항뿐만 아니라 발행자의 성명과 주소, 인쇄자의 성명과 주소, 발행소 명칭과 주소, 인쇄소의 명칭과 주소, 인쇄 일자, 발행 일자 등을 자세히 기재하도록 강제하였다. 따라서 이러한 판권지의 기재내용을 통해서 서적 발행에 관한 제반 사항을 알아낼 수 있다.

천자문의 경우도 이는 마찬가지였다. 일제시대 상업출판물 형태로 출판된 천자문은 모두 이러한 판권지를 첨부하고 있다. 따라서 판권지를 통해서 일제시대 천자문 발행의 개괄적인 모습을 살펴볼 수 있다. 이 논문에서는 1910년부터 1945년까지 간인된 천자문의 판권지 기재내용을 분석하였다. 국립중앙도서관, 정신문화연구원, 연세대, 고려대, 동국대 소장본 및 개인이 소장하고 있는 현전본을 조사대상으로 삼았다. 단 周興嗣가 次韻한 千字文에 한하여 조사대상으로 삼았다. 먼저 시기별 및 지역별 발행 상황을 개괄한 후 발행자 및 발행소, 인쇄자 및 인쇄소, 기타사항 순서로 살펴보았다.

2. 시대적 배경

일제시대 천자문 발행의 시대적 배경으로는 서당교육 현황과 출판법 문제를 살펴볼 필요가 있다. 서당교육 현황을 살펴보는 것은 초급 한자교재인 천자문의 사회적 수요가 주로 書堂을 통해 이루어지고 있었기 때문이다. 또한 이러한 천자문의 공급은 방각본 출판의 형태로 이루어지고 있었기 때문에 출판법을 통한 상업출판 통제정책을 살펴볼 필요가 있다.

먼저 일제시대 서당교육의 현황을 살펴보면 단적으로 말해서 전통적 교육기관인 서당의 숫자가 일제시대 들어 줄어들기는커녕 대폭 늘어나고 있음을 볼 수 있다. 일제시대 설립된 서당의 숫자는 시기마다 약간의 차이는 있지만 대체로 2만 전후의 선을 유지하고 있었으며 조선인 교육에 있어서 상당한 비중을 차지하고 있었다. 이러한 숫자는 조선시대보다 대폭 늘어난 것으로 여겨진다. 이렇게 일제시대 서당이 숫자가 늘어난 데에는 몇 가지 이유가 있었다. 일제 초기 총독부의 교육정책은 교육차별에 의한 愚民化에 초점을 맞추고 있었다. 따라서 한국인의 교육열에 비해서 충분한 교육시설을 제공하지 않았다. 또한 한국인이 세운 사립학교들에 대해서는 치안상의 이유로 엄격한 규제를 실시하였다.

따라서 한국인의 교육욕구는 공교육을 통해 채워질 수 없었으며 야학, 사설학술강습회 등 비공식적 부문을 통해 충족시킬 수밖에 없었다. 서당도 이러한 분위기 속에서 광범하게 설립된 것이다. 당시 사립학교가 총독부 당국의 여러 가지 규제에 의해 설립하거나 운영하는 것이 자유롭지 않았다. 이에 비해서 상대적으로 서당은 설립과 운영이 용이했기 때문에 사립학교를 세우는 대신에 서당을 세우는 경우도 많았다.

이렇게 광범하게 서당이 설립되기 시작하자 총독부 당국에서도 이에 주목하지 않을 수 없었다. 그래서 1918년에는 "서당규칙"을 공포하여 서당통제에 나서기 시작했다. 그러나 이 무렵 서당 통제에 나섰다고 해서 바로 서당 설립을 금지하거나 해산을 강요한 것은 아니었다. 이 보다는 오히려 서당을 온존시키면서 이를 총독부 당국에서 행정적으로 장악하고자 한 것이었다. 사실 1920년대까지만 해도 총독부 당국은 한국인들이 요구하는 규모의 교육시설을 제공하지 못하고 있던 실정이었다. 따라서 서당에 약간의 개량을 가하여 부족한 초등교육기관을 보충하는 수단으로 사용하려 한 것이다. 서당에 대한 통제는 교육내용과 교재에 대한 규제로 나타났다. 먼저 교육내용을 살펴보면 전통적인 漢學 외에 일본어, 조선어, 산술 등 새로운 교과목을 가르칠 것을 권장하였으며, 교재에 있어서도 서당에서 사용하기 적당하다고 인정되는 것을[55] 열거하고 기타 서적은 불량서적이라 하여 사용을 금지하였다.

1930년대에 들어서면 총독부 당국의 서당에 대한 정책의 기조가 일정하게 변화한다. 그것은 1929년에 개정된 "서당규칙"을 통해서 알 수 있다. 개

---

55) 千字文, 類合, 啓蒙編, 擊蒙要訣, 小學, 孝經, 四書三經, 通鑑, 古文眞寶, 明心寶鑑, 文章軌範, 唐宋八家文讀本, 東詩, 唐詩, 法帖, 朝鮮總督府編纂敎科書.

정된 "서당규칙"은 이전에 비해서 서당에 대한 통제 정도를 강화하고 있다. 통제의 정도는 교육내용과 교재뿐만 아니라 서당의 存廢 문제에까지 이르고 있었다. 이렇게 서당에 대한 통제가 1930년대 들어 강화된 데에는 그럴만한 이유가 있었다. 이 무렵 총독부의 교육정책의 기조가 愚民化에서 皇民化로 바뀌고 있었으며 이에 따라 대대적인 교육기관 확충이 이루어졌다. 이에 따라 초등학교 취학률도 급격하게 높아지고 있었다. 이러한 정책 기조 변화에 따라 총독부의 서당에 대한 태도도 바뀔 수밖에 없었다. 서당은 이제 그들이 정력적으로 설립하고 있는 초등학교와 대립하는 교육시설인 것이다. 따라서 황민화 교육을 보다 효율적으로 실시하기 위해서는 서당을 통제하여 서당에 있는 아동들을 초등학교로 흡수해야만 하였다. 그러나 그렇다고 해서 1930년대 이후 서당이 급격하게 줄어든 것은 아니다. 이후 서당은 초등학교 취학 전 아동을 대상으로 하거나 공교육을 보완하는 교육기관으로 개편되어 존속되고 있다.

이상에서 살펴본 바와 같이 서당은 일제시대 들어서 과거보다 오히려 늘어나고 있으며 그곳에서는 전통적인 한학뿐만 아니라 일본어, 산술 등 신식 교과까지 가르치고 있었다. 또한 1894년 이후 신분적 울타리가 소멸하였기 때문에 서당에서 교육을 받는 아동들도 전통적인 양반 가문뿐만 아니라 일반 서민의 자식들까지로 확산되고 있었다. 어쩌면 이 무렵 오히려 이들이 중심이 되었는지 모른다. 따라서 일제시대 한자 초급교재로서의 천자문은 서당을 매개로 광범한 수요가 존재하였으며 이는 상업출판물의 형태로 충당될 수밖에 없었다.

다음은 출판법에 대하여 살펴보기로 하자. 일제는 1909년에 출판법을 반포하였다. 1909년 2월 23일 법률 제6호로 반포된『출판법』은56) "機械와 其他 如何方法을 물론ᄒ고 發賣 又는 頒布로 目的삼는 文書와 圖書를 印刷

---

56)『官報』4321호, 1909년 2월23일, <法律 第6號>.

함을 出版"이라 규정하면서 출판되는 모든 도서들은 판권지를 첨부하도록 하였다. 이는 천자문도 예외가 아니었다. 여기서 "其他 如何方法"이란 坊刻에 의한 출판을 말하는 것으로 방각본도 출판법에 적용됨을 말하는 것이다. 이것은 영세한 방각업자에게는 커다란 영향을 미칠 수밖에 없었다.

『出版法』에서는 저작자와 발행자 그리고 인쇄자를 분명하게 규정하고 있다. 출판을 하기 위해서는 먼저 저작자와 발행자가 連印하여 稿本을 첨부한 후 허가를 받아야 하고, 출판 이후에도 제본 2부를 납부해야 한다고 규정하여 사전검열과 사후검열이라는 철저한 검열을 목적으로 하였다. 그리고 이러한 철저한 검열을 실시하기 위해 문서 또는 도서의 말미에 저작자와 관련된 사항뿐만 아니라 발행자의 성명과 주소, 인쇄자의 성명과 주소, 발행소 명칭과 주소, 인쇄소의 명칭과 주소, 인쇄 일자, 발행 일자 등을 자세히 기재하도록 강제하고 있다. 이것은 출판허가를 할 때뿐만 아니라 제본 2부를 납부한 이후에도 출판을 허가한 문서나 도서에 문제가 있다고 인정되는 경우에 이를 쉽게 추적하여 유통 중에 있는 도서라도 언제든지 압수할 수 있다는 점에서 구속력을 지녔다 하겠다.

따라서 『出版法』규정에 따라 일제시대 모든 출판물은 출판허가와 제본을 납부하게 되는데 여기서 방각본일 경우는 刷를 달리하여 발행할 때마다 출판 허가와 제본 납부를 반복하는 번거로움을 감수하여야 하였다. 이러한 예는 1913년 신구서림에서 발행한 千字文을 통해 알 수 있다.[57) 이 千字文의 표지에 보면 "納本 朝鮮總督府警務總監部 大正二年八月二十日 第一七一號"란 기록에서 알 수 있으며 卷首題 오른쪽 아래 여백에 "朝鮮總督府警務局保轉本"이라는 도장까지 찍은 것을 확인할 수 있다.

이렇게 출판법 시행으로 일제시대 출판되는 모든 출판물은 판권지를 첨부하여야만 하였다. 이러한 점에서 일제시대 발행된 출판물은 판권지의 기

---

57) 국립(한 古朝41-115-2).

재 내용을 통해서 서적 발행에 관한 제반 사항을 알아낼 수 있다. 천자문
의 경우도 예외가 아니어서 일제시대 상업출판물 형태로 출판된 천자문은
모두 이러한 판권지를 첨부하고 있다. 따라서 20세기 초 간행된 천자문의
모습을 살피는데 있어서 판권지의 검토는 매우 중요한 의미를 갖는다.

3. 시기별 및 지역별 발행 상황

가. 시기별 발행 상황

일제시대에 발행된 천자문은 36개 발행소에서 총 54건이 조사되었다. 시
기별 발행 상황을 살펴보면 표 7)과 같다.

표 7) 시기별 발행 상황

발행시기별 　　　　　서체별	초서체	해서체	계
1910년대	5	16(2)	21(2)
1920년대	3	4(2)	7(2)
1930년대	5	20(15)	25(15)
1940년대		1	1
계	13	41(19)	54(19)

* ( )안의 숫자는 일본어 석음이 곁들어진 천자문을 말한다.

위 표 1)에서 볼 수 있듯이 일제시대 천자문은 1930년대 25건으로 가장
많이 조사되었으며 1910년대가 21건으로 뒤를 잇고 있다. 1920년대는 7건
밖에 조사되지 않았다. 서체별로 살펴보면 초서체 천자문은 시기별로 비교
적 고르게 조사된 반면에 해서체 천자문은 변화의 폭이 컸다. 또한 일본어

새김이 곁들어진 천자문은 1930년대 15건으로 집중적으로 나타나고 있다.

1910년대는 초서체 5건, 해서체 16(2)건이 조사되었다. 초서체 천자문 5건 중 4건은 조선시대에 간인된 한석봉의 草書體『千字文』(1597년)을 저본으로 다시 발행한 천자문이다. 즉 1913년 대구 재전당서포와 신구서림에서 만력본(1597년)을, 1918년 회동서관에서 자암신간본(1905년)을, 1919년 한남서림에서 무교중간본(1844~1894)을 발행하였다.

해서체 천자문 16(2)건 중 4건은『註解千字文』으로 1911년 문명서관, 1913년 재전당서포, 1916년 전주 다가서포, 1917년 한남서림에서 각각 발행되었다. 1911년 문명서관에서 발행한『註解千字文』은 새로 판목을 새겨 발행한 것이다. 한편 해서체 천자문 가운데 6건은 學古堂이란 사람이 쓴 천자문으로 일제시대 크게 유행하여 1910년대에도 여섯 차례나 발행되었다. 즉 1913년 지물서책포와 신구서림, 1915년 지물서책상, 1916년 한남서림, 1918년 회동서관, 1919년 천일서관에서 각각 발행되었다.

이상과 같이 1910년대 발행된 천자문의 특징은 조선시대 방각본 출판의 전통을 이어받아 기존의 판목으로 다시 찍어내거나[58] 기존의 책을 바탕으로 다시 판각한 경우가[59] 많다는 점이다.

1920년대는 초서체 3건, 해서체 4(2)건이 조사되었다. 초서체 3건 중 2건은 1923년 신안서림과 1925년 대성서림에서 발행한 한석봉 초서체『千字文』이다. 이것을 1913년 대구 재전당서포본과 신구서림본의 판식을 비교해 보니 거의 유사하였다.[60] 따라서 초서체 천자문 2건은 인쇄시기를 달리하여 찍은 후쇄본인 것으로 여겨진다. 나머지 1건은 1928년 영창서관이 기존의『三體千字文』을『四體千字文』으로 수정하여 발행한 것이다. 해서체 천

---

58) 學古堂이 쓴 해서체『千字文』6건과『註解千字文』4건.
59) 韓石峯 초서체『千字文』4건.
60) 사주단변, 21×14.2㎝, 5항6자, 상흑어미.

자문 4(2)건 중 1건은 學古堂이 쓴 천자문으로 1925년 회동서관에서 발행하였는데 한글새김과 일본어 새김이 곁들여 있다. 또 1건은 1926년 광안서관에서 발행한 천자문이다. 나머지 2건은 1928년 대창서원과 보급서관에서 공동으로 발행하였는데 이중 하나는 한글새김만 있는 것이며 다른 하나는 한글새김과 함께 일본어새김이 곁들여 있다.

　1930년대는 초서체 5건, 해서체 20(15)건이 조사되었다. 초서체 5건 중 3건은 한석봉의 草書體『千字文』을 수정하여 발행한 것이며[61] 나머지 2건은 기존의 판목에서 다시 인쇄한 천자문으로 1935년에 낙빈서당에서 김인후 천자문을, 1937년에 묘향산 보현사에서 박팽년 천자문을 발행하였다. 해서체는 20(15)건으로 일제시대 가운데 가장 많이 조사되었지만 일본어새김을 첨가한 천자문 15건을 제외한다면 나머지는 4건에 불과하다.

　1930년대 천자문 발행의 특징은 양적으로 크게 늘어나고 있으며 일본어새김이 곁들여지고 있다는 점으로 요약할 수 있다. 이는 일제가 추진한 황국신민화 정책으로 일본어 교육이 강화되고 있는 정황과 연관되지 않을까 생각된다. 한편 주목할 만한 사실은 1930년대는 經書類의 출판은 감소하는 추세를 띄는데 비해서[62] 천자문 발행은 오히려 늘어나고 있다는 점이다. 이는 1930년대 들어 초등교육이 대폭 확충되면서 서당이 초등학교에 취학하기 전 다니는 예비학교로 그 성격이 바뀌고 있는 점과 연관이 있는 것이 아닌가 한다. 이러한 성격의 서당에서라면 經書보다는 千字文이 많이 쓰였을 것이다.

　1940년대는 1943년에 삼중당서림에서 발행한 해서체『千字文』1건밖에는 조사되지 않았다. 이것은 한석봉『千字文』庚寅重補本을 축소영인한 것

---

61) 1930년 최웅열서점, 1935년 삼성서림, 1936년 광한서림에서 발행.
62) 조선일보, 1931년 6월 2일.

이다. 1940년대 들어 천자문 발행이 이렇게 줄어든 것은 태평양전쟁으로 인한 물자부족 때문이 아닌가 생각된다. 일제는 종이류의 부족으로 동아일보와 조선일보 등 주요 신문 잡지를 폐간시켰으며 특히 1943년 8월에는 출판실적이 없는 출판사들은 사업을 지속할 수 없도록 하는 법령이 발표하기도 하였다.[63]

나. 지역별 발행 상황

일제시대 발행된 천자문을 지역별로 살펴보면 표 8)과 같다.

표 8) 지역별 발행 상황

지역별	경성	경기도	전북	경북	평북	계
발행건수	37	6	6	4	1	54

위 표 2)에서 알 수 있듯이 일제시대 천자문을 가장 많이 발행한 지역은 경성으로 37건이다. 이것은 압도적인 숫자로서 일제시대 천자문 발행의 중심지였던 것이다. 그 다음은 경기도와 전북이 각 6건, 경북 4건, 평북 1건 순이다.

먼저 경성은 37건 중 종로통에서 10건, 남대문통에서 5건, 봉래정, 관훈동, 인사동에서 각 4건, 자암동에서 3건, 그리고 서대문정, 인의동, 화천정, 수송동, 견지동, 황금정, 입정정 등에서 각 1건씩 발행되었다. 종로통에 위치한 발행소는 덕흥서림, 박문서관, 영창서관, 광한서림, 신흥서관, 세창서관이고 남대문통에 위치한 발행소는 회동서관이다. 다음은 경기도로 6건을 발행하였는데 그 중 수원에서 5건, 안성에서 2건이 발행되었다. 전북은

---

63) 매일신보, 1943년 8월 11일.

6건을 발행하였는데 6건 모두가 전주에서 발행되었다. 경북의 경우는 대구에서 3건, 달성엣 1건 발행되었고, 평북은 영변에서 1건 발행되었다. 이상에서 일제시대 천자문 발행의 중심지는 조선시대와 마찬가지로 경성, 경기도, 전라도이다.

4. 발행자 및 발행소

가. 발행자

일제시대 천자문 판권지에는 저작겸발행자 또는 편집겸발행자가 나타나는데 이들에 대한 뚜렷한 구분은 없는 것 같으므로 이들 명칭을 발행자로 통칭하겠다. 조사대상 54건의 천자문에서 36명의 발행자가 확인되었다. 발행건수가 많은 순서로 발행자를 살펴보면 강의영과 백두용이 4건으로 가장 많고 고유상과 최성운이 3건이다. 고경상 등 8명이 2건 발행하였으며 강은형 등 24명이 1건 발행하였다. 이를 표로 나타내면 표 9)와 같다.

표 9) 발행자

발행건수	발 행 자
4 건	강의영, 백두용(2명)
3 건	고유상, 최성운(2명)
2 건	고경상, 김기홍, 김동진, 양승곤, 양진태, 이상훈, 지송욱, 현공렴(8명)
1 건	강은형, 김법용, 김송규, 김익배, 김천희, 노익형, 대산수, 박원식, 신태삼, 탁종길 양완득, 윤태성, 이정순, 이종모, 이종성, 이종수, 이주완, 장이만, 장환순, 조경적, 최홍선, 한용운, 홍종응, 박호동(24명)

이상에서 3건 이상을 발행한 발행자들을 간단하게 소개하면 다음과 같

다. 먼저 4건을 발행한 姜義永은 영창서관의 사주이며 1916년『三體註解千字文』1건, 1928년에『四體千字文』1건, 1936년에『日鮮圖像千字文』1건, 『日鮮諺解千字文』1건을 발행하였다. 이 가운데 1916년에 발행한『三體註解千字文』은 발행소가 회동서관으로 되어 있어 눈에 띈다. 나머지는 그가 사주로 있었던 영창서관을 발행소로 하고 있다. 강의영은 1897년경에 태어나서 1945년에 사망하였는데[64] 그의 나이 17세 때인 1914년 9월경 종로 3정목 85번지에서 세창서관이란 이름으로 개업하여 출판업을 시작하였다.[65] 1917년 2월에는 종로 3정목 91번지로 장소를 옮기고 상호를 영창서관으로 바꾸어 재개업하였다.[66] 초창기 출판물은 尺牘類가 가장 많았고 그 다음은 유행창가집이었고 재개업을 한 영창서관의 출판물은 척독류와 유행창가집 이외에도 신문예물, 교과서, 중국서 등을 출판하였다고 한다.[67] 앞서『三體註解千字文』을 회동서관을 통해서 발행한 것은 영창서관으로 재개업하기 전이므로 세창서관 시절과 영창서관 시절이 사업형태라는 측면에서 어떤 차이가 있지 않았을까 추정된다.

白斗鏞은 한남서림의 사주로서 1916년『千字文』1건, 1917년『註解千字文』1건, 1919년『千字文』1건, 1932년『蒙學圖像千字』1건 등 4건을 발행하였다. 백두용에 대해서는 자세히 알려져 있지 않다. 다만 市井에 묻힌 知識人으로서 자기 저술을 남길 정도의 識見이 있었고 蓮波居士란 선비를 後見人으로 모시고 출판사업을 했던 분이라는 정도만 확인할 수 있다.[68]

다음은 3건을 발행한 高裕相과 崔聖運에 대하여 살펴보기로 하자. 高裕相은 회동서관의 사주이며 1918년『千字文』2건, 1925년『千字文』1건을 발행하였다. 고유상은 1889년경에 태어나서 1962년경에 사망했으며[69] 나

---

64) 동아일보, 1963년 6월12일.
65) 매일신보, 1914년 9월15일, 9월22일.
66) 매일신보, 1917년 3월 17일.
67) "尺牘類에서 産聲을 發한 永昌書舘의 今日", <朝光> 12월호, 1938, p.317.
68) 柳鐸一, 韓國文獻學硏究, 亞細亞文化社, 1989, p.177.

이 18세에 부친인 高濟弘의 서적업을 이어 받아 회동서관을 운영하였다. 고유상은 1920년 6월에 설립된 조선도서주식회사의 취체역에 취임했으며 이때 민족계 서적상을 대표하여 일본의 출판계 및 서적상의 실태를 파악하기 위하여 일본을 시찰한 바 있다. 귀국 후 그는 회동서관의 지점으로 종로에 새로이 광익서관을 설립하였고 또 견지동에 "신생활사"라는 잡지사를 설립하였다. 광익서관은 고경상이 경영하였고 "신생활사"는 고언상이 운영하였다.[70] 또한 1926년경에는 그간 회동서관의 분매소로서 오랫동안 관계해 오던 대구의 동보당서관을 인수하여 그곳에 지점을 내기도 하였다.[71]

崔聖運은 최성운상점의 사주이며 1930년『千字文』1건, 1931년『千字文』2건을 발행하였다. 여기서 1930년에 발행한『千字文』1건은 발행소가 자신이 소유한 최성운상점이 아니라 최웅열서점으로 되어 있다. 이는 앞서 姜義永의 경우와 마찬가지로 최성운이 천자문의 판권을 소유하면서 최웅열서점을 통해서 발행한 것으로 보인다. 나머지 2건은 최성운상점 서적출판부를 발행소로 하고 있다. 최성운에 대한 기록은 별로 남아있지 않으며 다만 수원에서 매우 큰 상점은 경영하면서 서적출판부도 함께 경영했다고 한다.

나. 발행소

이상 조사대상 54개 천자문에서 34개 발행소가 확인되었다. 발행건수가 많은 순서로 발행소를 살펴보면 회동서관이 5건 발행하여 가장 많고 한남

---

69) 동아일보, 1962년 6월 11일.
70) 조기준, "개화기의 서적상들", 中央 30(1970), pp.373-374.
71) 방효순, "일제시대 민간서적 발행활동의 구조적 특성에 관한 연구"(박사학위논문), 이화여자대학교 대학원, 2001, p.49.

서관이 4건, 영창서관이 3건 발행하였다. 재전당서포 등 11곳에서 각 2건 발행하였으며 성문당 등 20곳에서 각 1건 발행하였다. 이를 표로 나타내면 표 10)과 같다.

표 10) 발행소별 분석

발행건수	발 행 소
5 건	회동서관(1개소)
4 건	한남서림(1개소)
3 건	영창서관(1개소)
2 건	재전당서포, 양책방, 박문서관, 대창서원보급서관, 삼문사, 삼성서림, 광한서림, 최성운상점출판부, 다가서포, 신구서림, 덕흥서림(11개소)
1 건	성문당, 세창서관, 낙빈서당, 광안서관, 대성서림, 신안서림, 묘향산보현사, 문명서관, 홍수당, 박원식서점, 불교사, 우주서림, 삼중당서림, 칠서방, 지물서책포, 지물서책상, 신흥서관, 최웅열서점, 천일서관, 조경적가(20개소)

이상 34곳의 발행소는 낙빈서당, 보현사, 조경적가 등 몇 곳을 제외하고는 모두 출판사들이다. 이 가운데 3건 이상 발행한 발행소에 대해서 살펴보기로 하자.

滙東書舘은 총 5건 발행하였다. 즉 1916년 『草千字文』, 1916년 『三體註解千字文』, 1918년 『千字文』(해서체), 1918년 『千字文』(초서체), 1925년 『千字文』 등이 그것이다. 1916년 『草千字文』은 尹溪石이 쓴 천자문이며 1916년 『三體註解千字文』은 앞서 살펴본 바와 같이 강의영이 저작겸발행자로 되어 있다. 1918년 『千字文』(초서체) 1건은 한석봉의 초서체 천자문인 "大韓光武九年(1905)九月日紫岩新刊"을 회동서관에서 발행한 것이다. 이것은 기존의 판목으로 다시 인쇄하여 발행하였다.[72] 회동서관은 천자문의 판목을 처음부터 다시 새기는 것보다는 기존의 판목을 인수하여 발행하는 것

---

72) 1905년 紫岩新刊本과 1918년 滙東書舘本의 판식을 조사하여 보면 사주단변, 반곽 21.2×14.3cm, 5항6자, 상2엽화문어미로 동일하다.

이 훨씬 경제적일 것이다. 또 『千字文』(해서체) 1건은 학고당이 쓴 해서체 천자문이다.[73] 1925년 『千字文』은 앞의 학고당 『千字文』에 일본어 새김을 첨가하여 발행한 것이다. 이는 이후 1932년 우주서림과 1934년 세창서관에서 다시 발행되었다.

이상 5건의 천자문 가운데 1918년에 발행한 천자문 2건은 이전에 이미 발행된 천자문을 바탕으로 다시 찍어낸 것이며 회동서관에서 새로 발행한 것은 1916년의 『草千字文』과 『三體註解千字文』, 1925년의 『千字文』 3건이다. 이제 이상 천자문의 판권지 내용을 살펴보기로 하자.

표 11) 회동서관 발행 천자문 판권지

	발행소명	발행년	서명	저작겸발행자	인쇄자	인쇄소
판권지 1	회동서관 (남대문통 1정목17)	1916	초천자문	이주완 (견지동 79)	조명천 (견지동 21)	회동서관
판권지 2	회동서관 (남대문통 1정목17)	1916	삼체주해 천자문	강의영 (종로 3정목85)	조명근 (익선동 54)	회동서관
판권지 3	회동서관 (남대문통 1정목17)	1918	천자문	고유상 (남대문통 1정목17)	신유식 (좌동)	회동서관
판권지 4	회동서관 (남대문통 1정목17)	1918	천자문	고유상 (남대문통 1정목17)	신유식 (좌동)	회동서관
판권지 5	회동서관 (남대문통 1정목17)	1925	천자문	고유상 (남대문통 1정목17)	신유식 (좌동)	회동서관

---

73) 일제시대 학고당이 쓴 『千字文』은 1913년 지물서책포와 신구서림이 먼저 발행하였는데 인쇄 상태가 좋지 않는 것으로 보아 1913년 이전에 이미 판목이 존재하였던 것으로 여겨진다. 이 기존의 판목에서 인쇄하여 1913년 지물서책포, 신구서림, 1915년 지물서책상, 1916년 한남서림, 1918년 회동서관, 1919년 천일서관에서 발행하였다. 이 천자문들의 판식을 조사하여 보면 사주단변, 반곽 20.5-21×16.1-16.2cm, 4항4자, 상흑어미로 거의 비슷하다.

위 판권지 내용을 통하여 다음과 같은 사실을 알 수 있다. 우선 판권지 3, 4 ,5의 경우 회동서관의 사주인 고유상이 저작겸발행자로 되어 있음에 비해서 판권지 1과 판권지 2는 각각 이주완과 강의영이 저작겸발행자로 되어 있다. 이주완은[74] 영풍서관의 사주이며 강의영은 영창서관의 사주이다. 또한 판권지 3, 4, 5의 인쇄자는 모두 신유식이며 주소도 발행소 겸 발행자의 주소를 취하고 있음에 비해서 판권지 1과 2의 인쇄자는 조명천과 조명근으로 각각 다르며 주소도 발행소의 주소와 달리하고 있다. 따라서 판권지 1과 2의 책은 판권지 3, 4, 5의 책과 성격이 다른 것을 짐작할 수 있다. 즉 이들 책은 비록 회동서관의 이름으로 발행되었지만 실제 발행주체가 별도로 있다는 것이다. 이미 출판업에 종사하고 있던 이주완과 강의영이 회동서관의 명의를 빌려서 천자문을 발행한 이유는 무엇이었을까? 이들이 1916년까지 총독부당국으로부터 출판허가를 얻지 못하여 회동서관의 명의를 빌린 것이 아닌가 추측되는데 사실여부는 좀더 확인해볼 필요가 있다.

다음으로 회동서관에 대해서 살펴보자. 회동서관이 언제 설립되었는지는 분명하지 않지만 고유상의 아버지인 고제홍은 1880년대 말 무렵에는 서적업을 시작하였던 것으로 보인다. 설립 당시는 高濟弘書肆 혹은 大廣橋書肆로 불리었는데 1904년 그의 長子 高裕相이 이어 받아 상호를 회동서관으로 바꾸었으며 1940년경까지 서점운영을 담당하였다.[75] 회동서관이 처음으로 출판을 한 책은 『東國名將傳』이었는데 "京城大廣橋書肆"라는 이름

---

74) 李柱浣은 영풍서관의 사주로서 1912~1921년까지 경성부 중부 典洞 1통 7호에서 출판물을 발행하였다. 李柱浣은 보진재 창업주 金晉桓과 죽마고우로서 시문과 글씨에 능하였다. 『精選東坡詩帖』의 저서가 보진재에서 인쇄 출판되기도 하였다.(趙誠出, 韓國印刷出版百年, (株) 寶晉齋, 1977, p.112) 또한 『時體草簡帖』(영풍서관, 1913), 『諺吐三國志』(회동서관, 1920), 『무섭고즈미슨 호랑이 이야기』(회동서관, 1922), 『增正時體草簡帖』(회동서관, 1923), 『增正體草簡帖』(영창서관, 1933)의 저서가 있다.

75) 조기준, "개화기의 서적상들", pp.370-374.

으로 발행되었다.76) 그 후로 계몽서적이나 전기소설 그리고 중국으로부터 각종 서적들을 번역 출판하였으며 학부에서 발행되는 각종 교과서를 위탁 판매하는 한편 新舊圖書의 출판을 겸하면서 영업을 확장시켰다. 회동서관의 영업확장으로 인해 고유상의 형제들도 출판사업에 참여하였다. 고경상은 광익서관과 삼문사를, 고언상은 광한서림을 경영하였다. 1926년경에는 회동서관의 분매소 역할을 하던 대구의 동보당서관을 인수하여 그곳에 지점을 내기도 하였으며 1923년경에는 잡지사 '신생활사'를 운영하였다. 삼문사는 1935년과 1936년에 각각 『漢日鮮千字文』과 『日鮮千字文』을 발행하였으며, 광한서림은 1936년과 1937년에 각각 『隸篆草書千字文』과 『日鮮四體千字文』을 발행한 바 있다.77) 따라서 고씨 일가는 모두 9건의 천자문을 발행한 셈이다.

다음으로 총 4건의 천자문을 발행한 한남서림에 대해서 살펴보자. 한남서림은 1916년 『千字文』, 1917년 『註解千字文』, 1919년 『千字文』, 1932년 『蒙學圖像千字文』을 발행하였다. 1916년의 『千字文』은 學古堂이 쓴 해서체 『千字文』이고, 1917년의 『註解千字文』은 1911년 문명서관에서 발행한 『註解千字文』과 유사한 판식을 가지고 있다. 1919년의 『千字文』은 한석봉의 초천자문 "同治甲子(1864년)季夏武橋重刊"을 한남서림에서 인쇄하여 발행한 것이며, 1932년의 『蒙學圖像千字文』은 일본어 새김을 첨가하고 그림을 그려 이해하기 쉽게 만든 책이다. 따라서 한남서림은 이전에 이미 발행된 천자문을 바탕으로 다시 인쇄한 것이 3건이고, 한남서림에서 새로 발행한 천자문은 1건이다. 이상 천자문의 판권지 내용을 살펴보기로 하자.

---

76) 매일신보, 1930년 5월1일.
77) 광한서림의 존속년대를 1925~1930년으로 본 연구가 있으나 실물조사에서 광한서림은 1937년에도 『日鮮四體千字文』을 발행한 것으로 조사되었다.

표 12) 한남서림 발행 천자문 판권지

	발행소명	발행년	서명	저작겸발행자	인쇄자	인쇄소
판권지 1	한남서림 (인사동 170)	1916	천자문	백두용 (인사동 170)	조명천 (견지동 21)	한남서림
판권지 2	한남서림 (인사동 170)	1917	주해천자문	백두용 (인사동 170)	조명천 (인사동 170)	한남서림
판권지 3	한남서림 (인사동 170)	1919	천자문	백두용 (인사동 170)	김현수 (인사동 170)	한남서림 인쇄부
판권지 4	한남서림 (관훈동 18)	1932	몽학도상천 자문	백두용 (관훈동 18)	김현수 (고양군 용강면 540)	한남서림 인쇄부

위 판권지 내용을 통하여 몇 가지 사실을 알 수 있다. 첫째, 판권지 1, 2, 3은 발행소의 주소가 모두 "경성부 인사동 170번지"임에 비해서 판권지 4는 주소가 "경성부 관훈동 18번지"로 바뀌었다. 발행자인 백두용의 주소도 마찬가지로 바뀌고 있음으로 미루어 이 사이에 한남서림의 위치가 이전하였음을 알 수 있다.

둘째, 판권지 1, 2에서는 인쇄소를 "한남서림"이라고만 밝히고 있음에 비해서 판권지 3, 4에서는 인쇄소를 "한남서림 인쇄부"라 하고 있다. 그런데 판권지 1, 2와 3, 4는 인쇄자에 있어서도 변화가 있었다. 조명천에서 김현수로 교체된 것이다. 따라서 "한남서림"과 "한남서림 인쇄부"의 사이에 단지 명목만의 차이가 아니라 실제적인 차이가 있는 것이 아닌가 의심하게 한다. 더구나 조명천은 앞서 살펴본 바 있는 1916년 이주완이 회동서관을 통해서 발행한 『草千字文』의 인쇄자이다. 이렇게 조명천은 한남서림에만 매인 존재는 아니었으며 따라서 그의 위상은 한남서림 인쇄부에 속한 김현수와는 달랐을 것으로 추정된다.

한남서림에 대해서는 기록은 별로 남아있지 않아 자세한 상황은 알 수 없지만 한남서림은 1940년까지 존속했으며 출판업 뿐만 아니라 古書籍, 古唐版, 古書畫도 고가매입하여 영업한 것으로 나타났다.[78] 설립은 신구서림

보다 뒤에 설립이 되었으며 油桐, 宋洞, 紅樹洞的인 출판경향을 이은 서점
이라는 사실 정도가 알려지고 있다.[79]

영창서관은 총 3건의 천자문을 발행하였다. 즉 1928년 『四體千字文』,
1936년 『日鮮圖像千字文』, 『日鮮諺解千字文』 등이다. 1928년의 『四體千字
文』은 초서체 천자문이고, 1936년의 『日鮮圖像千字文』과 『日鮮諺解千字文』
는 모두 해서체 천자문으로 일본어 새김이 첨가되었다. 『日鮮圖像千字文』
은 그림이 있어 초보자가 천자문을 읽는데 도움을 준다. 이 3건은 모두 다
른 발행소에서 발행하지 않는 새로운 천자문이다. 위의 천자문 판권지 내
용을 살펴보면 다음 표 13)과 같다.

표 13) 영창서관 발행 천자문 판권지

	발행소명	발행년	서명	저작겸발행자	인쇄자	인쇄소
판권지 1	영창서관 (종로2정목 84)	1928	사체천자문	강의영 (종로2정목 84)	신태삼 (좌동)	영창서관
판권지 2	영창서관 (종로2정목 84)	1936	일선도상천자문	강의영 (종로2정목 84)	신태영 (좌동)	영창서관 인쇄부
판권지 3	영창서관 (종로2정목 84)	1936	일선언해천자문	강의영 (종로2정목 84)	신태영 (좌동)	영창서관 인쇄부

위 판권지 내용을 통해서 다음과 같은 사실을 알 수 있다. 첫째, 영창서
관은 1928년~1936년까지 "종로 2정목 84번지"에서 천자문 3건을 모두 발
행하였다. 지금까지 영창서관이 출판물을 발행한 시기는 1924년~1939년까
지로 알려지고 있었다.[80] 둘째, 앞에서 살펴본 한남서림처럼 인쇄소가 "영

---

78) 동아일보, 1937년 4월 8일 2면 광고.
   매일신보, 1940년 3월 11일 5면 광고.
79) 柳鐸一, 韓國文獻學研究, p.177.
80) 방효순, "일제시대 민간서적 발행활동의 구조적 특성에 관한 연구", p.52.

창서관"에서 "영창서관 인쇄부"로 바뀌고 있다. 셋째, 판권지 2에서 인쇄자가 신태삼에서 신태영으로 바뀌고 있는데 이는 인쇄소가 영창서관에서 영창서관 인쇄부로 바뀌는 것과 시기를 같이하고 있다. 이는 자세하지 않지만 영창서관의 영업확대로 인한 출판활동이 이원화된 것으로 여겨진다.

　이제 여러 자료를 통하여 영창서관에 대하여 살펴보기로 하자. 영창서관은 姜義永에 의해 1914년에 문을 열어 1960년 중반까지 활동을 한 출판사 겸 서점이었다. 1914년 당시 "종로 3정목 85번지"에서 세창서관이란 상호로 문을 열었으나 1917년 3월에 "종로 3정목 91번지로 이전하면서 영창서관으로 개칭하였다. 이와 같은 사실은 매일신보 1917년 3월 17일 4면에 실린 "永昌書舘大擴張廣告"를 통해 알 수 있다.[81] 그리고 세창서관은 왕세창에게 인계하였는데 이는 매일신보 1917년 3월 18일 1면에는 세창서관 왕세창이 영업 광고를 내었다. 강의영이 세창서관 시절이던 1916년 회동서관을 통해 천자문을 발행한 사실은 앞에서 이미 살펴본 바 있다. 그 후 영창서관은 견지동 79번지, 종로 3정목 85번지를 거쳐 종로 2정목 84번지로 옮겼는데 이곳에서 앞의 천자문을 발행하였다. 영창서관에 대한 기록은 자세하지 않으나 강의영의 아들 姜遠馨이 동아일보와 인터뷰한 기사를[82] 통해 정리하여 보면 다음과 같다. 영창서관은 단성사 옆에 있었고 처음부터 출판을 겸해 木版千字本, 春香傳, 장화홍련전 등 소설책이 많이 팔렸다. 1920년~1930년까지는 이광수, 김동인, 윤백남의 여러 작품을 도맡아 출판하였고 우리나라 최초의 한글사전인 문세영의 『우리말사전』을 출판하였다.

---

81) 永昌書舘大擴張廣告 :
　今書舘이 當春期ᄒᆞ와 商號를 改稱ᄒᆞ야 永昌書舘으로 ᄒᆞ옵고 各種 新舊書籍及白紙板 唐板 敎 科書 新刊 七書 小學 外 三百種新舊小說을 無漏完備ᄒᆞ옵고 特廉價로 發賣ᄒᆞ오니 四海君子ᄂᆞᆫ 益加愛顧ᄒᆞ시와 倍前注文ᄒᆞ심을 千萬希望. 但 地方請求에ᄂᆞᆫ 大金引換으로 迅速酬應ᄒᆞ오니 一次試觀하심을 伏望ᄒᆞᆷ
　　　　　　　京城 鐘路 3丁目 91番地 永昌書舘 主務 姜義永
82) "冊과 더불어 二代째 내려오는 永昌書舘", 동아일보, 1963년 6월 12일 5면.

5. 인쇄자 및 인쇄소

가. 인쇄자

이상 조사대상 54건 천자문에서 32명의 인쇄자가 확인되었다. 건수가 많은 순서로 인쇄자을 살펴보면 조명천이 5건으로 가장 많고, 그 다음이 신유식, 안약동이 3건이다. 김정근 등 12명이 2건이며 강은형 등 17명이 각 1건씩 인쇄하였다. 이를 표로 나타내면 다음 표 14)와 같다.

표 14) 인쇄자별 분석

발행건수	인 쇄 자 별
5 건	조명천 (1명)
3 건	신유식, 안약동 (2명)
2 건	김정근, 김현동, 김현수, 은태성, 신상호, 신태영, 안경환, 안응서, 양진태, 이종옥, 노익형, 이재수, *기타 (12명)
1 건	강은형, 김광수, 김낙훈, 김익배, 노영호, 신태삼, 신태화, 양완득, 윤기병, 이명수, 이희정, 조명근, 조춘화, 최종묵, 최홍기, 박해인, 이광석 (17명)

* 기타는 불교사와 묘향산보현사에서 발행한 천자문으로 인쇄자가 생략되어 있다.

일제시대 천자문 인쇄자를 3건 이상 인쇄한 조명천, 안약동, 신유식을 중심으로 살펴보면 다음과 같다. 조명천은 총 5건을 인쇄하였는데 1916년에 회동서관에서『草千字文』1건을, 같은 해 홍수당과 한남서림에서『千字文』각각 1건씩 인쇄하였고, 1917년에는 한남서림에서『註解千字文』1건과 조경적가에서『圖像註解千字文』1건을 인쇄하였다. 그런데 1916년 회동서관, 홍수당, 한남서림에서 발행한 千字文 3건에는 주소가 "견지동 21번지"로 되어 있고, 1917년 한남서림에서 발행한『註解千字文』에는 인사동 170번지, 1917년 조경적가에서 발행한『圖像註解千字文』에는 "익선동 26번지"로 되어 있다. 이렇게 조명천은 어느 한 발행소에 매이지 않고 여러 발행소의 인쇄를 담당하고 있는데 이는 전통적인 목판인쇄 장인의 모습이 아니었을까 추정된다. 또한 조명천은 이름으로 미루어 볼 때 마찬가지로 회동서관에서 펴낸『三體註解千字文』의 인쇄자 조명근과 형제간이 아닐까 추측된다. 이것으로 미루어 본다면 1916년 당시 목판 인쇄를 전업으로 하는 장인가문이 존재하고 있었으며 조명천은 인쇄 장인으로서 일이 있을 때마다 여러 발행소에 불려 다닌 것이다. 한남서림의 경우 인쇄부가 생긴 이후 인쇄자가 조명천에서 김현수로 교체되었는데 김현수는 조명천과는 달리 한남서림에 전속된 직원이 아니었을까 추정된다.

　안약동은 총 3건을 인쇄하였다. 1931년에 최성운상점 출판부에서 발행한『日鮮註解千字文』1건과『千字文』1건, 1933년에 신흥서관에서 발행한『新釋韓日鮮文四體千字』1건을 인쇄하였다. 1931년 최성운상점 출판부에서 발행한『日鮮註解千字文』과『千字文』판권지에는 발행소의 주소와 인쇄자인 안약동의 주소가 다르게 기록되어 있다. 최성운상점 출판부의 주소가 "경기도 수원군 수원면 북수리 346번지"로 되어 있는 반면 인쇄자인 안약동의 주소는 "경기도 수원군 수원면 북수리 113번지"로 되어 있다. 또한 1933년 신흥서관에서 발행한『新釋韓日鮮文四體千字』에는 신흥서관의 주소가 "종로 3정목 77번지"로 되어 있는 반면 인쇄자인 안약동의 주소는 "경기도 수원읍 남수리 164번지"로 되어 있다. 이렇게 볼 때 안약동도 한 발행소에 매이지 않고 자유롭게 인쇄업무를 담당한 것이 아닌가 여겨진다.

　신유식도 총 3건을 인쇄하였다. 1918년『千字文』2건과 1925년『千字文』1건을 인쇄하였다.『千字文』3건 모두를 회동서관에서 발행한 것이다. 이것은 조명천이나 안약동에 비하면 한곳에 전속되어 인쇄업무를 담당한 것으로 보인다. 1918년 2건의 천자문의 판권지에는 그의 주소가 "경성부 와룡동 14번지"로 되어 있었으나 1925년 천자문 판권지에는 회동서관의 주소지인 "경성부 남대문통 1정목 17번지"로 되어 있다. 앞의 주소는 신유식의 거주지로 보이고 뒤에 나타난 주소는 회동서관의 주소지이다.

이상에서 인쇄자인 조명천, 안약동, 신유식을 중심으로 살펴보았다. 이를 통해 살펴볼 때 일제시대 목판인쇄 기술을 가진 장인들은 특정한 인쇄소에 매이지 않고 여러 군데 불려 다니면서 일을 한 것으로 여겨진다. 하지만 시간이 지나면서 각 출판사에서 인쇄부를 두면서 전임 직원을 고용하는 경향을 보이기 시작한다.

나. 인쇄소

일제시대 천자문 판권지에 기재된 인쇄소는 거의가 발행소와 동일하다. 인쇄소와 발행소가 일치하지 않는 곳은 보진재(삼중당서점), 선광인쇄주식회사(불교사), 한흥상회인쇄소(대창서원 보급서관) 뿐이다. 이 세 곳은 모두 당시로서는 전문 인쇄소로서 활판이나 석판으로 인쇄를 할 능력을 갖추고 있었다. 따라서 전통적인 목판인쇄의 방식을 취할 경우에는 발행소에서 자체적으로 인쇄를 한 반면 석판 등 새로운 인쇄방법을 취할 경우 전문 인쇄소에 일을 맡긴 것이다.

보진재는 1943년에 한석봉『千字文』庚寅重補本을 축소 영인하였다. 이 『千字文』은 권말 간기에 "萬曆十一年(선조16, 1583)正月日 副司果 臣韓濩 奉敎書 二十九年辛丑(선조 34, 1601)七月日內府開刊 庚寅(효종 1, 1650)重補"라 기록되어 있어 효종 1년에 校書館에서 중보한 책인 것을 알 수 있다.[83] 이 책을 삼중당서점에서 보진재에 맡겨 축소 영인하였던 것이다. 인쇄자는 김낙훈이다. 보진재는 1912년 8월에 설립되었고 창업주는 金晉桓으로 초창기에는 주로 석판인쇄를 하였다.[84] 당시 잡지나 단행본을 조판인쇄할 수 있는 인쇄소는 대동인쇄, 중앙인쇄, 한성도서인쇄부, 문아당인쇄부, 선광인

---

83) 安美璟, 朝鮮時代 千字文 刊印本 研究(박사학위논문), 성균관대학교 대학원, 1998, p.73.
84) 대한인쇄문화협회, 大韓印刷文化協會 50年史, 서울: 동협회, 1999, p.222.

쇄 등이 있고 석판 오프셋의 평판인쇄를 할 수 있는 곳은 보진재 인쇄소뿐이었다.[85]

선광인쇄주식회사는 1932년 불교사에서 의뢰한 전주군 安心寺藏板『千字文』을 인쇄하였다. 판권지에 인쇄자는 생략되어 있어 누가 인쇄했는지는 알 수 없다. 선광인쇄는 1927년 당시 和信商會의 대표였던 朴興植과 平和堂주식회사의 창업주였던 李根澤이 동업으로 설립한 활판인쇄소였다. 1930년대 중반에는 趙鎭周가 인수하였다가 吳鉉俊, 朱貞順 등을 거쳐 일본인 사카이(酒井)에게 넘어갔다. 8.15 광복후에는 金是達이 경영하였다.

한홍상회인쇄소는 대창서원과 보급서원이 공동 발행한『千字文』2건을 석판으로 인쇄하였다. 인쇄자는 안경환으로 되어 있다. 안경환은 한홍상회인쇄소에서만 인쇄업무를 담당하였던 것 같다. 한홍상회인쇄소에 대해서는 자세하지 알 수 없으며 다만 인사동 207번지에 위치한 석판인쇄소였다는 사실만 알려져 있다.

6. 기타 사항

가. 발매소 및 분매소

1) 발매소

일제시대 발행된 천자문의 판권지에는 발행소 외에 발매소란 표현이 나온다. 여기서 발매소란 발행소와 유사한 개념으로 발행소를 대신하여 기재되는 경우가 많았지만 발행소와 구별되는 경우도 있었다.[86] 이 경우 발매

---

85) 趙誠出, 韓國印刷出版百年, 서울: 寶晉齋, 1997, p.356.
86) 동아일보 1921년 5월 28일자 1면 광고를 보면 신구서림이 발행한『實用英鮮會話』

소는 출판물의 물리적 형성 및 광고에 필요한 각종 비용을 발행소와 공동
으로 부담했던 것으로 보인다. 즉 발매소는 판권은 소유하지 않은 상태에
서 발행소의 서적발행과 판매에 관한 권한을 공유한 일종의 공동출판권을
가진 것으로 해석된다.[87] 따라서 발매소는 해당 출판물의 발행소와 함께
판권면에 등재될 수 있었던 것이다. 천자문의 판권지에 나타나는 발매소를
조사하면 다음 표 15)와 같다.

표 15) 발매소

서 명	발행년	발 행 소	발 매 소
천자문	1917	칠서방	창남서관
도상주해천자문	1917	조경적가	광학서포, 경향각서포
일선주해천자문	1931	최성운상점출판부	광학서포
일선천자문	1937	양책방	양책방
천자문	1937	양책방	양책방
신석한일선문도상천자	1937	덕홍서림	덕홍서림

　　위의 표에서 볼 수 있듯이 발행소 대신 발매소가 기재된 경우는 1937년
에 양책방에서 발행한『日鮮千字文』과『千字文』, 1937년에 덕홍서림에서
발행한『新釋韓日鮮文圖像千字』를 들 수 있다. 나머지는 발행소와 별도로
발매소가 기재되어 있다. 1917년에 조경적가에서 발행한『圖像註解千字文』
에는 광학서포와 경향각서포가, 1917년에 칠서방에서 발행한『千字文』에
는 창남서관이, 1931년에 최성운상점출판부에서 발행한『日鮮註解千字文』
에는 광학서포가 발매소로 기재되었다. 이 경우 발매소는 발행에 공동으로
참여하여 서적의 판매에 관한 권한을 공유한 것으로 해석된다.

을 광고하고 있다. 여기에서 발행겸 발매소가 신구서림이고, 판매소는 조선도서주
식회사라고 기재하고 있다.
87) 방효순, "일제시대 민간 서적 발행활동의 구조적 특성에 관한 연구", p.34.

2) 분매소

일제시대 출판물 판권지에 나타나는 분매소란 도매방식의 한 형태로 한 개 또는 몇몇 서점과의 판매특약을 맺어 이들 지정서점에서만 출판물을 판매하도록 한 것이다. 천자문 판권지에 나타난 분매소를 조사하면 다음 표 16)과 같다.

표 16) 분매소

서명	연도	발행소	분매소	비고
천자문	1913	지물서책포	경향각서포	학고당서
천자문	1913	신구서림	경향각서포	학고당서
천자문	1913	신구서림	경향각서포	석봉초천자문 만력본
천자문	1915	지물서책상	경향각서포	학고당서
천자문	1916	한남서림	경향각서포	학고당서
천자문	1916	다가서포	경향각서관	행곡본
주해천자문	1916	다가서포	경향각서관	문명서관본
일선언해천자문	1916	박원식서점	경향각서시	
주해천자문	1917	한남서관	경향각서포	문명서관본
천자문	1919	한남서림	재전당서포, 영창서관, 광익서관, 덕흥서림, 보문각, 유일서관, 회동서관. 박문서관, 신구서림,	석봉초천자문 무교중간본
천자문	1930	최웅열서점	백합사	석봉초천자문 만력본
천자문	1931	최성운상점출판부	경향각서점	학고당서
신석한일선문사체천자	1933	신흥서관	신구서포	
신석한일선문주해천자	1936	성문당	문창사	
몽학도상천자문	1937	한남서림	한남서림	

천자문 판권지에 나타난 분매소에는 다음과 같은 특징이 있다. 분매소를 기재한 총 15건 가운데 경향각서포(경향각서관, 경향각서시)라고 기재

된 것이 10건으로 2/3를 차지하고 있다. 나머지 5건만이 특정 서점을 분매소로 지정하고 있다. 경향각서포 등으로 기재된 10건은 대체로 학고당 천자문이나 석봉 천자문과 같이 저본의 사용이 개방된 책임을 알 수 있다. 그렇기 때문에 독점 판매권을 설정하는 것이 의미가 없었고 이에 따라 분매소를 경향각서포 등으로 기재한 것으로 여겨진다. 이에 비해서 특정 서점을 분매소로 지정한 경우는 『新釋漢日鮮文四體千字』처럼 해당 발행소의 가공을 거친 천자문이거나 새로 발행한 천자문이다. 따라서 특정 서점에 독점판매권을 설정할 수 있었던 것이다. 참고로 밝혀두자면 한석봉 초서체 『千字文』을 인쇄하여 발행한 발행소는 3건으로 신구서림과 한남서림, 최웅열서점이며 학고당이 쓴 해서체 『千字文』을 발행한 발행소는 5곳으로 지물서책포, 지물서책상, 한남서림, 최성운상점출판부, 신구서림이다.

나. 정가

일제시대 천자문 판권지 54건을 대상으로 책의 정가를 조사하여 보면 3건만 책의 정가가 표시되어 있다. 즉 1913년 대구 재전당서포의 『註解千字文』은 정가 新貨30전이고 1933년 신흥서관의 『新釋韓日鮮文四體千字』는 정가 40전이며 1943년 삼중당서점의 『千字文』은 정가 2원이다.[88] 이를 제외하고는 나머지 51건은 정가가 표시되어 있지 않다. 대부분의 천자문에

---

88) 1943년 삼중당서점에서 발행한 천자문의 가격이 2원으로 급격한 상승을 보인 이유는 다음과 같이 추정해 볼 수 있다. 첫째, 1930년대 말부터 심각해진 용지부족이 1940년대에 이르러 최악의 상황을 맞았고 1941년에는 일본출판배급주식회사 조선지사가 국내 출판물의 유통과 배급을 도맡게 됨으로서 서적가격이 상승되었을 것이다. 실제 1943년 삼중당서점에서 발행한 천자문에는 "배급원: 일본출판배급주식회사 조선지사"라고 기재되어 있다. 둘째, 1943년부터 서적가격에 "특별행위세"라는 세금이 부과되었고 이것이 서적가 상승이 직접적인 요인으로 작용하였을 것으로 여겨진다. (방효순, "일제시대 민간 서적발행활동의 구조적 특성에 관한 연구", p.108 참고)

정가가 표시되어 있지 않은 이유는 무엇일까?

1919년에 한남서림에서 발행한 초서체 千字文 판권지에 수록된 "本書林 發行 新舊書目錄"을 살펴보면 책수만 표시된 서목과 책수와 정가가 표시된 서목이 보인다. 여기서 신서목록에는 책수와 정가가 표시된 반면에 구서목록에는 책수만 표시되었을 뿐이다. 구서목록에 가격표시가 나타나지 않는 것은 방각본 형태로 출판하는 경우로 서적의 가격이 종이값의 등락에 따라 크게 오르내렸기 때문이다. 이러한 이유로 舊書에 속하는 천자문에도 가격이 기재되지 않은 것이다.

이러한 점은 1918년에 회동서관에서 발행한 초서체 『千字文』, 해서체 『千字文』 2건과 1925년에 회동서관에서 발행한 해서체 『千字文』 1건의 판권지에 수록된 "本舘發兌白紙版書目"에서 살펴볼 수 있다.[89] 이 판권지에는 本舘發兌白紙版書目을 나열하기 전에 "但 價格은 白紙時勢의 高低을 隨ᄒ야 一定치 안키로 記載치 못홈"이라고 적혀 있다. 이와 같은 기록은 당시의 책값이 용지의 시세에 맞추어 정해졌다는 것을 보여준다. 이렇게 백지판의 가격은 용지의 시세에 맞추어 정해졌는데 개량지판에 비해 좀 비싸게 매긴 것으로 나타났다. 동아일보 책광고를 보면 한남서림에서 발행한 『大方草簡牘』 全 2冊의 정가는 白紙 1원50전이고 改良紙는 1원 20전으로 기재되어 있다.[90]

다. 認 · 許可표시

일제시대 출판물의 판권지에는 조선총독부의 인허가 사항이 기재되어 있다. 일제시대 천자문의 판권지에 나타난 조선총독부의 인가나 허가표시

---

89) 1918년과 1925년에 발행된 "本舘發兌白紙版書目"에는 책수만 표시된 서목 24건이 나열되어 있다. 천자문은 『草千字』, 『三體註解千字文』, 『千字文』 3건이다.
90) 동아일보, 1921년 5월 27일 1면.

는 다음 표 17)과 같다.

표 17) 인허가표시

번호	서 명	발행년	발 행 소	인·허가 표시
1	주해천자문	1911	문명서관	조선총독부경무총감부인가
2	주해천자문	1913	재전당서포	조선총독부경무총장인가
3	천자문	1913	지물서책포	조선총독부경무총감부인가
4	천자문	1913	신구서림	조선총독부경무총감부인가
5	천자문	1913	신구서림	조선총독부경무총감부인가
6	천자문	1915	지물서책상	조선총독부경무총감부인가
7	천자문	1915	회동서관	조선총독부경무총감부허가
8	천자문	1916	홍수당	조선총독부경무총감부허가
9	천자문	1916	한남서림	조선총독부경무총감부인가
10	천자문	1916	다가서포	조선총독부경무총장허가
11	삼체주해천자문	1916	회동서관	조선총독부경무총감부인가
12	일선언해천자문	1916	박원식서점	조선총독부경무총감부인가
13	주해천자문	1916	다가서포	조선총독부경무총장허가
14	천자문	1917	칠서방	조선총독부경무총감부허가
15	주해천자문	1917	한남서림	조선총독부경무총감부인가
16	도상주해천자문	1917	조경적가	조선총독부경무총감부인가
17	천자문	1918	회동서관	조선총독부경무총감부허가
18	천자문	1918	회동서관	조선총독부경무총감부허가
19	천자문	1919	한남서림	조선총독부경무총감부인가
20	천자문	1925	대성서림	출판허가
21	천자문	1926	광인서림	조선총독부허가
22	한일선천자문	1930	박문서관	조선총독부허가
23	신석한일선문사체천자	1933	신흥서관	조선총독부인가
24	천자문	1934	세창서관	조선총독부허가
25	천자문	1935	삼성서림	관허
26	천자문	1935	삼성서림	관허
27	일선주해천자문	1936	최성운상점	관허
28	신석한일선문주해천자	1936	성문당	조선총독부인가

위의 표에서 볼 수 있듯이 조선총독부 인허가표시는 총 28건 조사되었
는데 그 중 1910년대가 19건으로 가장 많이 조사되었고 1920년에는 2건,

1930년에는 7건 나타났다. 인허가표시는 일정하지 않아서 조선총독부경무총감부인가, 조선총독부경무총감부허가, 출판허가, 조선총독부인가, 조선총독부허가, 관허, 조선총독부경무총장인가, 조선총독부경무총장허가 등 8가지 종류가 보인다. 이러한 가운데에서도 시대별 특징이 있는데 1910년대에는 인허가의 주체를 "조선총독부 경무총감부"나 "조선총독부 경무총장"과 같이 분명히 표시하고 있음에 비해서 1920년대 이후에는 "관허"라고 하여 이를 생략하거나 "조선총독부"라고만 표시되어 있어 과거에 비해서 두루 뭉실하게 밝히고 있다. 1925년 대성서림에서 발행한 천자문에서처럼 "출판허가"라고만 밝히고 있는 경우도 있다. 이상에서 볼 수 있듯이 출판물에 대한 조선총독부의 감독이 1910년대에 그 어느 시기보다 엄격하고 까다로웠음을 알 수 있다.

이렇게 출판인허가를 표기하는 관행은 개화기 출판물에서부터 나타나고 있다. 당시에는 "學部檢定認可"라는 기록을 사용하였으며 이는 모든 출판물이 학부의 검정을 받아야만 출판될 수 있었다는 사실을 보여주고 있다. 일제시대 인허가 표시도 이러한 관행을 이어받은 것이지만 인허가의 주체가 學部에서 경찰 당국(경무총감부)으로 바뀐 점에서도 볼 수 있듯이 감독과 간섭의 정도는 과거와 비교가 안될 정도로 심해졌음을 알 수 있다.

라. 판권표시

일제시대에 발행된 천자문의 판권지에는 판권표시가 다양하게 나타난다. 이 판권표시는 판권의 소재와 판권자의 권리를 알 수 있는 중요한 요소이다. 천자문의 판권지에 나타난 판권표시를 조사하여 보면 다음 표 18)과 같다.

표 18) 판권 표시

번호	서 명	발행년도	발 행 소	판권표시
1	주해천자문	1916	전주다가서포	不許複製
2	천자문	1916	전주다가서포	
3	천자문	1916	한남서림	
4	주해천자문	1917	한남서림	
5	도상주해천자문	1917	조경적가	
6	천자문	1919	천일서관	
7	사체천자문	1928	영창서관	
8	천자문	1930	최응열서점	
9	천자문	1932	우주서림	
10	일선도상천자문	1936	영창서관	
11	일선천자문	1937	전주양책방	
12	천자문	1937	전주양책방	
13	천자문	1915	지물서책상	不許複板
14	천자문	1928	대창서원 보급서관	
15	천자문	1928	대창서원 보급서관	
16	한인선천자문	1935	삼문사	
17	일선천자문	1936	삼문사	
18	예전초서천자문	1936	광한서림	
19	천자문	1913	지물서책포	
20	천자문	1913	신구서림	
21	초천자문	1913	신구서림	
22	주해천자문	1911	문명서관	板權所有
23	도상주해천자문	1917	조경적가	
24	초천자문	1916	회동서관	模印不許
25	몽학도상천자문	1932	한남서림	其壽永昌
26	일선사체천자문	1937	광한서림	不許復製
27	신석한일선문도상천자	1937	덕흥서림	不許(德)複板

위의 표에서 볼 수 있듯이 일제시대 발행된 천자문에 기재된 판권표시
는 8종류로 총 27건이 조사되었다. 그 중 不許複製가 12건으로 가장 많고
그 다음이 不許複板 6건, 不許複版 3건, 板權所有 2건, 模印不許, 其壽永昌,
不許復製, 不許(德)複板 등이 각 1건 순이다.

不許複製 12건 중 2건 이상을 표시한 발행소로는 한남서림과 전주 다가

서포를 들 수 있는데 이것은 1916년과 1917년에 발행한 『千字文』이었다. 不許複板은 6건에 표시가 되었는데 2건 이상을 표시한 발행소로는 대창서원·보급서관과 삼문사를 들 수 있다. 대창서원·보급서관은 1928년에 발행된 『千字文』에 이 판권표시를 하였고 삼문사는 1935년과 1936년에 발행된 『千字文』에 이 판권표시를 하였다. 不許複版은 3건에 표시가 되었는데 이들의 공통점은 3건 모두가 1913년에 발행된 『千字文』이라는 점이다. 板權所有는 1911년 문명서관과 1917년 조경적가에서 발행한 千字文에 표시되어 있다.[91] 특히 1917년 조경적가에서 발행한 『圖像註解千字文』은 판권표시가 매우 특이하다.[92] 다음 模印不許, 其壽永昌, 不許復製, 不許(德)複板이 각기 1건씩 나타나는데 그 중 不許(德)複板은[93] 덕홍서림에서 발행되는 출판물에만 표시하였다.

일제시대 발행된 천자문의 판권표시에는 이렇다 할 시기별 특징은 나타나지 않으나 1910년대가 13건으로 가장 많이 조사되었고 그 다음이 1930년대 11건, 1920년대 3건 순으로 조사되었다.

7. 結論

이상에서 살펴본 바를 요약하여 결론으로 삼으면 다음과 같다.

---

91) 1917년 趙慶勛家에서 발행한 『圖像註解千字文』에는 不許複製와 板權所有 표시가 동시가 나타난다.

92) 이 판권표시는 이중 네모로 되어 있다. 바깥의 네모에는 서명(圖像註解千字文)과 板權所有, 不許複製 표시가 되어 있고 안쪽의 네모는 3등분을 하여, 著者, 趙慶勛, 檢印으로 되어 있다. 즉 이것은 서명과 저자명 그리고 판권표시가 동시에 나타나는 특이한 판권이다.

93) 이 판권표시는 네모 안에 (德)을 가운데 두고 왼쪽에 不許를 오른쪽에 複板을 표시하고 있다.

첫째, 시기별 발행추이를 살펴보면 1910년대 21건, 1920년대 7건, 1930년대 25건, 1940년대 1건 발행되었다. 1930년대가 발행건수가 가장 많았고 그 중 일본어 새김이 붙은 천자문이 15건으로 전체 발행건수의 3분의 2를 차지한다. 이러한 이유는 일제가 추진한 황국신민화정책으로 일본어 교육을 강화한 때문으로 보인다.

둘째, 일제시대 천자문을 가장 많이 발행한 발행자는 강의영과 백두용으로 4건이고 그 다음이 고유상과 최성운으로 3건이다. 천자문을 많이 발행한 발행소는 회동서관이 5건, 한남서관이 4건, 영창서관이 3건 등이다. 이 가운데 영창서관을 운영했던 강의영의 경우 초창기 회동서관을 통해서 천자문을 발행하기도 하였다.

셋째, 천자문 인쇄를 많이 한 인쇄자로는 조명천 5건, 안약동, 신유식 각 3건 등을 들 수 있다. 이들 인쇄자를 중심으로 살펴보면 일제 초기 목판인쇄 기술을 가진 장인들은 특정한 인쇄소에 매이지 않고 여러 군데 불려다니면서 일을 한 것으로 여겨진다. 하지만 시간이 지나면서 각 출판사에서 인쇄부를 두면서 전임 직원을 고용하는 경향을 보이기 시작한다.

넷째, 1937년에 양책방에서 발행한 日鮮千字文과 千字文, 1937년에 덕홍서림에서 발행한 新釋韓日鮮文圖像千字과 같이 해당 발행소의 가공을 거친 천자문의 경우 판권지에 발매소나 분매소를 기재하여 독점판매권을 설정하고 있다.

다섯째, 책의 정가가 표시되어 있는 천자문은 3건 밖에 없었는데 그것은 일제시대 舊書의 경우 책값이 종이값의 등락에 따라 오르내렸기 때문으로 여겨진다. 또한 조선총독부 인허가표시는 총 28건 조사되었는데 그 중 1910년대가 19건으로 가장 많이 조사되었고 인허가의 주체도 "조선총독부 경무총감부"나 "조선총독부 경무총장"과 같이 분명히 표시하고 있어 출판물에 대한 검열과 감독이 그 어느 시기보다 엄격하고 까다로웠음을 알 수 있다.

　여섯째, 판권표시로는 不許複製가 12건으로 가장 많고 그 다음이 不許複板 6건, 不許複版 3건, 板權所有 2건, 模印不許, 其壽永昌, 不許復製, 不許(德)複板 등이 각 1건순이다. 그 중 1917년 조경적가에서 발행한 圖像註解千字文은 판권표시가 매우 특이하고 不許(德)複板은 덕홍서림에서 발행되는 출판물에만 표시하였다.

參考文獻

1. 目錄

岡村繁對馬現存漢籍分類目錄前篇, 九州大學 文學部, 昭和55年(1980).

啓明大學校中央圖書館, 古書目錄, 대구 : 同圖書館, 1987.

高麗大學校中央圖書館, 貴重書目錄, 서울 : 同圖書館, 1980.

高麗大學校中央圖書館, 晩松金完燮文庫目錄, 서울 : 同圖書館, 1979.

高麗大學校中央圖書館, 新庵文庫漢籍目錄, 서울 : 同圖書館, 1973.

高麗大學校中央圖書館, 漢籍目錄(舊藏), 서울 : 同圖書館, 1984.

國立中央圖書館, 古書目錄 1~5, 서울 : 同圖書館, 1970.

國會圖書館, 古書目錄, 서울 : 同圖書館, 1995.

國會圖書館, 韓國古書綜合目錄, 서울 : 同圖書館, 1968.

檀國大栗谷紀念圖書館, 羅孫文庫目錄, 서울 : 同圖書館, 1991.

東國大學校中央圖書館, 古書目錄, 서울 : 同圖書館, 1981.

東國大學校中央圖書館, 古書目錄集成, 서울 : 同圖書館, 1962.

文化財管理局, 韓國典籍綜合調查目錄 1~7, 서울 : 文化財管理局, 1986~1993.

文化財管理局藏書閣, 藏書閣圖書韓國版總目錄, 서울 : 同閣, 1962 ; 補遺篇,
　　　　　1972.

서울大學校圖書館, 奎章閣圖書韓國本綜合目錄 上下, 서울 : 서울大學校出版部.

成均館大學校 東아시아학술원 尊經閣, 古書目錄 3, 서울 : 同閣, 2002.

成均館大學校 中央圖書館, 古書目錄 1 · 2, 서울 : 同圖書館, 1979 ; 제2집, 1981.

安東大學校 圖書館, 古書目錄, 安東 : 同圖書館, 1994.

延世大學校中央圖書館, 古書目錄, 서울 : 同圖書館, 1977.

嶺南大學校 中央圖書館, 古書 · 古文書目錄 -南齋文庫-, 慶山 : 同圖書館, 2001.

嶺南大學校 中央圖書館, 藏書目錄 -漢古籍篇-, 慶山 : 同圖書館, 1973.

尹炳泰, 韓國古書綜合目錄, 서울 : 國會圖書館, 1968.

李仁榮, 淸芬室書目, 서울 : 寶蓮閣, 1968.

李春熙, 李朝書院文庫考, 서울 : 國會圖書館, 1969.

前間恭作, 古鮮冊譜 3冊, 日本: 東洋文庫, 昭和31(1956).

全南大學校 圖書館, 古書目錄, 光州 : 同圖書館, 1990.

鄭亨愚·尹炳泰, 韓國의 冊板目錄 上·下·補遺 索引, 서울 : 延世大學校國學
　　　研究院, 1995.

忠南大學校 圖書館, 古書目錄, 大田 : 同圖書館, 1993.

忠南大學校 圖書館, 鶴山文庫目錄, 大田 : 同圖書館, 1997.

韓國民族美術硏究所, 澗松文庫漢籍目錄, 서울 : 同硏究所, 1967.

韓國精神文化硏究院, 古書目錄, 서울 : 同硏究院, 1991.

2. 單行本

舊唐書 卷 199 列傳 149 東夷傳 高句麗 百濟傳.

國史編纂委員會, 朝鮮王朝實錄 1~48 (影印本), 서울 : 同委員會, 1970.

國會圖書館, 國朝榜目, 同圖書館, 1971.

權相老, 韓國寺刹全書 上下, 서울 : 東國大學校出版部, 1979.

權相老, 韓國地名沿革考, 서울 : 東國文化社, 1961.

권재선, 한글연구(Ⅰ), 대구 : 우골탑, 1993.

奎章閣, 群書標記(影印本), 서울 : 學文閣, 1970.

金甲周, 朝鮮時代 寺刹經濟硏究, 서울 : 同和出版公社, 1983.

金基昇, 新稿韓國書藝史, 서울 : 正音社, 1975.

金斗鐘, 韓國古印刷技術史, 서울 : 探求堂, 1981.

金元龍, 韓國古活字槪要, 서울 : 乙酉文化社, 1954.

金宗瑞 等, 高麗史(影印本), 서울 : 延世大學校 東方學硏究所, 1969.

金致雨, 攷事撮要의 冊板目錄硏究, 부산 : 民族文化, 1983.

盧榮澤, 日帝下 民衆敎育運動史, 서울: 探求堂, 1992.

檀國大學校附設 東洋學硏究所, 千字文, 서울 : 同硏究所, 1973.

대한인쇄문화협회, 大韓印刷協會 59年史, 서울 : 同協會, 1999.

渡部學, 近代朝鮮敎育史硏究, 東京 : 雄山閣, 昭和44(1911).

리철하, 조선출판문화사, 백산자료원, 1995.

박광민, 천자문 고전산책, 서울 : 넥서스, 1995.

朴相國, 全國寺刹所藏板集, 서울 : 文化財管理局, 1987.

朴先榮, 佛敎와 敎育, 서울 : 東國大學校附設譯經院, 1982.

백운관·부길만, 한국출판문화변천사, 서울 : 도서출판타래, 1992.

서울大學校圖書館, 國朝人物考(影印本) 上·中·下, 서울 : 同大學校出版部,
          1978.

徐有榘, 鏤板考(影印本), 서울 : 寶蓮閣, 1968.

小倉進平, 增訂朝鮮語學史, 東京 : 刀江書院, 昭和39(1964).

孫寶基, 새판 한국의 고활자, 서울 : 寶晋齋, 1982.

孫寶基, 한국의 고활자, 서울 : 寶晋齋, 1971.

孫仁銖·李元浩, 敎育史新講, 서울 : 文音社, 1984.

孫熙河, 千字文<松廣寺板>, 서울 : 太學社, 1993.

申景徹, 漢字字釋研究, 서울 : 通文館, 1978.

沈喁俊, 日本訪書志, 城南 : 韓國精神文化研究院, 1998.

安秉禧, 國語史資料研究, 서울 : 文學과 知性史, 1992.

안춘근, 주흥사천자문, 서울 : 범우사, 1994.

呂丞九, 『책·冊과 歷史』, 서울: 한국출판무역주식회사, 2002.

예술의 전당, 石峯 韓濩(한국서예사 특별전 17), 서울: 예술의 전당, 1997.

예술의 전당, 韓國書藝二千年, 서울: 예술의 전당, 2002.

柳鐸一, 韓國文獻學研究, 서울 : 亞細亞出版社, 1989.

尹炳泰, 韓國書誌年表, 서울 : 韓國圖書館協會, 1970.

李睟光, 芝峰類說, 서울 : 경인문화사, 1970.

李謙魯, 通文館책방비화, 서울 : 民學會, 1988.

李基文·孫熙河, 千字文資料集, 서울 : 박이정, 1995.

李斗熙 等編, 韓國人名字號辭典, 서울 : 啓明文化社, 1988.

李萬珪, 朝鮮敎育史 上, 서울 : 乙酉文化史, 1947.

李樹健, 朝鮮時代 地方行政史, 서울 : 民音社, 1898.

李　政, 韓國佛敎寺刹事典, 서울 : 佛敎時代社, 1996.

李泰鎭, 韓國儒敎社會史論, 서울 : 지식산업사, 1989.

李鉉淙, 海外所在 韓國文獻 : 韓國學 文獻硏究의 現存과 展望, 서울 : 亞細亞文化社, 1983.

前間恭作 著, 安春根 編譯, 韓國板本學, 서울 : 汎友社, 1985.

전남대학교 문헌정보연구소, 全南 書院의 木板, 전남: 동연구소, 1998.

鄭萬祚, 朝鮮時代 書院 硏究, 서울 : 集文堂, 1997.

丁若鏞, 譯註牧民心書Ⅳ, 서울 : 創作과 批評社, 1984.

鄭亨愚, 朝鮮朝 書籍文化硏究, 서울 : 九美貿易, 1995.

朝鮮總督府, 舊韓國地方行政區域名稱一覽, 서울 : 太學社, 1985.

조성출, 韓國印刷出版百年, 서울: 보진재, 1997.

車錫基, 敎育史 敎育哲學, 서울 : 集文堂, 1995.

千惠鳳, 금속활자본, 서울 : 汎友社, 1993.

千惠鳳, 목활자본, 서울 : 汎友社, 1993.

千惠鳳, 韓國書誌學(改訂增補版), 서울 : 民音社, 1991.

千惠鳳, 韓國典籍印刷史, 서울 : 汎友社, 1990.

崔世和, 丙子本千字文 古城本訓蒙字會考, 서울 : 太學社, 1987.

崔世和, 漢字敎本三書硏究, 서울 : 太學社, 1993.

崔　恒 等, 經國大典(影印本), 法制硏究院, 1993.

韓國書誌學會, 海外典籍文化財調査目錄, 서울 : 韓國書誌學會, 1998.

韓國人名大事典編纂室, 韓國人名大事典, 서울 : 新久文化社, 1967.

韓國人文科學院 編, 韓國近代邑誌 1~64(영인본), 서울 : 同院, 1991.

韓國人文科學院, 韓國近代道誌(影印本), 서울 : 同人文科學院, 1991.

韓國精神文化硏究院, 韓國文化民族大百科事典, 서울 : 同硏究院, 1991.

허　웅, 國語音韻學(改稿新版), 서울 : 正音社, 1965.

洪俊杓, 南陽洪氏大觀, 서울 : 南陽洪氏大宗中 中央宗會, 1980.

洪太裕, 南陽洪氏世譜 卷之2, 서울 : 南陽洪氏中央花樹會, 1991.
홍희유·채태형, 조선교육사(조선부문사 I), 한국문화사, 1996.

3. 論文

姜銓爕, "嶺湖列邑所在冊板目錄에 대하여", <韓國語文論叢>, 1976.
姜周鎭, "嶺南冊板", <書誌學> 5, 1972.
국어국문학회, "附錄", <국어국문학> 제41호, 1968.
權五石, "書堂敎材에 관한 書誌的 研究", <書誌學研究> 10, 1994.
金大鉉, "茶山 鄭若鏞의 漢文敎育書에 대한 고찰", <한문교육연구> 제10호,
        1997.
金世漢, 朝鮮朝 初學 敎材 研究, 大邱 : 啓明大學校大學院(碩士學位論文), 1981.
金允植, 鏤板考의 書誌的 研究, 서울 : 成均館大學校大學院(碩士學位論文), 1978.
金履浹, "平北方言千字文", <방언> 3, 1980.
金鉉奎, 蒙學敎材로써의 千字文, 서울 : 成均館大學校敎育大學院(碩士學位論
        文), 1990.
金鎬然, "千字文에 나타난 書體 考察", <書藝> 4, 서울 : 月刊書藝社, 1974.
김무진, "조선후기 서당의 사회적 성격", <역사와 현실> 제16호, 서울 : 역사
        비평사, 1995.
南都泳, "韓國寺院敎育制度(上) (下)", <歷史敎育> 제27·28집, 서울 : 歷史敎
        育研究會, 1980.
藤本幸夫, "大東急記念文庫所藏千字文", <朝鮮學報> 93, 1979.
藤本幸夫, "朝鮮版 <千字文>の系統", <朝鮮學報> 94, 1980.
藤本幸夫, "宗家文庫藏朝鮮に就いて", <朝鮮學報> 99~100, 1981.
朴來鳳, "書堂敎育의 基本課程과 履修年數", <새교육> 1, 1977.
박명철, "천자문 훈의 어휘자석 변천연구", <국어교육> 55·56, 1986.
朴焌圭, "河西金麟厚와 그의 詩文學", <語文論叢> 第9號, 1986.
방효순, 일제시대 민간 서적 발행 활동의 구조적 특성에 관한 연구, 서울 : 이

화여자대학교 대학원(박사학위논문), 2001.

白雲官, 韓國 圖書出版物 流通構造의 史的 研究, 서울 : 中央大學校 新聞放送 大學院(碩士學位論文), 1989.

孫熙河, 『새김 어휘 연구』, 박사학위논문, 전남대학교대학원, 1991.

孫熙河, "<千字文> (행곡본)의 새김연구", <어문논총> 12・13, 1992.

孫熙河, "영남대본<千字文>연구", <국어국문학> 108, 1992.

孫熙河, <千字文> 字釋研究, 全南 : 全南大學校大學院(碩士學位論文), 1984.

孫熙河, 새김 어휘 연구, 全南 : 全南大學校大學院(博士學位論文), 1991.

申景澈, "七長寺本 千字文 研究", <語文研究> 第18輯, 서울 : 語文研 究會, 1988.

申東姬, 千字文의 異體字 研究, 서울 : 中央大學校大學院(碩士學位論文), 1995.

辛良善, "19世紀 書籍政策에 관한 研究", <書誌學研究> 10, 1994.

安光惠, 嶠南冊板考, 서울 : 中央大學校大學院(碩士學位論文), 1986.

安美璟, "朝鮮時代 千字文 現傳本에 관한 연구", <書誌學研究> 17, 1994.

安美璟, "冊板目錄을 통해 본 朝鮮時代 千字文 刊印 狀況", <書誌學報> 23, 1999.

安美璟, "일제시대 천자문 연구", <書誌學研究> 22, 2001.

安美璟, "일제시대 천자문의 종류와 특징", <書誌學研究> 26, 2003.

安秉禧, "內閣文庫所藏 石峰千字文에 대하여", <書誌學> 6호, 1974.

安秉禧, "중세어의 한글자료에 대한 종합적 고찰", <奎章閣> 3, 1979.

安秉禧, "千字文의 系統", <정신문화> 2, 1982.

安春根, "韓國出版古史斷 內에서", <亞細亞學報> 1, 1965.

吳英蘭, 韓國石版印刷術에 관한 研究, 석사학위논문, 이화여자대학교대학원, 1976.

柳鐸一, 大邱地方 坊刻本(達板)에 대하여, 『書誌學研究』 제3집, 書誌學會, 1988.

柳鐸一, "嶺南地方의 出版文化", <圖協月報> 19권 8호, 1978.

李基文, "石峰千字文에 대하여", <국어국문학> 55~57호, 1972.

李基文, "千字文研究", <韓國文化> 2, 1981.

李基文, "漢字의 釋에 관한 研究", <東亞文化> 제11집, 1972.

李完雨, 『石峯 韓濩 書藝 研究』, 박사학위논문, 한국학대학원, 1998.

이우영·정진권, "천자문의 재검토", <어문연구> 53, 1987.

任昌淳, "韓國의 印本과 書體", <民族文化論叢> 第4輯, 1991.

張仁鎭, "朝鮮後期 慶尙監司 - 특히 大邱監營에서 甲午更張까지의 在任監司를
　　　중심으로 -", <圖協月報> 21, 1980.

鄭大煥, 千字文의 訓에 대한 研究, 大邱 : 啓明大學校敎育大學院(碩士學位論
　　　文), 1981.

丁淳佑, "茶山 兒學編 研究", <茶山學報> 4, 1982.

丁淳佑, 18세기 書堂 研究, 성남 : 韓國精神文化研究院附屬大學院(博士學位論
　　　文), 1985.

趙婷化, 朝鮮朝後期 嶺南官板本에 관한 研究, 서울: 成均館大學校大學院(博士
　　　學位論文), 1995.

趙炳舜, "原本石峰千字文에 대하여", <書誌學> 7호, 1981.

千惠鳳, "內閣文庫의 韓國 古活字本에 대하여", <書誌學> 3, 1970.

崔世和, "對馬歷史民俗資料館 所藏本의 千字文 字釋에 대하여", <日本學> 5,
　　　서울 : 東國大學校, 1986.

崔世和, "對馬歷史民俗資料館 所藏의 <訓蒙字會>와 <千字文>", <佛敎美術>
　　　8, 1985.

崔銓承, "19세기 후기 全羅方言의 음운현상과 그 역사성", 서울 : 翰信文化社,
　　　1992.

崔學根, "千字文에 대하여", <국어국문학> 83, 1980.

韓東明, 韓國中世印刷文化의 制度史的 研究 : 11~15世紀 校書館制度를 중심으
　　　로, 서울 : 慶熙大學校大學院(博士學位論文), 1986.

4. 신문·잡지

동아일보, 1921년 5월 27일자, 1면 광고.

동아일보, 1937년 4월 8일 2면 광고.

동아일보, 1963년 6월 12일자 기사.

매일신보, 1914년 9월 15일자 기사, 9월 22일자 기사.

매일신보, 1930년 5월 1일자 기사.

매일신보, 1940년 3월 11일 5면 광고.

매일신보, 1943년 8월 11일자 기사.

조선일보, 1931년 6월 2일자 기사.

조선일보, 1931년 6월 2일자 기사.

관보 4321호 1909년 2월23일, <법률 제6호>.

李瑞求, "冊房歲時記", <新東亞> 40, 1968.

朝光 編輯部, "尺牘類에서 産聲을 發한 永昌書舘의 今日", <朝光> 1938.12.

조기순, "개화기의 서적상들", <중앙> 30, 1970.

附　錄

1. 作成時期別　册板　目錄

16세기 이전

1) 攷事撮要(1585년 작성)

江原	旌善	草千字文
	平海	眞千字
慶尙	慶州	眞草書千字
	比安	眞草千字
	山陰	注千字
	安東	四字千字
		五字千字
		八字千字
	盈德	千字
	永川	四字千字
	榮川	千字
	義城	四字千字
	晉州	白字千字
		草書千字
	昌原	草千字
全羅	高山	眞草千字
	光州	千字
	求禮	草書千字
	錦山	篆千字

	南原	白字千字	
		眞草書千字	
	同福	黑千字	
	茂長	四字千字	
		小千字	
	寶城	千字	
	淳昌	大字千字	
	長興	千字	
平安	平壤	大千字	
	平壤	雪庵千字	
咸鏡	咸興	四體千字	
漢城	校書館	韓漢千字*	

計 : 25個 開板地 31件

* 임진왜란 이후의 冊板目錄을 조사하여 보면 校書館에서 간인한 韓漢千字 1건이 추가되어 실제로 攷事撮要에 실린 천자문은 총 25개 開板地 31건이다.

2) 嶺南冊板記(1590년 작성)

慶尙	密陽	千字	狀紙 2貼2張
	尙州	千字	注紙 1卷3張
	晉州	白字千字	
	昌原	草千字	16張
	慶州	眞草千字	狀紙 3貼5張 墨半丁
	安東	四字千字	注紙 3卷4張 墨1丁
		五字千字	注紙 1卷7張
		八字千字	注紙 7張
	永川	四字千字	紙1卷 1貼14張

計 : 7個 開板地 9件

18세기 이전

1) 慶尙道册板(1683~1767년 작성)

慶尙	金海	韓濩千字	壯紙 2卷2張2折
	蔚山	千字	1卷 1張2折
	星州	千字	壯紙 3卷2張2折

計 : 3個 開板地 3件

2) 完營册板目錄(1759년 작성)

全羅	求禮	大千字	白紙 1束2丈 無
	求禮	韓濩千字	白紙 1束2丈 無
	南原	千字	板子永無
	務安	大千字	白紙 1束2丈 無
	淳昌	大千字	白紙 1束5丈
	順天	千字	白紙 16丈
	靈光	韓濩千字	營 白紙 1束2張 刊
		篆千字	白紙 刊
	長興	大千字	白紙 1束5張
	全州	大千字	白紙 1束5丈
咸鏡	監營	御筆千字	白紙 1束3丈
		韓濩千字	白紙 1束10丈

計 : 9個 開板地 12件

3) 册板置簿册(1759~1767년 작성)

| 京畿 | 朔寧 | 御筆千字 | 白紙 1卷2丈 |

慶尙	金海	千字文	白紙 1卷1丈
	星州	千字文	壯紙 1卷11丈
	義城	千字	白紙 1卷2丈
全羅	求禮	韓濩千字	白紙 1卷2丈
	務安	大千字	白紙 1卷3丈
	靈光	篆千字	白紙 16丈
	全州	大千字	白紙 1束2丈
	左水營	篆千字	白紙 1卷16丈
咸鏡	監營	韓濩千字	白紙 1卷10丈
黃海	海州	篆千字	白紙 10丈

計 : 11個 開板地 11件

4) 古冊板有處攷(1700~1766년 작성)

江原	江陵	千字板	
京畿	廣州	註解千字板	
		千字板	板舊來並刊
全羅	濟州	千字板	
	珍山	千字板	
咸鏡	端川	千字板	

計 : 5個 開板地 6件

5) 嶠南冊錄(1783년 작성)

慶尙	固城	千字文	
	金海	千字	
	星州	大千字	壯紙 1束11張 李恒福 著
	安東	千字	壯紙 1束3張
	監營	千字	1卷 白紙 1束2張

清道	大千字	壯紙 1束12張 石峯 書	
	草書千字	壯紙 1束13張 韓濩 書	

計: 6個 開板地 7件

6) 五車書錄(1791년 이후 작성)

全羅	求禮	大千字	1卷 紙1束2丈 刊秩
		韓濩千字	1卷 紙1束2丈 刊秩
	南原	千字	1卷 紙17丈
	務安	大千字	1卷 紙1束2丈
	淳昌	大千字	1卷 紙1束2丈
	順天	千字	1卷 紙19丈
	靈光	韓濩千字	1卷 紙1束2丈 刊秩 昔有今無秩
	長興	大千字	1卷 紙1束2丈 刊秩
咸鏡	監營	御筆千字	紙1束3丈

計 : 8個 開板地 9件

7) 嶺湖列邑册板目錄(1793년 이후 작성)

慶尙	金海	千字文	白紙 2束
	統營	千字	厚紙 1束2張
全羅	務安	千字大書	壯紙 1束5張

計 : 3個 開板地 3件

8) 鏤板考(1796년 작성)

江原	旌善	千字文	藏印紙1牒1張
京畿	校書館	千字文	藏印紙1牒12張
	南漢 開元寺	千字文	藏印紙1牒7張1折

	北漢 太古寺	千字文	藏印紙18張
慶尙	星州	千字文	藏印紙 1牒11張
	淸道	千字文	藏 缺 印紙1牒1張
全羅	濟州	千字文	藏 刓缺 印紙1牒1張

　　計 : 7個 開板地 7件

9) 三南所藏册板(1797년 이전 작성)

全羅	順天	千字	19丈

　　計 : 1個 開板地 1件

19세기 이전

1) 諸道册板錄(19세기 이전 작성)

全羅	順天	千字	19丈
	監營新備	註解千字	南門外 私板1卷 17丈 註解
		千字	西門外 私板
		草千字	西門外 私板
	珍山	韓濩千字	1束5丈
咸鏡	監營	御筆千字	1束3丈
		韓濩千字	1束10丈

　　計 : 4個 開板地 7件

2) 册板錄(1814년 이후 작성)

全羅	珍山	韓濩千字	紙1束5張

威鳳寺		千字	卷 紙2束10張

　計 : 2個 開板地 2件

3) 各道册板目錄(1840년 작성)

京畿	南漢	大千字	4張缺 容入紙 1卷12張
		小千字	2張缺 容入紙 16張
		註解千字	4張缺 容入紙 1卷1張
	北漢	千字文	5張缺 容入紙 16張
慶尙	淸道	千字	容入紙 1卷13張
全羅	全州	千字	私板 容入紙 1卷
	泰仁	篆千字	容入紙 1卷
平安	成川	千字	容入紙 17張

　計 : 6個 開板地 8件

4) 完營客舍册板目錄(1885년 작성)

全羅	珍山	韓濩千字	紙 1束5張

　計 : 1個 開板地 1件

2. 朝鮮時代 千字文 書誌事項

中央官署本

新刊大字附音釋文三註 : 千字文

周興嗣(梁) 著. 初鑄甲寅字本, 鑄字所,〔中宗~明宗年間〕刊.
3卷 1冊. 四周單邊, 半郭 26.3×17cm. 有界. 10行18字. 內向黑魚尾. 黑口.
26.6×17cm. 線裝.
目次 : 卷之上 ; 千字文. 卷之中 ; 詠史詩. 卷之下 ; 蒙求

千字文

周興嗣(梁) 著, 韓濩(1543~1605) 書. 木版本, 校書館, 宣祖 16(1583) 刊.
不分卷 1冊(42張). 四周雙邊, 半郭 31×21.3cm. 有界. 3行4字. 內向3葉花紋
魚尾. 42×27.2cm. 線裝.
刊記 : 萬曆十一年(宣祖 16, 1583)正月日副司果 臣韓濩奉敎書
內賜記 : 萬曆十一年(宣祖 16, 1583)七月日內賜司諫院大司諫朴承任千字
文一件
備考 : 奉敎書의 原刊本

千字文

周興嗣(梁) 著, 韓濩(1543~1605) 書. 木板本, 宣祖 30(1597) 刊.
不分卷 1冊(17張). 四周單邊, 半郭 22.1×14.7cm. 有界. 5行6字. 上黑魚尾.
24.5×17.8cm. 線裝.
刊記 : 萬曆丁酉(宣祖 30, 1597)季冬 石峯書

千字文

周興嗣(梁) 著, 韓濩(1543~1605) 書. 木版本, 校書館, 〔16세기〕 刊.
不分卷 1冊(42장). 四周雙邊, 半郭 32×22.5cm. 有界. 3行4字. 內向黑魚尾.
45×28cm. 線裝.
刊記 : 萬曆十一年(宣祖 16, 1583)正月日副司果臣韓濩奉教書
備考 : 原刊本의 釋訓校正本

千字文

周興嗣(梁) 著, 韓濩(1543~1605) 書. 木版本, 校書館, 孝宗 1(1650) 刊.
不分卷 1冊(42장). 四周雙邊, 半郭 31.5×21.4cm. 有界. 3行4字. 內向3葉花
紋魚尾. 45×28cm. 線裝.
刊記 : 萬曆十一年(宣祖 16, 1583)正月日副司果臣韓濩奉教書 二十九年辛
丑(宣祖 34, 1601)七月日內府開刊 庚寅(1650)重補
備考 : 校書館 刊印의 重補本

千字文

周興嗣(梁) 著, 韓濩(1543~1605) 書. 木版本, 校書館, 肅宗 17(1691) 刊.
不分卷 1冊(42장). 四周雙邊, 半郭 29.5×20.6cm. 有界. 3行4字. 內向2・3葉
花紋魚尾. 38.3×25.2cm. 線裝.
序 : 辛未(肅宗 17, 1691)秋七月朔朝序 吳始復奉教書
刊記 : 萬曆十一年(宣祖 16, 1583)正月日副司果臣韓濩奉教書 二十九年辛
丑(宣祖 34, 1601)七月日內府開刊 辛未(肅宗 17, 1650)夏校書館重刊
備考 : 校書館 刊印의 重刊本

千字文

周興嗣(梁) 著, 李海龍(1546~1618) 書. 木版本, 〔17세기〕 刊.

不分卷 1冊(42장). 四周雙邊, 半郭 31×21.4cm. 有界. 3行4字. 內向1·2葉
花紋魚尾. 43.5×28.2cm. 線裝.

識記：萬曆二十九年(宣祖 34, 1601)仲書于玉堂 繕寫猶經乘暇而遺焉 汝之
勉之

表題名：北岳筆蹟

千字文

周興嗣(梁) 著, 韓濩(1543〜1605) 書. 木版本, 校書館,〔18세기〕刊.

不分卷1冊(42장). 四周雙邊, 半郭 29.3×20.5cm. 有界. 3行4字. 內向2·3葉
花紋魚尾. 36.0×25.0cm. 線裝.

刊記：萬曆十一年(宣祖 16, 1583)正月日副司果臣韓濩奉敎書 二十九年辛
丑(宣祖 34, 1601)七月日內府開刊 辛未(肅宗 17, 1650)夏校書館重刊

備考：辛未(肅宗 17, 1691)本의 釋訓校正本

千字文

周興嗣(梁) 著, 韓濩(1543〜1605) 書. 木版本, 校書館, 英祖 30(1754) 刊.

不分卷 1冊(42장). 四周雙邊, 半郭 31.0×20.9cm. 有界. 3行4字. 內向3葉花
紋魚尾. 42.1×27.7cm. 線裝.

刊記：萬曆十一年(宣祖 16, 1583)正月日副司果臣韓濩奉敎書 二十九年辛
丑(宣祖 34, 1601)七月日內府開刊 甲戌(英祖 30, 1754)重刊

備考：校書館 刊印의 重刊本

地方官署本

千字文

周興嗣(梁) 著. 木版本, 光州, 宣祖 8(1575) 刊.

不分卷 1冊(42장). 四周單邊, 半郭 23.0×18.2cm. 有界. 3行4字. 內向黑魚尾. 黑口. 29.5×21.5cm. 線裝.

刊記 : 萬曆三年(宣祖 8, 1575)月日光州刊上

千字文

周興嗣(梁) 著. 木版本, 〔16세기〕 刊.

不分卷 1冊(42장). 四周單邊, 半郭 22.2×15.8cm. 有界. 3行4字. 26.4×18.1cm. 線裝.

篆千字

周興嗣(梁) 著, 禹伏龍 書. 木版本, 宣祖 37(1604) 刊.

不分卷 1冊(13장). 四周單邊, 半郭 20.6×18.5cm. 無界. 8行10字. 29.8×21.9cm. 線裝.

刊記 : 萬曆甲辰(宣祖 37, 1604)元月上澣丹陽禹伏龍書

千字文

周興嗣(梁) 著, 李恒福 書. 木版本, 星州, 光海君 6(1614) 刊.

不分卷 1冊(63장). 四周無邊. 2行4字. 40.0×24.7cm. 線裝.

刊記 : 甲寅(光海君 6, 1614)刊于星州牧

新刊抄海篇心鏡 ： 秦漢篆文

周興嗣(梁) 著. 木版本, 靈光, 顯宗 2(1661) 刊.

不分卷 1冊(42장). 四周單邊, 半郭 14.7×14cm. 有界. 6行6字. 內向黑魚尾.
22.9×17.5cm. 線裝.

刊記 : 順治十八年辛丑(肅宗 2, 1661)二月靈光郡新刊

千字文

周興嗣(梁) 著. 木版本, 〔全羅道〕, 〔肅宗 22(1696)〕 刊.

不分卷 1冊(32장). 四周單邊, 半郭 21.2×16.6cm. 有界. 4行4字. 內向2葉花
紋魚尾. 黑口. 30×20.6cm. 線裝.

刊記 : 丙子(肅宗 22, 1696)三月于〔刊〕

玉堂釐正字義韻律海篇心鏡 ： 大篆書義秦漢篆文

周興嗣(梁) 著. 木版本, 濟州, 肅宗 44(1718) 刊.

不分卷 1冊(42장). 四周單邊, 半郭 14×13.7cm. 有界. 6行6字. 20.5×14.4cm.
線裝.

刊記 : 康熙五十七年戊戌(肅宗 44, 1718)五月日濟州開刊

千字文

周興嗣(梁) 著, 韓濩(1543~1605) 書. 木版本, 京畿道 南漢(廣州), 英祖 1
(1725) 刊.

不分卷 1冊(63장). 2行4字. 64.1×34.6cm. 線裝.

刊記 : 乙巳(英祖 1, 1725)夏 南漢重刊

寺刹本

千字文

周興嗣(梁) 著, 趙孟頫(元) 書. 木版本, 京畿道 廣州 奉先寺, 成宗 2(1471) 刊.

不分卷 1冊(9張). 四周單邊, 半郭 19×13.2cm. 有界. 4行4字. 無魚尾. 27.4×18.5cm. 線裝.

刊記 : 成化七年辛卯(成宗 2, 1471)八月日 奉先寺開板

千字文

周興嗣(梁) 著. 木版, 慶北 龜尾 水多寺, 孝宗 3(1652) 刊.

15板. 四周單邊, 半郭 17.8×17.3cm. 有界. 4行4字. 內向2葉花紋魚尾. 線裝.

刊記 : 歲次壬辰(孝宗 3, 1652)暮春日開刊

千字文

周興嗣(梁) 著, 學敏 書. 木版, 全南 興國寺, 顯宗 6(1665) 刊.

30板. 四周單邊, 半郭 19.0×16.0cm. 有界. 4行4字. 內向黑魚尾.

刊記 : 乙巳(顯宗 6, 1665)季春

千字文

周興嗣(梁) 著. 木版, 大邱 把溪寺, 顯宗 9(1668) 刊.

21板. 四周單邊, 半郭 27×23cm. 有界. 3行4字. 內向黑魚尾.

刊記 : 戊申(顯宗 9, 1668)三月日 金繁書 李相國泰淵(1615~1669)命靈空刻

千字文

周興嗣(梁) 著. 木版, 全南 同福 靈鳳寺, 肅宗 27(1701) 刊.
15板. 四周單邊, 半郭 18.7×15.6cm. 有界. 4行4字. 內向黑魚尾.
刊記 : 辛巳年(肅宗 27, 1701)孟春日 福川地 靈鳳開板

千字文

周興嗣(梁) 著. 木版, 全南 順天 松廣寺, 英祖 6(1730) 刊.
不分卷 1冊(32장). 四周單邊, 半郭 18.5×15.5cm. 有界. 4行4字. 內向黑魚尾. 27.1×20.1cm. 線裝.
刊記 : 雍正八年(英祖 6, 1730)順天 曹溪山 松廣寺開刊 老刻卓梅見學願心 後日傳布

註解千字文

周興嗣(梁) 著, 洪聖源(1699~ ?) 書. 木版本, 京畿 南漢(廣州) 開元寺, 英祖28(1752) 刊.
不分卷 1冊(42장). 四周雙邊, 半郭 30.0×20.5cm. 有界. 3行4字. 上2葉花紋魚尾. 39.0×26.0cm. 線裝.

私家本

千字文

周興嗣(梁) 著, 安平大君(1418~1453) 書. 石版本, 〔文宗 卽位年(1450)〕 刊.
不分卷 1冊(7張). 無界. 6行10字. 21×9.5cm. 折帖本.
卷末 : 愛其筆法命工刻石 各具同志者共之

千字文

周興嗣(梁) 著, 金麟厚(1510~1560) 書. 木板本, 全羅道 淳昌, 剛泉寺 蓮臺庵, 中宗 32(1537) 刊.
　不分卷 1冊(30張). 四周無邊, 無界. 4行4字. 34.3×22.4cm. 線裝.
　刊記：嘉靖丁酉(中宗 320, 1537)夏 四月 河西子 爲仲獻 書于連臺庵

千字文

周興嗣(梁) 著. 木板本, 京畿道 安城, 七長寺, 顯宗 2(1661) 刊.
　不分卷 1冊(32張). 四周單邊, 半郭 17.5×17.2cm. 有界. 4行4字. 內向2葉花紋魚尾. 24.0×18.0cm. 線裝.
　刊記：順治十八年(顯宗 2, 1661)留于私板

千字文

周興嗣(梁) 著, 朴彭年(1417~1456) 書. 木板本, 羅州, 〔17세기〕 刊.
　不分卷 1冊(23張). 四周單邊, 半郭 28×20.4cm. 無界. 4行6字. 35.0×23.7cm. 線裝.
　跋：宋時烈

千字文

周興嗣(梁) 著, 李茂實 書. 木板本, 〔京畿〕, 哲宗 8(1857) 刊.
　不分卷 1冊(32張). 四周雙邊, 半郭 17×14.8cm. 有界. 4行4字. 註雙行. 內向2葉花紋魚尾. 25.5×17.7cm. 線裝.
　刊記：道光十年庚寅(純祖 30, 1830)四月日 孫其大 曾孫孟新重刊. 咸豊七年丁巳(哲宗 8, 1857)三月日 五代孫芝秀三刊.
　識記：雍正十三年乙卯(英祖 11, 1735)三月日 月城后人李茂實書

千字文

周興嗣(梁) 著, 李茂實 書. 木板本, 〔京畿〕, 高宗 31(1894) 刊.

不分卷 1冊(32張). 四周雙邊, 半郭 22.2×26.0cm. 有界. 4行4字. 註雙行. 內向2葉花紋魚尾. 34.0×25.2cm. 線裝.

刊記 : 道光十年庚寅(純祖 30, 1830)四月日 孫其大 曾孫孟新重刊. 咸豊七年丁巳(哲宗 8, 1857) 三月日 五代孫芝秀三刊. 光緒二十年甲午(高宗 20, 1894) 五月日 五代孫東珍四刊.

識記 : 雍正十三年乙卯(英祖 11, 1735)三月日 月城后人李茂實書

印 : 月城李氏世寶

坊刻本

千字文

周興嗣(梁) 著, 鷗化子 刻. 木板本, 昇平(順天), 英祖 1(1725) 刊.

不分卷 1冊(18張). 四周單邊, 半郭 17.4×14.5cm. 有界. 5行6字. 內向2葉花紋魚尾. 24×16.9cm. 線裝.

刊記 : 崇禎紀元後周甲戊辰後乙巳(英祖 1, 1725)夏 昇平鷗化子刻

千字文

周興嗣(梁) 著, 嚴漢朋(1658~1759) 書. 木板本, 昇平(順天), 正祖 15(1791) 刊.

不分卷 1冊(19張). 半郭 25.1×16.6cm. 4行8字. 29.8×20cm. 線裝.

卷末: 己酉(正祖 13, 1789)秋八月豹翁(姜世晃)書

辛亥(正祖 15, 1791)春松下山樵(曹允亨)書

註解千字文

周興嗣(梁) 著, 洪泰運 書. 木版本, 京城 廣通坊, 純祖 4(1804) 刊.
不分卷 1冊(42張). 四周雙邊, 半郭 24.2×17.3cm. 有界. 3行4字. 上黑魚尾.
27.1×20.0cm. 線裝

刊記 : 崇禎百七十七年甲子(純祖 4, 1804)秋京城 廣通坊新刊

千字文

周興嗣(梁) 著, 韓濩(1543~1605) 書. 木板本, 銅峴, 純祖 9(1809) 刊.
不分卷 1冊(17張). 四周單邊, 半郭 21.5×15cm. 有界 5行6字. 上黑魚尾.
27.3×18.8cm. 線裝.

刊記 : 萬曆丁酉(宣祖 30, 1597)季冬 石峯書 嘉慶 己巳年(純祖 9, 1809)季
秋 銅峴新刊

千字文

周興嗣(梁) 著, 韓濩(1543~1605) 書. 木板本, 油洞, 憲宗 13(1847) 刊.
不分卷 1冊(17張). 四周單邊, 半郭 22.2×15.2cm. 有界. 5行6字. 上黑魚尾.
25.8×17.3cm. 線裝.

刊記 : 萬曆丁酉(宣祖 30, 1597)季冬 石峯書 道光丁未(憲宗 13, 1847)仲春
油洞重刊

千字文

周興嗣(梁) 著, 趙孟頫(元) 書. 木板本, 完府 溪南山房, 哲宗 11(1860) 刊.
不分卷 1冊(59張). 四周單邊, 半郭 21.8×12cm. 有界. 5行10字. 25.5×18.5cm.
線裝.

刊記 : 歲庚申(哲宗 11, 1860)秋 開刊于完府之溪南山房
印章 : 隱松藏板

千字文

周興嗣(梁) 著, 韓濩(1543~1605) 書. 木板本, 完山, 哲宗 12(1861) 刊.
不分卷 1冊(17張). 四周單邊, 半郭 21.7×14.6cm. 有界. 5行6字. 上黑魚尾.
25.9×17.6cm. 線裝.
刊記 : 萬曆丁酉(宣祖 30, 1597)季冬 石峯書 咸豊 辛酉(哲宗 12, 1861)季冬
完山重刊

千字文

周興嗣(梁) 著. 木板本, 紅樹洞, 〔哲宗 9~哲宗 12(1858~1861)〕 刊.
不分卷 1冊(32張). 四周雙邊, 半郭 21.7×16.0cm. 有界. 4行4字. 上2葉花紋
魚尾. 29×20.3cm. 線裝.
刊記 : 紅樹洞板

千字文

周興嗣(梁) 著, 申汝櫂 書. 木板本, 〔京畿道〕, 純祖 2~哲宗 12(1821~1861)
刊.
不分卷 1冊(31張). 四周雙邊, 半郭 16.4×12cm. 有界. 4行4字. 21.6×15.4cm.
線裝.

千字文

周興嗣(梁) 著. 木板本, 〔全羅道〕 杏谷, 哲宗 13(1862) 刊.
不分卷 1冊(32張). 四周雙邊, 半郭 21.5×17.3cm. 有界. 4行4字. 上2葉下黑
魚尾. 23.5×18.5cm. 線裝.
刊記 : 崇禎紀元後四壬戌(高宗 13, 1862) 杏谷 開刊

千字文

周興嗣(梁) 著, 韓濩(1543~1605) 書. 木板本, 武橋, 高宗 1(1864) 刊.

不分卷 1冊(17張). 四周單邊, 半郭 21.4×14.8cm. 有界. 5行6字. 上黑魚尾. 23.9×17.3cm. 線裝.

刊記 : 萬曆丁酉(宣祖 30, 1597)季冬 石峯書 同治甲子(高宗 1, 1864)季夏 武橋重刊

千字文

周興嗣(梁) 著, 松溪 書. 木板本, 〔全羅道〕, 高宗 2(1865) 刊.

不分卷 1冊(32張). 四周單邊, 半郭 21.1×17.5cm. 有界. 4行4字. 內向黑魚尾. 29.0×20.5cm. 線裝.

刊記 : 乙丑(高宗 2, 1865)季秋 松溪書

新刊抄海篇心鏡 ： 秦漢篆文

周興嗣(梁) 著. 木版本, 京畿道 鄭東基 梓, 高宗 19(1882) 刊.

不分卷 1冊(42장). 四周單邊, 半郭 13.5×13.6cm. 有界. 6行6字. 內向黑魚尾. 23.0×16.8cm. 線裝.

刊記 : 壬午(高宗 19, 1882)臘月日 鄭東基梓

千字文

周興嗣(梁) 著, 韓濩(1543~1605) 書. 木板本, 武橋, 〔憲宗 10~高宗 31(1844~1894)〕 刊.

不分卷 1冊(30張). 四周單邊, 半郭 21.4×14.2cm. 有界. 4行4字. 內向2葉花紋魚尾. 28.8×20.8cm. 線裝.

刊記 : 武橋新刊

千字文

周興嗣(梁) 著, 韓濩(1543~1605) 書. 木板本, 孝橋, 〔1800年代〕 刊.
不分卷 1冊(32張). 四周單邊, 半郭 20.2×17.5cm. 有界. 4行4字. 內向2葉花紋魚尾. 28.5×20.5cm. 線裝.
刊記 : 孝橋新刊

千字文

周興嗣(梁) 著, 韓濩(1543~1605) 書. 木板本, 完山, 光武 3(1899) 刊.
不分卷 1冊(17張). 四周單邊, 半郭 20×14.2cm. 有界. 5行6字. 上黑魚尾. 27.6×17.3cm. 線裝.
刊記 : 萬曆丁酉(宣祖 30, 1597)季冬 石峯書 咸豊辛酉(哲宗 12, 1861)季冬 完山重刊 己亥(光武 3, 1899) 重刊

千字文

周興嗣(梁) 著, 韓濩(1543~1605) 書. 木板本, 完山, 〔光武 9, 1905〕 刊.
不分卷 1冊(32張). 四周雙邊, 半郭 20.0×17.3cm. 有界. 4行4字. 內向2葉花紋魚尾. 27.4×18.5cm. 線裝.
刊記 : 乙巳(1905)季冬 完山新刊

註解千字文

周興嗣(梁) 著, 成敦鎬 書. 木版本, 昌寧 華林齋, 光武 9(1905) 刊.
不分卷 1冊(43張). 四周單邊, 半郭 24.0×16.5cm. 有界. 3行4字. 上黑魚尾. 31.3×20.8cm. 線裝
刊記 : 光武乙巳(1905)秋新刊 昌寧 華林齋藏板

千字文

周興嗣(梁) 著, 韓濩(1543~1605) 書. 木板本, 紫岩, 光武 9(1905) 刊.
不分卷 1冊(17張). 四周單邊, 半郭 21.2×14.2cm. 有界. 5行6字. 上2葉花紋
魚尾. 28.2×17.6cm. 線裝.
刊記 : 大韓 光武九年(1905)九月日 紫岩新刊

千字文

周興嗣(梁) 著, 李奉事 書. 木板本, 完齊, 〔光武 11(1907)〕刊.
不分卷 1冊(17張). 四周雙邊, 半郭 17.7×14.0cm. 有界. 5行6字. 無魚尾.
27.0×18.2cm. 線裝.
刊記 : 歲在丁未(光武 11, 1907)季秋 完齊開刊 李奉事草

3. 朝鮮時代 千字文 目錄

번호	書名	書體	板書者	刊印處	刊印時期	所藏處	備考	
1	眞草千字文	草楷書體	安平大君	漢城	文宗 즉위년 (1450)	강림시립박물관		사가본
2	千字文	楷書體	趙孟頫 (元)	광주 봉선사	成宗 2 (1471)	정문연 (貴A10-9A)	경기도 광주 봉선사본	사찰본
3	新刊大字附音釋文三註;千字文	楷書體	未詳	주자소	〔中宗~明宗 년간〕 (1507~1567)	개인소장	초주갑인자본	중앙관서본
4	千字文	草書體	金麟厚 (1510~1560)	전라도 연대암	中宗 32 (1537)	개인소장, 奎(9872), 國立(한-82-117), 啓明大(이741.316, 고741.316)		사가본
5	千字文	楷書體		光州	宣祖 8 (1575)	日本 東京大學	影印(단국대 동양학연구소, 1973)	지방관서본
6	千字文	楷書體	韓濩 (1534~1605)		宣祖 16 (1583)	榮州 朴贊成	奉教書 影印(書誌學7호)	중앙관서본
7	千字文	草書體	韓濩 (1534~1605)		宣祖 30 (1597)	개인소장, 국립(한-82-187-2)	精刻本 (石峰草千字文의 原刊本)	중앙관서본
8	千字文	楷書體	韓濩 (1534~1605)		16세기	日本 東京內閣文庫	奉教書의 精刻本 影印(단국대동양학 연구소, 1973)	중앙관서본
9	千字文	楷書體	未詳	〔光州〕	〔16세기〕	일본 동경 대동기념문고	影印(朝鮮學報 93輯, 1979)	지방관서본
10	篆千字	篆書體	禹伏龍	忠淸道	宣祖 37 (1604)	개인소장		지방관서본
11	千字文	草書體	韓濩 (1534~1605)		孝宗 1 (1650)	성암(1-355), 정문연(대A10D-9N), 국립(한-41-122), 개인소장(711.47-한55ㅎ)	奉教書 影印(京城, 三中堂書店, 1943)	중앙관서본
12	千字文	楷書體		慶北 水多寺	孝宗 3 (1652)		慶北 水多寺 藏板(15판)	사찰본

13	新刊 抄 海 篇 心 鏡 ;秦漢 篆文	篆書體		靈光	顯宗 2 (1661)	奎(古2400-5)		지방관 서본
14	千字文	楷書體		京畿道 安城	顯宗 2 (1661)	단국대 국어국문 학과		사가본
15	千字文	楷書體	學敏	全南 興國寺	顯宗 6 (1665)		全南 興國寺 藏板(15판)	사찰본
16	千字文	楷書體	金繠	慶北 把溪寺	顯宗 9 (1668)		慶北 把溪寺 藏板(21판)	사찰본
17	千字文	草書體	韓濩 (1534~ 1605)	校書館	肅宗 17 (1691)	高麗大 115 舊藏(貴541)	影印(申慶澈, 漢字字釋硏究, 通文館, 1978)	중앙관 서본
18	千字文	草書體	韓濩 (1534~ 1605)	校書館	肅宗 17(1691) 刻 後刷	영남대(711.47)		중앙관 서본
19	千字文	楷書體		〔全羅道〕	〔肅宗 22 (1696)〕	日本 對馬島 歷史 民俗資料館	影印(崔世和, 漢字敎本三書 硏究, 太學社, 1993)	지방관 서본
20	千字文	草書體	朴彭年 (1417~ 1456)	羅州	17세기	개인소장, 奎(古 2410-6A, 奎9871, 10316), 嶺南大 (648.2), 단국대 나 손문고(451.47-천 3082)		사가본
21	千字文	楷書體	李海龍 (1546~ 1618)	漢城	17세기	개인소장		중앙관 서본
22	千字文	楷書體	未詳	全南 靈鳳寺	肅宗 27 (1701)		全南 道林寺 藏板(15판)	사찰본
23	玉 堂 釐 正 字 義 韻 律 海 篇 心 鏡 ; 大 篆 書 義 秦 漢 篆文	篆書體	未詳	濟州	肅宗 44 (1718)	국립 (의산古3134-3)		지방관 서본
24	千字文	草書體	鵙化子	昇平 (順天)	英祖 1 (1725)	개인소장		방각본
25	千字文	楷書體	李恒福 (1556~ 1618)	星州	英祖 10 (1734)	국립(한-41-113)	星州本	지방관 서본

26	千字文	楷書體	未詳	全南 松廣寺	英祖 6 (1730)	연세대(41D.71/2), 일본 천리대, 단국대 국어국문학과, 동국대, 박상국, 황패강	全南松廣寺 藏板(16판) 영인(千字文, 태학사, 1993)	사찰본
27	註解千字文	楷書體	未詳	南漢 開元寺	英祖 28 (1752)	규(고2410-37, 일사 418.3-c422m)	南漢 開元寺本	사찰본
28	千字文	草書體	嚴漢朋 (1658~1759)	京畿道	正祖 15 (1791)	정문연(A10D-9), 국립		방각본
29	千字文	楷書體	韓濩 (1534~1605)	廣州	〔英祖 1~ 憲宗 11 (1725~1845)〕	개인소장		지방관 서본
30	註解千字文	楷書體	洪泰運	廣通坊	純祖 4 (1804)	규(일사고418.3-j 936), 정문연(A10D-32), 단국대, 영남대, 개인소장, 고대, 연대, 국립		방각본
31	千字文	草篆書體	韓濩(1534~1605)	銅峴	純祖 9 (1809)	성대(검여A10D-22), 개인소장	底本: 萬曆丁酉季秋 石峯書	방각본
32	千字文	草書體	韓濩 (1534~1605)	校書館	英祖 30 (1754)	고대구장(A13-A10), 간송, 정문연(貴大A10-9D), 규장각(고495.181-H19c2), 성대(A10D-10), 국립(위창고3111-26)		중앙관 서본
33	千字文	草篆書體	韓濩 (1534~1605)	油洞	憲宗 13 (1847)	개인소장, 奎(古2410-20, 일사(古418.3-H19c), 단대 나손문고	底本: 萬曆丁酉季秋 石峯書	방각본
34	千字文	楷書體	李茂實	〔京畿道〕	哲宗 8(1857)	精文硏(1-219)		사가본
35	眞草千字文	草諧書體	趙孟頫	完府 (전주)	哲宗 11 (1860)	奎(古2410-15)		방각본
36	千字文	草篆書體	韓濩	完山 (전주)	哲宗 12 (1861)	개인소장, 고대만송 (A13-A1L), 단대나손문고(고451.47-천308), 국립(한-82-184), 정문연(C10C-72D)	底本: 萬曆丁酉季秋 石峯書	방각본
37	千字文	楷書體	未詳	紅樹洞	〔1858~1861〕	고대구장(A13-A10B), 고대신암문고(A13-A10A), 개인소장		방각본
38	篆千字	篆書體	申汝權	京畿道	純祖 2~ 哲宗 12 (1821~1861)	고대 만송 (A13-AIM)		방각본

39	千字文	楷書體	未詳	杏谷 (전주)	哲宗 13 (1862)	개인소장		방각본
40	千字文	草篆書 體	韓濩 (1534~ 1605)	武橋	高宗 1 (1864)	개인소장	底本 : 萬曆 丁酉季秋石 峯書	방각본
41	千字文	楷書體	松溪	全羅	高宗 2 (1865)	개인소장, 일본 궁 내청 서릉부	영인(조선학 보 98집)	방각본
42	新刊抄 海篇心 鏡;秦漢 篆文	篆書體	未詳	鄭東基 梓	高宗 19 (1882)	개인소장		방각본
43	千字文	楷書體	韓濩 (1534~ 1605)	武橋	憲宗 10~ 高宗 31 (1844~1894)	개인소장		방각본
44	千字文	楷書體	未詳	孝橋	〔1800년대〕	개인소장		방각본
45	千字文	楷書體	李茂實	〔京畿道〕	高宗 31 (1894)	개인소장, 奎(11944)		사가본
46	千字文	草篆書 體	韓濩 (1534~ 1605)	完山 (全州)	光武 3 (1899)	高大舊藏(A13-A1)	底本; 萬曆丁 酉季秋石峯 書 咸豊辛酉 季冬完山重 刊	방각본
47	千字文	楷書體	未詳	完山 (전주)	光武 9 (1905)	개인소장		방각본
48	註解千 字文	楷書體	成敦鎬	昌寧　華 林齋	光武 9 (1905)	개인소장, 영남대		방각본
49	千字文	草篆書 體	韓濩 (1534~ 1605)	紫岩	光武 9 (1905)	奎(일사고418.3-422), 개인소장		방각본
50	千字文	草書體	李奉事	完齊	〔1907〕	개인소장		방각본

4. 日帝時代 千字文 目錄

	발행소	서명	년대	발행자	인쇄자	인쇄소
1	문명서관	주해천자문	1911	탁종길 양완득	양완득	문명서관
2	신구서림	천자문	1913	지송욱	은태성	신구서림
3	신구서림	천자문	1913	지송욱	은태성	신구서림
4	재전당서포	주해천자문	1913	김기홍	이재수	재전당서포
5	재전당서포	천자문	1913	김기홍	이재수	재전당서포
6	지물서책포	천자문	1913	이종성	조춘화	지물서책포
7	지물서책상	천자문	1915	이종모	최종묵	지물서책상
8	박원식서점	일선언해천자문	1916	박원식	이희정	박원식서점
9	전주다가서포	주해천자문	1916	양진태	양진태	전주다가서포
10	전주다가서포	천자문	1916	양진태	양진태	전주다가서포
11	한남서림	천자문	1916	백두용	조명천	한남서림
12	홍수당	천자문	1916	최홍선	조명천	홍수당
13	회동서관	삼체주해천자문	1916	강의영	조명근	회동서관
14	회동서관	초천자문	1916	이주완	조명대	회동서관
15	조경적가	도상주해천자문	1917	조경적	조명천	조경적가
16	칠서방	천자문	1917	장환순	김광수	칠서방
17	한남서림	주해천자문	1917	백두용	조명천	한남서림
18	회동서관	천자문	1918	고유상	신유식	회동서관
19	회동서관	천자문	1918	고유상	신유식	회동서관
20	천일서관	천자문	1919	윤태성	최홍기	천일서관
21	한남서림	천자문	1919	백두용	김현수	한남서림
22	신안서림	천자문	1923	장이만	이명수	신안서림
23	대성서림	천자문	1925	강은형	강은형	대성서림
24	회동서관	천자문	1925	고유상	신유식	회동서관
25	광안서관	천자문	1926	이정순	이광석	광안서관
26	대창서원, 보급서관	천자문	1928	현공렴	안경환	한흥상회인쇄소

27	영창서관	사체천자문	1928	강의영	신태삼	영창서관
28	박문서관	천자문	1930	노익형	노익형	박문서관인쇄부
29	박문서관	한일선천자문	1930	노익형	노영호	최웅열서점인쇄소
30	최웅열서점	초천자문	1930	최성운	노영호	최웅열서점
31	최성운상점	천자문	1931	최성운	안약동	최성운상점
32	최성운상점	일선주해천자문	1931	최성운	안약동	최성운상점
33	불교사	천자문	1932	한용운	생략	선광인쇄주식회사
34	우주서림	일천자문	1932	김익배	김익배	우주서림
35	한남서림	몽학도상천자문	1932	백두용	김현수	한남서림인쇄부
36	신흥서관	신석한일선문사체천자	1933	홍종응	안약동	신흥서관
37	세창서관	천자문	1934	신태삼	신태화	세창서관인쇄부
38	낙빈서당	천자문	1935	박호동	박해인	낙빈서당
39	삼문사	한일선천자문	1935	고경상	신상호	삼문사인쇄소
40	삼성서림	천자문	1935	이상훈	안응서	삼성서림
41	삼성서림	천자문	1935	이상훈	안응서	삼성서림
42	광한서림	예전초서천자문	1936	김천희	김현동	광한서림
43	삼문사	일선천자문	1936	고경상	신상호	삼문사인쇄소
44	성문당	신석한일선문언해천자	1936	이종수	윤기병	성문당인쇄부
45	영창서관	일선도상천자문	1936	강의영	신태영	영창서관인쇄부
46	영창서관	일선언해천자문	1936	강의영	신태영	영창서관
47	광한서림	일선사체천자문	1937	김송규	김현동	광한서림
48	덕흥서림	신석한일선문도상천자	1937	김동진	이종옥	덕흥서림인쇄부
49	덕흥서림	신석한일선문주해천자	1937	김동진	이종옥	덕흥서림
50	묘향산보현사	천자문	1937	김법용	생략	보현사 대장전
51	전주양책방	일선천자문	1937	양승곤	김정근	전주양책방
52	전주양책방	천자문	1937	양승곤	김정근	전주양책방
53	세창서관	사체천자문	1937	신태삼	생략	세창서관인쇄부
54	삼중당서림	천자문	1943	대산수	김낙훈	보진재

5. 朝鮮時代 千字文 圖版

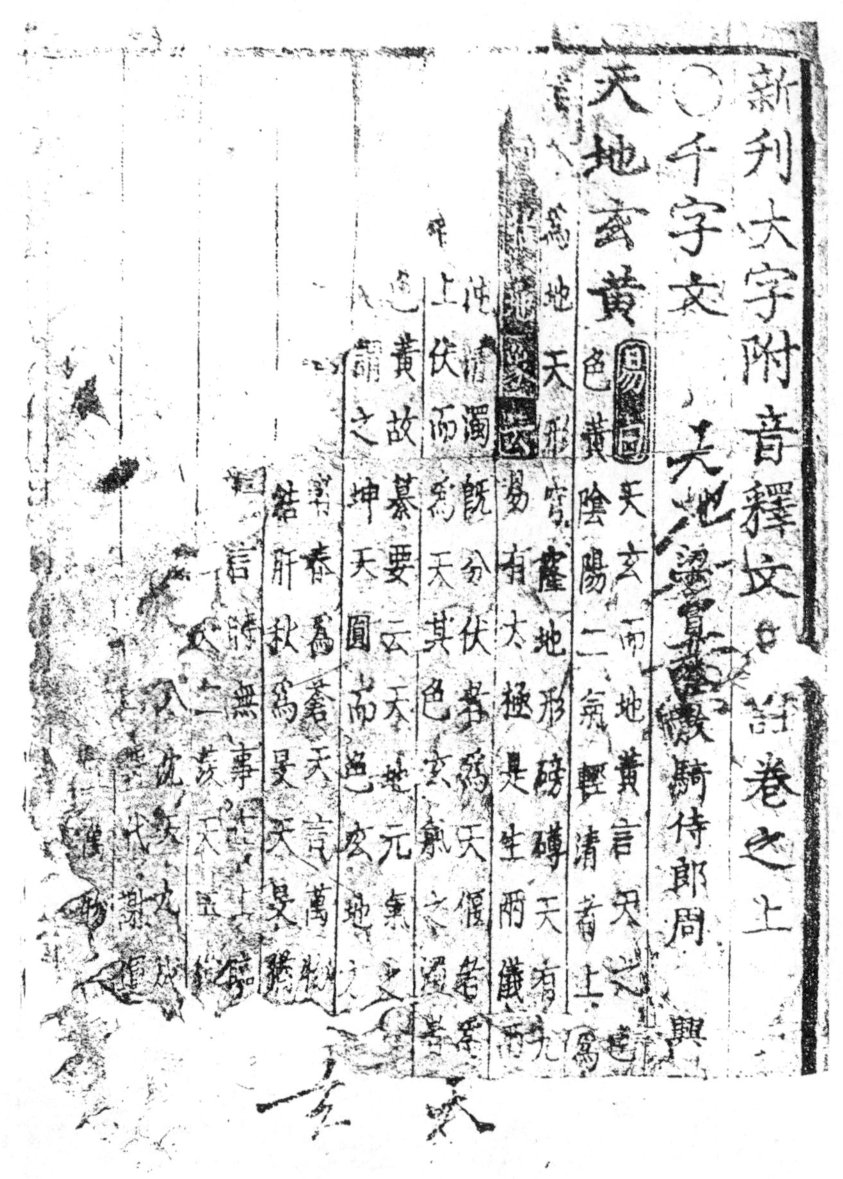

【그림 1】中宗 明宗年間(1507~1567)鑄字所 印出의 千字文

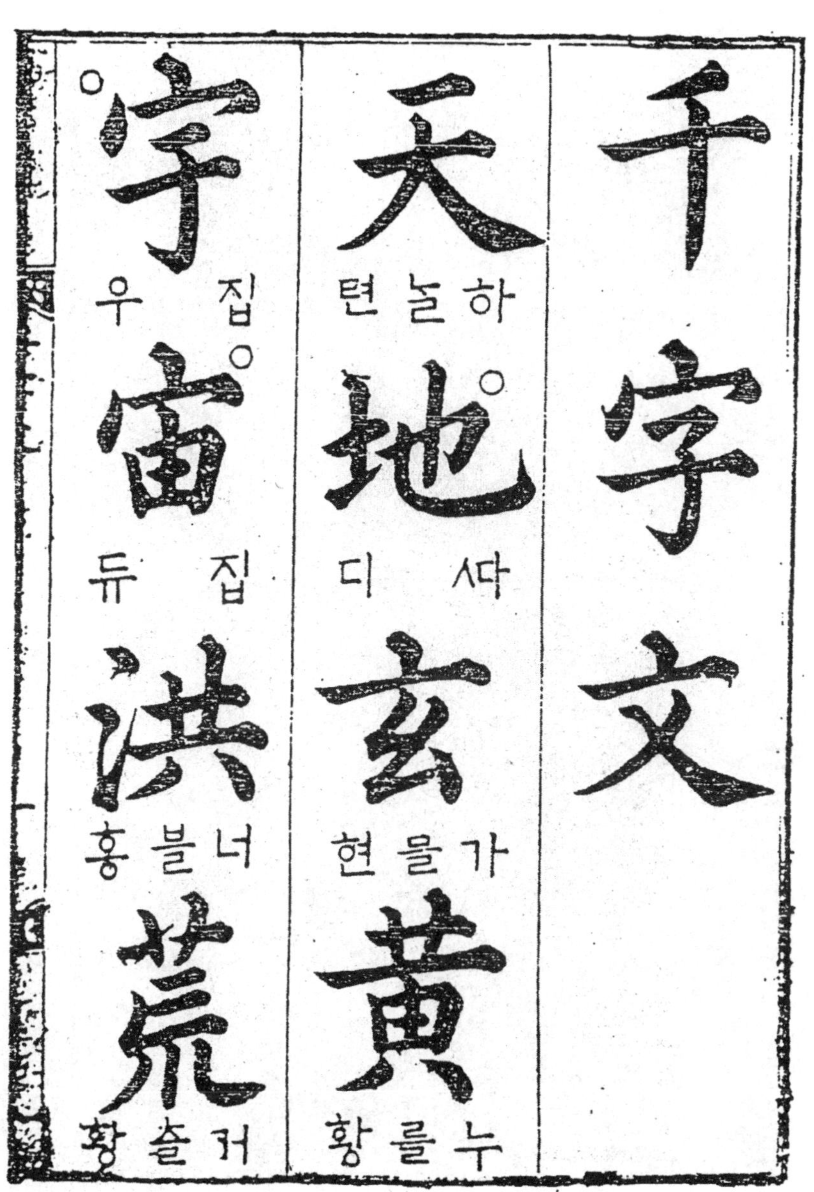

【그림 2】宣祖 16年(1583) 校書館 刊印의 原刊本

【그림 3】宣祖 30年(1597) 刊印의 草千字文

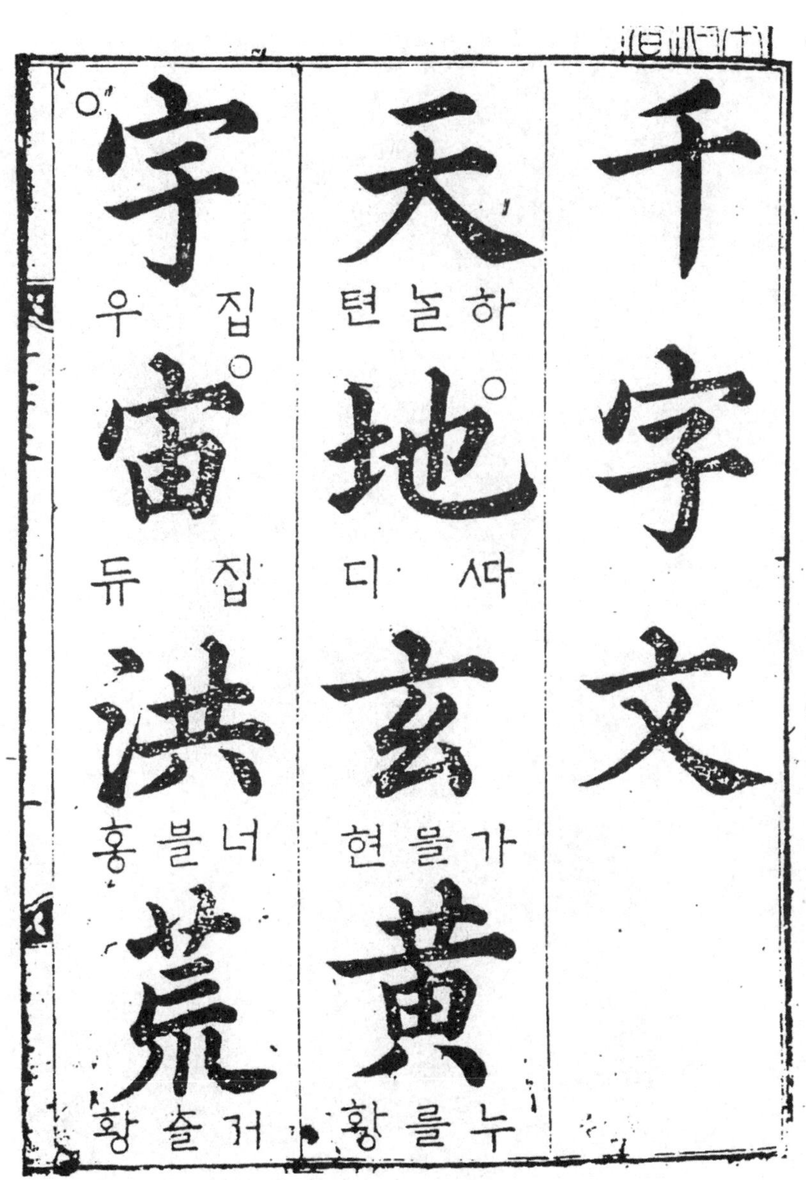

【그림 4】 內閣文庫 所藏의 飜刻本

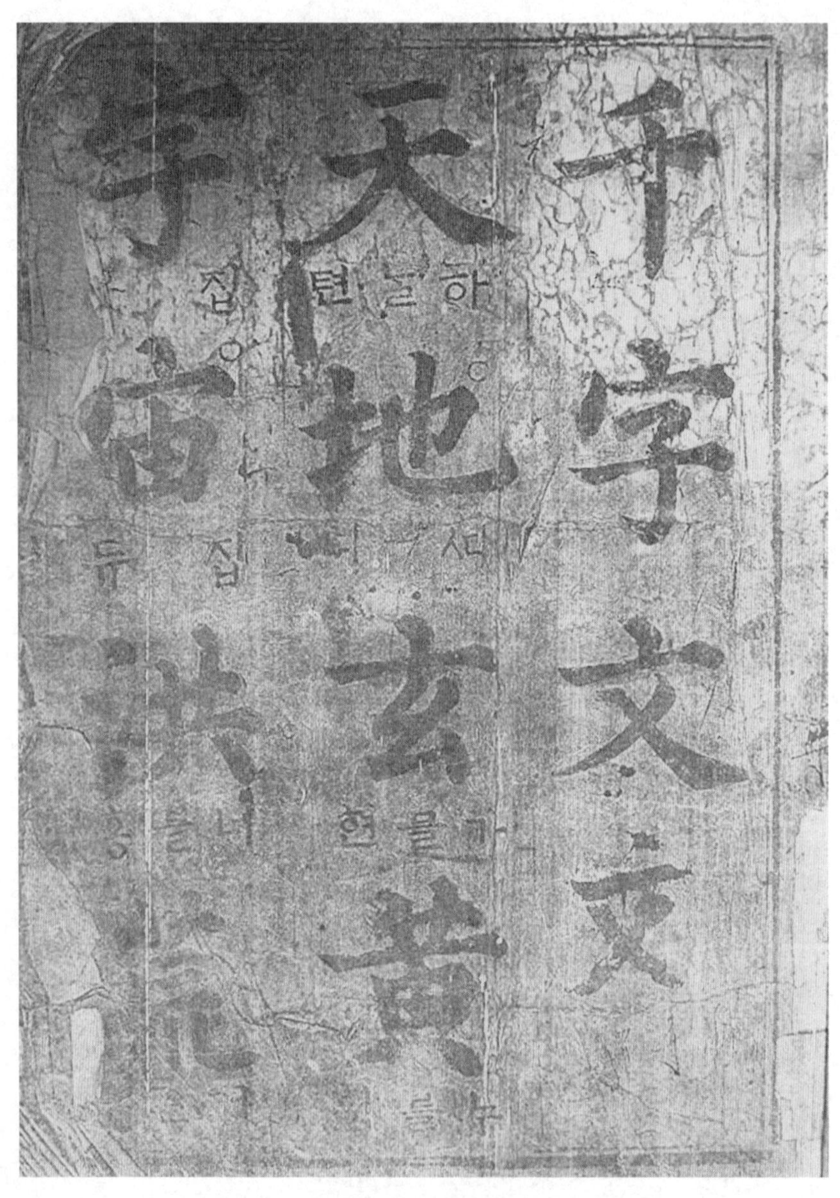

【그림 5】 孝宗 1年(1650) 校書館 刊印의 重補本

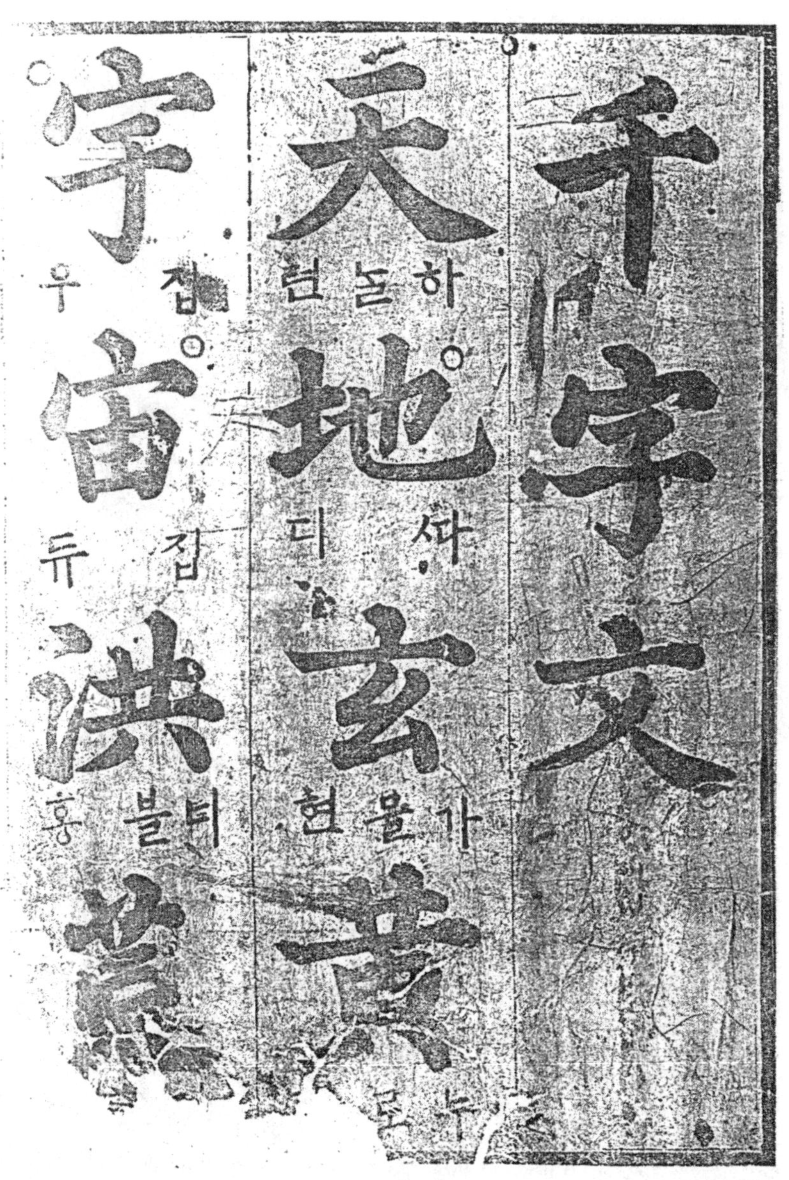

【그림 6】 肅宗 17年(1691) 校書館 刊印의 重刊本

【그림 7】 17세기 李海龍이 쓴 千字文

【그림 8】嶺南大 所藏의 飜刻本

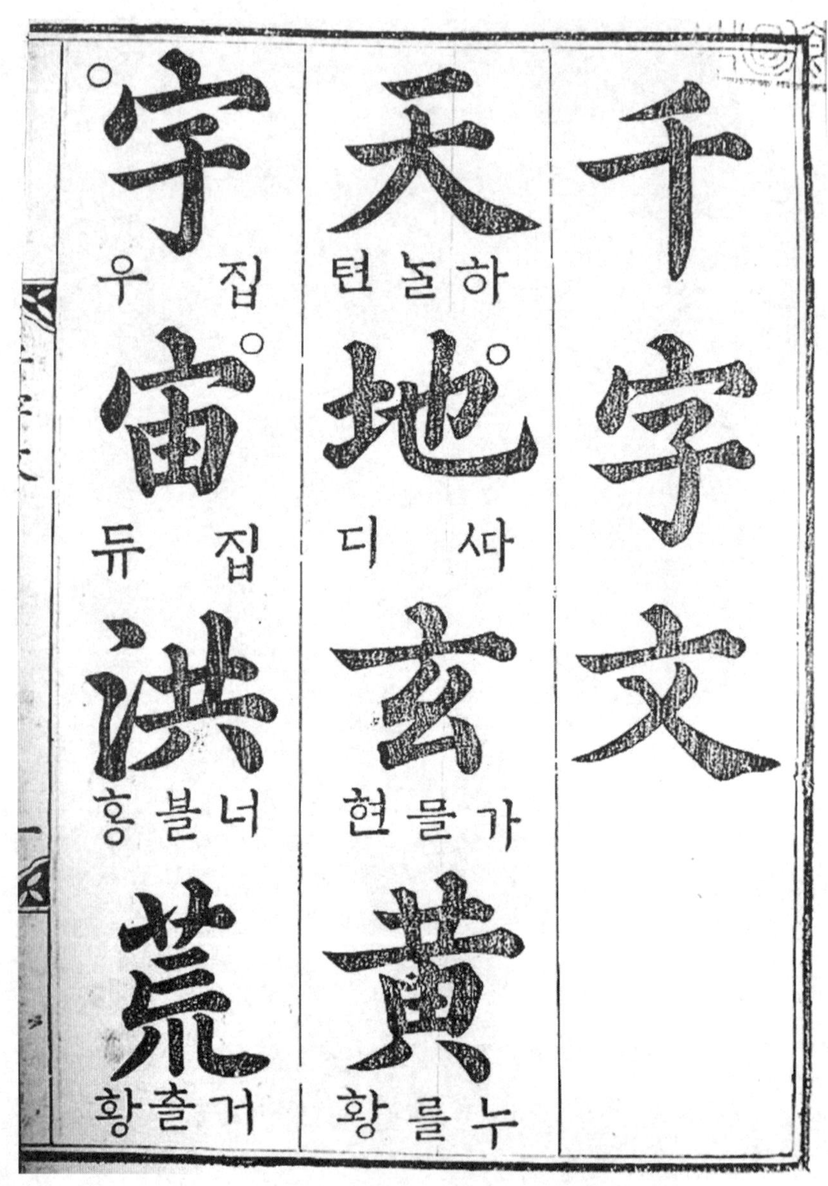

【그림 9】 英祖 30年(1754) 校書館 刊印의 重刊本

【그림 10】 宣祖 8年(1575) 光州 刊印의 千字文

【그림 11】16세기 光州 刊印의 千字文

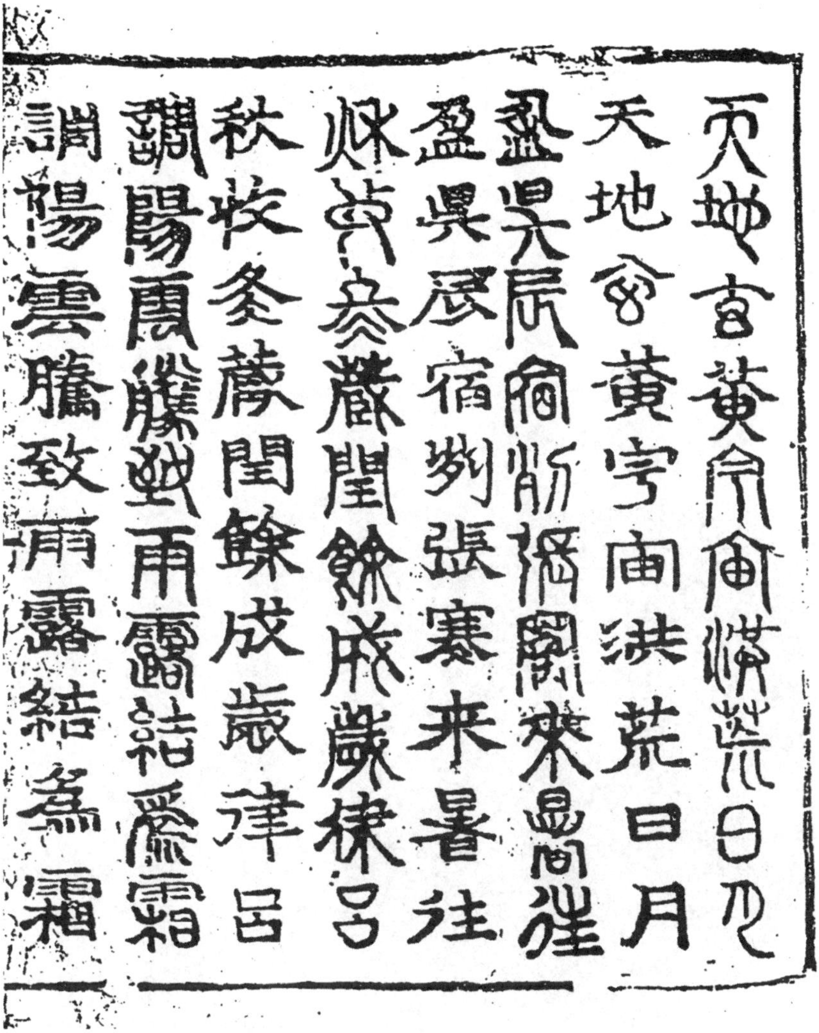

【그림 12】宣祖 37年(1604) 忠淸道 간인의 篆千字文

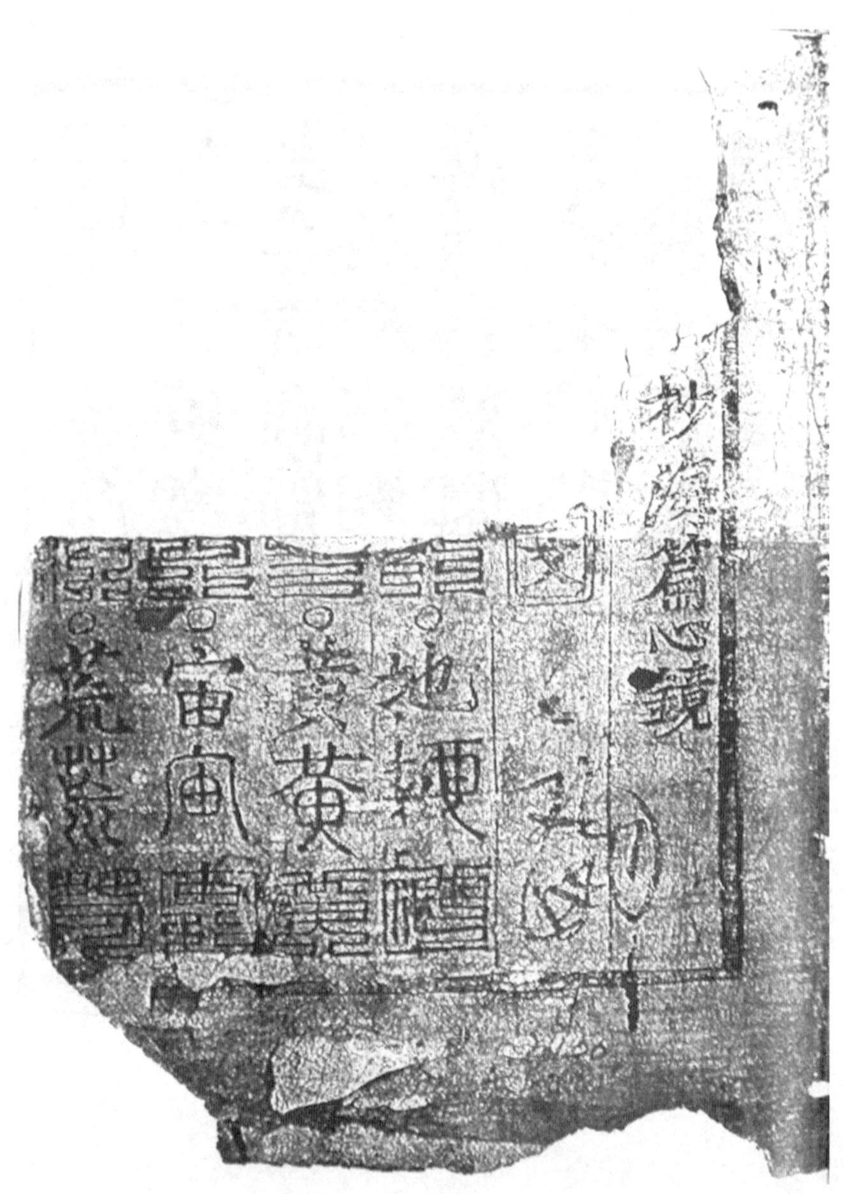

【그림 13】 顯宗 2年(1661) 全羅道 靈光 간인의 新刊抄海篇心鏡 ; 秦漢篆文의 千字文

【그림 14】肅宗 22年(1696) 全羅道 간인의 千字文

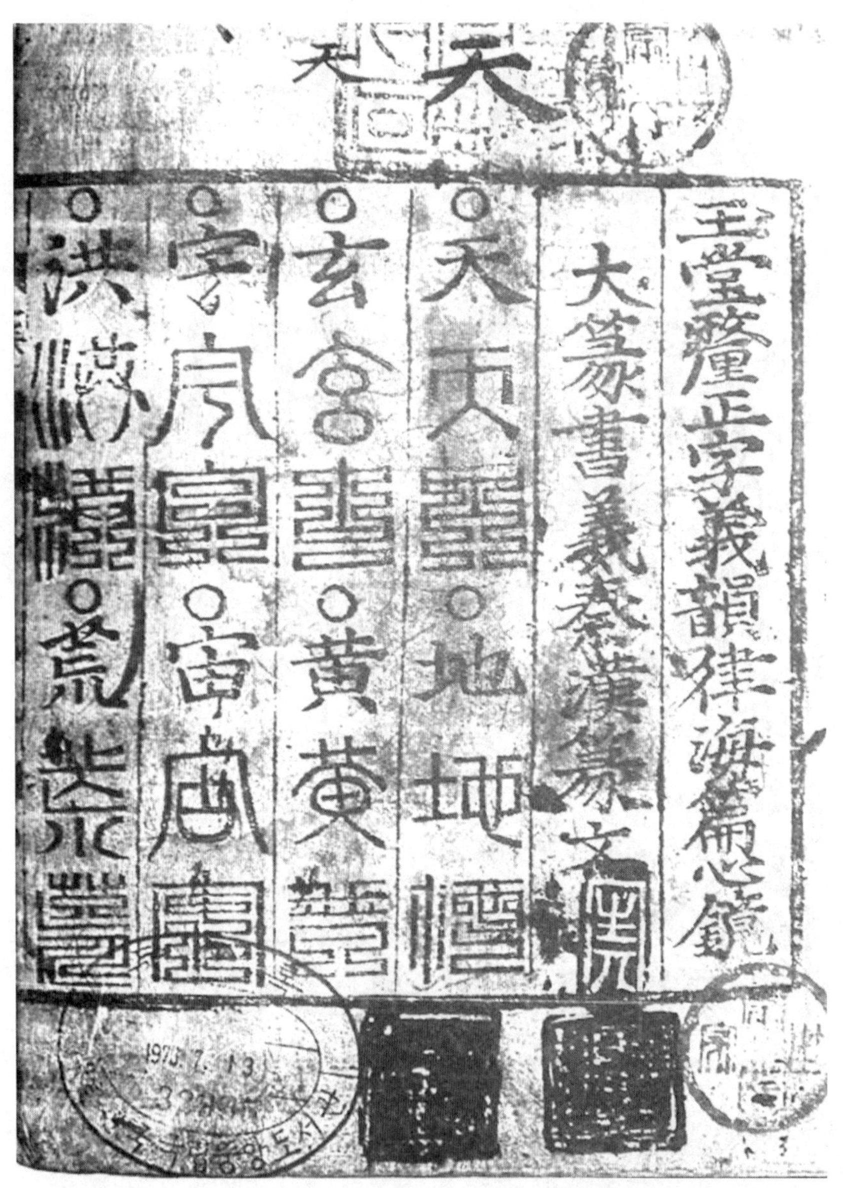

【그림 15】 蕭宗 44年(1718) 濟州 간인의 玉堂釐正字義韻律海篇心鏡
；大篆書義秦漢篆文의 千字文

【그림 16】 英祖 1年(1725) 廣州 간인의 千字文

【그림 17】英祖 10年(1734) 星州 刊印의 千字文

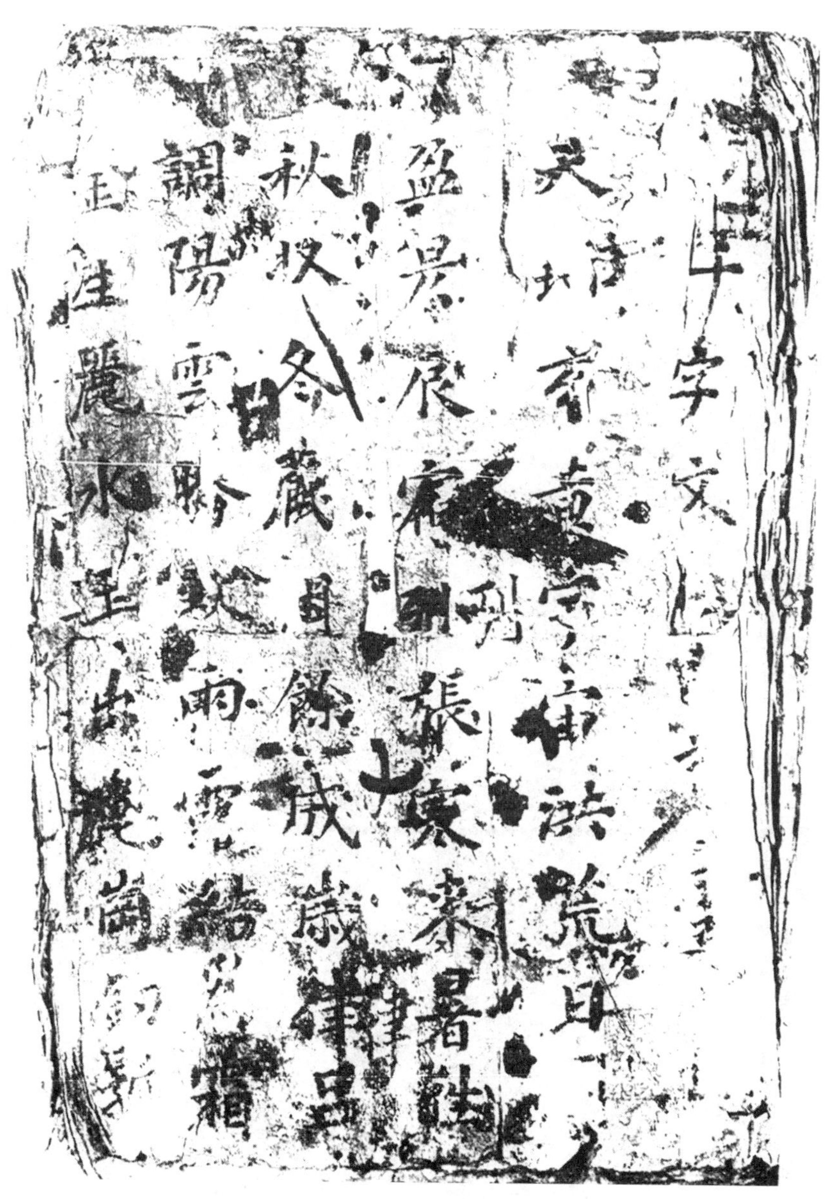

【그림 18】成宗 2年(1471) 奉先寺 간인의 千字文

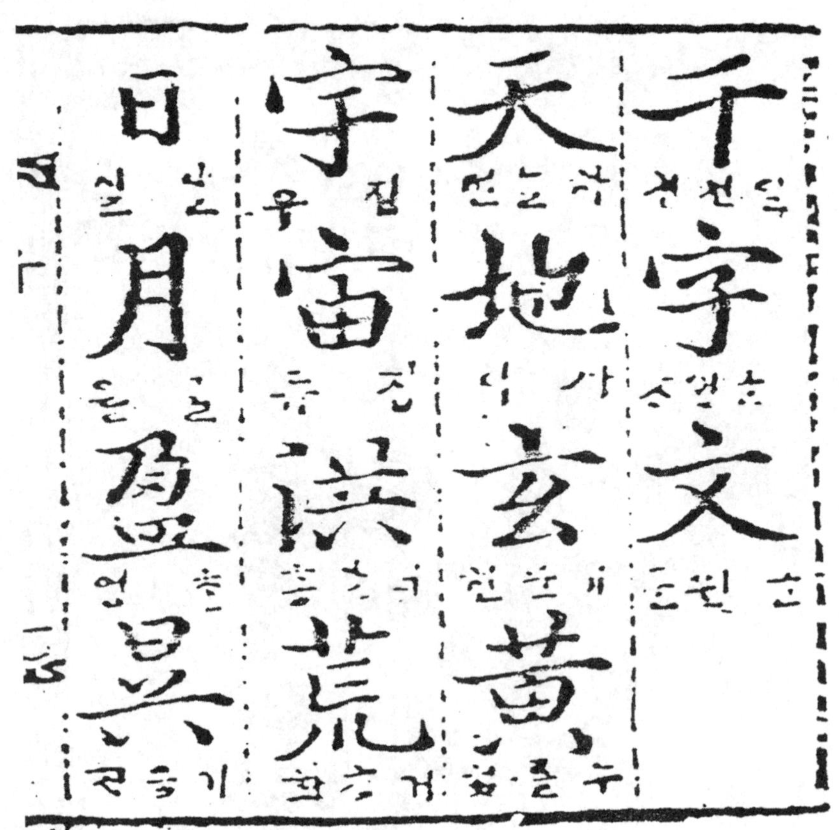

【그림 19】 孝宗 3年(1652) 慶北 水多寺 간인의 千字文

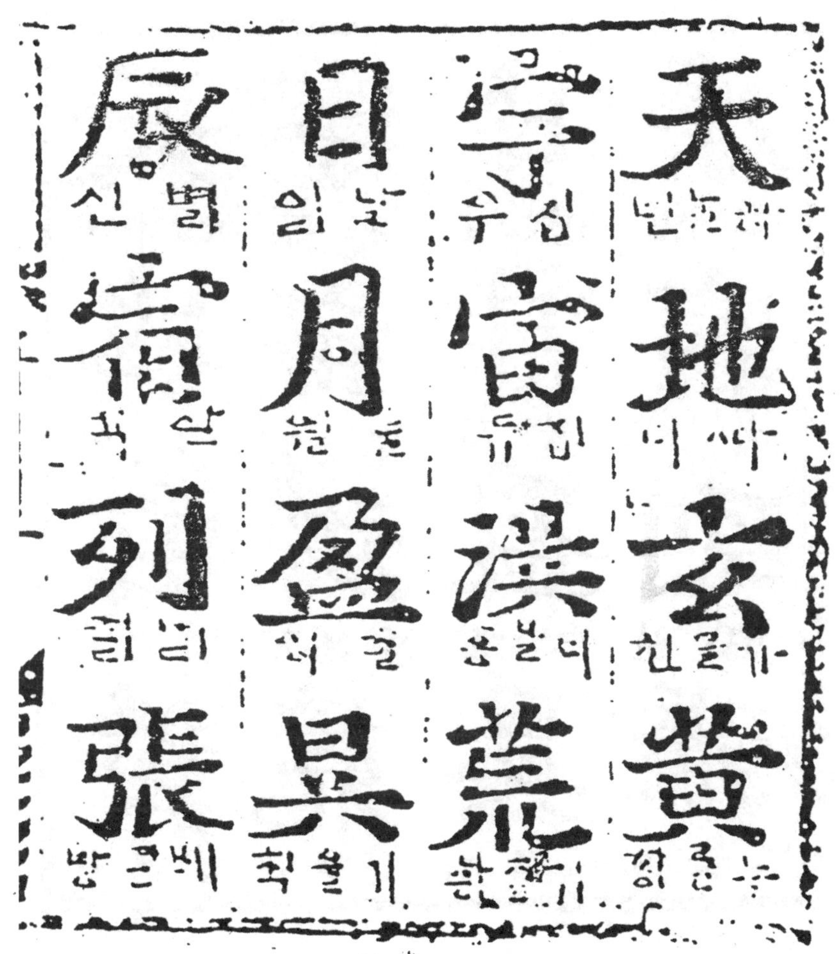

【그림 20】 顯宗 6年(1665) 全南 興國寺 간인의 千字文

【그림 21】 肅宗 27年(1701) 同福 靈鳳寺 開板의 千字文

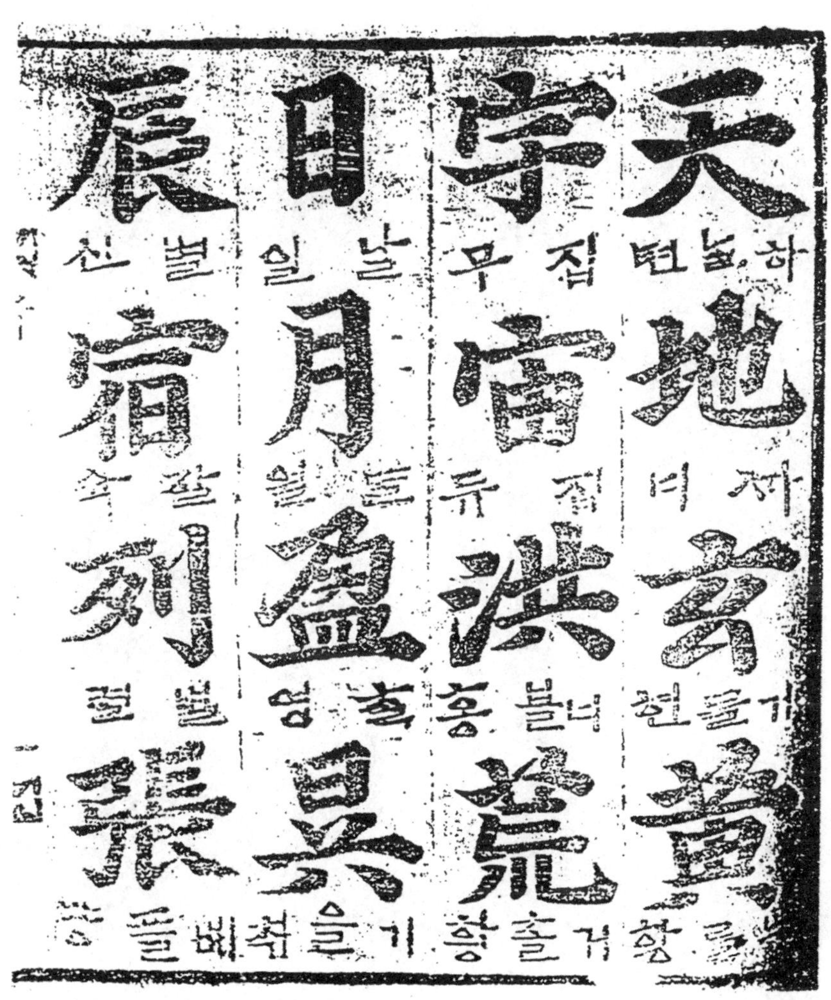

【그림 22】 英祖 6年(1730) 順天 曹溪山 松廣寺 간인의 千字文

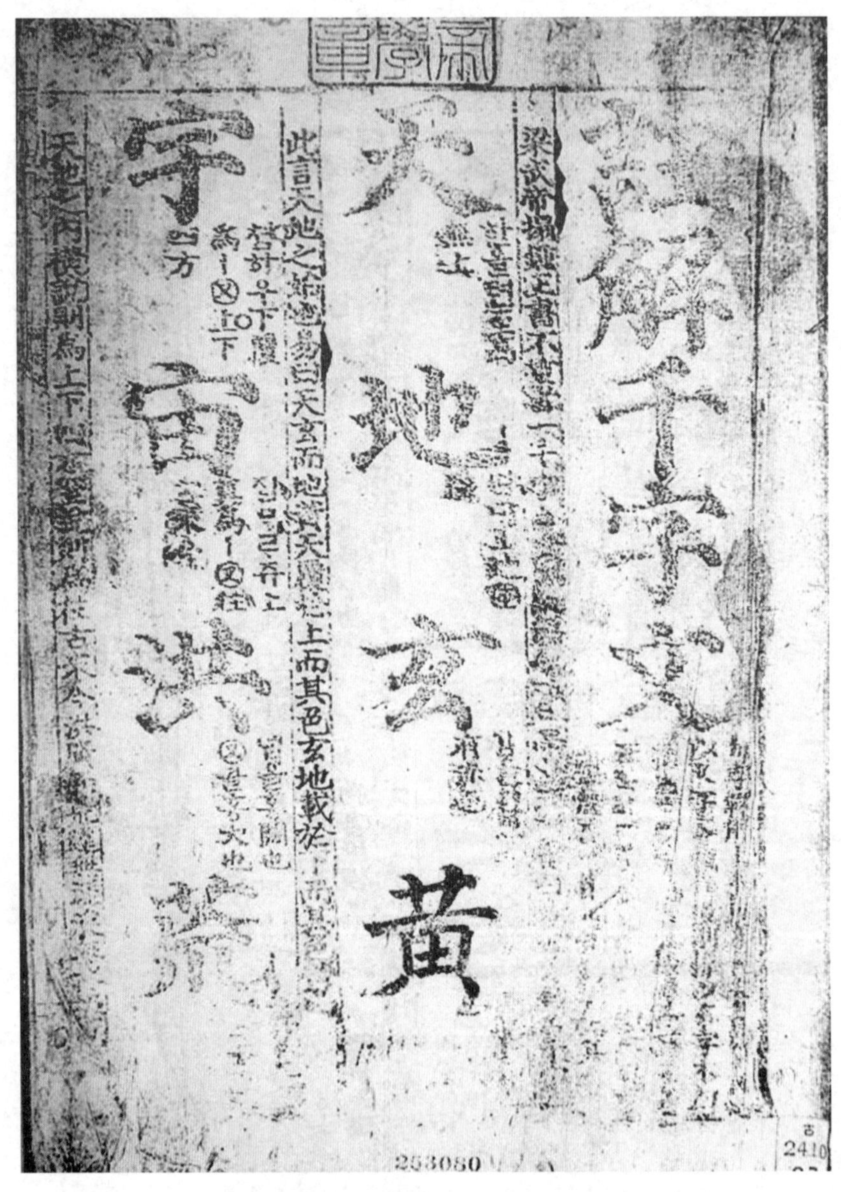

【그림 23】英祖 28年(1752) 南漢 開元寺 간인의 註解千字文

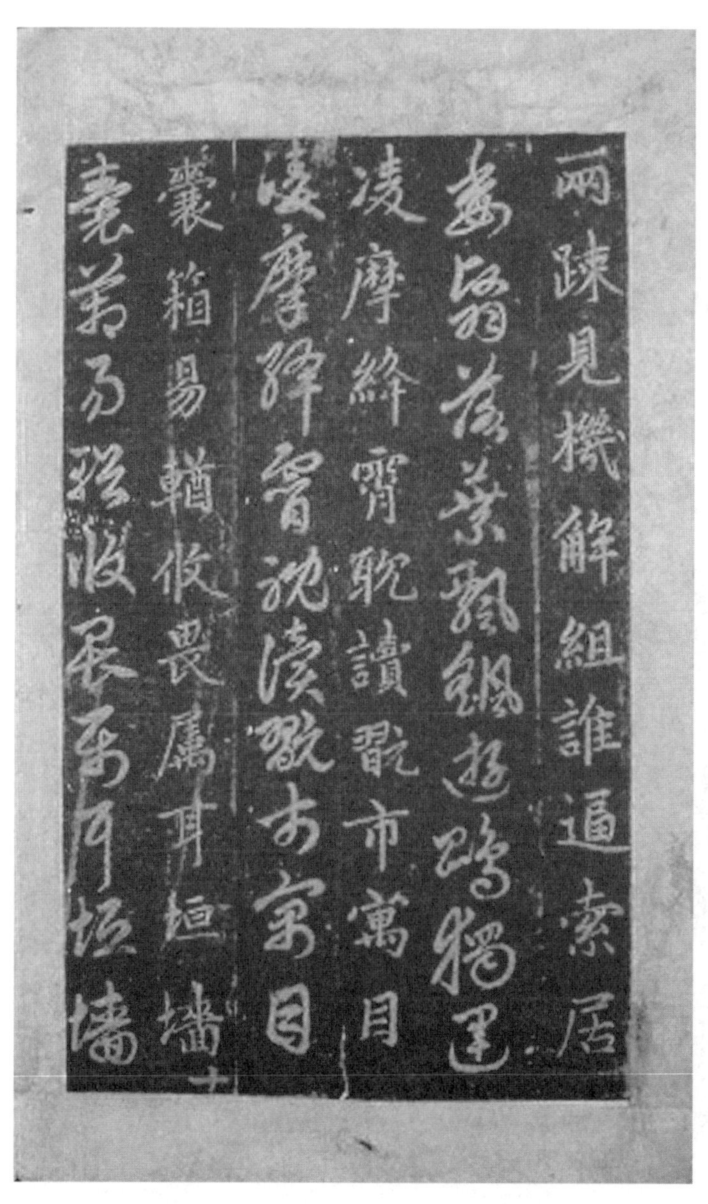

【그림 24】文宗 卽位年(1450) 刊印의 安平大君 眞草千字文

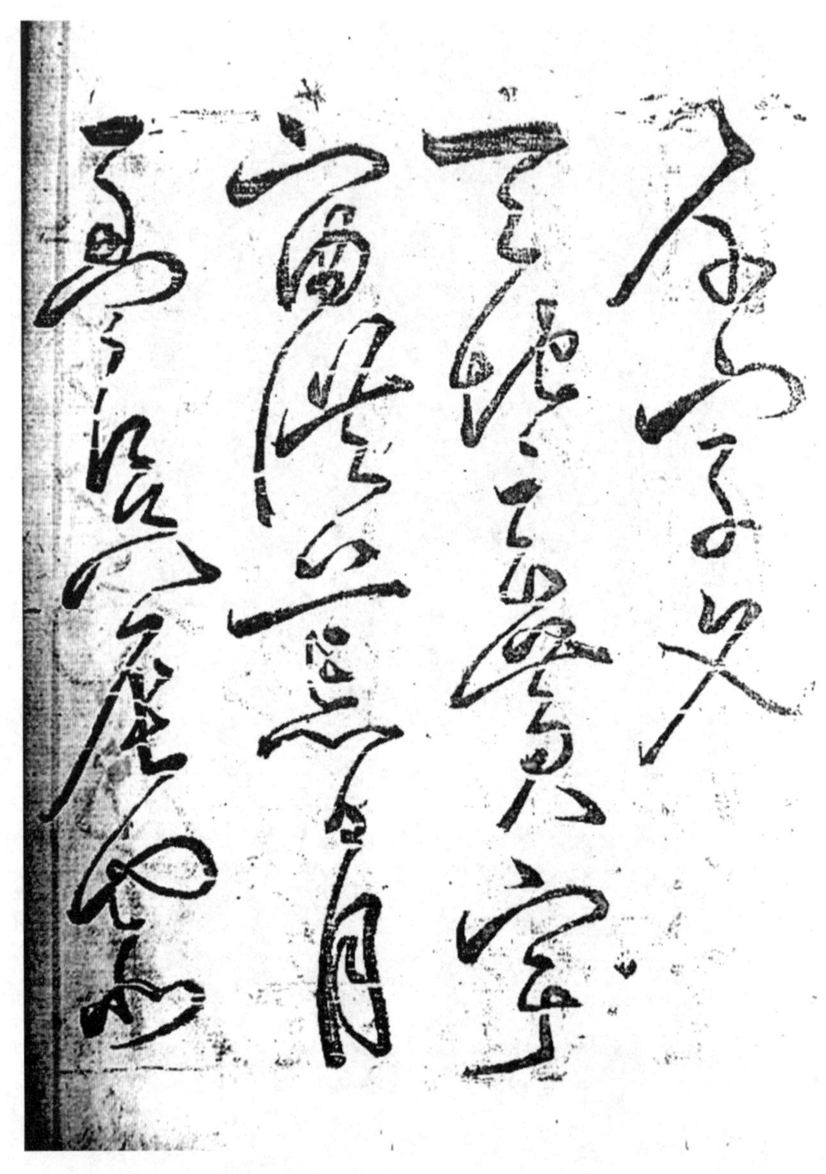

【그림 25】 中宗 32年(1537) 連臺庵 刊印의 草千字文

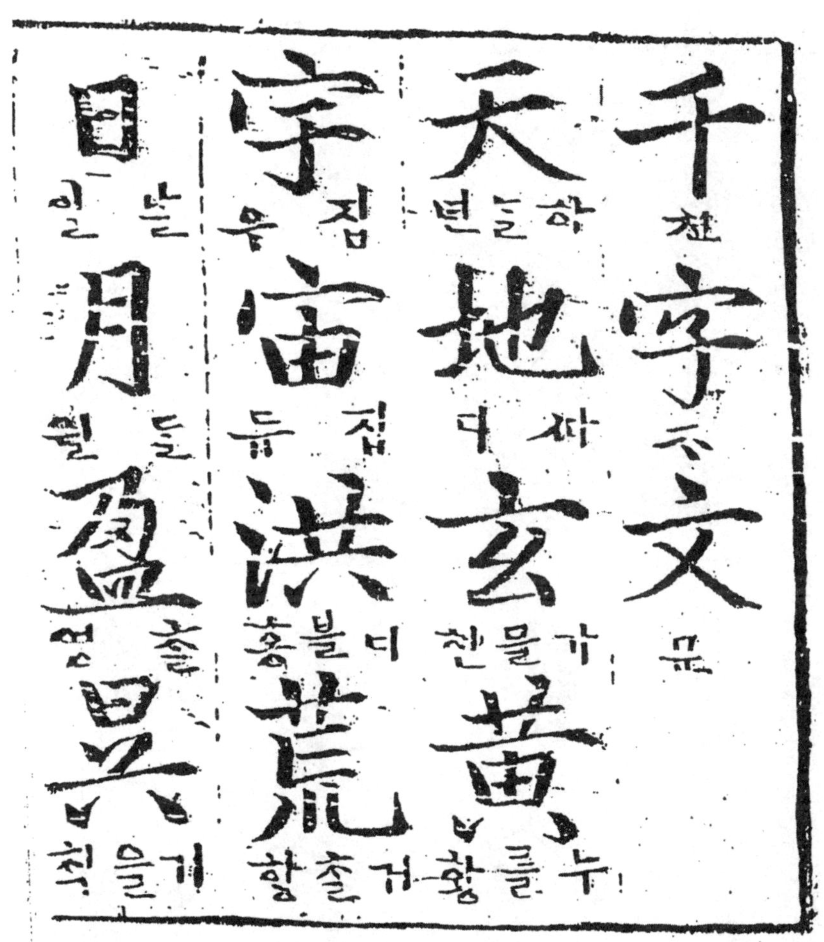

【그림 26】顯宗 2年(1661) 安城 간인의 千字文

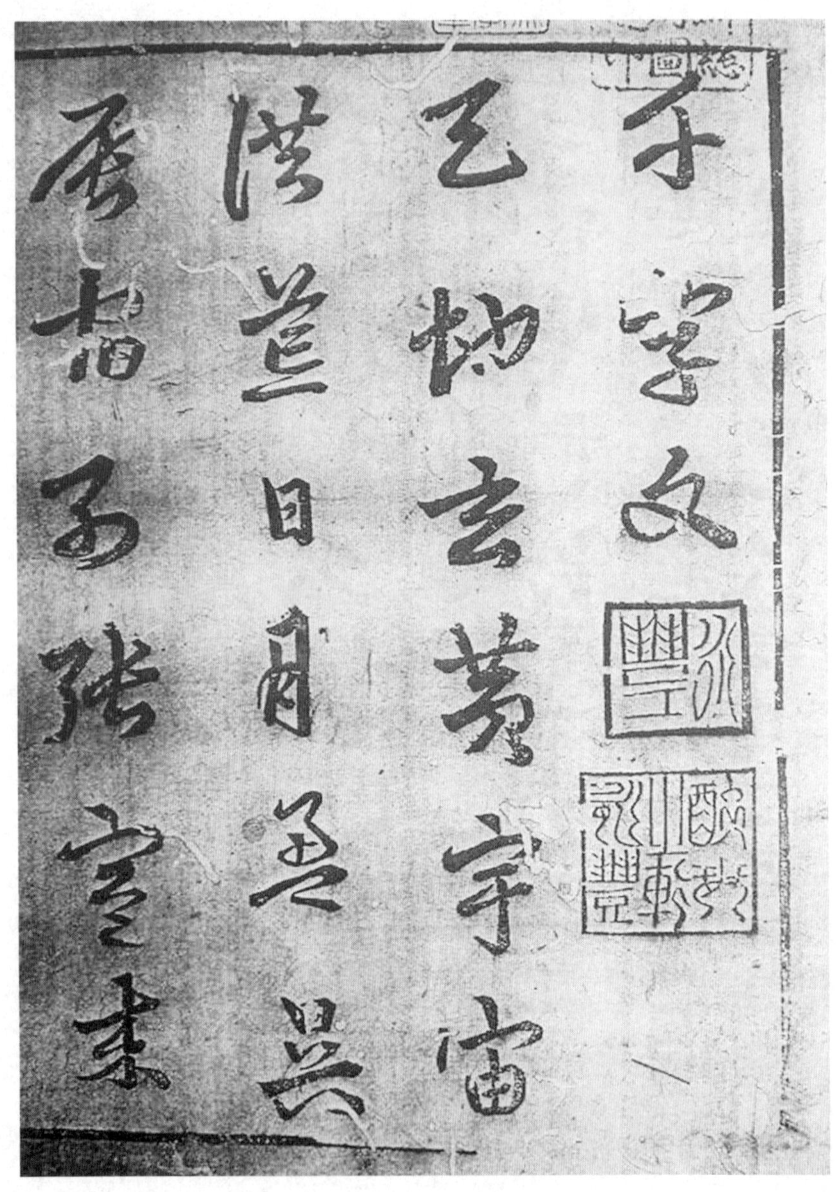

【그림 27】 17세기 羅州 간인의 草千字文

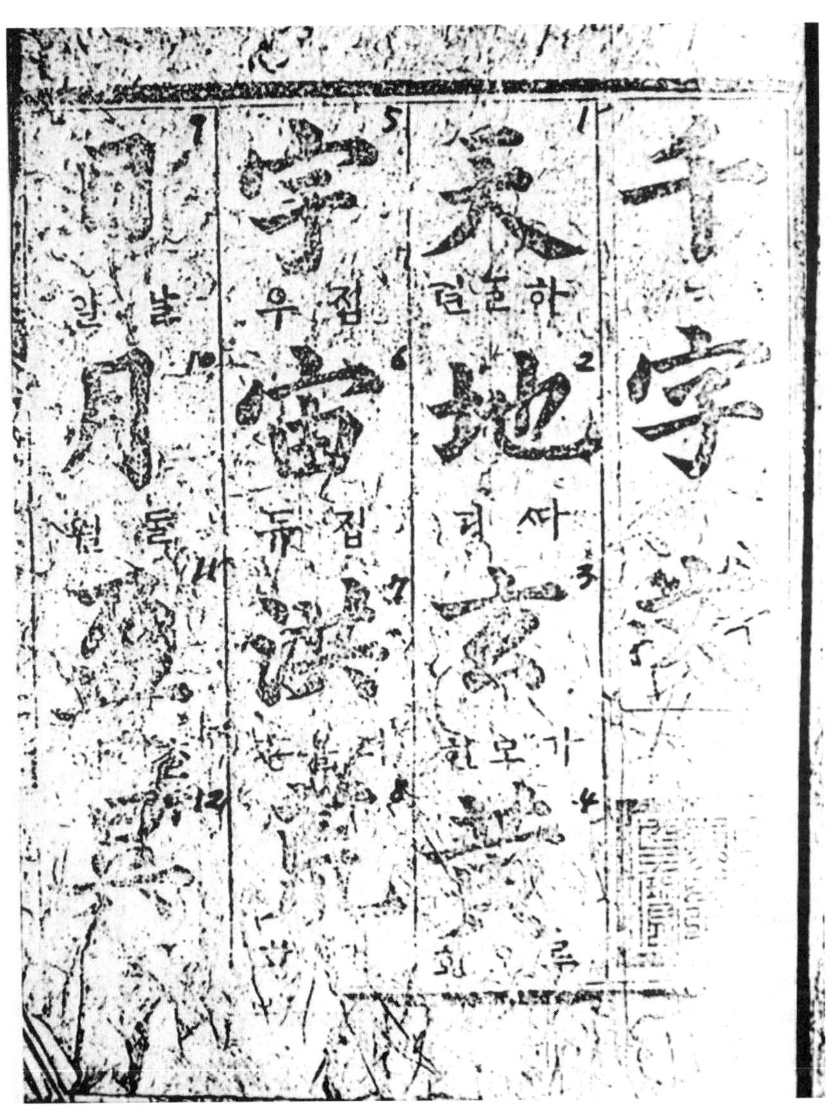

【그림 28】 哲宗 8年(1857) 간인의 李戊實 千字文

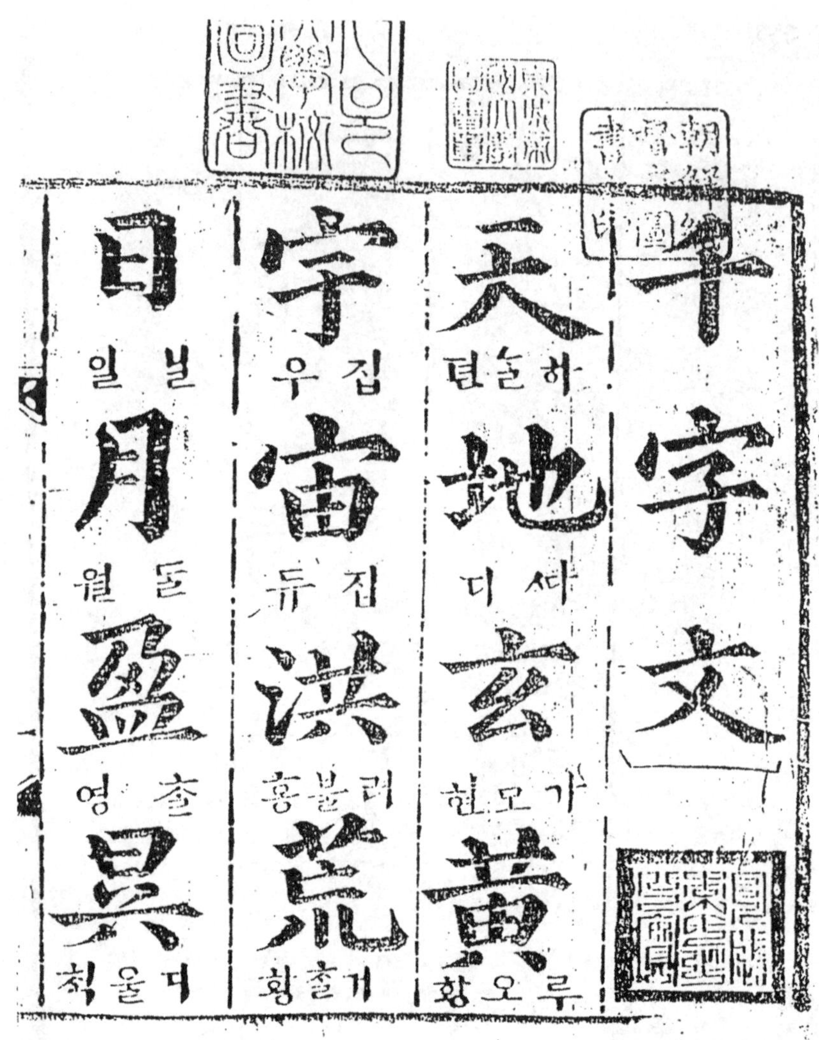

【그림 29】 高宗 31年(1894) 刊印의 李戊實 千字文

【그림 30】英祖 1年(1725) 昇平 간인의 草千字文

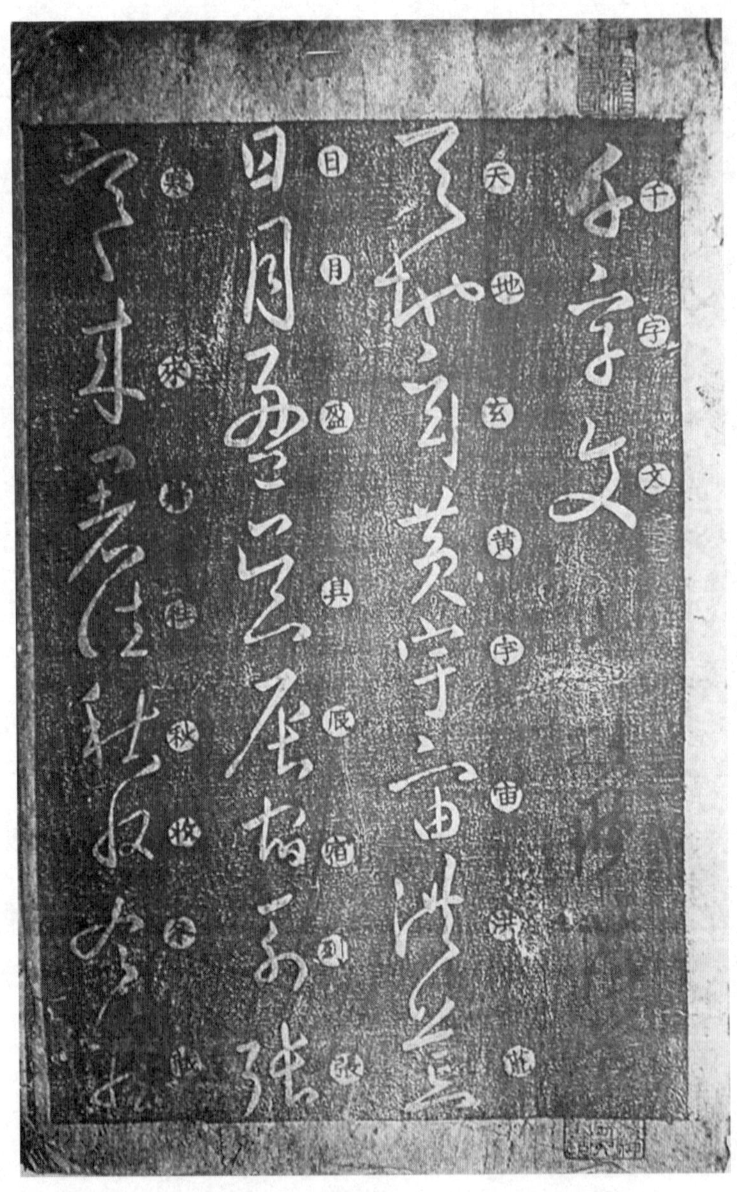

【그림 31】 正祖 15年(1791) 간인의 草千字文

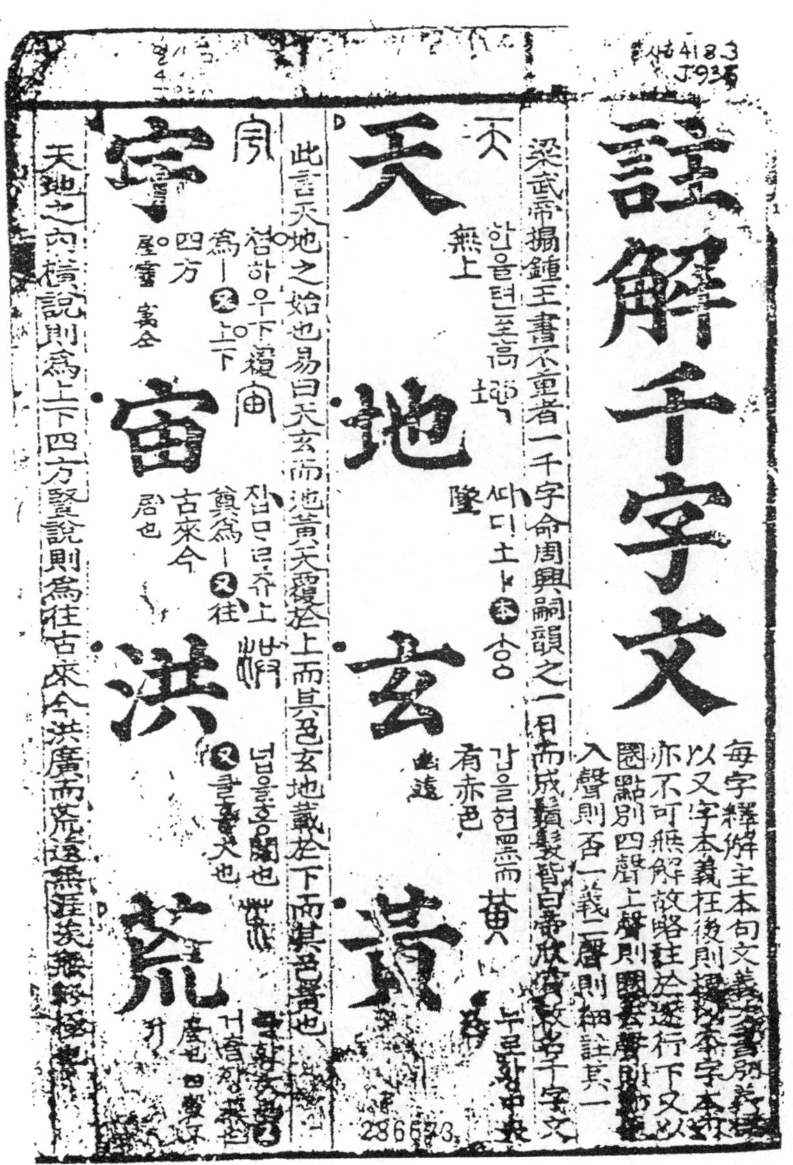

【그림 32】純祖 4年(1804) 京城 廣通坊 간인의 註解千字文

【그림 33】 純祖 9年(1809) 銅峴 開刊의 草千字文

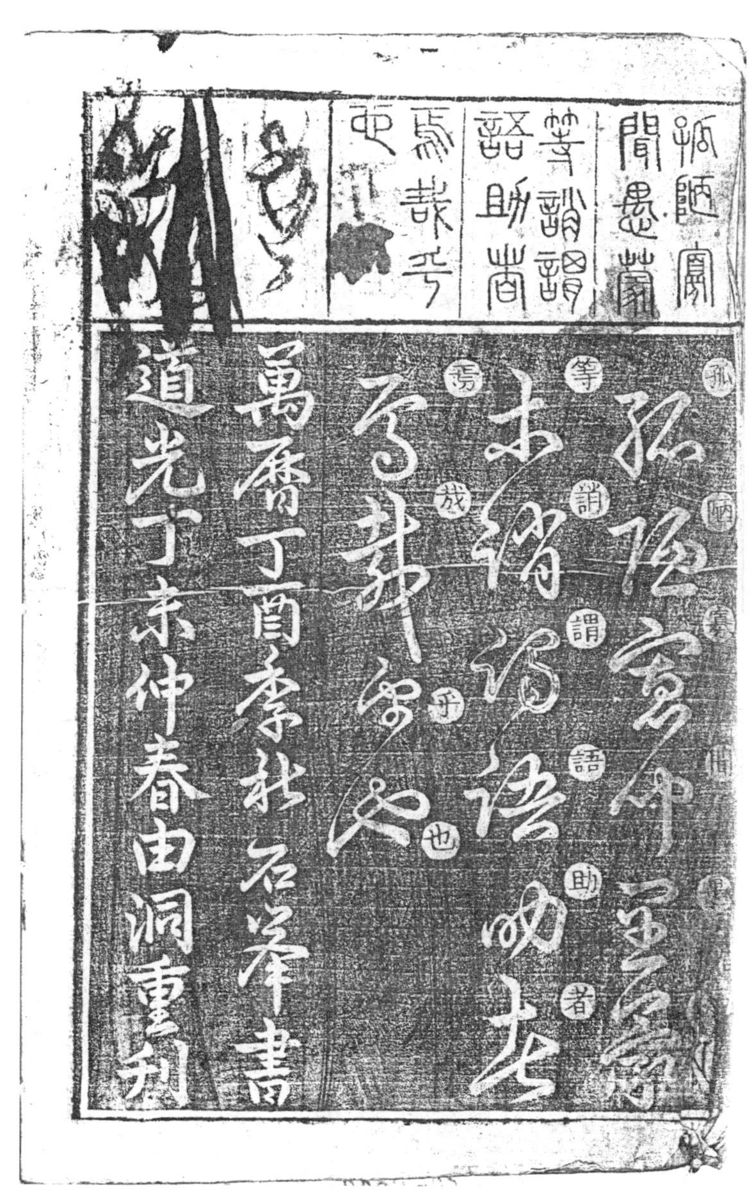

【그림 34】憲宗 13年(1847) 油洞 重刊의 草千字文

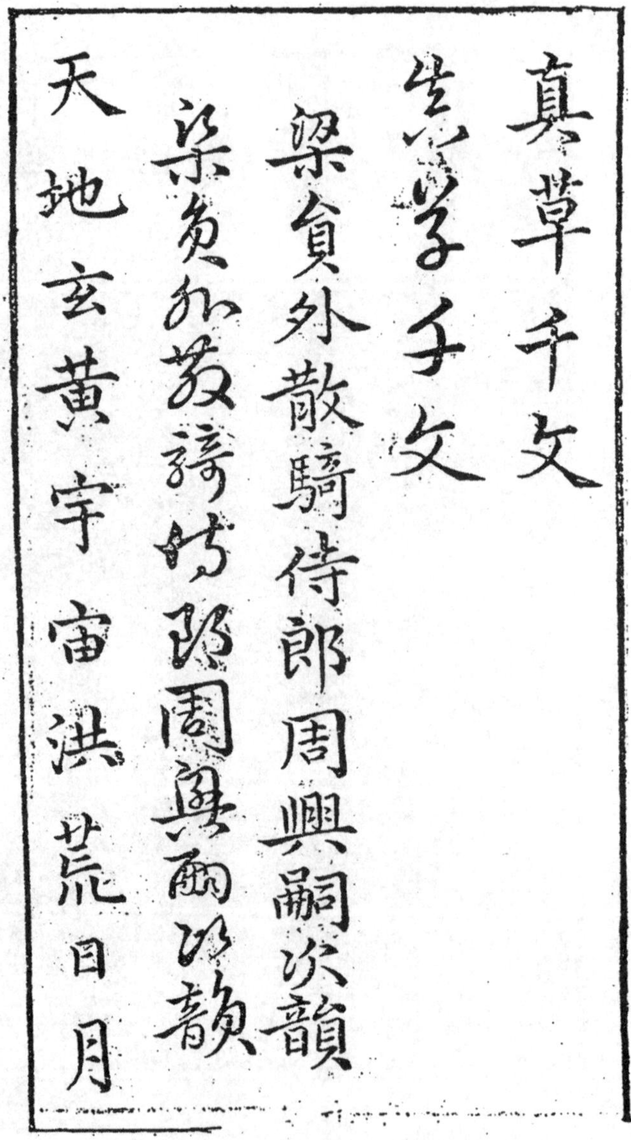

真草千文

光學子文

梁員外散騎侍郎周興嗣次韻

梁員外散騎侍郎周興嗣次韻

天地玄黃宇宙洪荒日月

【그림 35】哲宗 11年(1860) 完府 간인의 眞草千字文

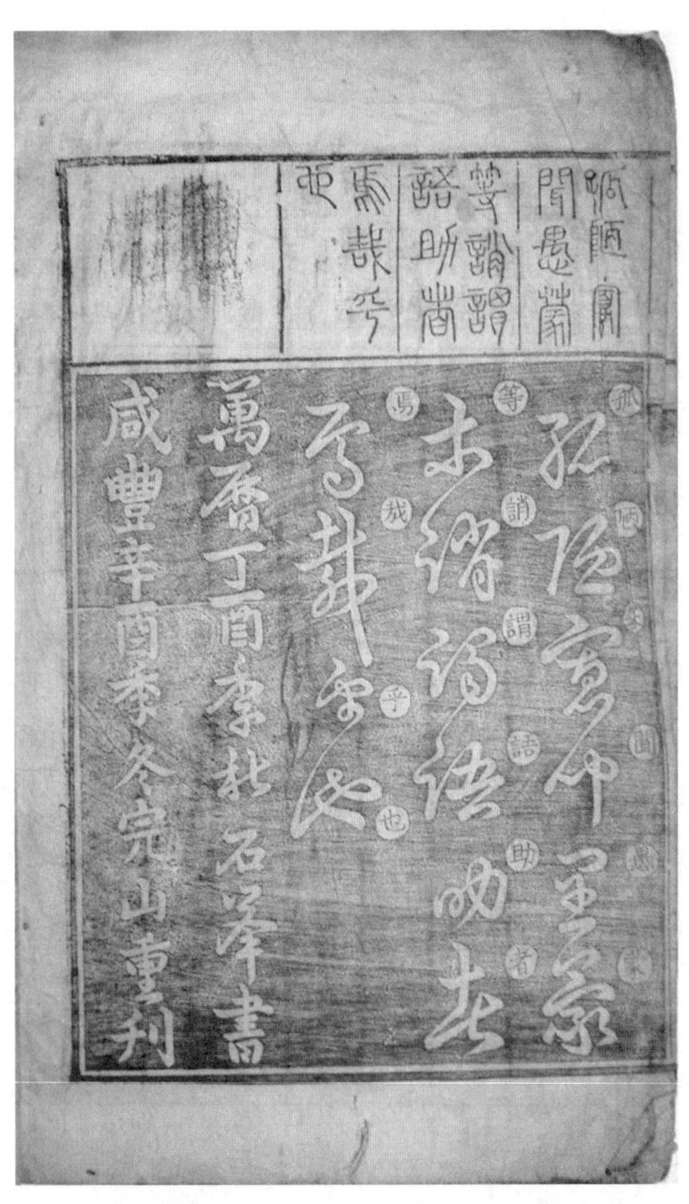

【그림 36】 哲宗 12年(1861) 完山 간인의 草千字文

【그림 37】哲宗 9年~哲宗 12年(1858~1861) 紅樹洞 간인의 千字文

【그림 38】 純祖 21年~哲宗12年(1821~1861) 간인의 篆千字文

【그림 39】 哲宗 13年(1862) 全羅 杏谷 간인의 千字文

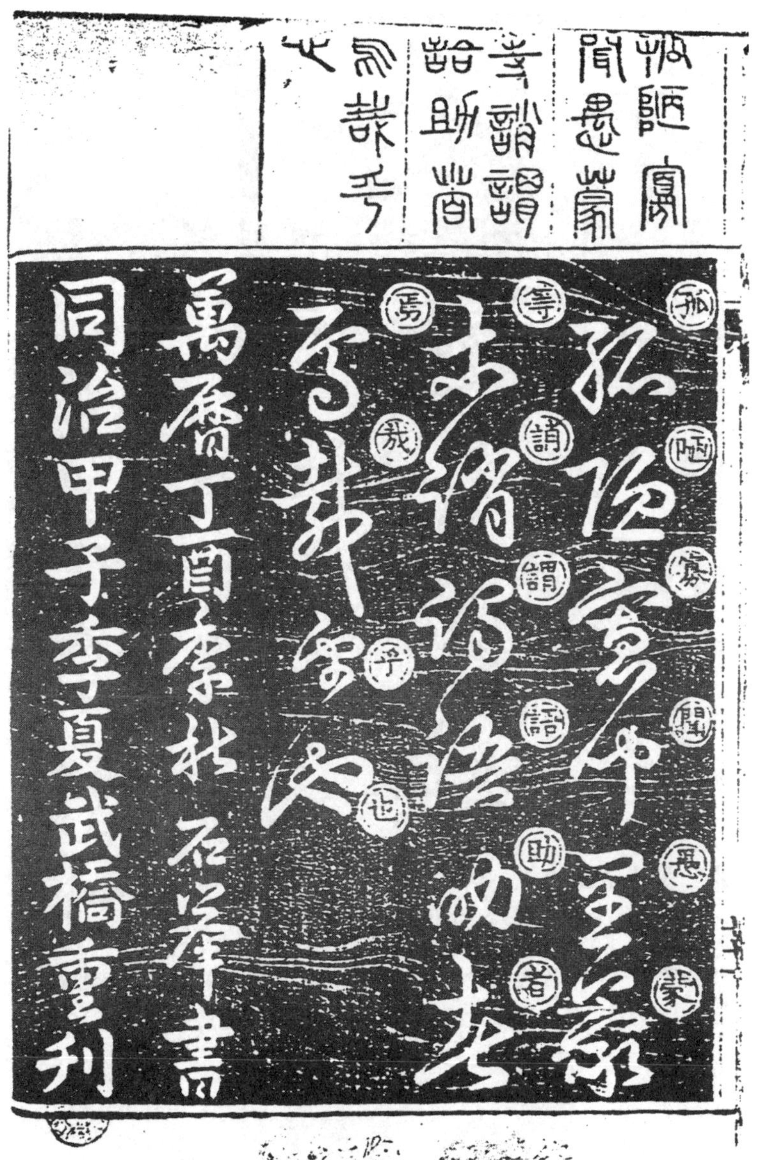

【그림 40】高宗 1年(1864) 武橋 重刊의 草千字文

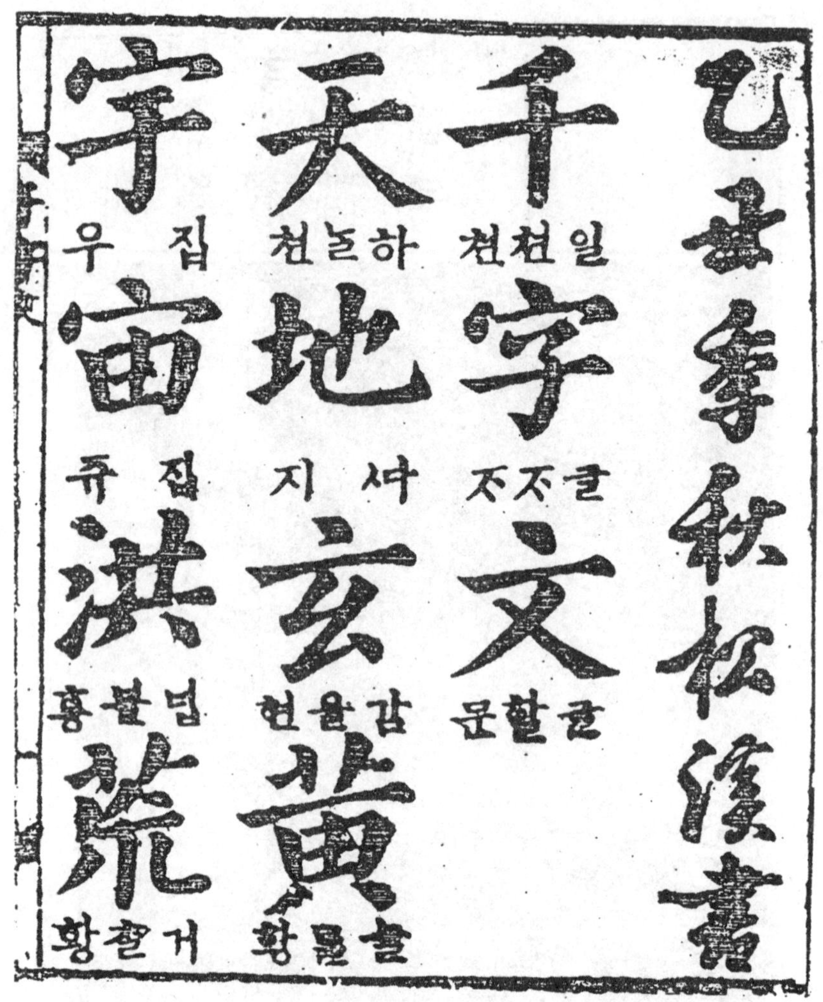

【그림 41】高宗 2年(1865) 간인의 千字文

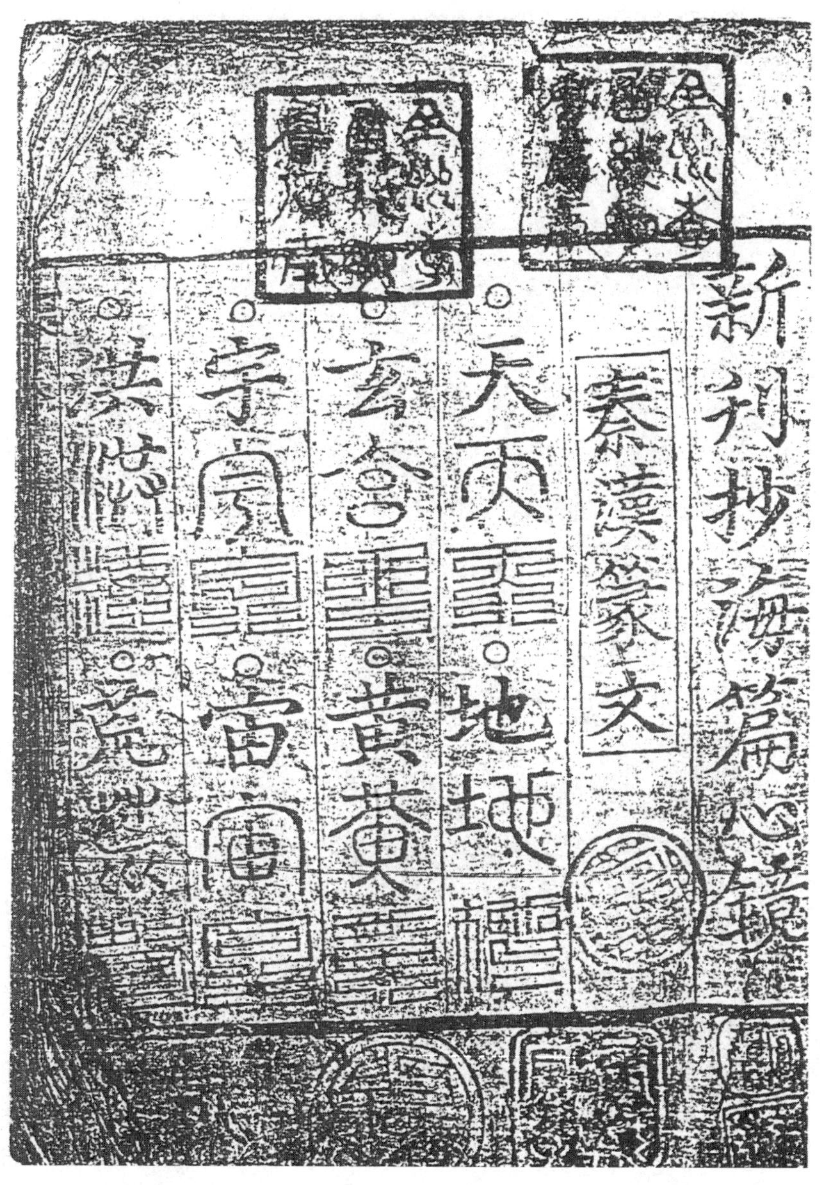

【그림 42】高宗 19年(1882) 간인의 新刊抄海篇心鏡：秦漢篆文

【그림 43】憲宗 10年～高宗31年(1844～1894) 武橋 新刊의 千字文

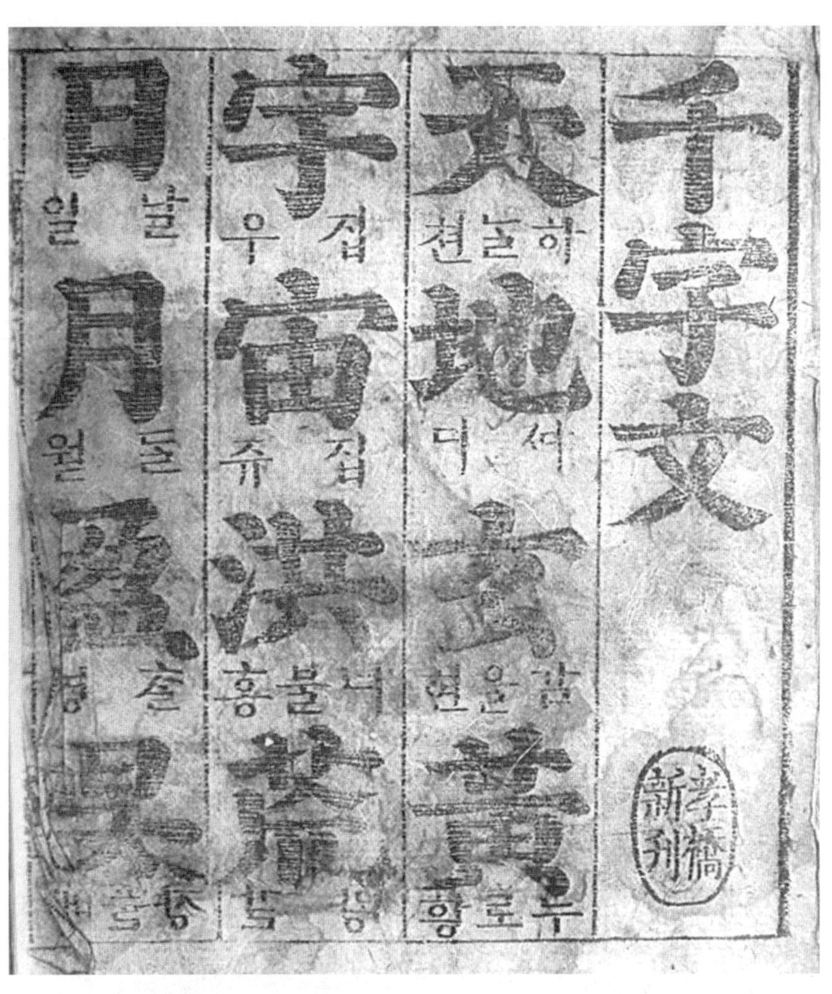

【그림 44】1800年代 孝橋 新刊의 千字文

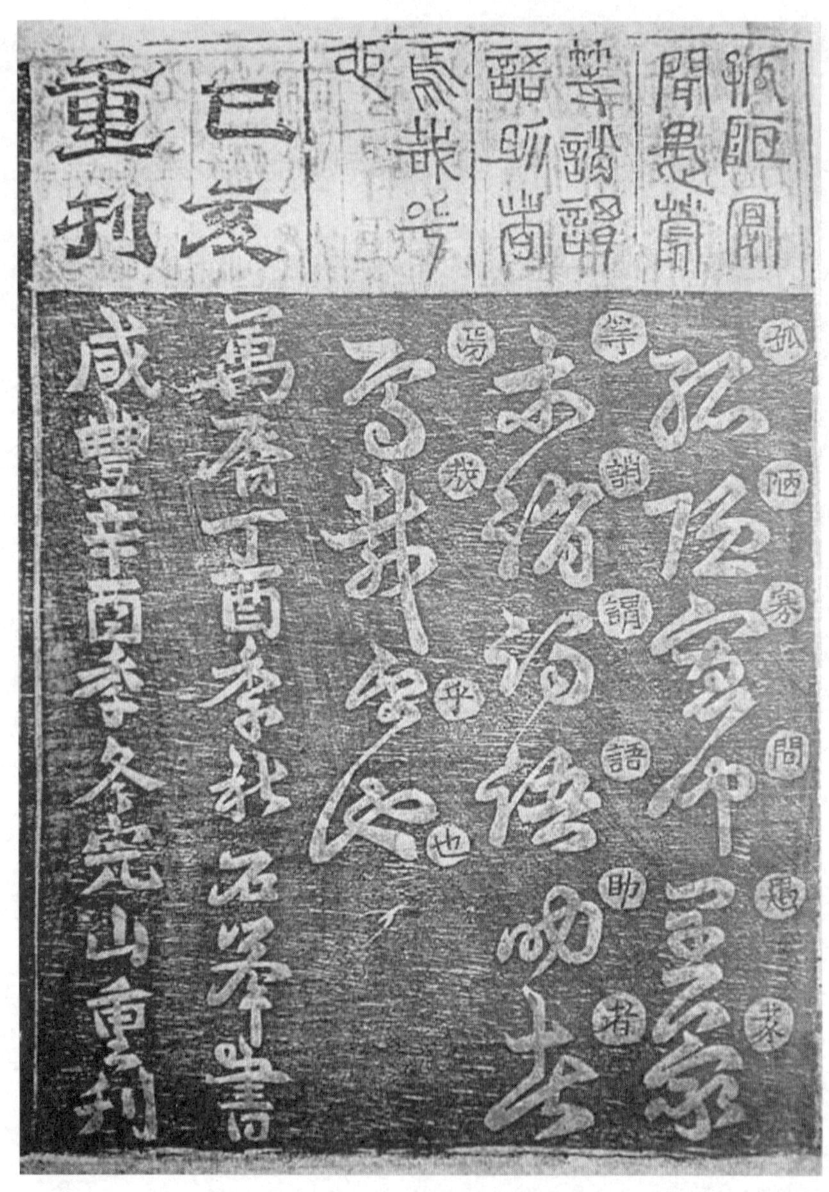

【그림 45】光武 3年(1899) 完山 간인의 草千字文

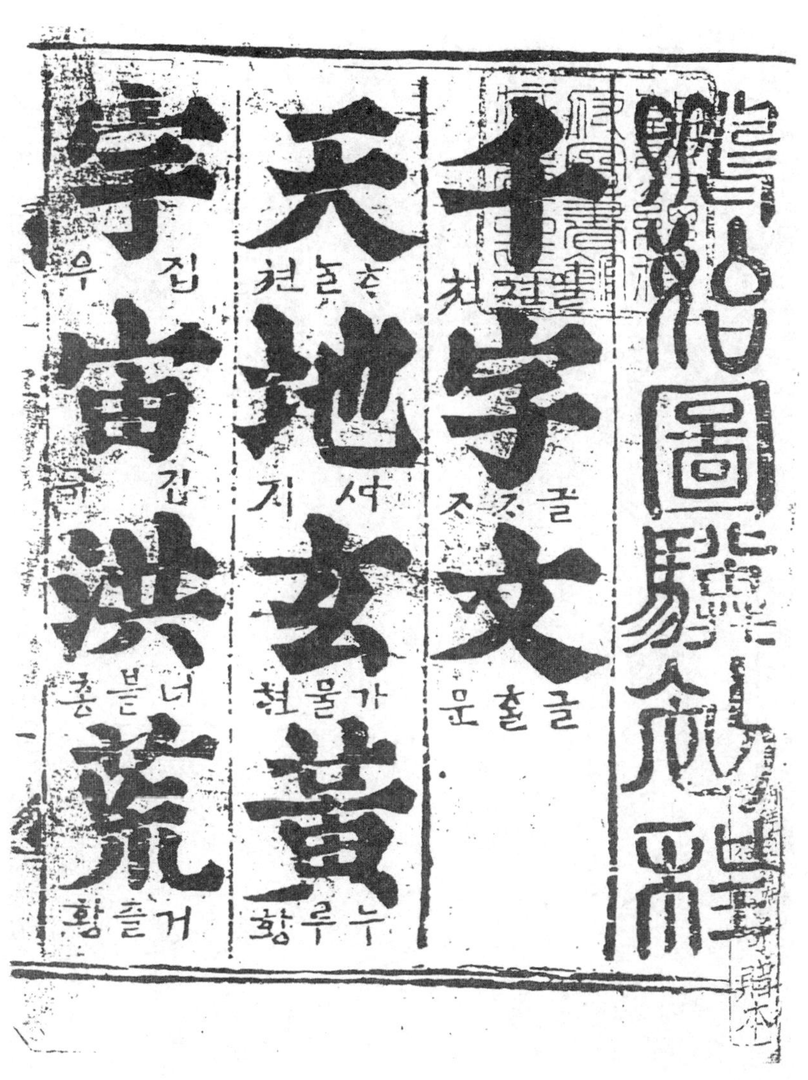

【그림 46】光武 9年(1905) 完山 新刊의 千字文

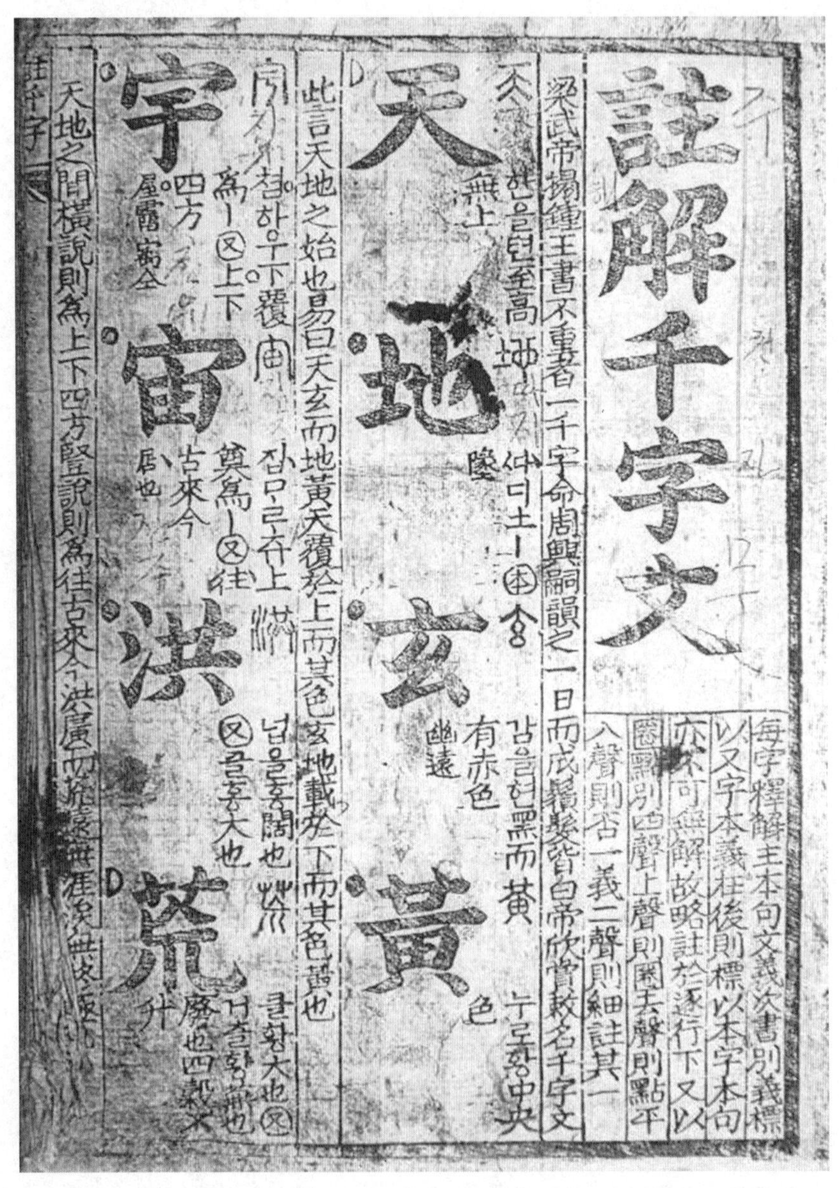

【그림 47】光武 9年(1905) 昌寧 華林齋 新刊의 註解千字文

【그림 48】 光武 9年(1905) 紫岩 新刊의 草千字文

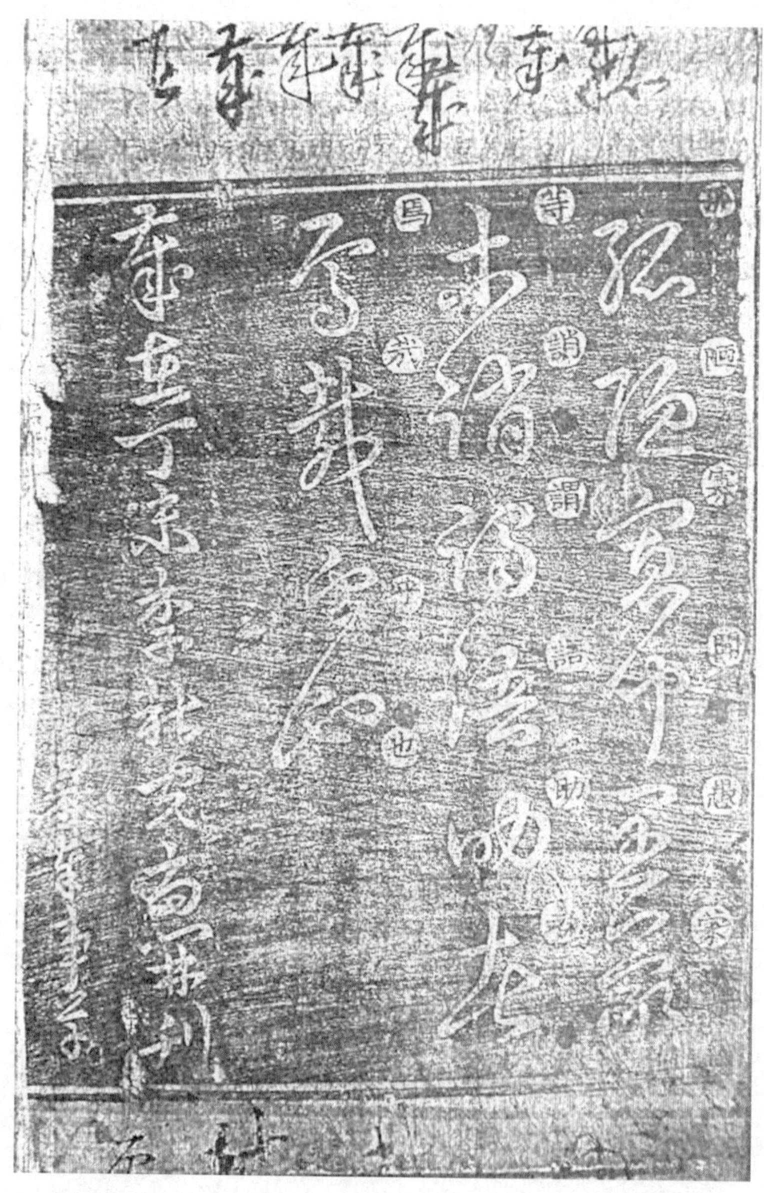

【그림 49】1907年 全羅 完齊 開刊의 草千字文

6. 日帝時代 千字文 圖版

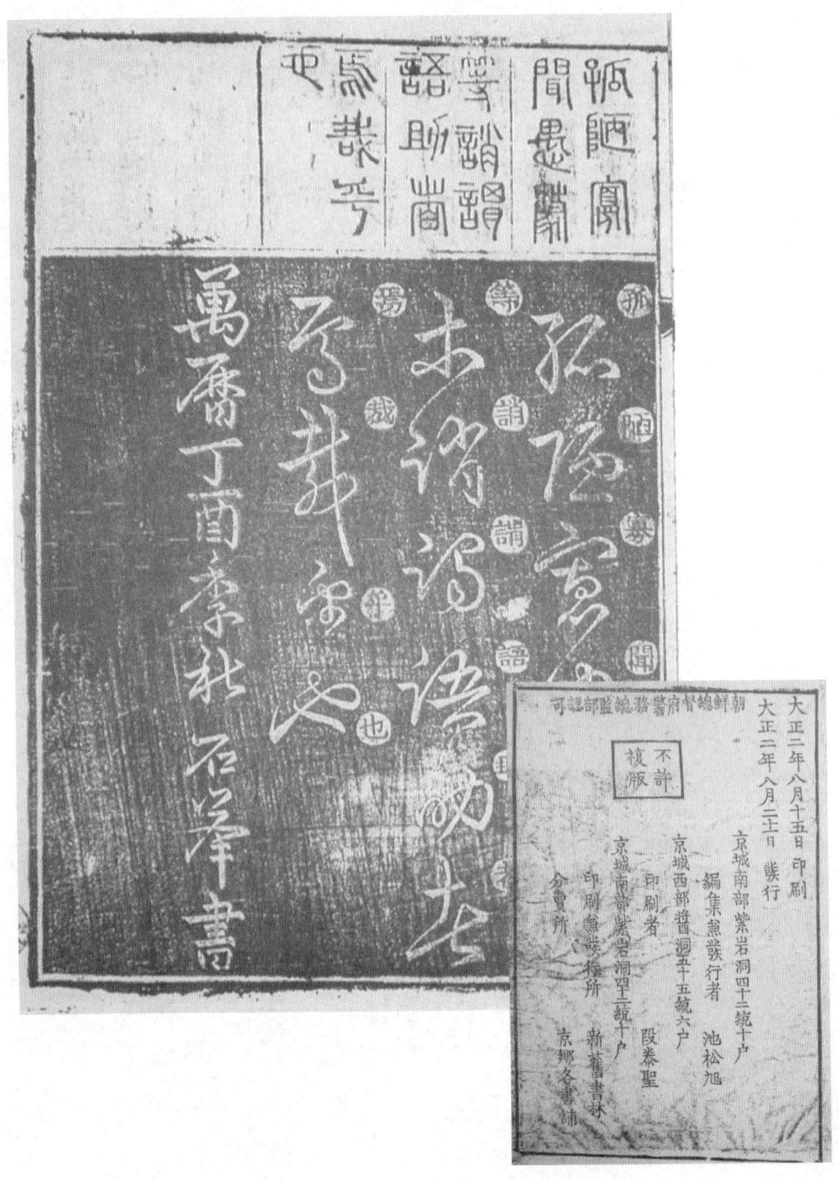

【그림 1】 1913년 신구서림 발행 『千字文』

【그림 2】 1913년경 재전당서포 발행 『千字文』

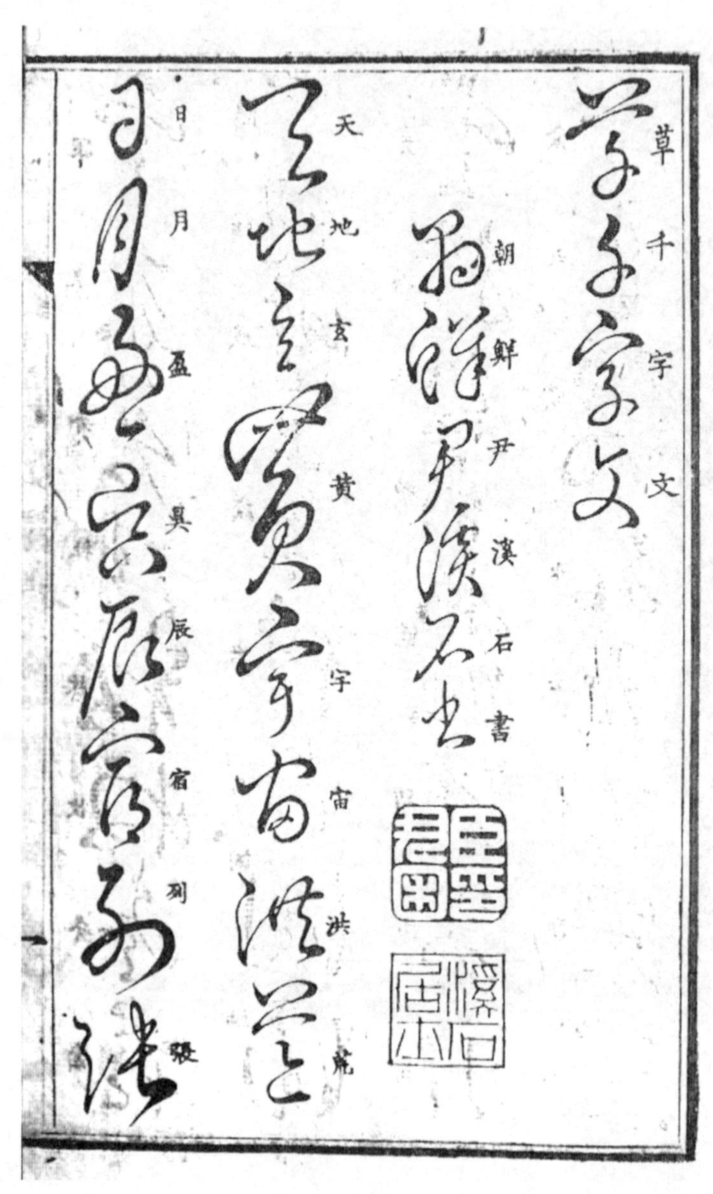

【그림 3】1916년 회동서관 발행『草千字文』

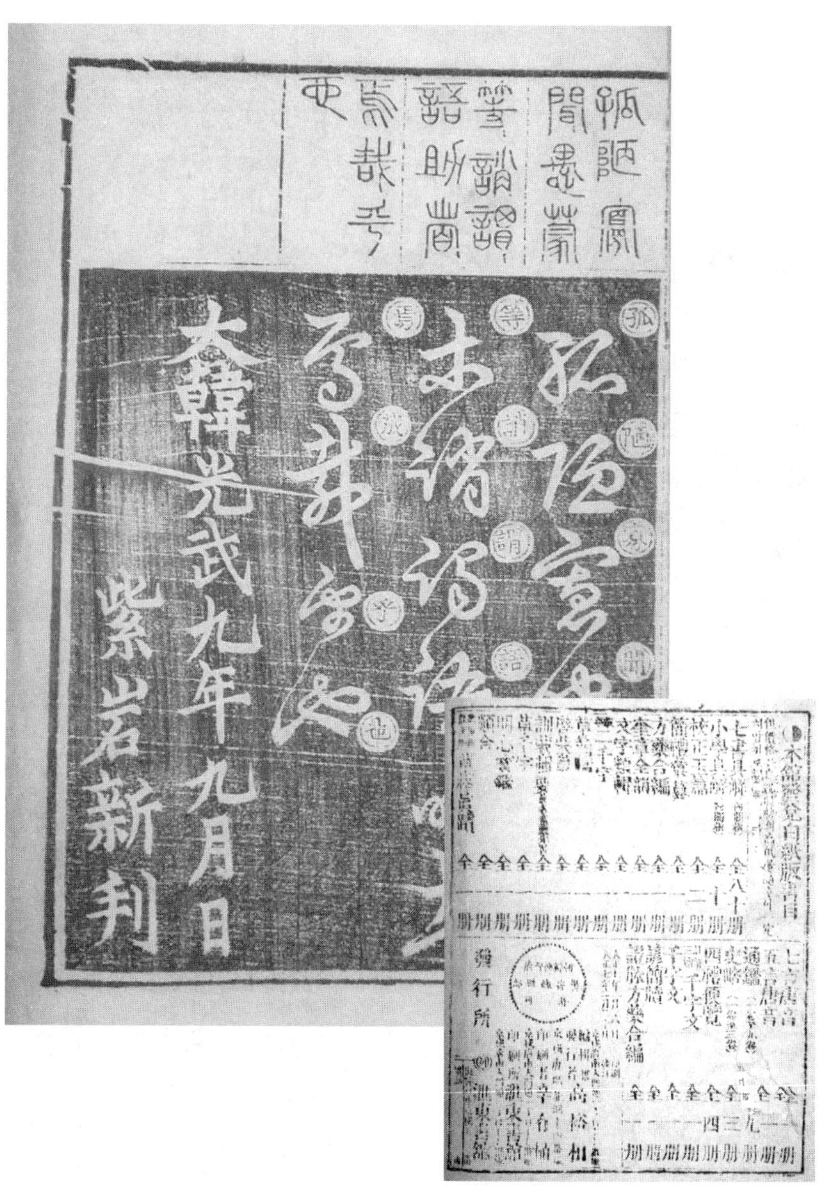

【그림 4】 1918년 회동서관 발행 『千字文』

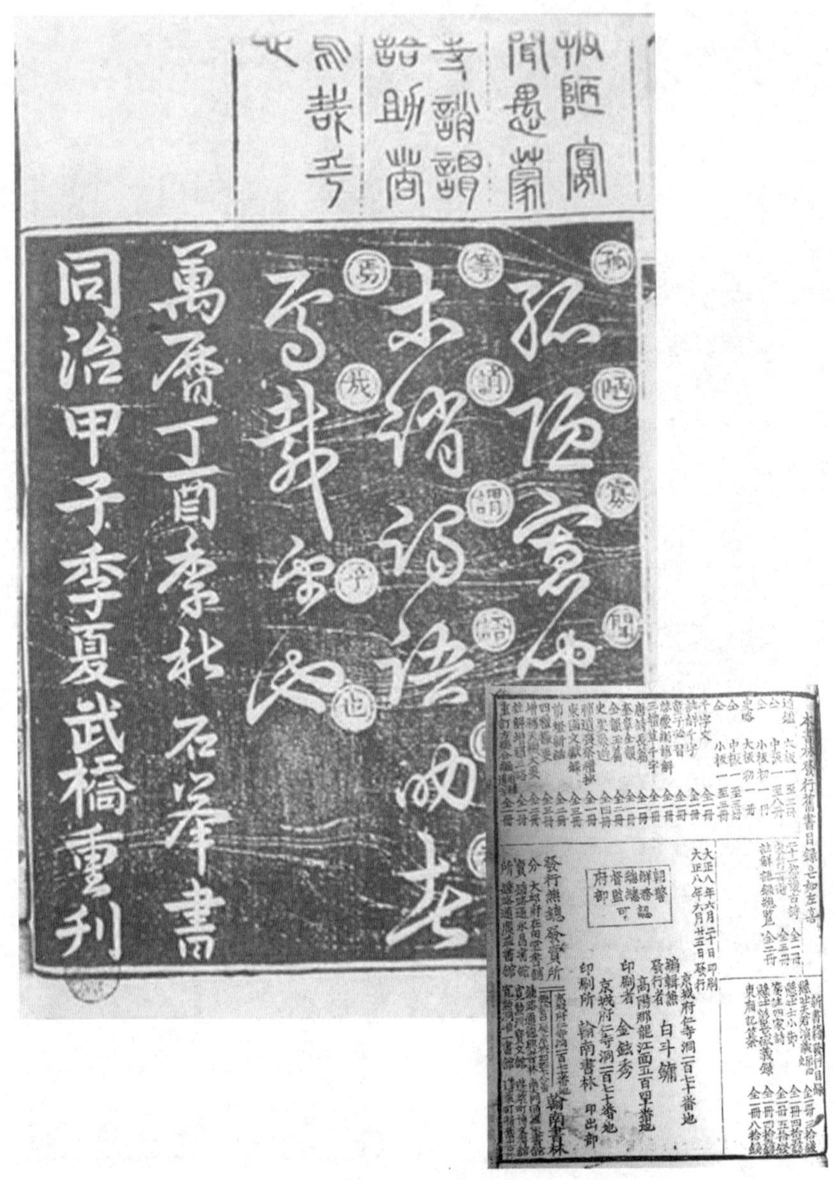

【그림 5】1919년 한남서림 발행『千字文』

【그림 6】 1923년 신안서림 발행 『千字文』

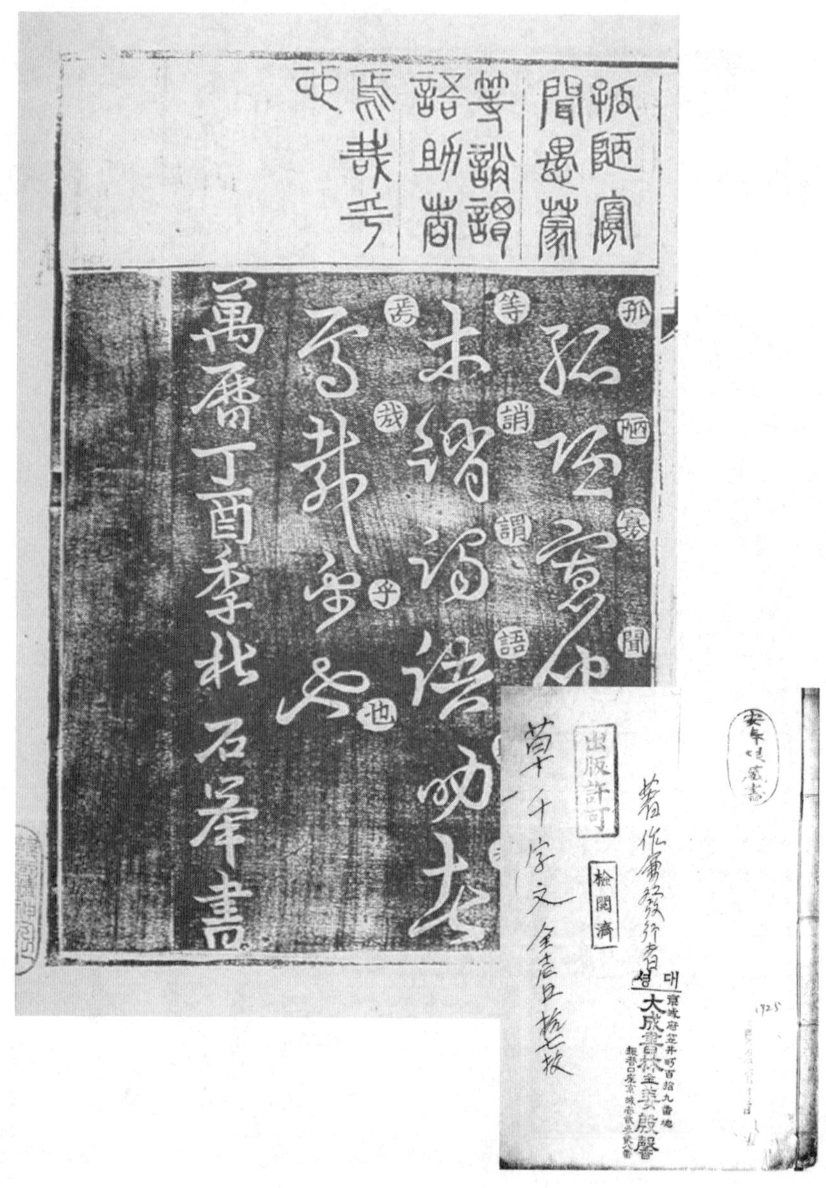

【그림 7】1925년 대성서림 발행 『千字文』

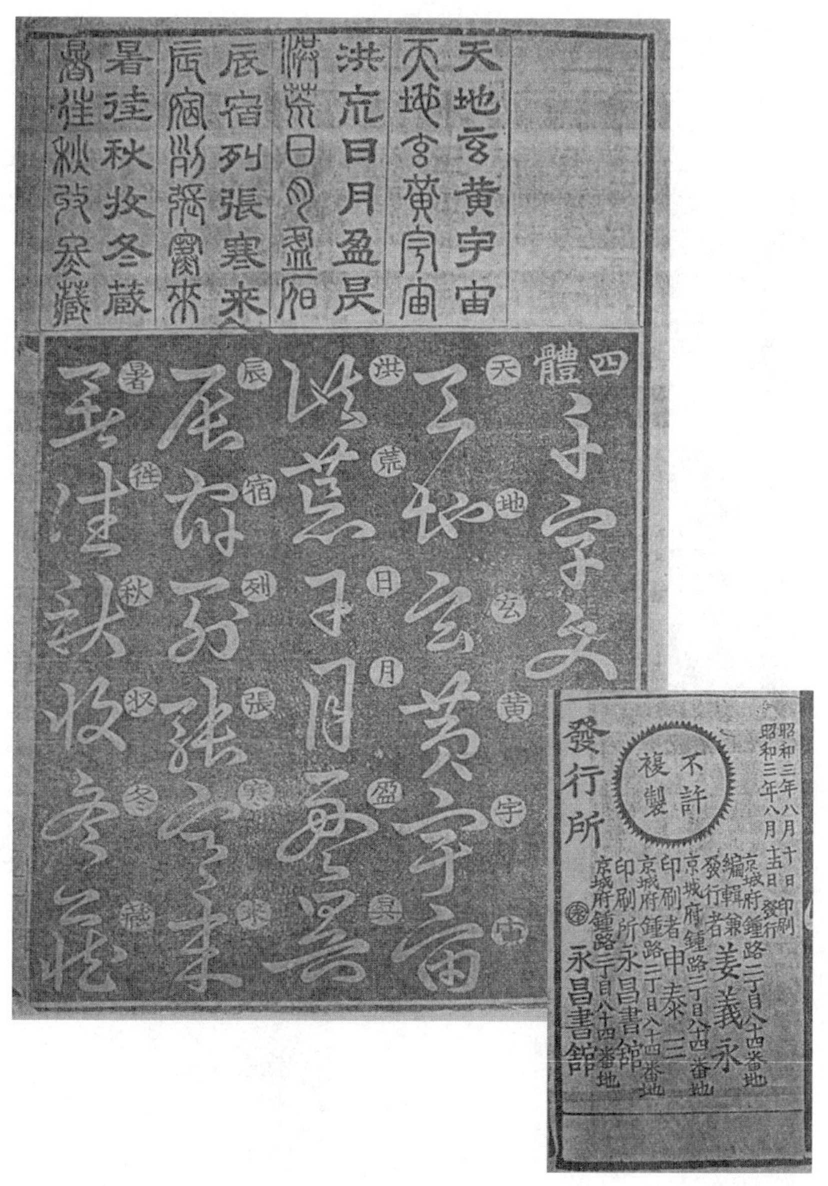

【그림 8】 1928년 영창서관 발행 『四體千字文』

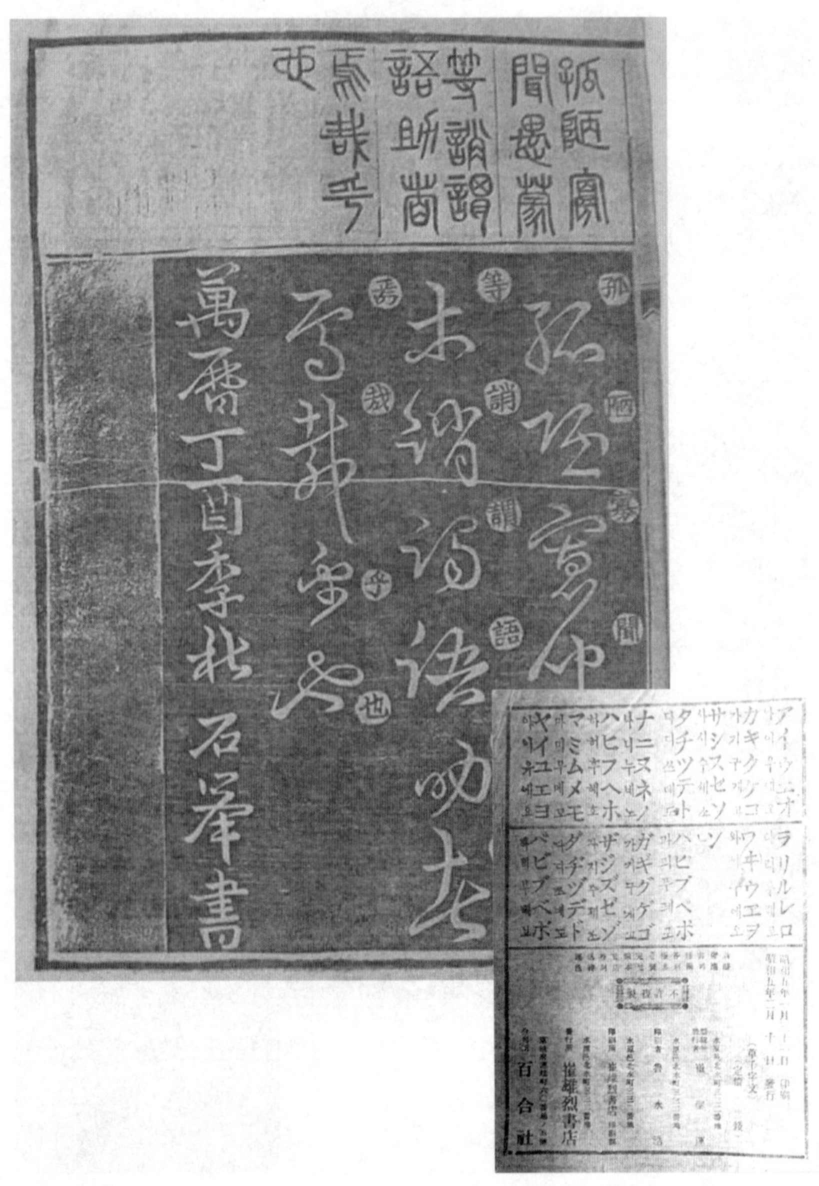

【그림 9】 1930년 최웅열서점 발행 『千字文』

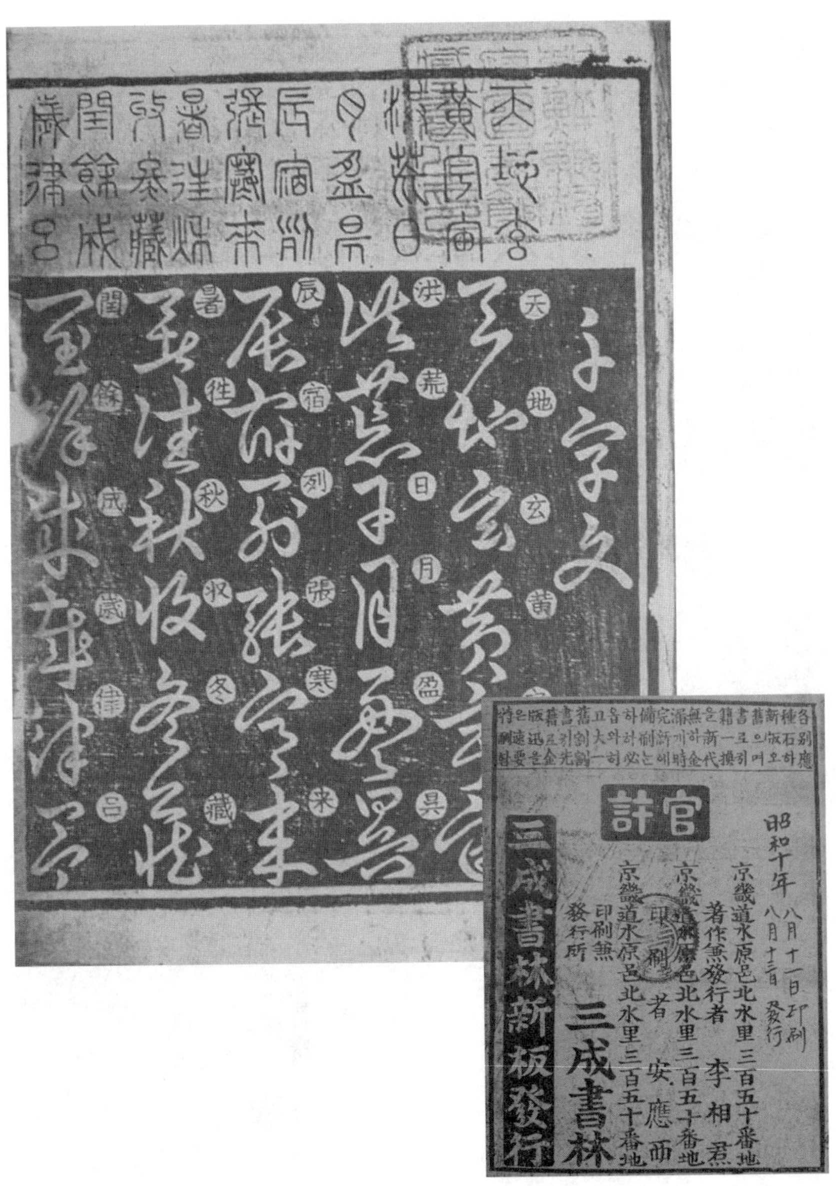

【그림 10】 1935년 삼성서림 발행 『千字文』

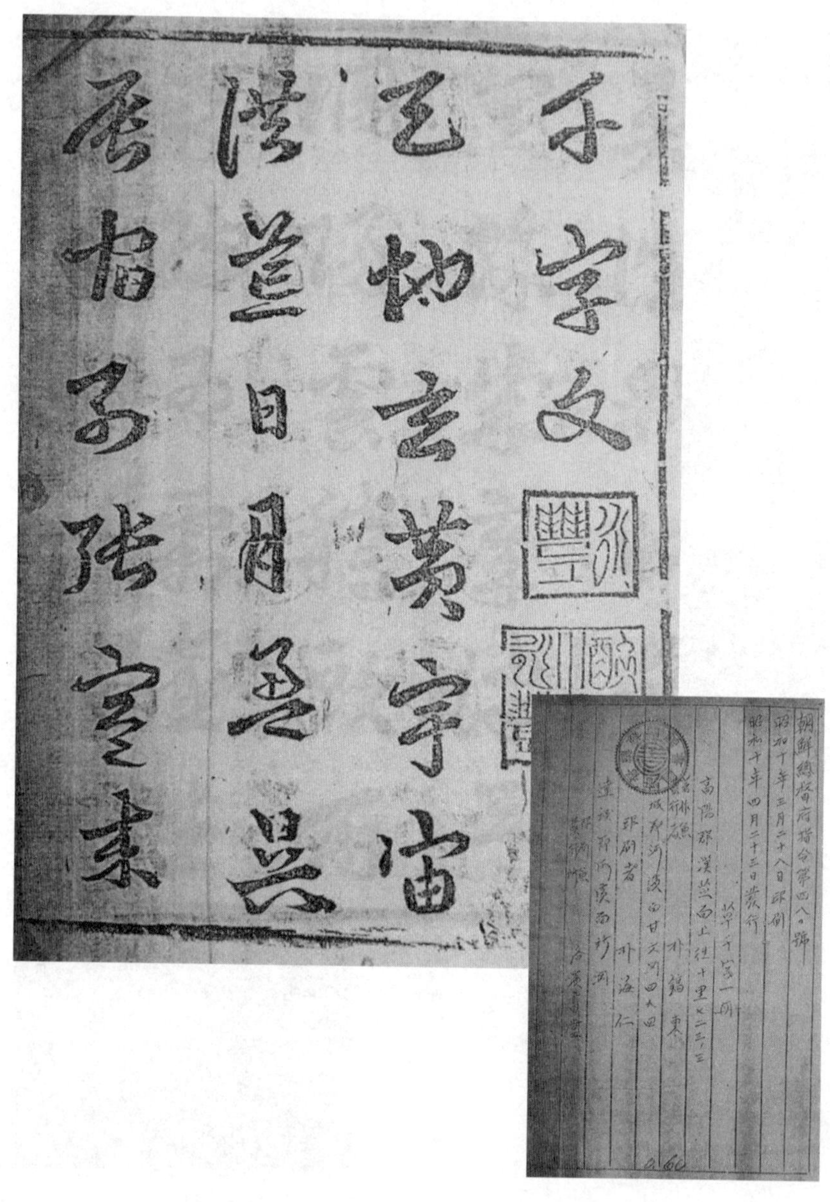

【그림 11】 1935년 낙빈서당 발행 『千字文』

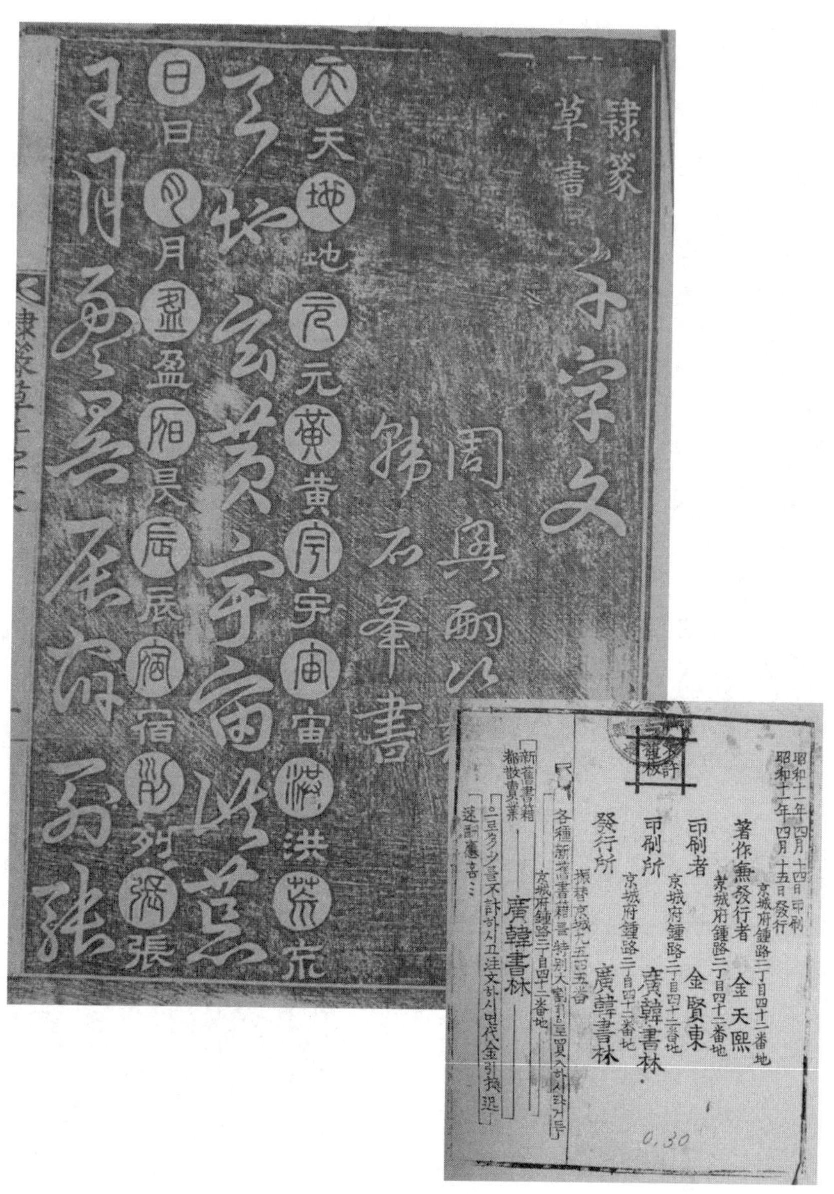

【그림 12】 1936년 광한서림 발행 『隷篆草書千字文』

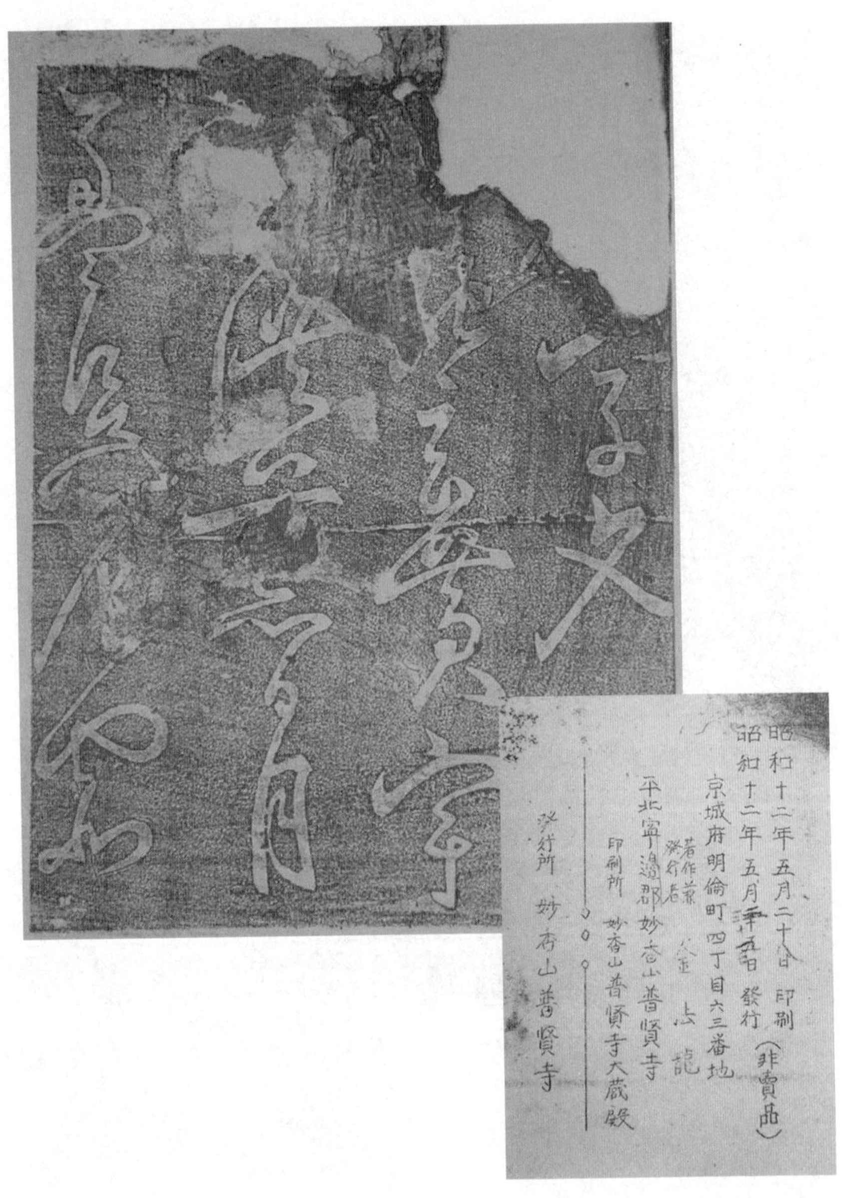

【그림 13】 1937년 보현사 발행 『千字文』

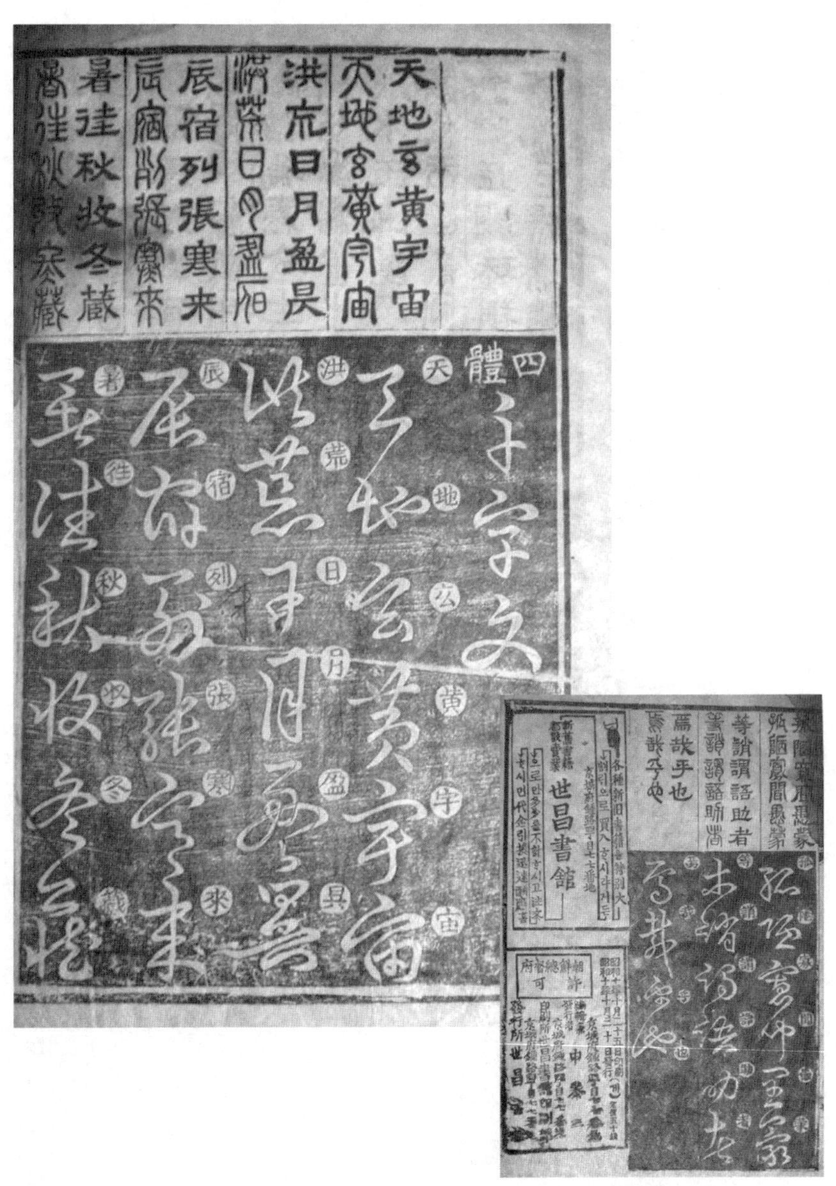

【그림 14】 1937년 세창서관 발행 『四體千字文』

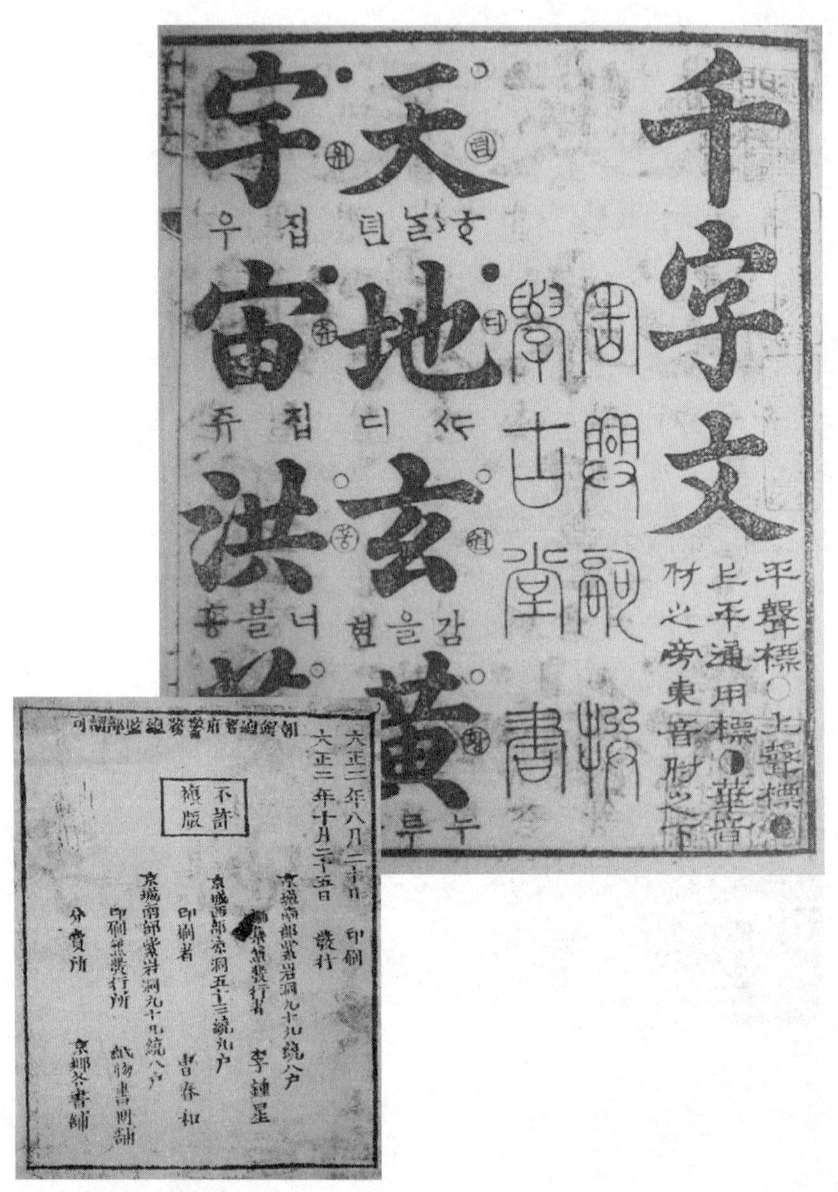

【그림 15】1913년 지물서책포 발행 『千字文』

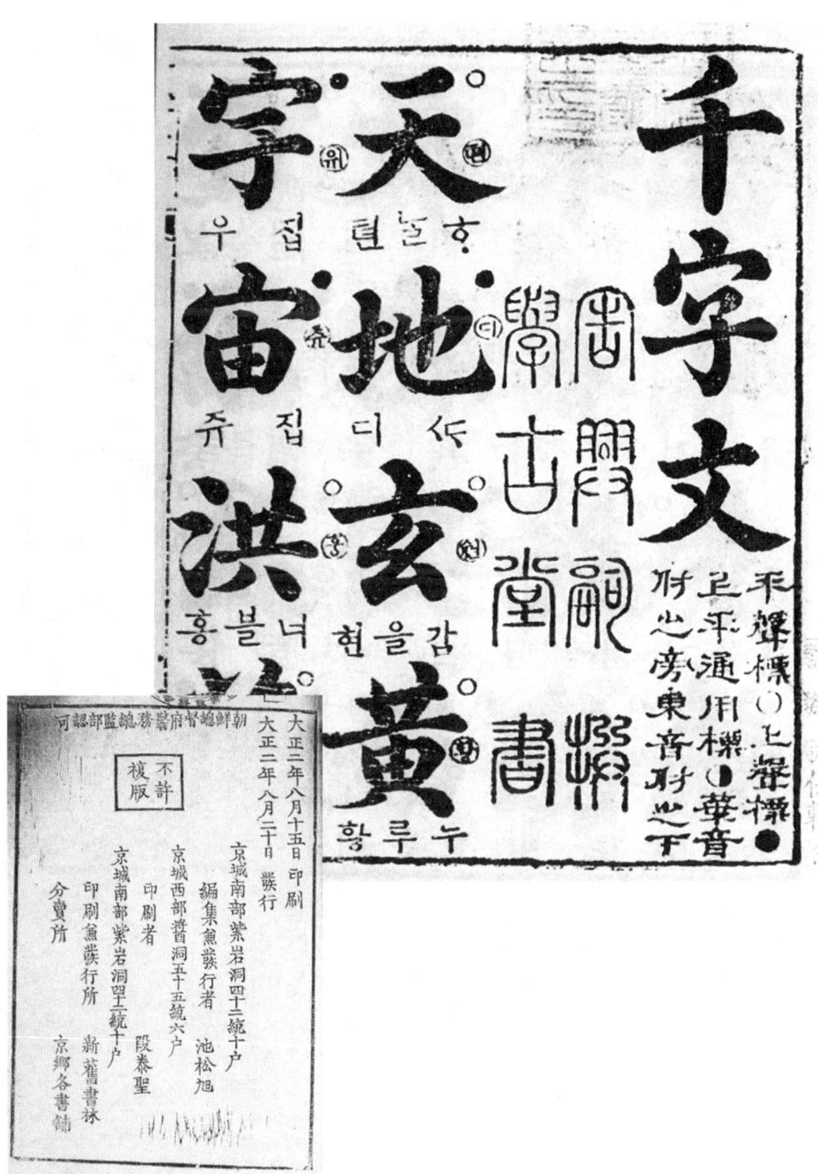

【그림 16】 1913년 신구서림 발행 『千字文』

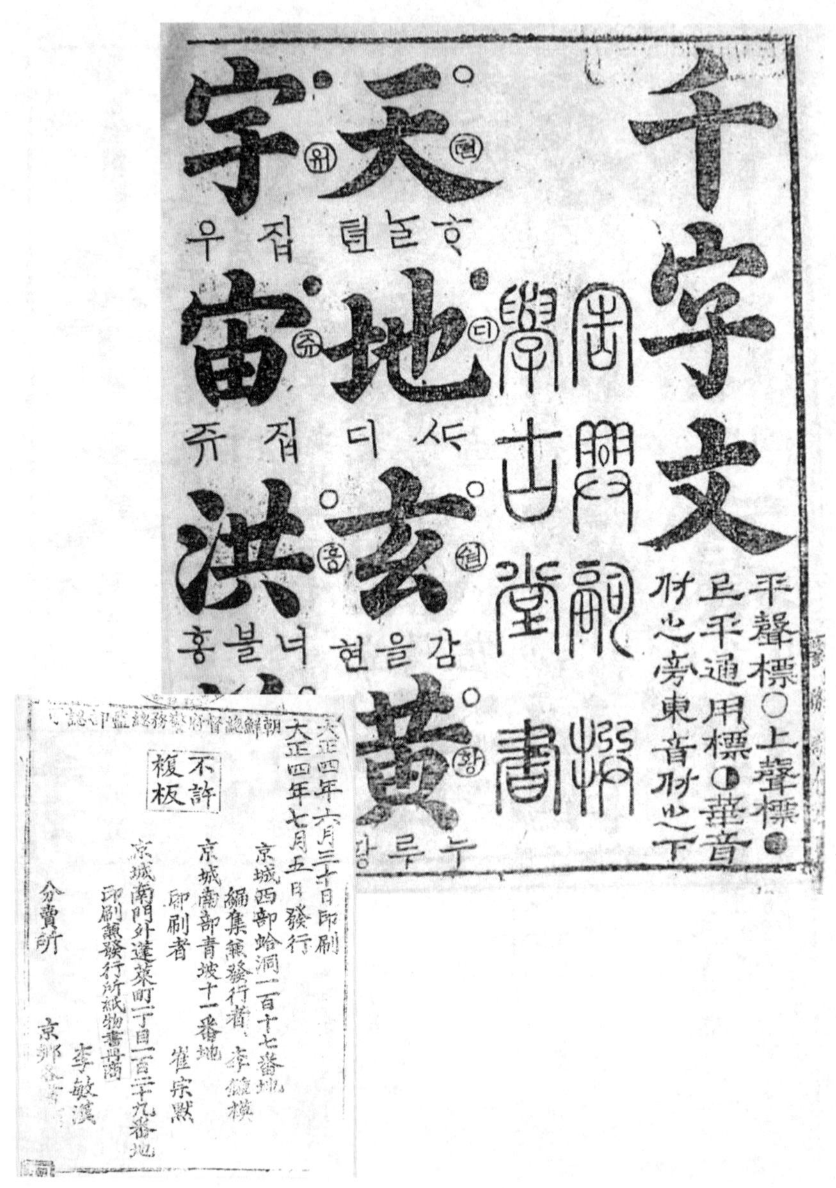

【그림 17】1915년 지물서책상 발행『千字文』

【그림 18】 1916년 한남서림 발행 『千字文』

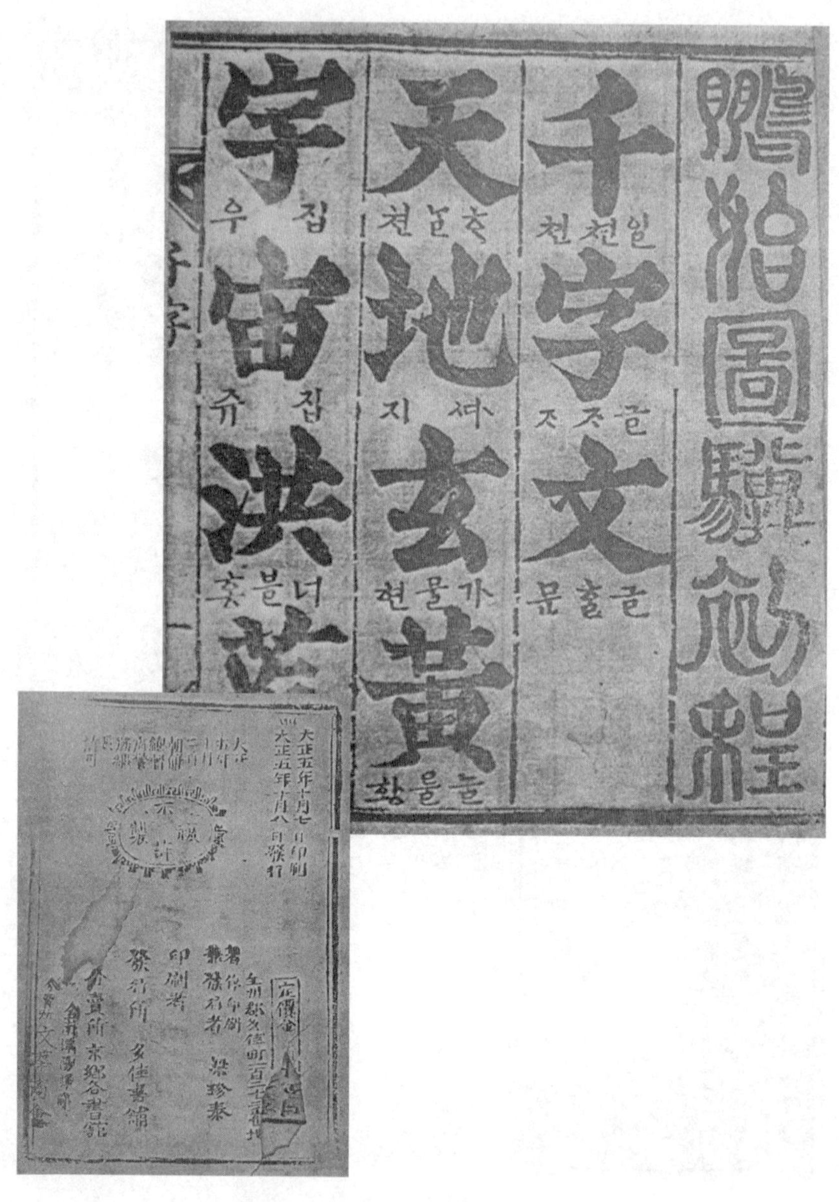

【그림 19】 1916년 다가서포 발행 『千字文』

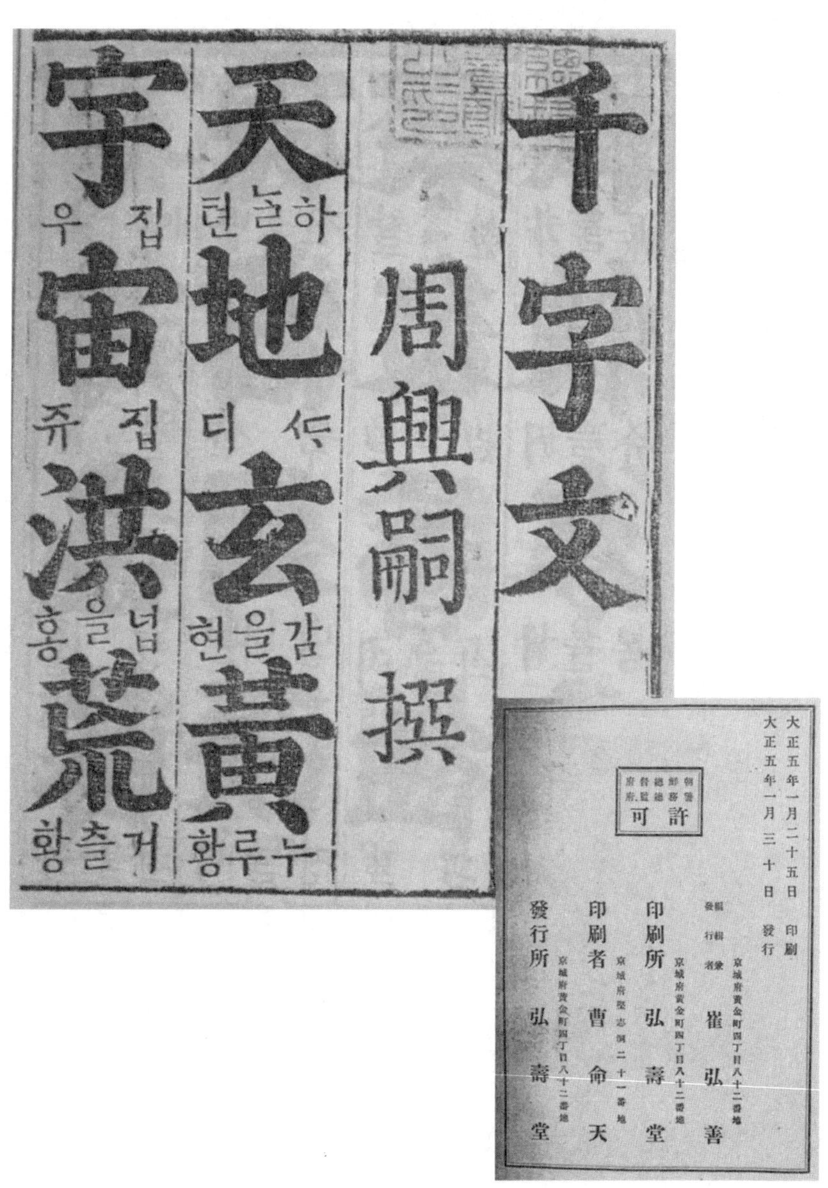

【그림 20】 1916년 홍수당 발행 『千字文』

【그림 21】1917년 칠서방 발행 『千字文』

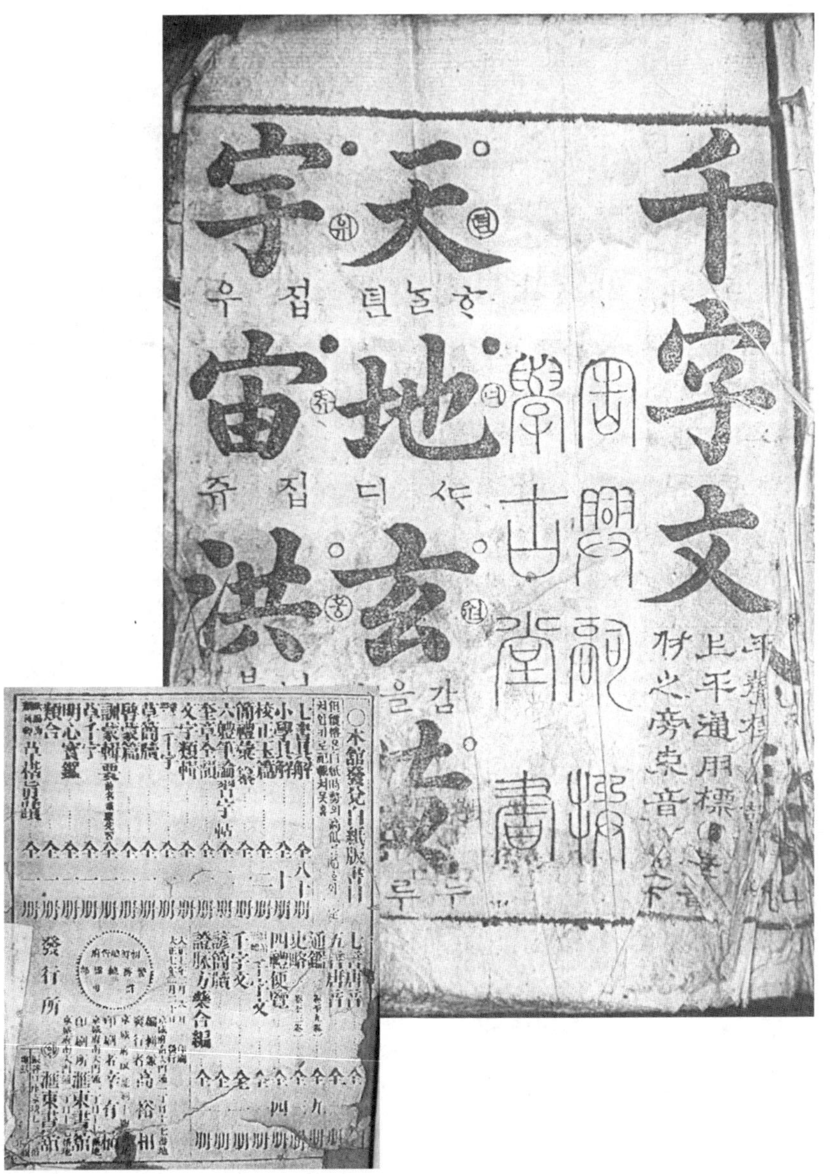

【그림 22】 1918년 회동서관 발행 『千字文』

【그림 23】 1919년 천일서관 발행 『千字文』

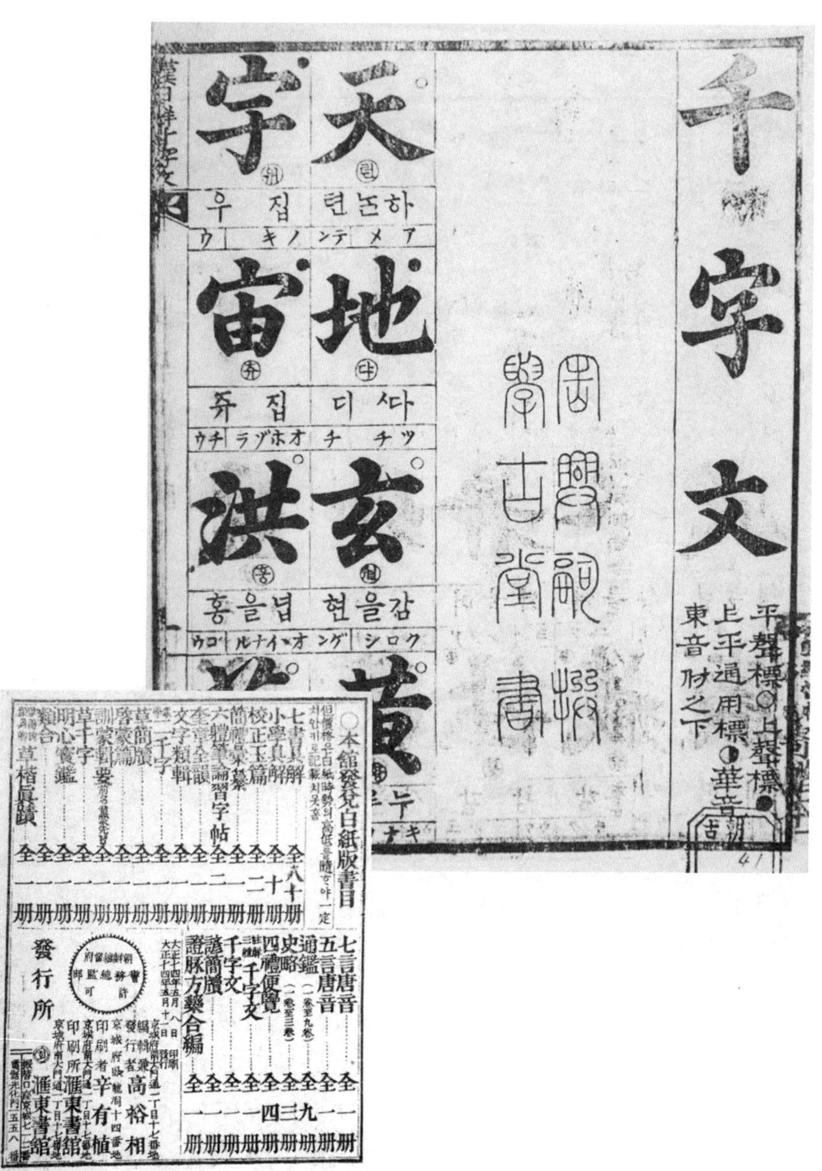

【그림 24】 1925년 회동서관 발행 『千字文』

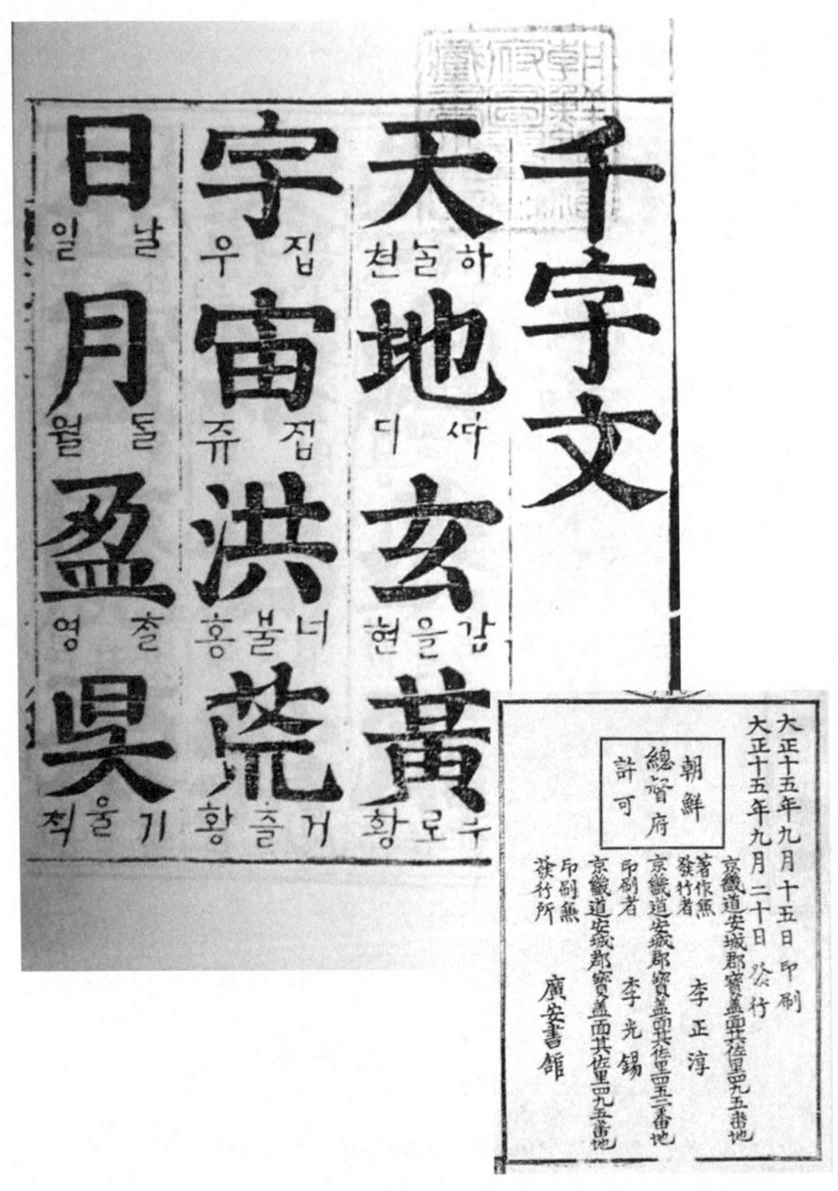

【그림 25】1926년 광안서관 발행 『千字文』

【그림 26】 1928년 대창서원 보급서관 발행 『千字文』

【그림 27】 1928년 대창서원 보급서관 발행『千字文』

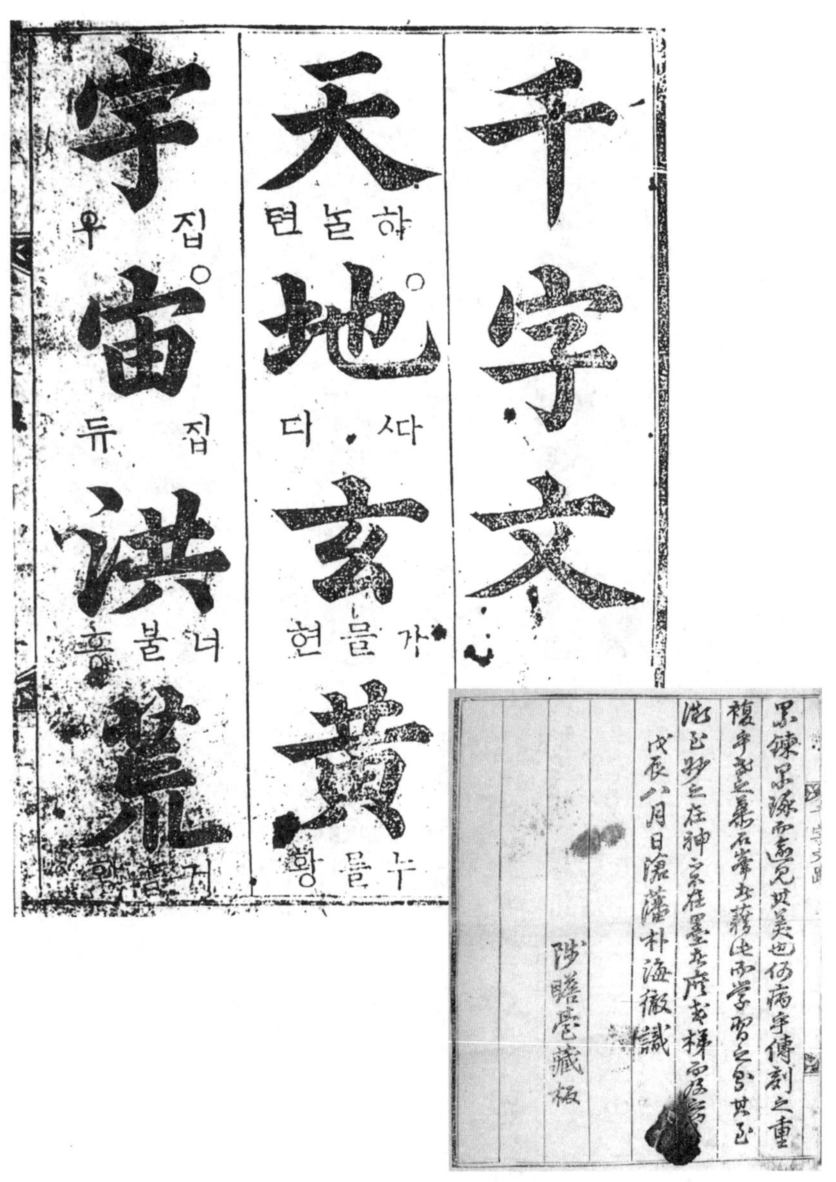

【그림 28】 1928년 척첨대 발행 『千字文』

【그림 29】1930년 박문서관 발행 『漢日鮮千字文』

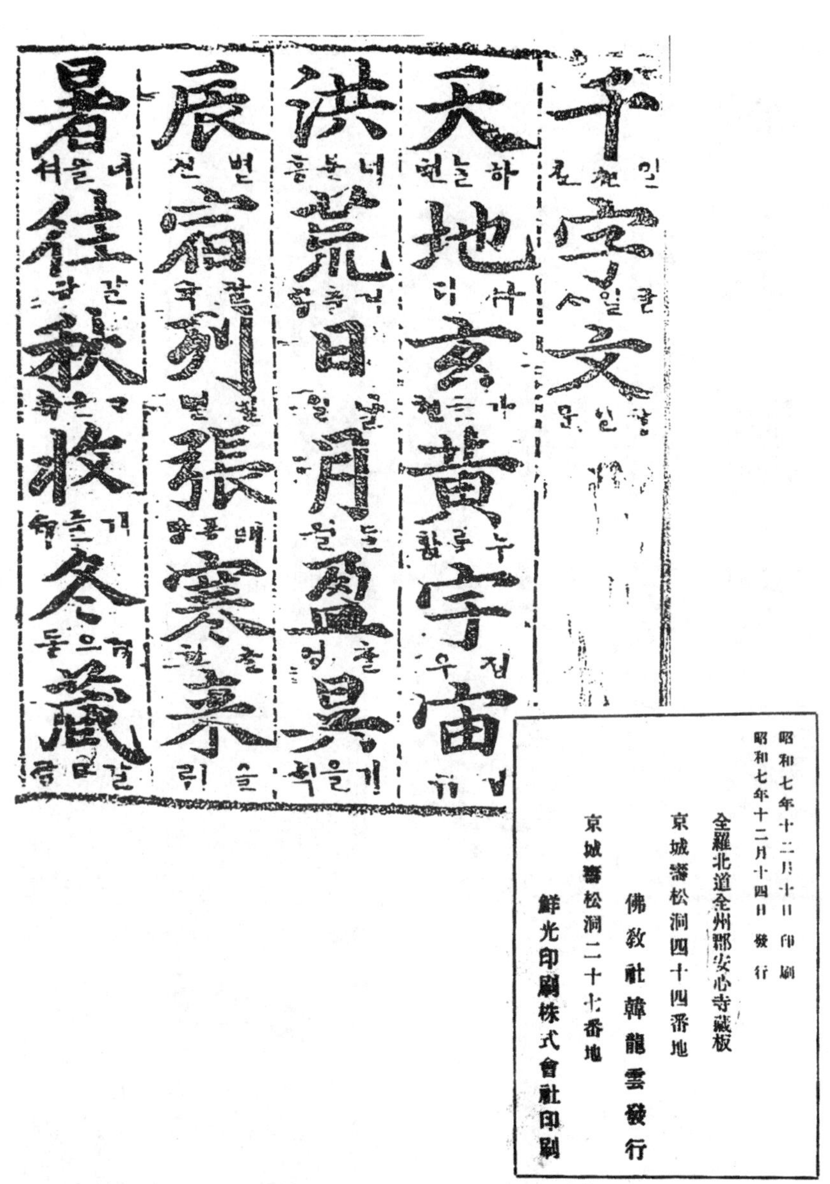

【그림 30】1932년 불교사 발행 『千字文』

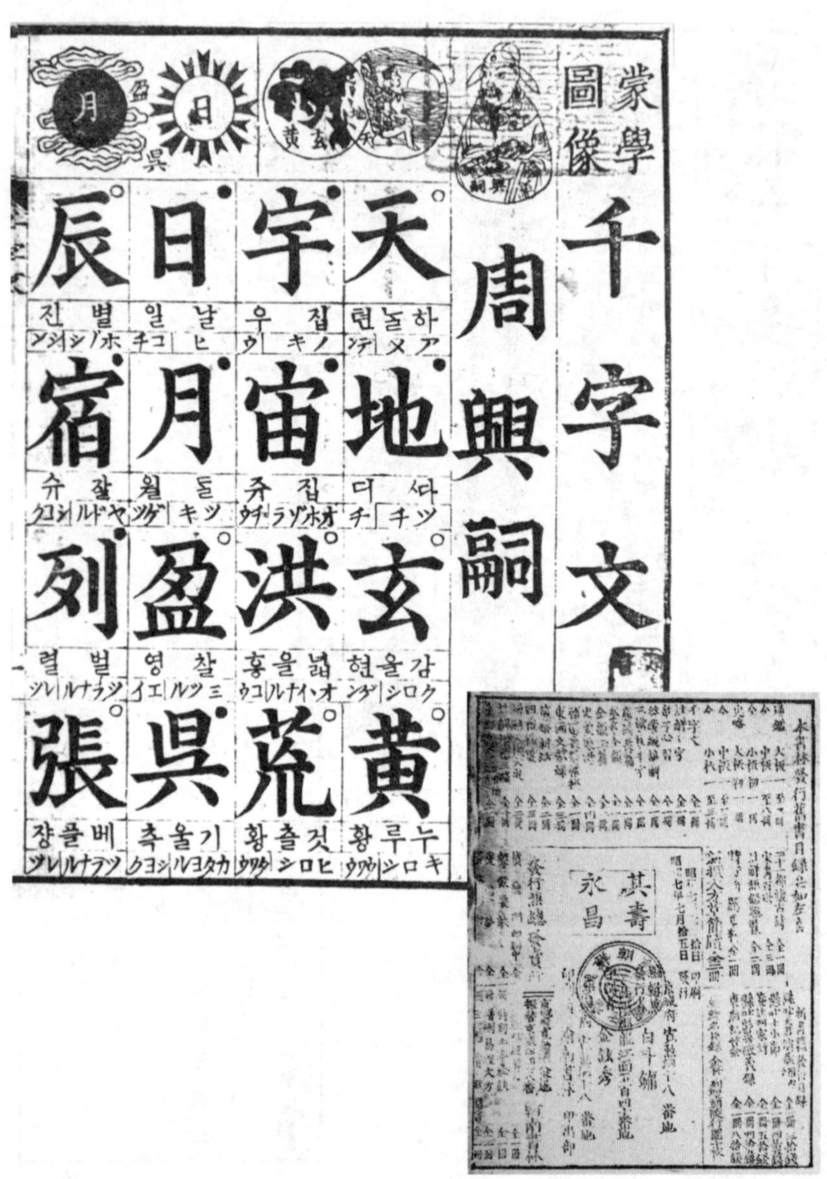

【그림 31】 1932년 한남서림 발행 『蒙學圖像千字文』

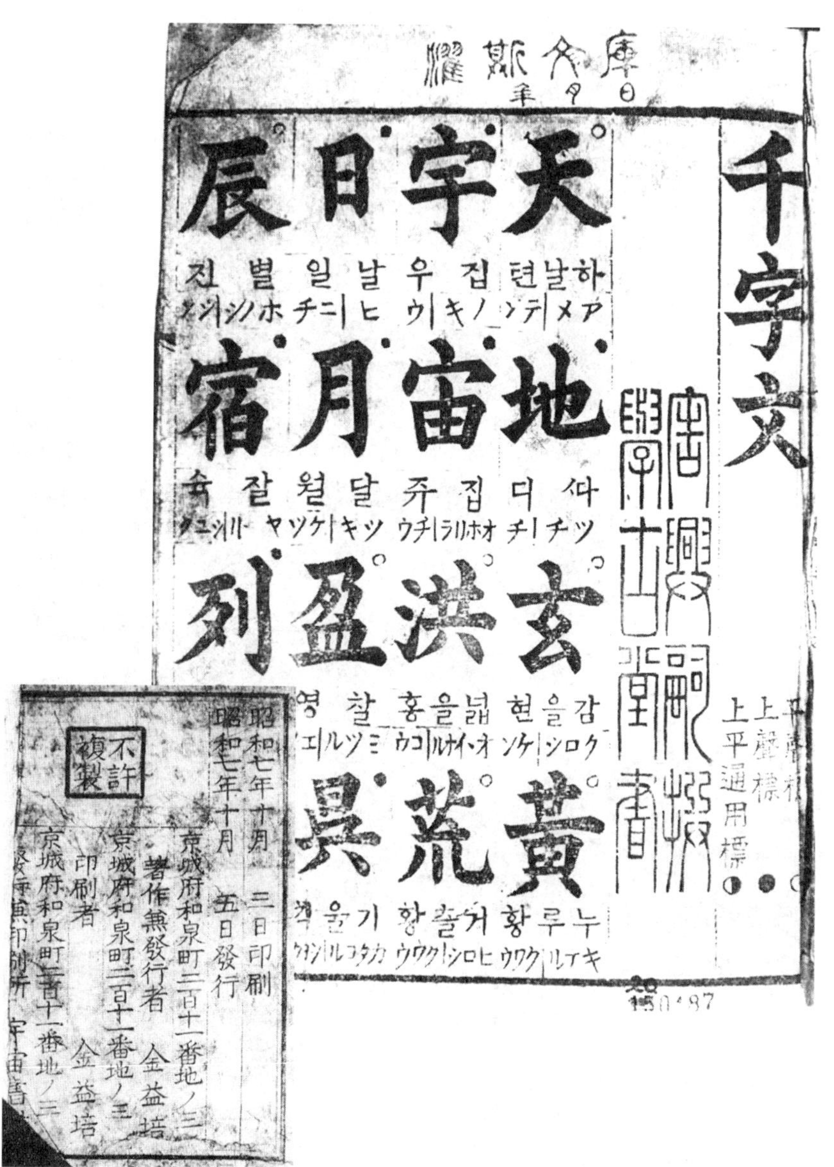

【그림 32】 1932년 우주서림 발행 『千字文』

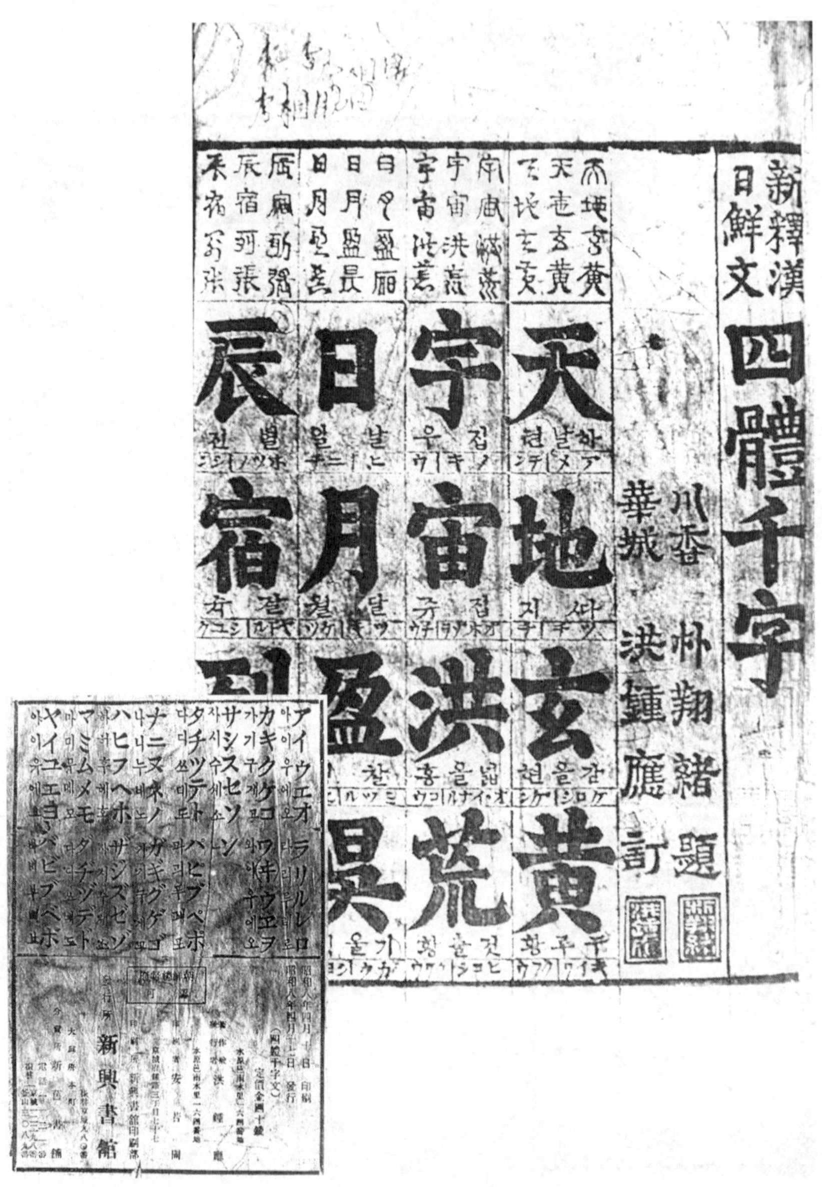

【그림 33】 1933년 신흥서관 발행 『新釋漢日鮮文四體千字』

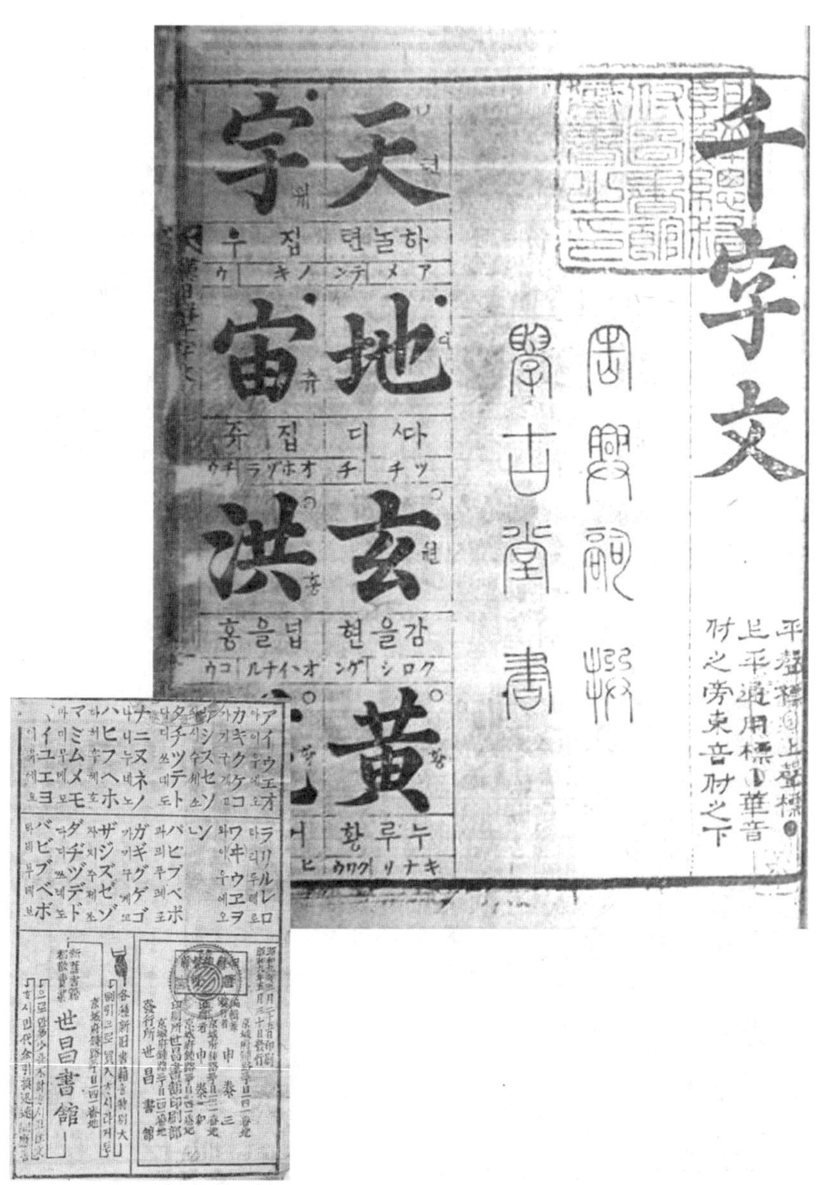

【그림 34】 1934년 세창서관 발행 『千字文』

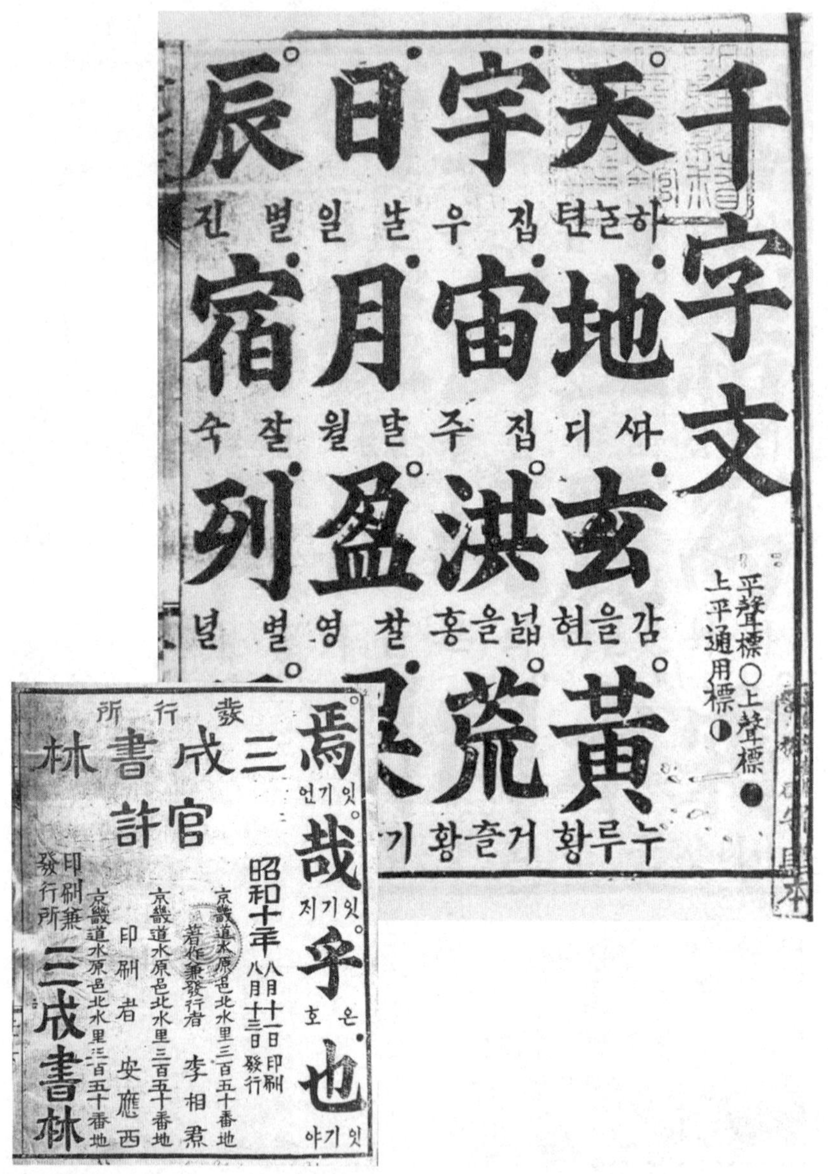

【그림 35】 1935년 삼성서림 발행 『千字文』

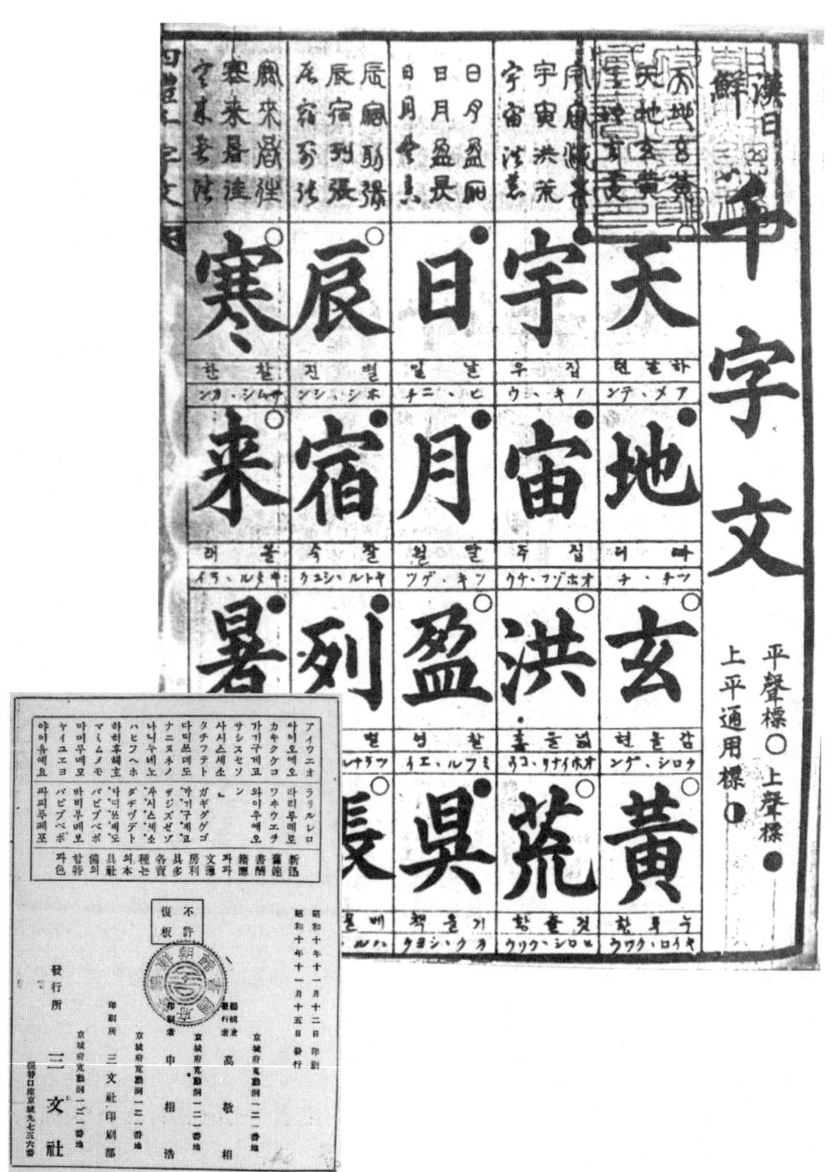

【그림 36】1935년 삼문사 발행『漢・日鮮千字文』

【그림 37】1936년 삼문사 발행『日鮮千字文』

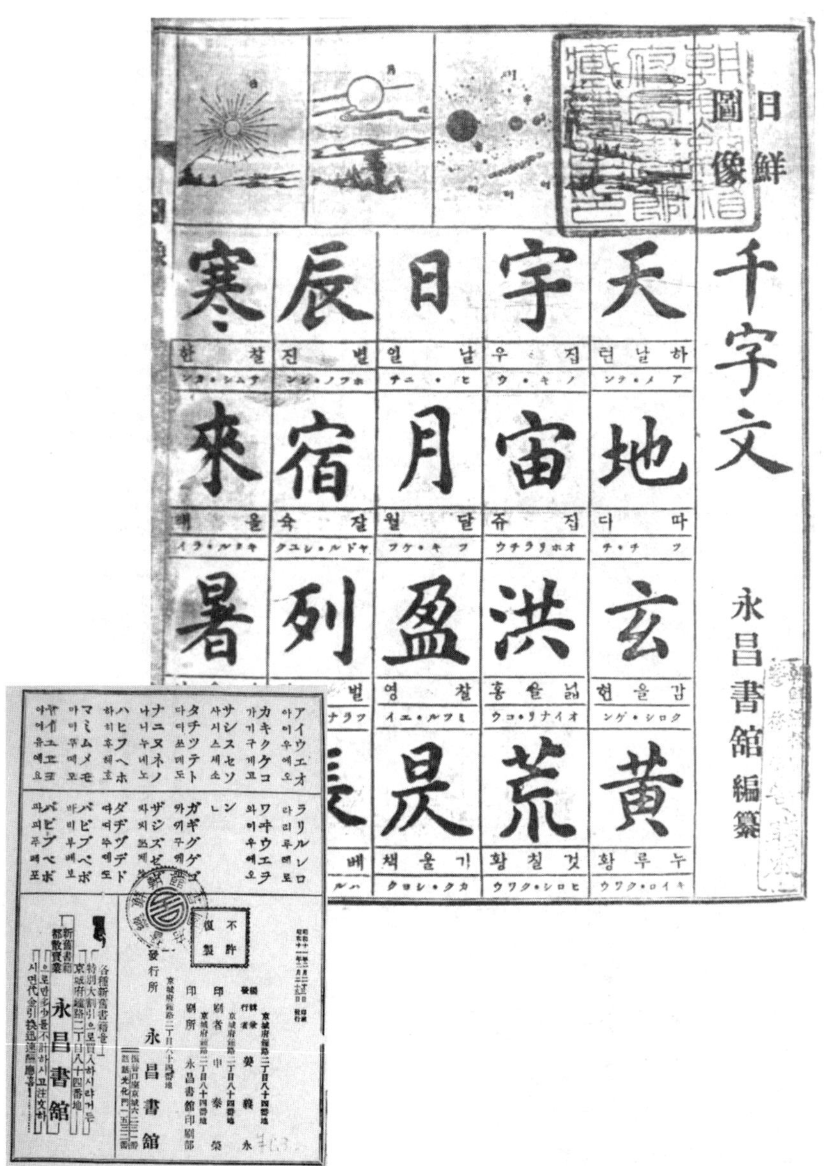

【그림 38】 1936년 영창서관 발행 『日鮮圖像千字文』

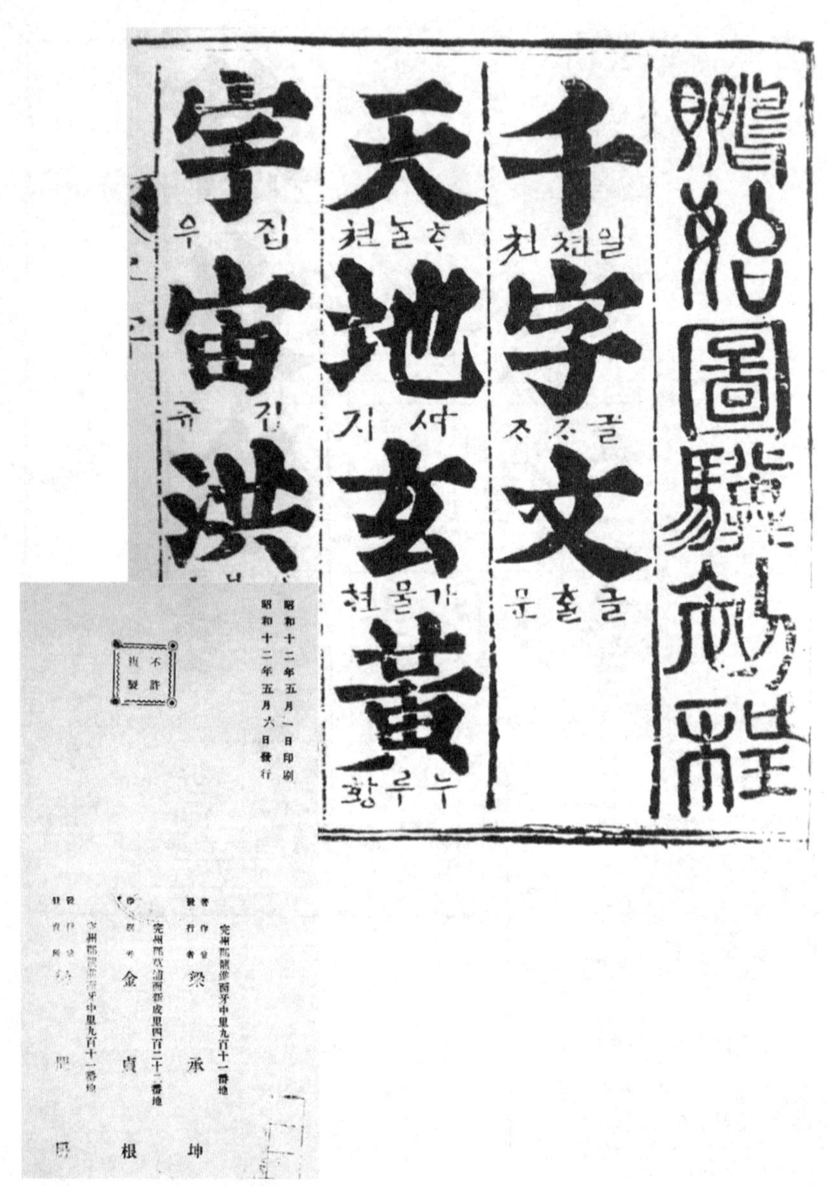

【그림 39】1937년 양책방 발행『千字文』

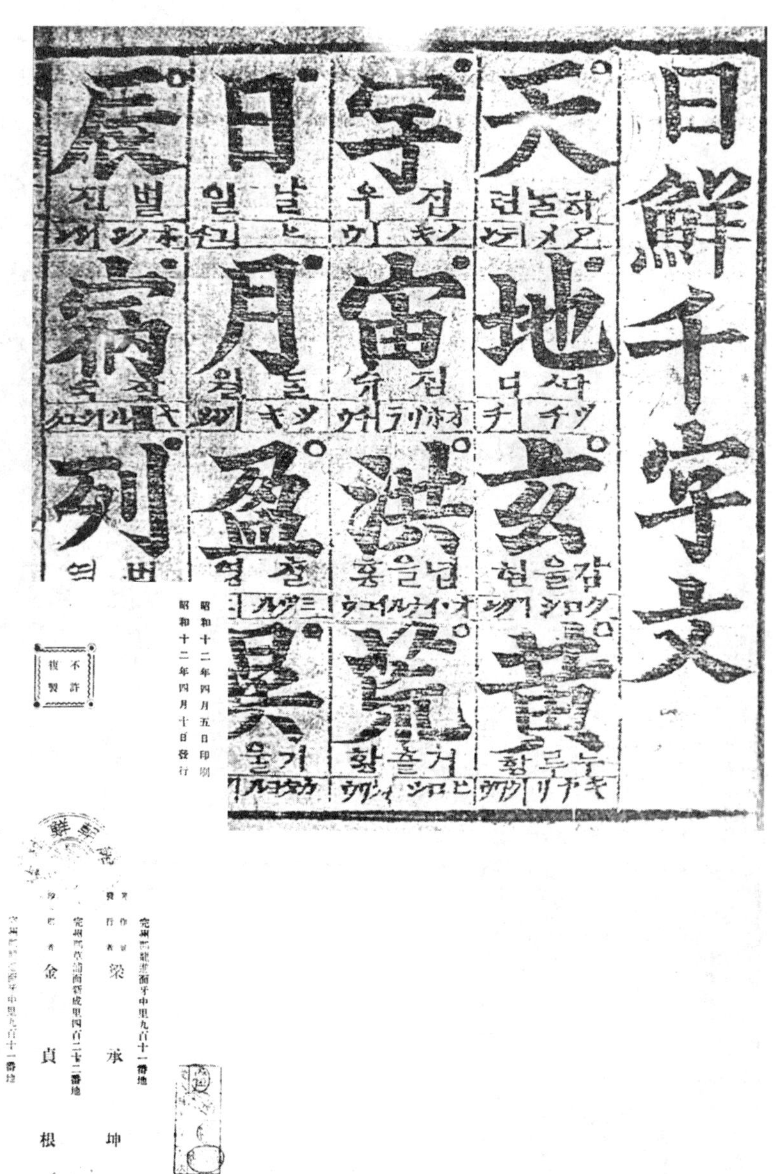

【그림 40】1937년 양책방 발행『日鮮千字文』

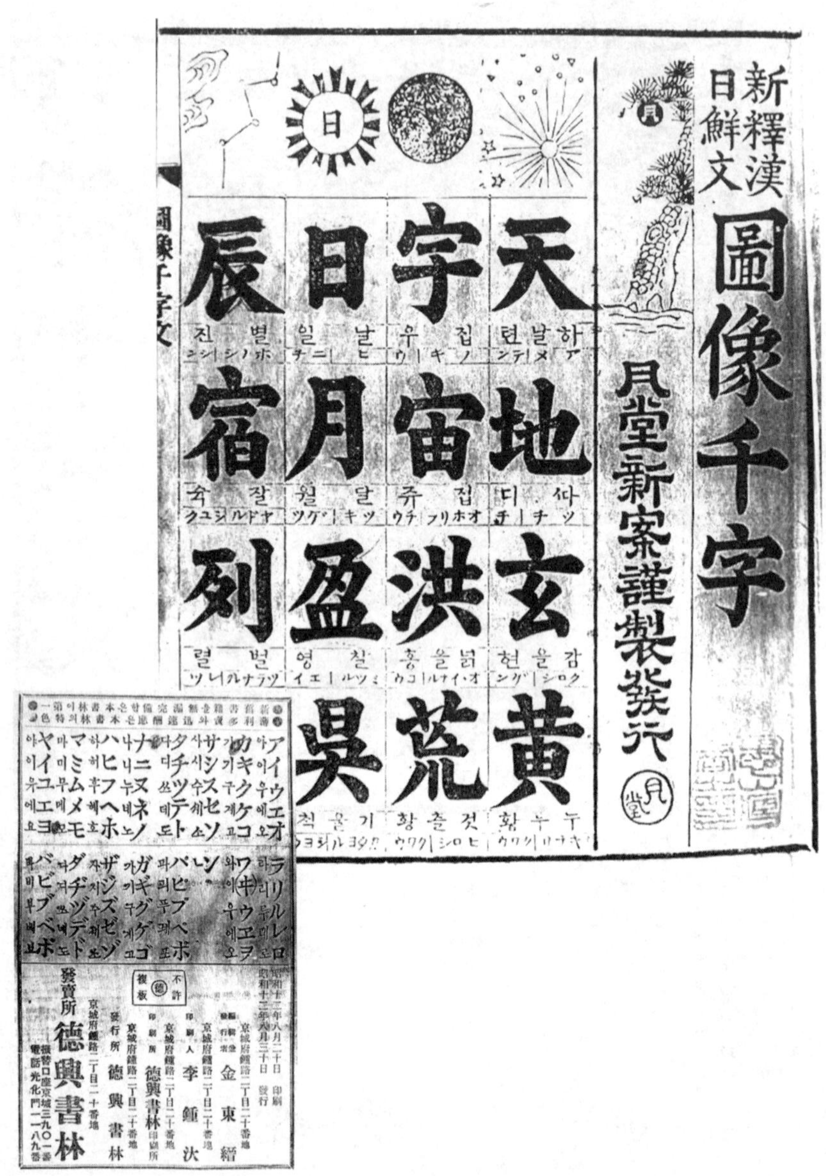

【그림 41】1937년 덕흥서림 발행『新釋漢日鮮文圖像千字』

【그림 42】 1937년 덕흥서림 발행 『新釋漢日鮮文四體千字』

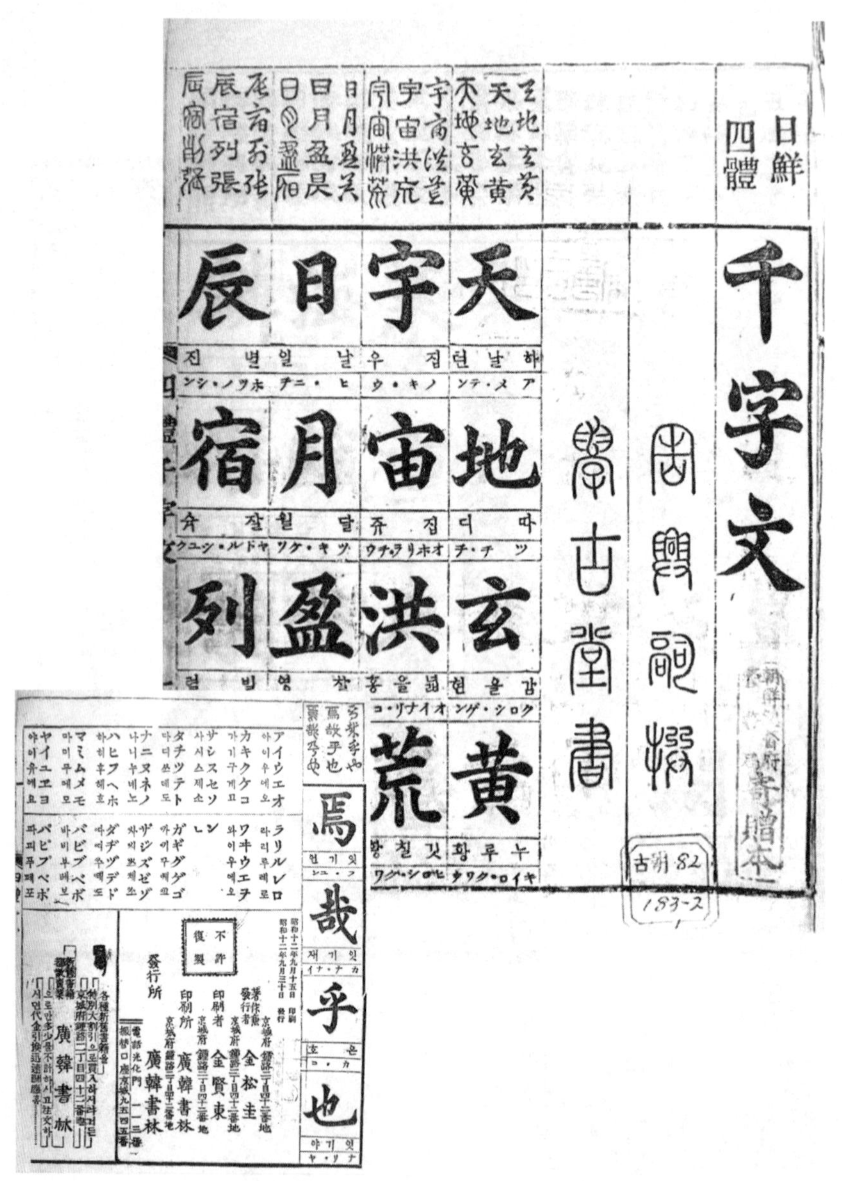

【그림 43】 1937년 광한서림 발행 『日鮮四體千字文』

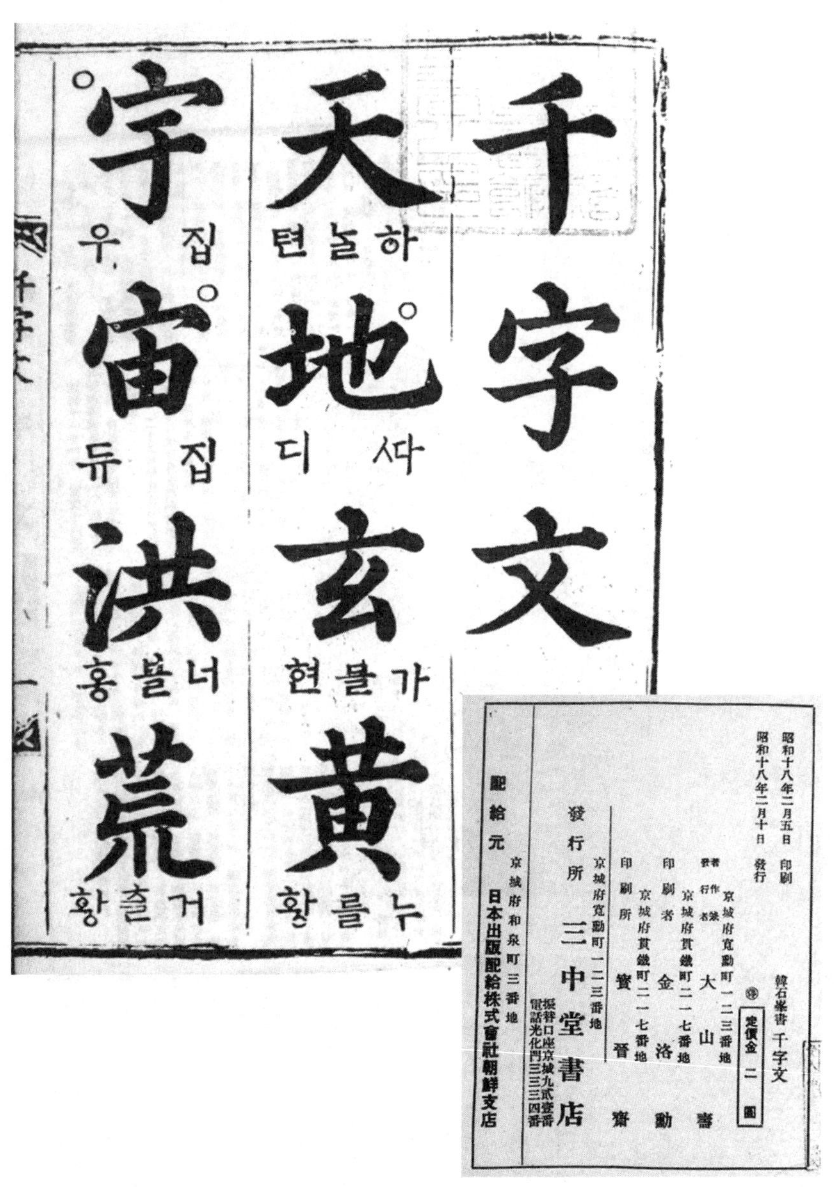

【그림 44】 1943년 삼중당서점 발행 『千字文』

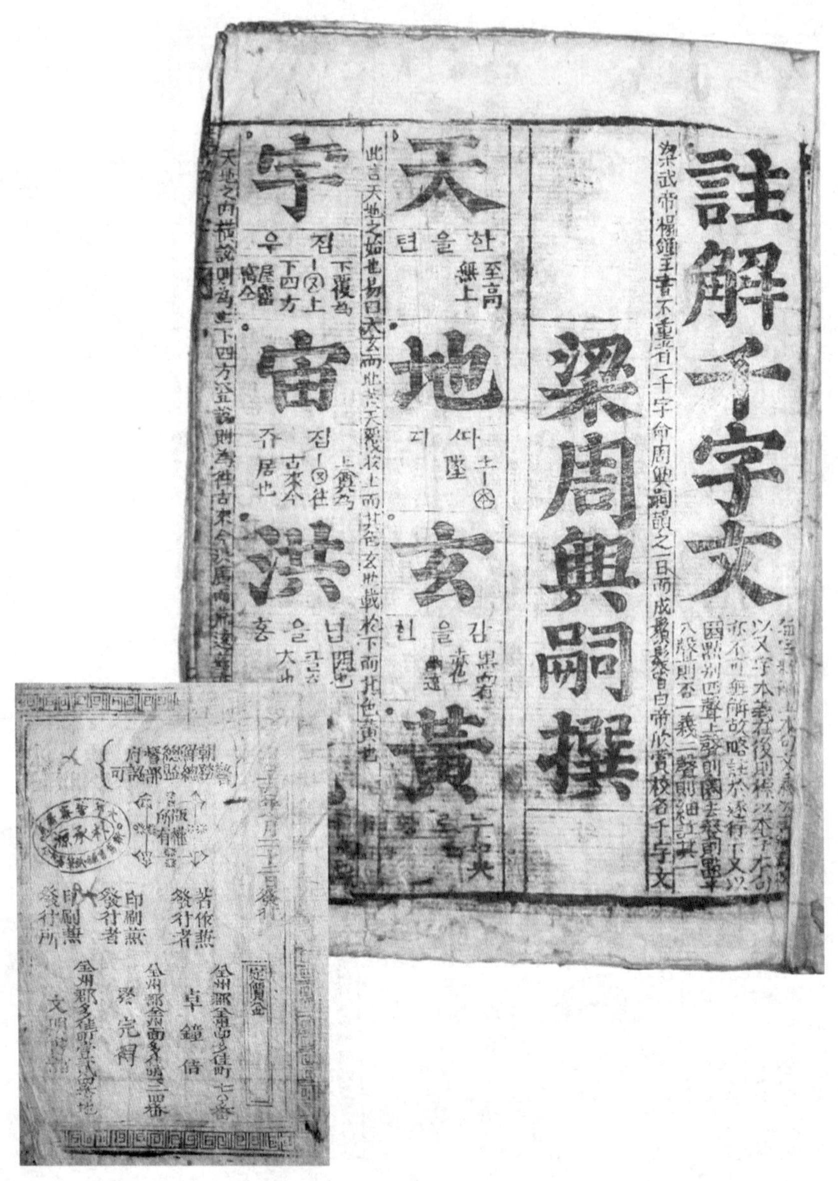

【그림 45】 1911년 문명서관 발행 『註解千字文』

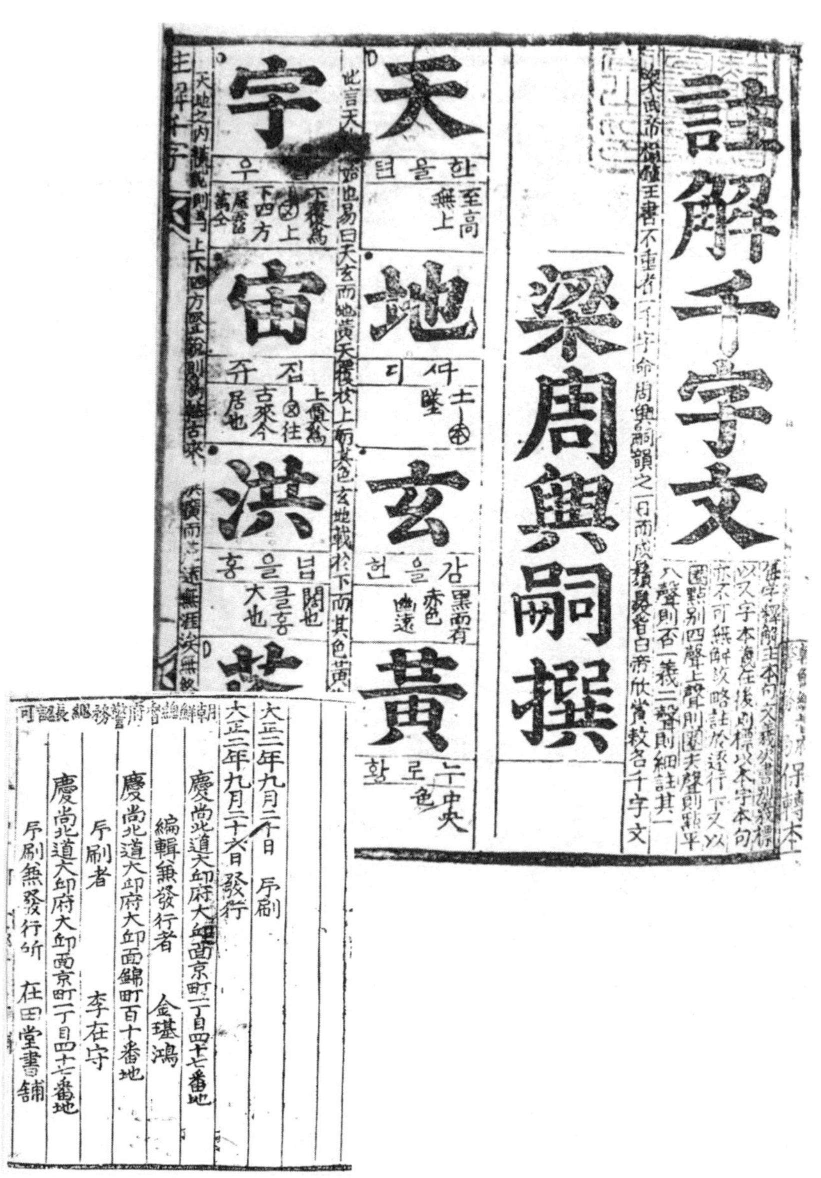

【그림 46】 1913년 재전당서포 발행 『註解千字文』

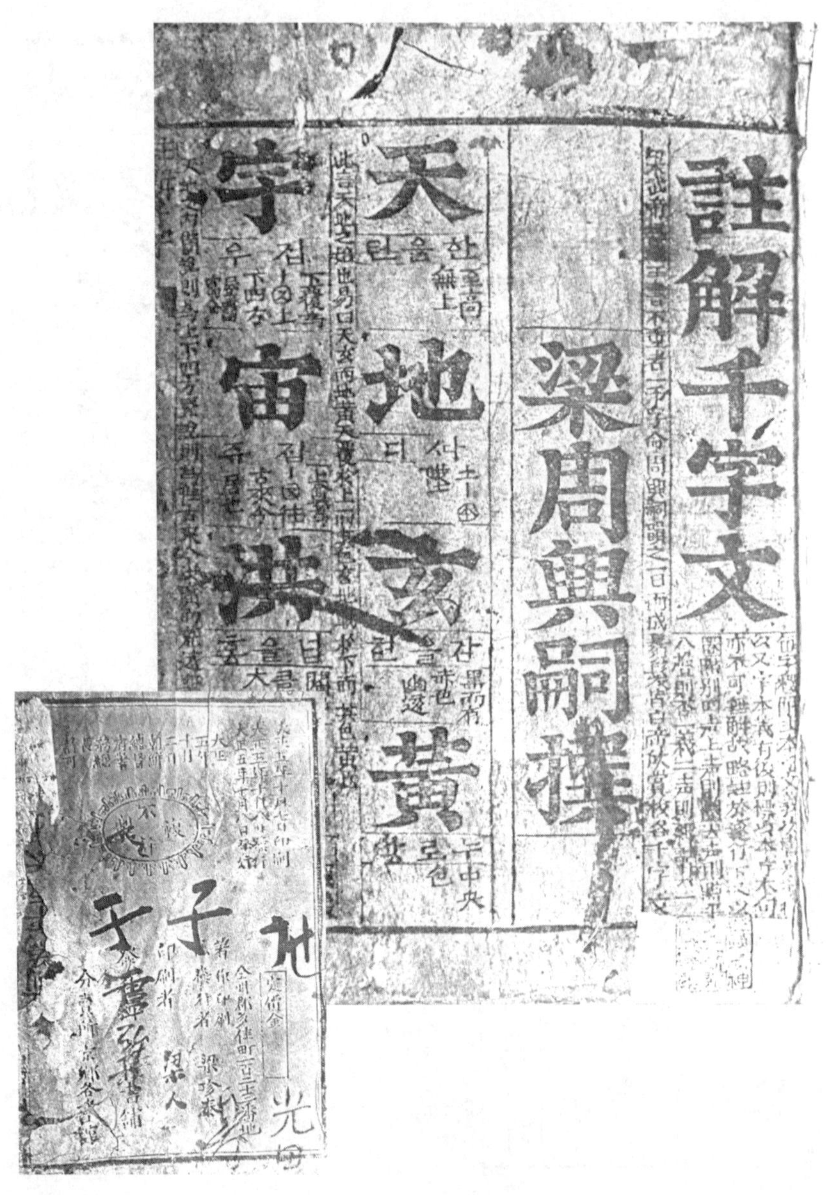

【그림 47】 1916년 다가서포 발행 『註解千字文』

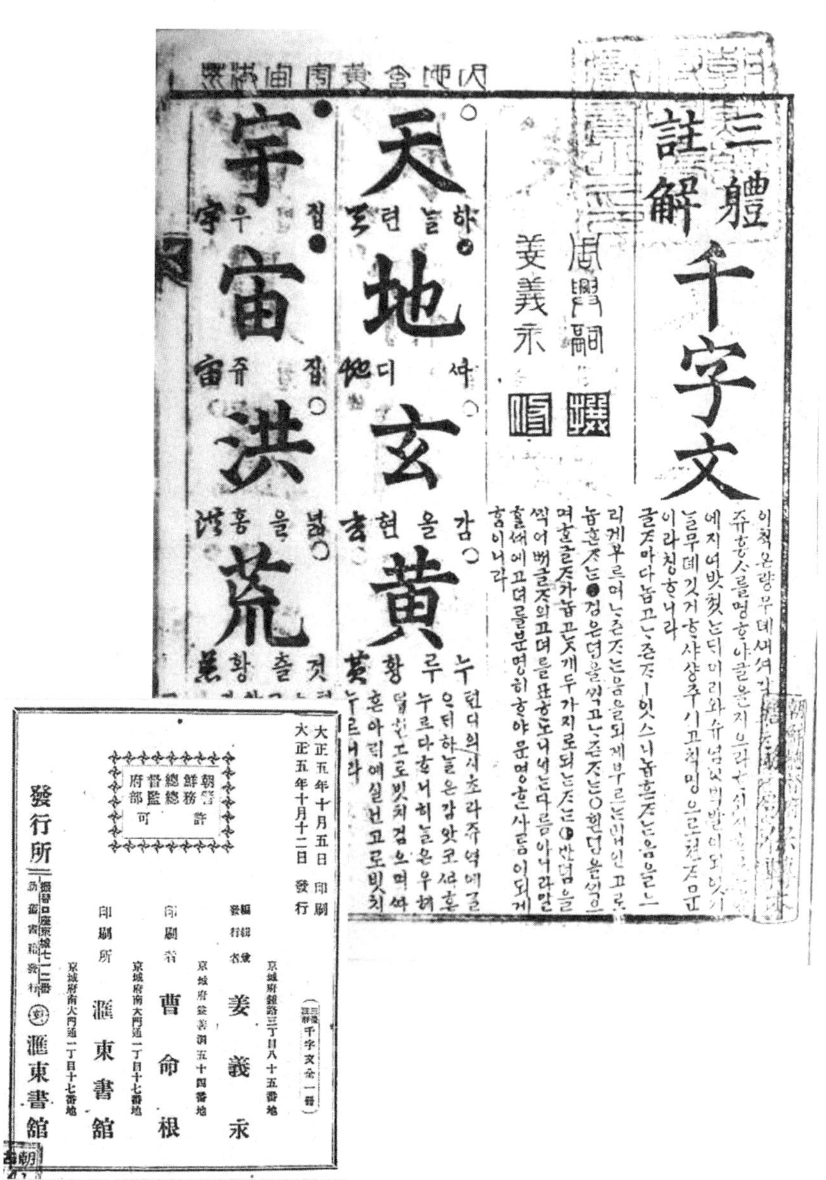

【그림 48】1916년 회동서관 발행『三體註解千字文』

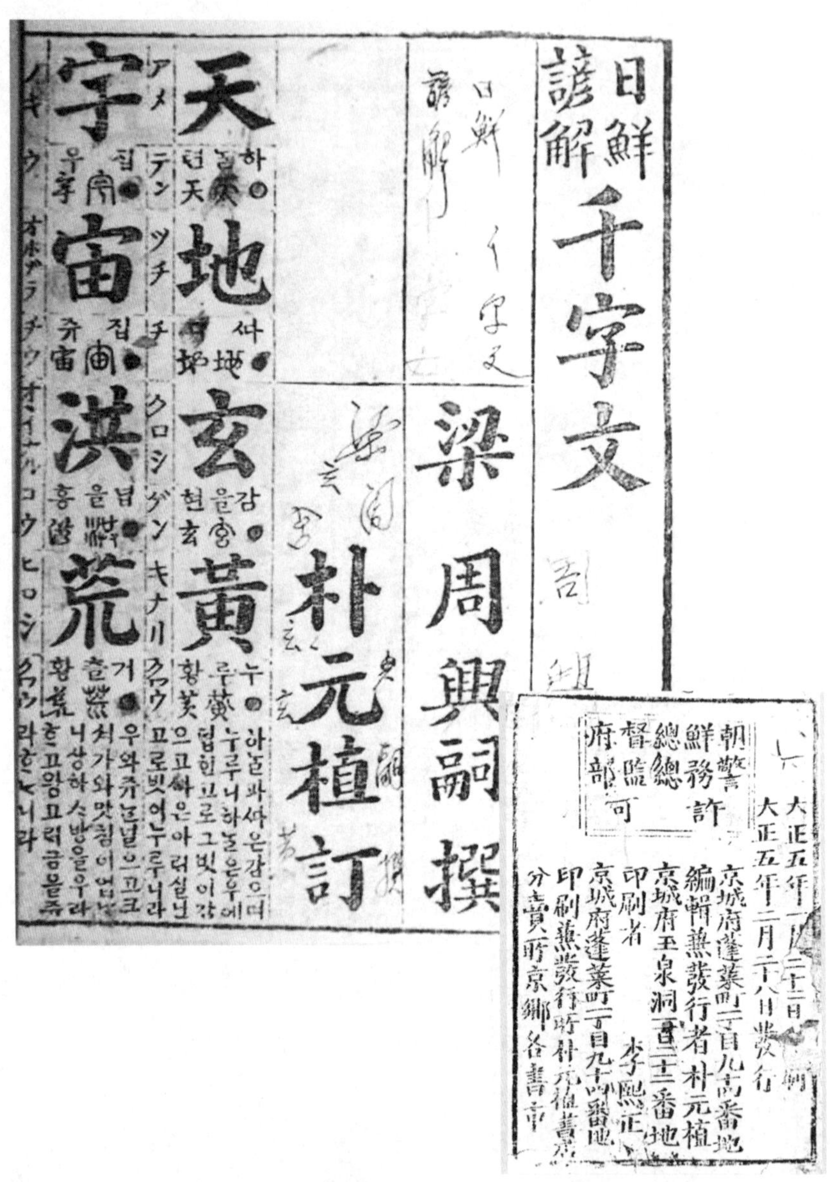

【그림 49】 1916년 박원식서점 발행 『日鮮諺解千字文』

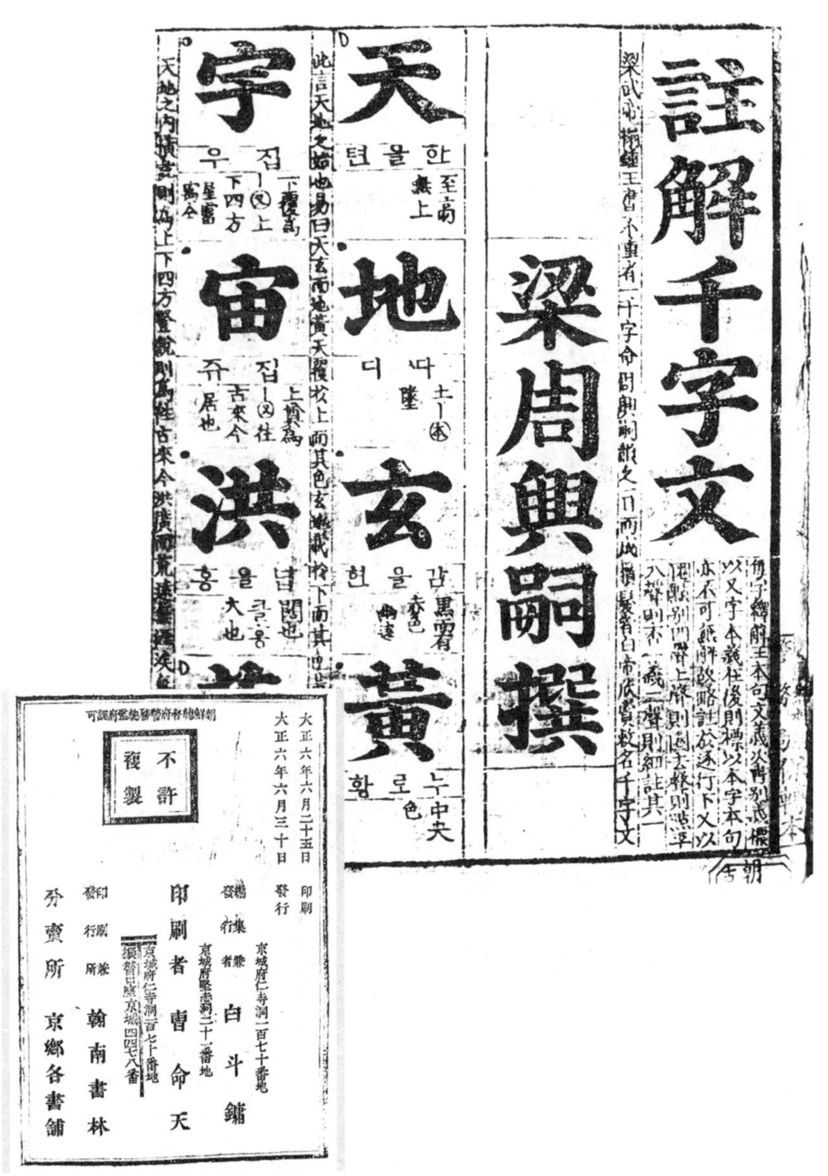

【그림 50】 1917년 한남서림 발행 『註解千字文』

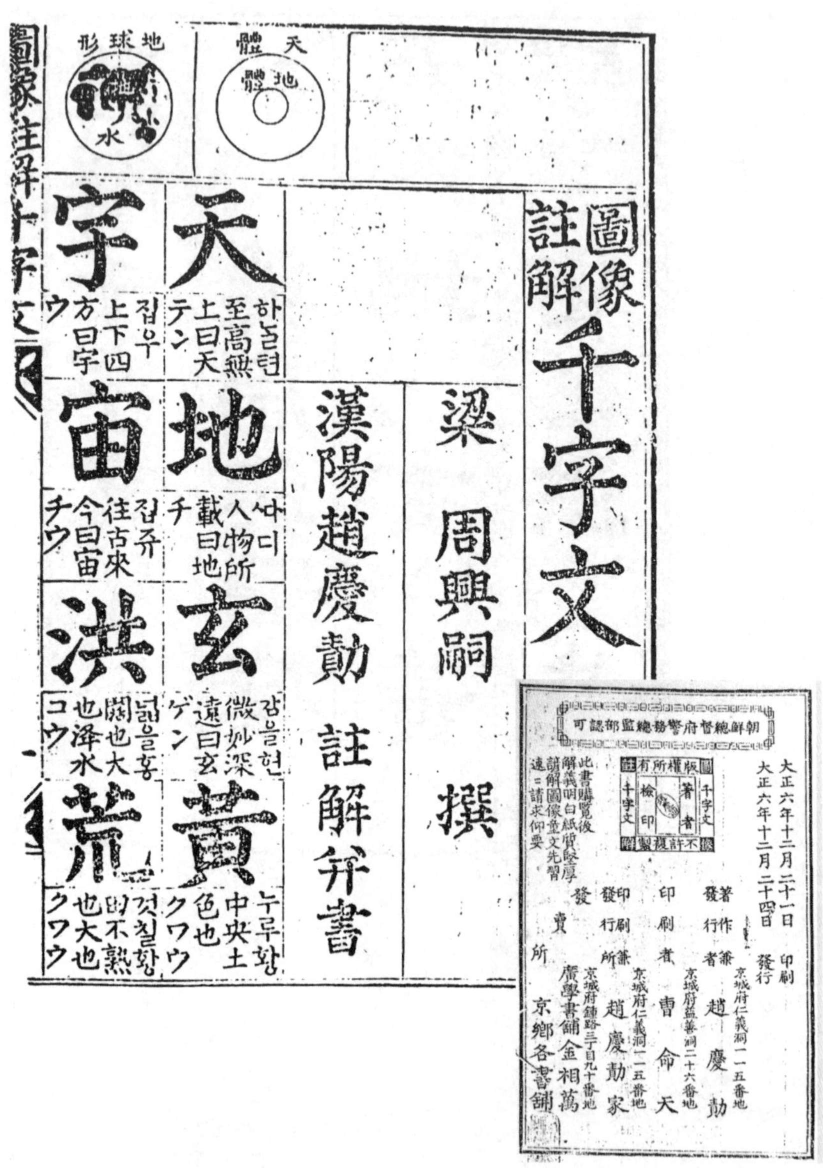

【그림 51】 1917년 조경적가 발행 『圖像註解千字文』

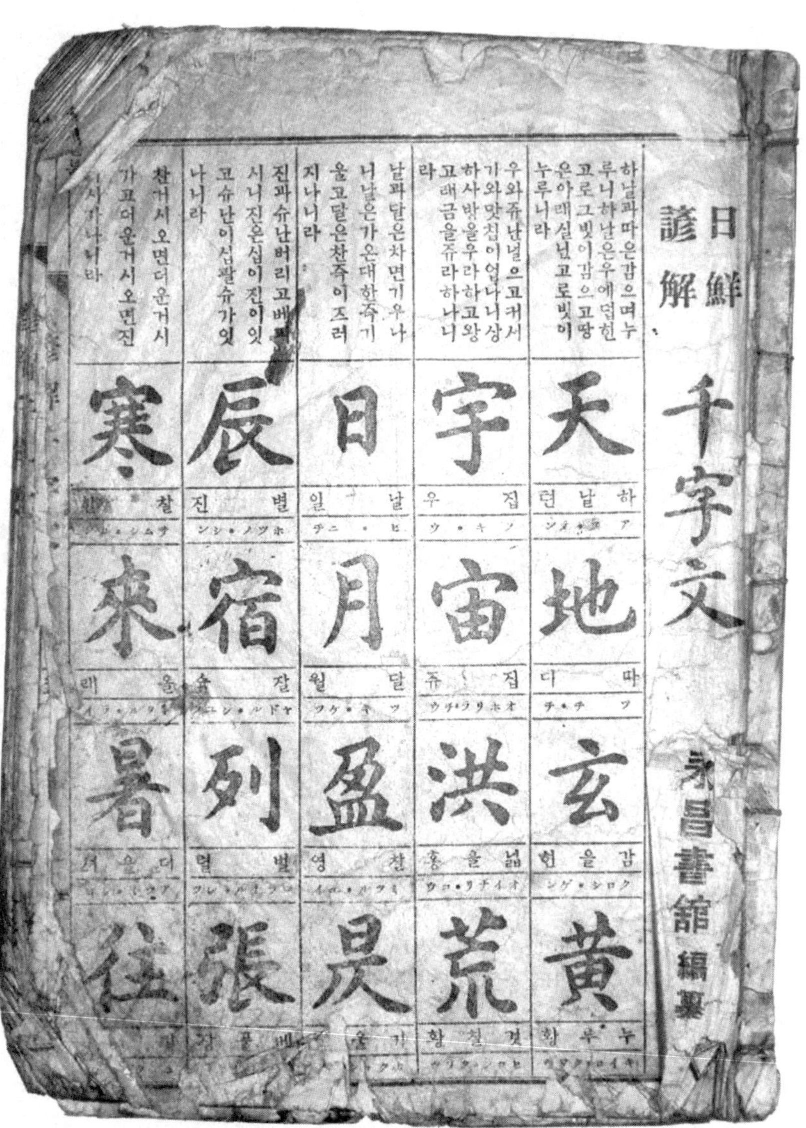

【그림 52】1925년 영창서관 발행『日鮮註解千字文』

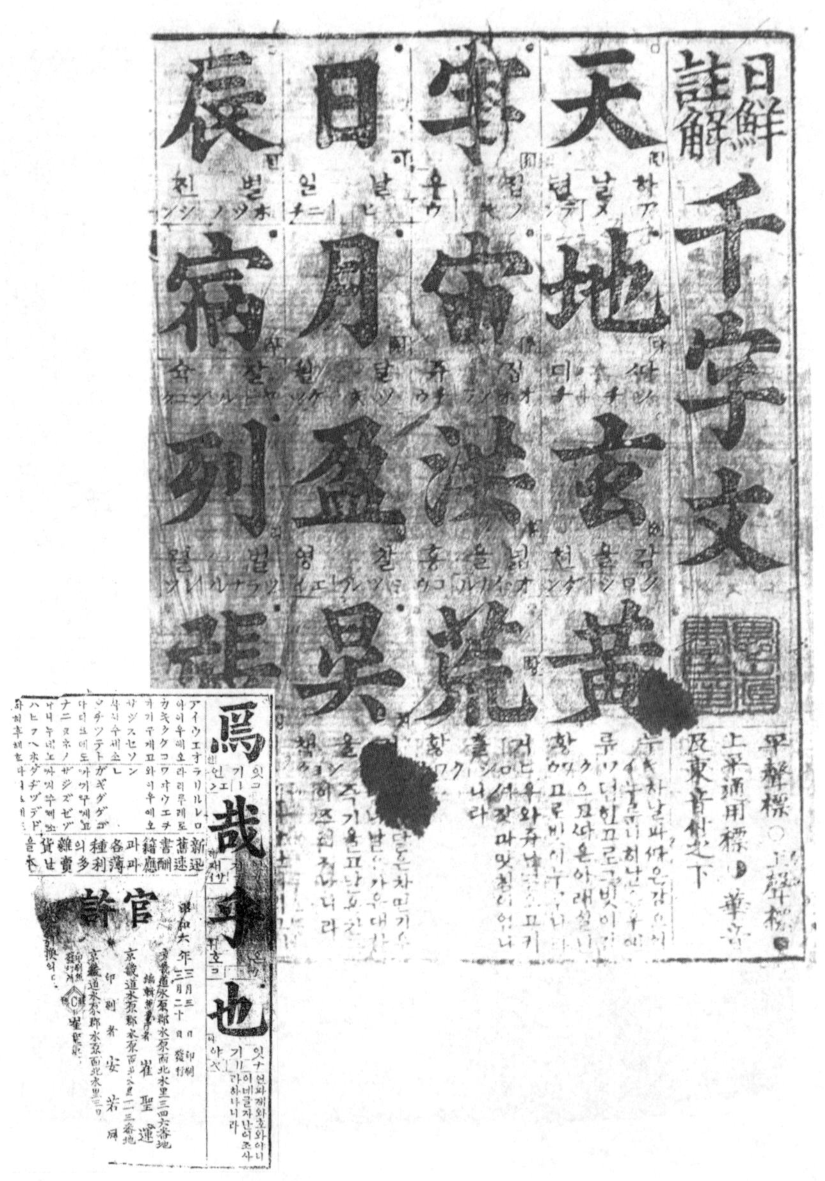

【그림 53】 1931년 최성원상점 발행 『日鮮註解千字文』

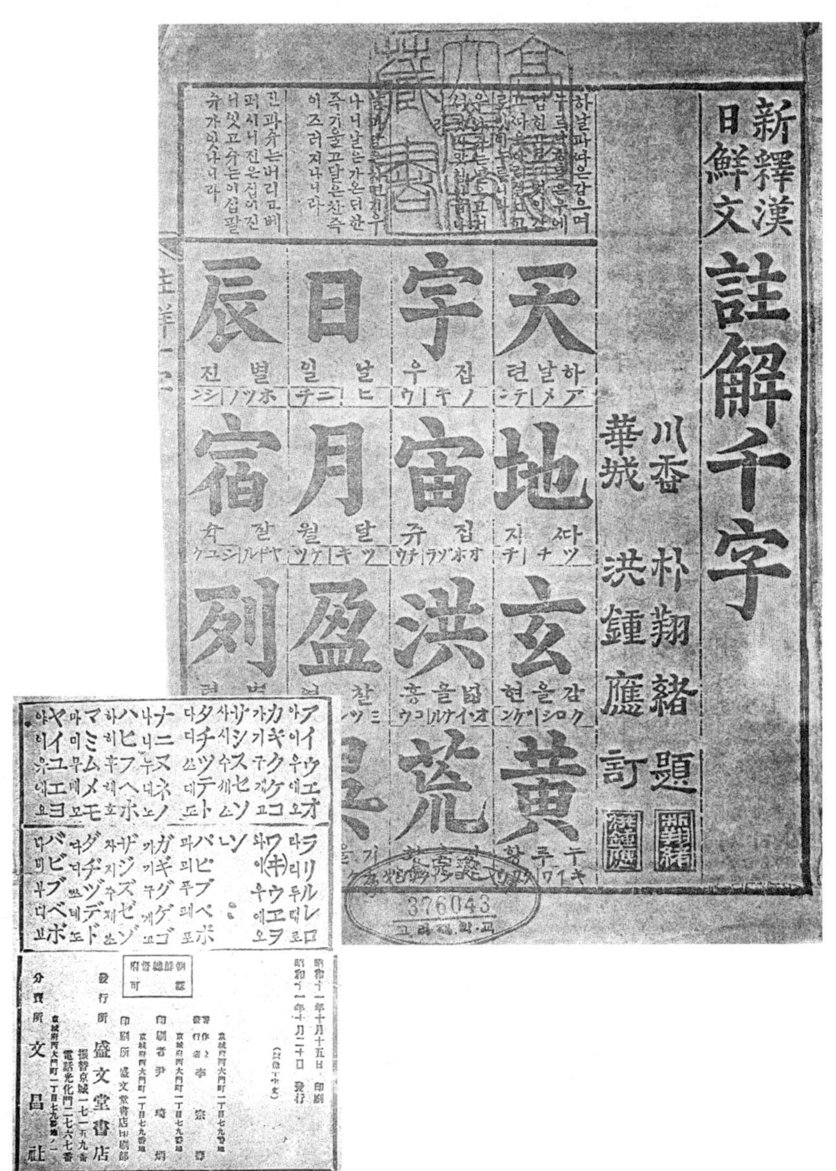

【그림 54】 1936년 성문당서점 발행 『新釋漢日鮮文註解千字』

□ 安美璟

　대구대학교 도서관학과 졸업(도서관학 학사)

　성균관대학교 대학원 문헌정보학과 졸업(도서관학 석사, 문학 박사)

　현재 성균관대, 대림대 강사

　현재 한국학중앙연구원 장서각연구실 전문원

千字文 刊印本 研究

2004년　12월　　3일　　제1판 1쇄　발행
2005년　10월　10일　　제1판 2쇄　발행

지은이 | 안미경
펴낸이 | 송미옥
펴낸곳 | 이회문화사

주　소 | 서울시 동대문구 답십리동 488-338 부영빌딩 503호
전　화 | (02) 2244-7912~3
팩　스 | (02) 2244-7914
전자우편 | ih7912@chollian.net
등　록 | 제6-0532호(1992. 5. 2)

정가 19,000원

ISBN　89-8107-281-7　93010

*저자와의 협의 하에 인지는 생략합니다.